策划案例精析

熊海峰 ◎ 著

Strategy Planning Cases Analysis

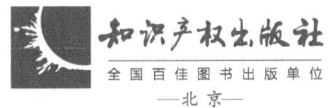

知识产权出版社
全国百佳图书出版单位
—北京—

图书在版编目（CIP）数据

策划案例精析/熊海峰著.—北京：知识产权出版社，2022.10
ISBN 978-7-5130-8398-0

Ⅰ.①策… Ⅱ.①熊… Ⅲ.①策划—案例 Ⅳ.①C934

中国版本图书馆CIP数据核字（2022）第190157号

内容提要

本书首先阐释了现代策划的基本原理、主要方法和重点步骤，然后将共性理论应用于具体的策划门类，系统论述了区域战略、产业发展、事业促进、企业发展、产品开发、市场营销、大型活动等七大策划类型的基本内涵、核心内容和主要流程，并选取了笔者亲身实践及市场上的典型案例，深入剖析了这些案例背后的策划意图、思维方法及成败缘由，力求强化案例阐述的逻辑性和代入感，让读者在沉浸式阅读中理解、喜爱和感悟策划。

本书适合策划从业者，以及大专院校相关专业的师生使用。

责任编辑：李石华　　　　　　　　　　责任印制：刘译文

策划案例精析
CEHUA ANLI JINGXI

熊海峰　著

出版发行：知识产权出版社 有限责任公司	网　　址：http://www.ipph.cn
电　　话：010-82004826	http://www.laichushu.com
社　　址：北京市海淀区气象路50号院	邮　　编：100081
责编电话：010-82000860转8072	责编邮箱：lishihua@cnipr.com
发行电话：010-82000860转8101	发行传真：010-82000893
印　　刷：北京建宏印刷有限公司	经　　销：新华书店、各大网上书店及相关专业书店
开　　本：787mm×1092mm　1/16	印　　张：18.5
版　　次：2022年10月第1版	印　　次：2022年10月第1次印刷
字　　数：300千字	定　　价：98.00元
ISBN 978-7-5130-8398-0	

出版权专有　侵权必究
如有印装质量问题，本社负责调换。

前　言

凡事豫则立，不豫则废。策划的核心功能和价值即是"豫"，就在于帮助人们在不确定性中寻找确定性，提升人们预测和驾驭未来的能力。

高瞻远瞩、运筹帷幄、持身为正、足智多谋的人历来为人们所传颂。策划是新时代条件下对传统谋略文化的创新性传承和创造性发展，是在以我为主，吸纳了西方战略、管理、营销等理论与方法之后，逐渐融汇育生的一门新兴的、具有东方特色的学问。当前世界正经历着百年未有之大变局，在这样一个高速、易变与复杂的年代，策划的价值与作用亦日趋彰显。

什么是策划？概而论之，即是为更有效地实现特定目标而在研究基础上创新定制行动方案的理性行为。其中，目标是方向，研究是基础，创新是灵魂，定制方案是主要成果，效能和效益提升是最终归旨。简而言之，策划就是为指导未来行动预设方案。就是在决定做某事之前，预先想好做什么、如何做、谁来做、何时做。它如同一座桥梁，连接起我们当前之地与欲往之处，让人们正确地去做正确的事情。条条道路通罗马，策划就是要找到最合适的那条路，以最低的成本获取最优的效益。

思是事之始，事是思之行。马克思曾说过，最蹩脚的建筑师从一开始就比最灵巧的蜜蜂高明，因为他在用蜂蜡建筑蜂房以前，已经在自己的头脑中把它建成了。马克思关于蜜蜂与建筑的比喻，说明人与其他动物的本质区别在于人的行为是有目的性的，具有自觉的选择性和主动的创造性。策划行为深刻地体现了人类活动的本质特征，是人们从现象中寻找本质、从偶然中寻找必然，利用事物发展规律能动地预测和改造世界的重要方式。它提醒人们要做"谋而后动"的智者，而不是草率行动的"莽夫"。在此意义上而言，策划应当是人们行事的一种底层思维或基本方法，凡事要增强规律意识、预设意识和创新意识，扣好做事且成事的第一粒纽扣。

改革开放以来，现代策划在经历过点子策划、创意策划和经验策划之后，逐渐进入科学策划阶段。策划门类日趋细分，方法日趋专业，门槛日趋提高。在很多人看来，便觉得策划庙堂深邃、神秘繁杂，难以把握。但实际上，策划并非高不可攀，人人皆可学而用之。因为就其核心内容而言，无非要做好"概念创造"（特定目标、定位、主题、创意、名字或超级符号等）和"方案创新"（制订创新性、定制化的行动方案）两件事情。如果说策划是一门融合了艺术和科学的学问，那么"概念创造"体现了鲜明的艺术性和突破性，而"方案创新"更多强调科学性与实践性。策划就是帮助人们在特定的环境和有限的资源条件中寻找和创造无限可能，并从无限可能中优化选择和创新实践的过程。

一个行动胜过一打纲领，一个案例强于一堆说理。本书的写作初衷即是通过案例让读者更深入地了解策划理论、掌握策划方法和提升策划能力。全书内容共分为八章。在第一章，简要而系统地阐述了策划的概念内涵、基本原理、主要方法、重点步骤和成果呈现等内容，以便读者能对策划形成全景式的认知。其中特别强调了策划的九个原理：以终为始、权衡取舍、善因制宜、守正用奇、扬长聚势、化繁为简、利益多赢、动态权变和坚守底线，这也是本书的思想精髓和核心创新。从第二章到第八章，是策划共性理论在特定门类中的应用，以期打通策划普遍规律与特殊类型间的隔膜，让读者感知到策划共性与特性的有机统一。为此，本书选择了区域战略、产业发展、事业促进、企业发展、产品开发、市场营销、大型活动等七大策划类型，在策划理论的基本框架下，首先分析了每种类型的内涵与特征、内容和流程及注意要点，然后精心选取了近 20 个作者亲身实践或社会中的典型案例，深入剖析案例背后的策划意图、思维方法以及成败缘由，力求强化案例阐释的贴近性和代入感，让读者在沉浸式阅读中理解、喜爱和感悟策划。

策划规律千万条，以人为本是头条。事情终归是人做的，策划植根于人，更要服务于人，好的策划应当通天接地利人。理论也罢，案例也罢，如果缺少了对人与人性因素的关怀与关注，不基于人的需要、欲望与需求，策划活动就难免流于肤浅表面的华美与热闹，因缺乏内在的深刻性、洞见性和创造性而难以直抵人心，难以激发人们将策划内容转化为现实生产力的巨大热情。因此，本书从开篇至结尾，除了论述策划的思维与方法，其实还一直强调策划中要关注人的主观能动性以及人性与动机的复杂性。正所谓"世事洞明皆学问，人情练达即文章"，策划真正的"功夫"在诗外。因此，只有时刻保持敏感，认真体悟生活，善于从日常生活中洞悉规律、洞察人性、洞明世事而又创新致用的人，才能成为真正优秀的策划人，为世界贡献更多的美好。

最后想说明是，由于时间、实践和能力的有限，本书还有很多内容和观点值得商榷，有些话题还有待深入探讨，恳请专家和同人批评指正。

目　录

第一章　策划概论 ··· 1
　第一节　认识策划 ··· 1
　第二节　基本原理 ·· 13
　第三节　主要方法 ·· 21
　第四节　重点步骤 ·· 43
　第五节　成果呈现 ·· 55
　第六节　功能价值 ·· 59

第二章　区域战略策划 ·· 62
　第一节　区域战略策划概述 ·· 62
　第二节　京津冀协同发展战略策划——如何构建以首都为核心的世界级
　　　　　城市群 ·· 70
　第三节　中国大运河文旅融合发展策划——以旅为媒激活世界文化遗产的
　　　　　当代价值 ·· 81
　第四节　桂林阳朔旅游升级策划——小县城如何建设世界级旅游景区 ········· 96
　第五节　北京水峪嘴文化小镇策划——京西古道风华地，永定河畔
　　　　　"会客厅" ·· 110

第三章　产业策划 ·· 120
　第一节　产业策划概述 ·· 120
　第二节　重庆南滨路业态策划——如何打造连接世界的"重庆外滩" ········· 129
　第三节　杭州富阳文创产业策划——一幅中华传世名画的当代复活 ········· 139
　第四节　中关村顺义园新能源智能汽车产业策划——如何培育战略性
　　　　　新兴产业 ·· 148

第四章　事业策划 ··· 155

- 第一节　事业策划概述 ··· 155
- 第二节　国家公共服务体系示范区创建策划——"嵌入式"概念是如何诞生的 ··· 161
- 第三节　建设国家文化公园策研——如何打造中华文化重要标识 ··· 177

第五章　企业策划 ··· 187

- 第一节　企业策划概述 ··· 187
- 第二节　大庆百家企业战略策划——策划就是一句话的事 ··· 195
- 第三节　茑屋书店策划——作为人们的艺术生活提案者 ··· 203

第六章　产品策划 ··· 211

- 第一节　产品策划概述 ··· 211
- 第二节　"元気森林"——引领无糖气泡水新品类 ··· 218
- 第三节　《哪吒之魔童降世》——让经典神话 IP 再发时代强音 ··· 224
- 第四节　《唐宫夜宴》——传统文化"破壁出圈"的策划之道 ··· 230

第七章　营销策划 ··· 237

- 第一节　营销策划概述 ··· 237
- 第二节　王老吉品牌策划——见证定位的力量 ··· 247
- 第三节　"世界最好的工作"——创意营销如何引发全球关注 ··· 253
- 第四节　可可托海借势营销——旅游目的地可以唱响吗？··· 258

第八章　大型活动策划 ··· 263

- 第一节　活动策划概述 ··· 263
- 第二节　中国文化产业学院奖——打造文产领域的"奥斯卡奖" ··· 270
- 第三节　北京冬奥会开幕式——诗意展现中国人的自信与浪漫 ··· 279

主要参考文献 ··· 286

后　　记 ··· 288

第一章 策划概论

第一节 认识策划

策划,是一门古老而又年轻的学问。

中国作为一个极重谋略的东方文明古国,从古至今,在军事政治、经济和社会等各领域,都活跃着策划的身影。例如,搅动诸侯的"合纵连横",鼎定三国的"隆中对",影响深远的"天人三策"等。但策划活动并不都是那么高不可攀,很多策划就发生在我们身边。

那什么是策划呢?宽泛而言,所有基于特定目的而对未来行动作出的系统谋划或方案预设,都可称为策划。其核心功能和价值就在于帮助人们在不确定性中寻找确定性,提升人们预测和驾驭未来的能力。当前,世界正经历着百年未有之大变局,全球政治经济格局变幻,数字化和智能化浪潮深度推进,特别是新冠肺炎疫情以来,经济社会发展面临着更多的风险与挑战。在这样一个高速、易变与复杂的年代,无论是个人、企业还是组织,欲求规避风险或获得竞争优势,重视策划并主动策划,就成为重要且必要的选择。

一、从辞源学理解"策划"

策划内涵丰富,如何才能更好地理解策划呢?如果我们将"策划"二字拆开,从辞源学出发追本溯源,无疑有助于我们掌握策划的精义。

"策"是什么意思呢?东汉经学家许慎在《说文解字》中注解道:"策,马棰也;从竹,朿(cì)声。"朿指带有芒刺的植物。竹鞭有节,节上有须,类似木刺。"策"之本义就是指带刺的竹制马鞭或马杖。例如,《礼记·曲礼上》说:"君车将驾,则仆执策立于马前。"随着经济社会的发展和日常用语的变化,"策"的字义(包括词性)也不断演变与引申,内涵日益丰富(见图1-1)。

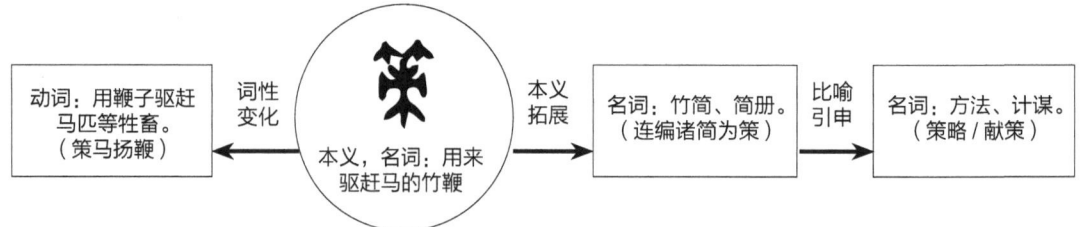

图 1-1 策的象形字和词义演变

这些演变和引申大致分为三个方面：一是本义不变，词性变化。"策"用作动词，表示利用鞭子驱动骡马役畜等，于是有了鞭策、驱使和驾驭之意。例如，《论语·雍也》中说"将入门，策其马"。二是词性不变，本义拓展。古代将削制而成的狭长竹片称为"简"，将若干片"简"编缀在一起，即称为"策"。唐代孔颖达《左传正义》中有言："单执一札谓之为简，连编诸简乃名为策。"三是词性不变，比喻引申。在古代简策比较贵重，而当时能识义断字的人又不多，所以其上记载的主要是事关国计民生的重要议题或经学典籍，其核心目的是为当政者出谋划策、巩固统治。又一说是"策"也指古时候用来计算的竹筹，如《老子》所言"善数不用筹策"。所以"策"就逐渐衍生出"策略"之意，表示根据形势预测而制订的行动方针或方案。例如，董仲舒针对汉武帝在"策贤良文学诏"中的征问，提出了影响深远的"天人三策"（即"罢黜百家，独尊儒术；建立春秋大一统，尊王攘夷；建立太学，改革人才拔擢制度，反对恩荫訾选制度"）。

以上对我们理解策划有何启示呢？当"策"作为马鞭之义时，就有鞭策、督促、激励等积极意义，能够驱动事物发展。它启示我们策划活动要遵循事物的基本规律，用创新的谋略和计策推动事物的快速发展。比如，企业战略策划，即是通过研究企业发展普遍规律，结合具体企业的实际情况，因地制宜地创新策略，推动企业迈向卓越和基业长青。当"策"作为策问、对策之义时，就表明策略具有鲜明的针对性、目的性和实践性品格。它启示我们应该以特定目的或问题为导向，因地制宜地提出系统性解决方案，以便为决策提供参考，提升决策和执行的效率和效益。

那么"划"是什么意思呢？"划"的繁体写作"劃"。许慎在《说文解字》中注解道："锥刀曰劃，从刀从畫，畫亦声。"本义是用锐利的器物将别的东西分开或从上面擦过，如划玻璃、划火柴等。在人们使用过程中，"划"的字义也不断丰富（见图1-2）。

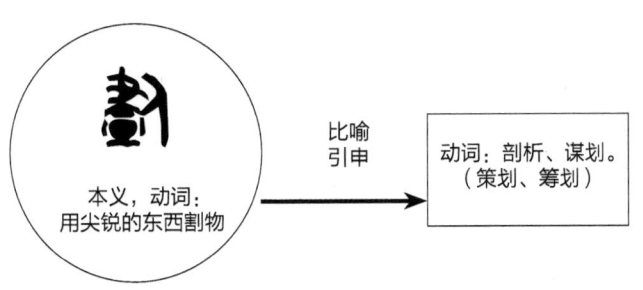

图1-2 划的象形字和词义演变

一是本义的比喻引申,指抽象地划开,如《左传·襄公四年》中说"芒芒禹迹,划为九州",这就是划分区域、划清界限的意思。二是通假的比喻引申,如清代孔尚任的《桃花扇》中说"亏了夫人侯氏,有胆有谋,昨夜划定计策",这里"划"通"画",表示设计、筹划和谋划之意。

整体而言,相对"策","划"的字义较为简单。但从"划"的字义剖析中,我们也可得到有益的启示。其一,当"划"表示将事物划开或割开的意思时,启示我们要透过现象看本质,层层深入剖析事物,找到其内在的规律与原理,才能设计策略。其二,"划"还有设计、筹谋的意思,包含着创新与创意的含义。启示我们做策划,不仅要分析,还要设计和筹划,通过"创新或创意"的质变一跃,生成具有创造力的问题解决方案和震撼性的战略构想。

"策""划"二字虽早已有之,但"策""划"组合成词出现却较晚。首次出现"策划"的时间已经不可考,学者一般认为,"策划"(古汉语中"策划"亦作"策画")一词最早出现在东晋文学家干宝的《文选·晋纪总论》中:"魏武帝为丞相,命高祖为文学掾,每与谋,策画多善",随后广泛见于各种文章篇什之中。例如,唐代元稹在《奉和权相公行次临闕泽》诗中说:"将军遥策画,师氏密许谋。"改革开放之后,由于市场竞争的需要,以及日本"企划"思想的引入,策划一词逐渐流行起来。但严格来说,到目前为止,"策划"还没有成为某门学科或者某个领域的专有名词。在汉语辞书中,"策划"还一直被当作一个普通词汇来解释。比如,《辞海》中对"策划"的解释是:"划,亦作'画',计划、打算。"《现代汉语词典》解释为:"筹划;谋划。"《新华词典》中解释为:"出主意,定办法。"从这些辞书来看,策划内涵简而言之就是四个字——"出谋划策"。"策"即策略计谋,解决问题的创新方案;"划"即分析研究,关键是要从现象中发现本质,找到问题的根本成因及事物发展的内在规律,进而制订相应方案。因此"策划"更应说是"划策",是个人或组织为解决特定问题或达到特定目的,利用个人或集体的智慧预先拟订方案的思维活动,是想主意、找办法、琢磨策略的过程。"划"是"策"的基础和手段,"策"是"划"的思想成果和创新结晶,二者密不可分。

在英语中，没有与"策划"完全相对应的词汇。plan、planning、plot、scheme、engineer、strategy 等词均含有"策划"的含义，但总让人有种"隔"的感觉，或者说都不能完整地表达我们所论述的策划内涵。相对而言，strategy planning 可能较为贴近策划的含义，具有战略策划与谋略之意，相比 plan、scheme 等词汇更强调创新性。近代日本学者从企业发展的角度，将"策划"称为"企划"，解释为"创造智慧的行为"。这种解释虽然有其道理，但严格来说，企划只是策划的重要领域之一。

二、策划的概念界定

中国现代意义上的策划，是在改革开放浪潮的推动下，从点子、创意、营销等实践活动中起步，后又融会西方的战略、管理、营销和传播等思想与理念，才逐渐成长并受到重视的。随着经济与社会的发展，策划对象的范围不断扩大，策划内容不断丰富，在古代政治、军事谋略的思想理论基础上，各类商务策划活动蓬勃兴起，如企业策划、活动策划、广告策划和影视策划等。由于现代策划起步较晚，又涉及范围广泛，因此目前专家、学者及从业人员对策划的理解尚未统一。从可收集到的近 200 种相关定义中，总结其核心特征，主要有谋略计策说、取舍决策说、战略定位说、创新构想说和系统过程说五种定义角度。

"谋略计策说"强调策划是为了达到某种目的，通过智慧的运用，而制订计谋或谋略的行为。该定义体现出了对古代"出谋划策"传统的继承。在改革开放初期，这种论述是业界的主流观点。然而随着策划领域和方法的不断拓展，策划内涵也日趋丰富。谋略和计策虽然蕴含着策划的思想精要，但已经难以概括现代策划的全部内涵。特别是古代谋略偏重定性思考，对定量和数据分析重视不足，这种短板在现代复杂社会中难免出现偏颇。例如，红极一时的"点子"策划，由于缺少深入的研究和扎实的数据支撑，仅凭个人的经验或"灵机一动"，最终被时代和行业抛弃。

"取舍决策说"强调策划是在研究的基础上，对未来发展做出当前的决策，即从多个计划或方案中选择最优选项。此种论者强调策划的成果是指向取舍与决策，但有时他们会模糊策划与决策的关系。就实践而言，策划更多是为决策提供参考依据或可供选择的方案，除非策划人和决策者是同一主体（即自我策划），否则策划人不能越俎代庖。

"战略定位说"强调策划是以定位为核心的一系列战略配称，包括理念创新、策略设计、要素整合和操作监理等。这种阐释深受艾·里斯和杰克·特劳特"定位"理论的影响。他们认为定位是策划的"魂"，合理的定位是策划成功的关键。实践表明，定位确实是策划的主心骨。但策划毕竟不等同于定位，相较而言，其内涵更加复杂，更加强调创意性、系统性和实操性。

"创新构想说"强调策划的创新创意属性，认为拥有新颖震撼的创意和构想是策划成功的关键。提出策划就是要激发创意，有效地运用手中有限的资源，选定可行的方案，以达成预定目标或解决某一难题，并极为重视策划思维与创新能力的养成。毋庸置疑，创新创意是策划取得突破和亮点的关键，但这需要建立在科学研究的基础上，并在一定的原则、目标和定位的指引下，否则为了创新而创新，必然难以获得理想的策划效果。

"系统过程说"强调策划是一个系统、科学的过程，是人们为达到某种特定的目标，借助一定的科学方法和创新艺术，为决策、计划而构思、设计、制作行动方案的过程，要有系统意识和系统思维。策划无疑需要系统性内容和程序的支撑，但在系统的基础上还需强调关键节点，要有突破性策略。

正如"一千个人眼中有一千个哈姆雷特"一样，不同的人对策划有不同的理解。但策划还是有一定的规律和特征可循。其实，从以上定义中，大家都认可策划是一种运用脑力的理性行为，是有目的和有程序的思维活动。本书通过综合提炼以上论者的共性与合理的成分，同时考虑到策划的适用性与操作性，提出了定义策划的另外一种视角——"目标方案说"。即认为：策划是为更有效地实现特定目标而在研究基础上创新定制行动方案的理性行为。简而言之：策划就是为指导未来行动预设方案。就是在决定做某事之前，预先想好做什么、如何做、谁来做、何时做。它如同一座桥梁，连接起我们目前之地与欲往之处。策划的核心任务是"概念创造"（或"找魂"：特定目标、定位、主题、名字或超级符号等）和"方案创新"（创新性的定制化行动方案），其根本价值在于"让人们正确地去做正确的事情"。

该策划概念具有如下几层含义。

第一，目标是策划的方向。"一艘没有方向的船，任何风都是逆风。"策划亦然。策划是人类有目的、能动的、将主观见之于客观的思维创新过程。明确策划的目标——解决特定问题或达到特定目的，是实现策划功能与价值的前提，也是考量策划效果的根本依据。任何一项策划活动，不管创意如何新颖、方案如何精彩，只要其目标或目的是模糊的，就难以取得预期成效。

第二，研究是策划的基础。策划不能靠拍脑袋，靠"奇思异想"的灵光一现，必须运用现代科学思维、方法和工具，通过去粗取精、去伪存真、由此及彼、由表及里的调研分析功夫，梳理事物发展的主客观条件，发现事物因果、问题本质并找到必然规律，对事物发展形成预见或预测，进而才能创新制订方案。策划研究的要义是要发现规律、洞察趋势，在不确定性中寻找确定性。

第三，创新是策划的灵魂。无创新，非策划。克隆的价值有限，策划贵在创新。创新是策划的根本特征、不变主题和核心价值与魅力之所在，在策划中怎么强调创新都不为过。策划人要积极培育创新思维和创新能力，在策划过程中树立全流程创新意识，让创新贯穿策划的各方面和各环节，特别是要强调"概念创造"和"方案创新"。需要注意的是，策划并不是为了创新而创新，其指向是如何更有效地解决问题或达到目的。

第四，定制化行动方案是策划的主要成果。策划不能泛而为之，放四海而皆准，而是"一把钥匙开一把锁"，要为一定的对象或事项量身定制，是为了"这一个"而进行的方案设计。优秀的定制方案是设计出来的，而非筛选各种方案找出来的。同时策划与研究和咨询活动不同，特别强调可执行性和落地性。实践品格是策划最具代表性的品格。如果一个策划方案通篇都是天马行空的概念与设想，缺少可操作性，就失去了其根本价值。

第五，提升效能和效益是策划的最终归旨。条条大路通罗马，但最合适的路只有一条，策划就是要寻找到这条路。策划的价值在于让人们正确地做正确的事情，就是通过创新的思维和周密的计划，预设创新性可执行方案，在付出同样成本的条件下，获得更多的回报。也就是说，有策划要比没有策划能更好地实现目标或解决问题，可以获得更大的成功和收益。

三、策划的核心特征

根据策划概念的内涵，具有五大核心特征。

特征一：预设性。策划是"找出事物因果关系，衡量未来可采取之路径，以为当前决策之依据"的理性行为。根据管理学中的决策学派理论，决策程序分为三个步骤（见图1-3），策划活动可视为其第二步。在我们的日常行为中，也常是先谋而后断，否则会被人讥为有勇无谋。由此可见，预测与预见是策划的基本前提，预测越科学、越准确、越周详，实施起来效果就越好。换而言之，策划就是要在头脑中完成对目标呈现和路径设计的所有想象，目标越接近实际、路径越有可行性、方法越有创新性，意味着策划能力就越强。

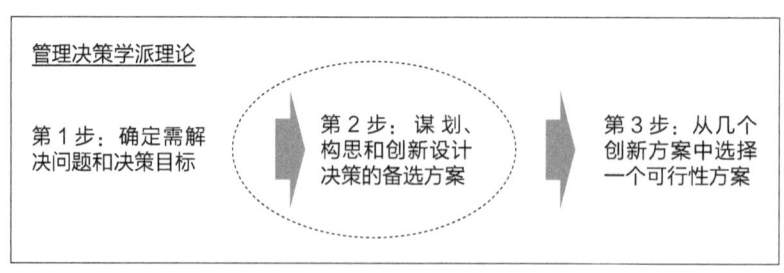

图1-3 决策的三个基本步骤

特征二：定制性。"智无常局，以恰肖其局者为上。"策划是解决"这一个"的问题，即以特定目标为指引，针对特定事物在特定的主客观条件聚焦下，设计特定的行动方案，以达到特定的目的或效果。定制性在策划中最直接的体现就是对"定位理论"的运用。什么是定位？即要立足全局、全面的战略高度，根据事物特性、功能、品类或形式等，明确一个差异化、个性化或创新性的发展方向，并建立战略资源配称，从而逐渐在顾客心智中占据独特和有利的位置。策划过程中，通常要给事物进行定位，以明晰事物的独特性。

特征三：创新性。创新是策划的生命力与竞争力源泉，是策划最本质的特征。策划界流行过一句话："没有创意就没有生意，没有震撼就只有遗憾。"策划最重要的是创新，最艰难的也是创新。特别是进入人工智能时代，规模化、标准化的咨询将逐步被机器取代，只有基于人文、情感、灵感的创新与创意，才是人类最后的"护城河"。

特征四：可行性。"一个行动胜过一打纲领。"策划是连接决策目标与实践过程的桥梁，是思想之于行动的人类思维活动。实践是检验策划效果的唯一标准。不能被付诸实施的策划，是一种"伪策划"。这就要求策划人必须坚持实事求是的专业态度，深入调查与把握客观实际，尽量减少主观偏见；必须掌握科学的方法论和研究工具，遵循严格的策划程序。对于自我策划而言，策划不仅是决策，而且是实践操盘，无疑更需注重可行性。

特征五：系统性。策划是具有全局性、整体性、综合性的策划活动，是统筹思考各要素间相互作用而构成的行动方案。正如策划学者吴廷玉所言："策划是为了达到预期目的而运思筹谋，科学整合各种资源，形成强大合力从而实现效益最大化的系统工程。"❶策划追求的是"1+1 ≥ 2"的整体效果和增值效益。这也要求策划人必须强化全局意识和整合思维，推动各种优势资源的集聚，实现各种要素的优化配置。

四、相关概念的辨析

（一）策划与点子、创意的区别

改革开放初期，"点子大王"横空出世，给社会造成了一种印象：策划即"点子"，找人做策划，就是"求仙问道式"地获得一个令企业或项目"起死回生"的金点子。后来"创意"崛起，成为社会的流行热词，于是又有不少人将策划与创意等同起来，认为策划即创意。通常而言，"点子"是经过思考产生的解决问题的主意和办法，"创意"是有创造性的想法和构思。虽然二者与策划有一定共性，但不能混淆（见图1-4）。就像策划人王志纲所言："点子像一颗颗珍珠，珍珠有没有用？有用，但是单个珍珠的闪光是没有价值的，珍珠必须编成一串项链，挂在一个美人的脖子上，这才有价值。"如果说点子、创意是珍珠，那么策划就是在选择的基础上将它们有机串联起来，并实现价值倍增的项链。

策划离不开点子和创意，但仅有它们还远远不够。策划还包括研究、论证、撷择等多个环节，否则再震撼的点子和创意也只能是空中楼阁。同时需要指出的是，尽管优质的

---

❶ 吴廷玉. 文化创意策划学[M]. 大连：大连理工大学出版社，2010：35.

创意是策划的"压舱石",但创意亦需有度,不能为了哗众取宠而搞"恶作剧"或低俗的"噱头"。

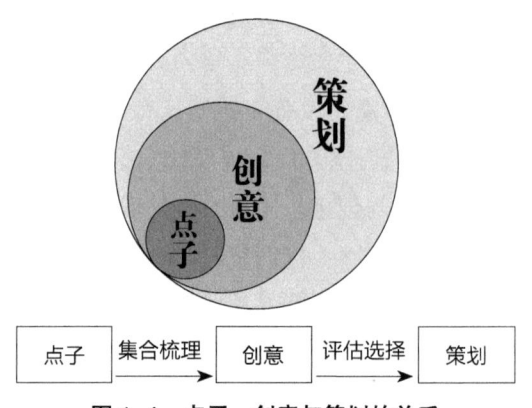

图1-4 点子、创意与策划的关系

(二)策划与决策的差异

策划与决策是一对既有联系又有区别的术语。联系在于"策",都是关于事物发展的重大策略或方略;区别在于一个为"划",一个为"决",即前者核心在于"谋划出来",后者在于"决定下来"。决策着重解决"做不做"的问题,其本质是"断",是对策划成果的选择与确认;而策划则是筹划、谋划,着重解决"为什么""做什么"和"如何做"的问题,其本质是"谋",是"遵循客观世界的运行规律,主观地提出和提炼实现最高价值目标的谋略和方法"❶。在成语"能谋善断"中,策划是"谋",决策是"断",这个成语告诉我们凡事要先策划而后决策(见表1-1)。

更进一步说,策划质量制约着决策的质量。策划所提供的方案是否具有科学性、前瞻性、可行性,对决策影响重大;如果没有周密的策划方案,以及对不同方案的比较、鉴别与选择,决策者就难以实现科学的决策。另外,决策效果是衡量策划价值的重要依据。一个策划成功的标准是什么?即是其提出的理念与设想是否变成了现实。而这一转变的枢纽在于决策。如果一个策划方案没有得到决策者的采纳并付诸实施,那么无论方案本身如何震撼人心,就其实用价值而言,仍是一堆废纸。当然,策划与决策也不能截然分开。经常是大策划中带着小决策,大决策中带有小策划,形成了一种互相缠绕、互相支撑和互相保障的关系。

---

❶ 雷鸣雏. 中国策划教程[M]. 北京:企业管理出版社,2004:3.

表 1-1 策划与决策的差异

内容	性质	任务	职权范围	人员构成	产品形式
策划	谋划、计划	谋划路径或办法	建议性	非权力机构	建议方案
决策	决定、决断	确定行动方向和目标	权威性	权力机构	决议、决定、规定

（三）策划与咨询的区别

策划与咨询二者关系密切，业务相互重叠，都具有提供信息与智慧服务、帮助客户制订解决方案等功能。从许多机构的工作实践来看，两者也相互交织在一起。职员往往身兼两任，既是咨询师又是策划师。具体从重叠部分来看，主要是在咨询的"高级环节"与"委托专业策划服务"之间交叉（见图1-5）。即在咨询中，根据委托方的需求，提供定制化解决方案的咨询活动，可以视为策划活动。但策划还包括"自我策划"，这是咨询活动所不能覆盖的。

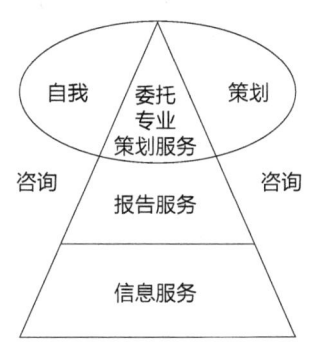

图 1-5 策划与咨询的区别与联系

随着认知和实践的深入，策划与咨询的差别也日益为大家所共见。首先，文化基因不同。咨询是西方工业化背景下诞生的，它具有西方哲学与思维的内在基因，注重专业性、科学性、严谨性；而策划，孕育在遥远的先秦时代，诞生在历史悠久的文明古国，具有与生俱来的东方特质，强调顿悟、创新、圆融、周致。其次，任务重点不同。咨询主要是提供知识与信息服务，策划重在提供定制化、创新性的行动方案。再次，主要特性不同。策划强调预测性、前瞻性、时机性、独特性、创意性，而咨询讲求程序性、规模化、数据化，强调的是准确性。❶最后，服务对象不完全相同。策划可为自己也可为他人服务，但咨询服务对象始终是他人（见表1-2）。随着经济社会的发展，这些差异也愈加明朗化、显著化。现代策划正逐渐成为一种相对独立的、前景广阔的职业。

---

❶ 彼得·布洛克.完美咨询指导手册[M].邹怡，译.北京：机械工业出版社，2016：12.

表 1-2 策划与咨询的差异

内容	服务对象	产品重点	主要特性	文化基因
策划	自我、他人	行动方案	预测性、定制性、创新性	东方整体思维
咨询	他人	信息、报告、方案	数据性、专业性、严谨性	西方分析思维

（四）策划与谋划、规划、计划

这四个词语非常容易混淆，即便专业人士也很难说清它们之间的区别与联系。但假如将其放置在城市、园区或景区建设的场景下，四个词就较容易区分。例如，在城市建设中，我们可细分为前后衔接的四个环节：谋划—策划—规划—计划。这些词语中都有"划"，其区别在"谋、策、规、计"，可将其理解如下（见图1-6和表1-3）。

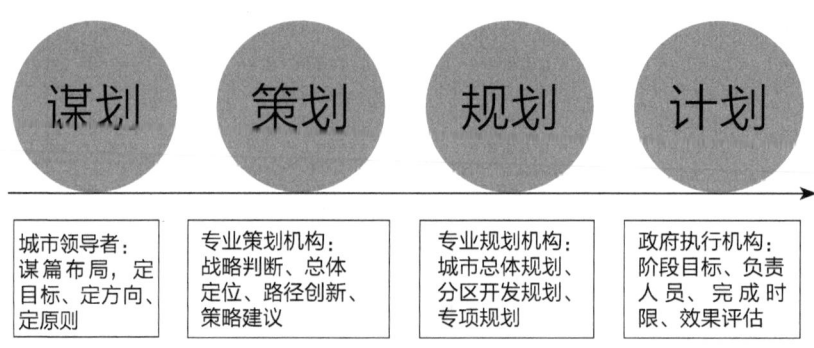

图 1-6 城市建设"四划理论"示意

表 1-3 谋划、策划、规划、计划之间的区别

指标	谋略性	创新性	研究问题	主要成果	思维方法
谋划	一定有	不一定有	不受限制	大体构想	发散思维、辩证思维
策划	一定有	一定有	有限制	策划方案	发散思维、创意思维、逻辑思维
规划	不一定有	不一定有	有限制	法定规划	逻辑思维、空间思维
计划	一般没有	基本没有	受限制	执行计划	逻辑思维

首先是谋划。具有雄心大略的城市领导者（或决策者），为了实现施政纲领，通常要整体思考，谋篇布局，定目标、定方向、定原则，为城市发展勾勒蓝图。但是这种蓝图是否科学、如何才能落地，他们心中还没有确切的把握和设计，处于一种"有想法、少做法、少说法"的阶段。这时决策者需要寻找专业机构，论证或调整自己的构想，并指出理想照进现实的路径。

其次是策划。如果说谋划"重头"，那么策划就"重脚"，要向执行延展。接受城市决策者的委托后，专业策划机构需要在深入、科学的调研分析基础上，就城市发展进行战略判断、总体定位、路径创新、策略建议，为决策者提供创新性、系统性、具有可行性的问题解决方案。对于策划机构而言：对上，要理解决策者的需求和意图；对下，要了解城市的资源与条件，设计具体的执行策略。因此，一个高质量的策划方案，是专业机构与决策者多次互动、研讨和协作的成果，同时也是帮助决策者（团队）统一思想、明确目标、强化信心和清晰实现路径的过程。

再次是规划。其核心在"规"，强调的是规定、规范、规矩，规划通常是具有法律和行政效力、需要强制执行的文件。由于策划不是法规性文件，因此，在策划成果得到决策者认可后，需要通过规划形式，将策划的思想、理念、战略和项目，具体地落实到城市空间布局、产业选择和项目设计中，成为一定之规。换而言之，策划是规划的上位指导，规划是策划的法定载体。当前，亦有很多城市决策者有意或无意地忽略策划环节，在城市建设中，只邀请城市规划公司。但这种做法的缺陷是显而易见的：规划机构由于职业习惯，多偏向于用空间思维来分析与解决问题，但城市不仅有"空间形态"，还有"经济形态"和"文化形态"等多种形态。因此，在建设中如果缺少了策划环节和专业机构的介入，常常导致在宏观上失去方向、在中观上缺乏动力、在微观上缺少亮点。

最后是计划。规划不能只是"墙上挂挂"，论证审定之后，需要通过计划具体落实。计划，即是计算、安排，按照规划确定的目标、年限和任务，做出年度或季度的工作方案，包括阶段目标、负责人员、完成时限和效果评估等，如此才能推进策划的实施落地。

五、策划的要素构成

策划活动是一项创造性的系统工程。从构成事物的必要元素来看，策划基本要件包括策划主体、客体、方法和方案。这四者相辅相成，是一次策划中不可分割的有机统一体。只有处理好这些要素，才能完成高质量的策划。

（一）策划主体

策划主体即策划者或决策者（自我策划），是策划行为的实施者。在策划活动实施之前，为谁策划、谁来策划是首先需要明确的问题。与咨询服务不同，策划主体既可是接受客户委托而开展策划的个人或专业机构，亦可是进行自我策划的企业或城市领导者。

策划人的素养是保障策划质量的基石。策划人需要看得高、想得深、思得广。随着以移动互联、人工智能为代表的新经济时代的到来，实践对策划人提出了更高要求：研究能力、创新能力和传播能力变得越发重要，成为核心的"能力三角"（见图1-7），优秀的策划人应该让自己成为"T形"或"π形"人才（至少拥有两种专业技能，并懂得领导、管理，能将多门学科融会贯通的高级复合型人才）。随着策划活动的日趋复杂，团队合作成为策划的主要形式。在策划活动中，通常有三种组织模式，即职能式组织、项目式组织和矩阵式组织。由于策划活动通常以项目的形式存在，因此策划机构较多采用项目式组织和矩阵式组织。这两种模式兼顾了专业性和灵活性，便于进行多学科、多专业的优化组合，既有利于保证项目质量，又便于人才培养与交流。❶

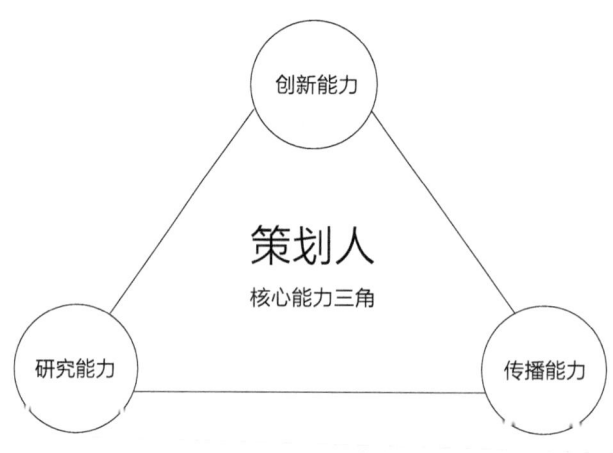

图1-7 策划人"能力三角"

（二）策划客体

策划客体是策划活动的对象，通常有两重含义。一是策划的委托客户。当一家企业或机构不是"自策划"时，相对策划机构而言，它也是策划的客体。策划机构需要深入了解其需求和意图，然后通过思维创新、策略创新、手段创新等形式，为其提供定制化的问题解决方案，让顾客能正确地做正确的事情。二是策划的具体对象。可以是有形实体，如区域、城市、园区、企业和建筑等，亦可是无形事物，如文化、影视、动漫和活动等。这些客体通常存在于一定的自然、经济、社会和文化环境中。策划活动即是运用创新思维，整合和利用各类资源与力量，让事物按照策划方案的方向发生改变。

（三）策划方法

策划是一个发挥主观能动性改造客体的过程。科学方法是策划活动的核心要素。可以说，方法是打开策划之门的钥匙。从实践来看，策划方法主要包括研究方法、创新方法和传播方法。研究方法旨在通过对内外条件、发展趋向等方面的分析，寻找事物发展的规律与趋势，为策划提供扎实的基础支撑；创新方法旨在通过创造性思维，针对问题找到意料之外而又行之有效的路径，或者是形成具有震撼性的创意，实现人的主观意识对客观事物的改变。这里的传播方法，一是指策划者要通过一定的劝服形式，让决策者或执行者接受策划方案，二是指在制订策划方案之时，要有传播意识，深谙传播方式，熟稔媒体策略。

---

❶ 田长广. 新编现代策划学［M］. 北京：北京大学出版社，2014：115.

对于同一件事情，不同策划人的方法可能不一样，但整体而言，都需要依据事物发展实际和客观规律来进行策划。

（四）策划方案

策划提供给客户的不能只是一套方法论，而应是一整套深入对象组织、市场、品牌、管理和营销等多环节的综合解决方案。任何一次策划，最后都需要通过具体方案来体现。从方案形式来看，不必拘泥于书面文本、文字多少，也可以是口头表达、实践指导或交流培训等方式。从内容上看，一个完整的方案应包括"5W2H"要素，即明确"Why"（为何）——策划的背景、原因、必要性和可行性分析等，"What"（何事）——策划目的、目标、主题、方式等，"Who"（何人）——策划主体、客体、利益相关者等，"Where"（何处）——策划涉及的地域、场所、空间等，"When"（何时）——策划涉及的周期、时间节点等，"How"（如何）——解决问题和达到目标的具体方案等，"How much"（何效）——策划方案的实施预算，以及经济效益和社会效益等。从质量要求看，策划方案应观点鲜明、论证充分、策略得当，具有较强的创新性和实操性。从格式来看，一般按照策划封面、内容提要、正文目录、主体内容、效益评估和实施时序等次序来组织。

第二节　基本原理

万物皆有理。所谓原理，即指某一事物、领域、部门或科学中具有普遍意义的基本规律，是人们对"事物和现象的认识和把握的高度抽象的产物"[1]，它既来源于实践也需要通过实践来检验，检验后的原理可以指导我们更好地实践。著名编剧罗伯特·麦基曾写道："原理是说'这种方式有效……而且经过了时间的验证'。……作品没有必要临摹一部'写得好'的剧本，而是必须依循我们这门艺术赖以形成的原理去写好。"[2]策划亦然。我们没有必要机械地去模仿一次成功的策划，而是需掌握好策划之原理，依循原理去开展策划活动。通过总结实践经验和研究成果，本书提炼出了策划的九个原理（见表1-4）。

---

[1] 王沪宁. 政治的逻辑：马克思主义政治学原理[M]. 上海：上海人民出版社，2019：1.
[2] 罗伯特·麦基. 故事：材质·结构·风格和银幕剧作的原理[M]. 周铁东，译. 天津：天津人民出版社，2014：2.

表 1-4 现代策划的九个原理

类型	原理内容
理念类	以终为始、权衡取舍
方法类	善因制宜、守正用奇、扬长聚势、化繁为简
原则类	利益多赢、动态权变、坚守底线

原理一：以终为始。

目标是指引事业前进的灯塔。根据管理学大师斯蒂芬·罗宾斯的定义，目标通常指的是所期望的结果或对象[1]，指导着管理过程并形成了衡量工作结果的标准。策划是人们为了达到特定的目标，借助一定的科学方法和理论，为决策、计划而构思、设计和制订可执行方案的过程。目标是策划的方向，是策划的出发点和落脚点，没有目标的策划无疑是盲目的。因此，在策划过程中，首要原理就是"以终为始"的原理——即坚持目标导向，从最终期待来思考当前策略，为当下行动塑造未来意义。

自我策划之时，目标可以通过自己的分析和思考来确定。而对于委托策划而言，目标的确定则通常来自委托客户的需求，只有助其达成目标，策划才有实际价值。俗话说，"干活不由东，累死也无功"。但在实践中，仍有很多策划人没能精准把握客户需求，或者说有时客户也不清楚自己的目标何在，又或经常游离变化，这样策划就成为"无的放矢"，或被迫打"移动靶"，最后结果很可能南辕北辙、徒劳无功。所以，为了确保策划工作的价值和效率，必须先明确策划的目标。需要注意的是，客户期望目标通常带有很强的主观性，因此客户阐述目标时，策划人需要特别谨慎，要根据客观环境、客户资源和能力等约束条件，初步考察客户的想法和目标是否可行。合理的目标应该是"跳一跳，够得着"，不能是"抓着自己的头发往上窜"。在这一过程中，策划人要主动实现立场转向——能够从委托者的立场去思考，把握目标背后的深层次动因，如此才能更有效地推进主观和客观结合。

策划目标有时候也体现为解决某一特定问题。目标和需求是我们的主观诉求，从客观角度来讲就是问题，即现状与预想之间的差距。这时策划任务就变成了发现关键问题，并设计合理方案指导人们采取行动解决这些问题。如何才能准确地把握问题之所在呢？一是要磨炼问题意识。策划人应经常以创新性、建设性的视角来审视社会生产生活中的问题，锻炼和培养问题意识，不断提高发现和分析问题的能力，在策划中能快速明确主题与方向。二是尝试改变原来的问题。例如，经济学家米尔顿·弗里德曼在碰到别人向他请教问

---

[1] 斯蒂芬·罗宾斯，玛丽·库尔特. 管理学 [M]. 13版. 刘刚，程熙镕，梁晗，译. 北京：中国人民大学出版社，2018：199.

题时，经常不是直接给予回答，而总是喜欢改变一下别人的问题，经他改变之后，答案往往就变得清晰了许多。三是要明确重点问题。首先要细分问题，将调研了解到的问题分门别类，梳理好问题的层次和重要性。其次要关注核心问题。所谓"追二兔者不得其一"，要着力于解决最重要和最迫切的问题。

原理二：权衡取舍。

决策的本质在取舍。策划的力量来自于集中智慧、资源和行动，在适当的时候将资源应用于关键目标上。思想家荀子曾告诫道："其虑之不深，其择之不谨，其定取舍楛僈（kǔ màn，意为粗疏轻慢），是其所以危也。"❶ 政治家贾谊也在《治安策》中说："为人主计者，莫如先审取舍，取舍之极定于内，而安危之萌应于外矣。"❷ 条条道路通罗马，策划就是找到最合适的一条，让人们能够以最低的成本获得最大的收益。

如何才能做好取舍？主要有以下四个方法。第一，要根据策划目标，确定评估和取舍标准。"古画（通'划'）三策，上为善"❸，意思是说谋略有不同的成效，要选取最好的。而如何判断"上策"，就需要根据主客观情况和策划目标，明确评估标准，进行综合判断。第二，落实到策略上，关键是定位，就是确定方向。在战略方向没有确定之前，任何战术都无所谓好坏。从这个角度而言，取舍首先就要在定位上做出决策，先做"正确的事"。第三，取舍不仅要有定性研判，更要有大数据支撑。数字时代产生的大数据，为策划机构提供了海量的信息来源和分析样本，也让研究方法和手段发生了重大变革，大数据运用能力正成为策划机构提高研究质量的关键性能力。第四，取舍建议要独立与客观。对于策划机构而言，独立和高质量的判断是其生命。应按照事物发展的客观规律为决策提供客观的参考建议，更多应该是与服务对象"对话"，而不是向其俯首"听话"。策划人必须坚持自己的专业性、独立性，并通过不断地与客户磨合而获得最佳的策划效果。

原理三：善因制宜。

《鬼谷子》中说："因者，君之纲也。"马克思也强调："人民自己创造自己的历史，但是他们并不是随心所欲地创造，并不是在他们自己所选定的条件下创造，而是在直接碰到的、既定的、从过去继承下来的条件下创造。"❹ 策划是立足现实、基于预测的定制化方案，在策划过程中必须将策划对象放在特定的时间、空间、人物（决策与实施主体）三维场景坐标中，因时制宜、因地制宜、因人制宜，对这些维度进行准确、细致、深入的考量，对资源要素、机遇与优势进行梳理和整合，对挑战与劣势进行规避和转化，以期达到现有条件下的最佳决策与实施效果。

---

❶ 方勇，李波. 荀子 [M]. 北京：中华书局，2011：42.
❷ 班固. 汉书·贾谊传 [M]. 长沙：岳麓书社，2008：870.
❸ 戴龙海，等. 兵经百书 [M]. 郑州：中州古籍出版社，2018：20.
❹ 卡尔·马克思. 路易·波拿巴的雾月十八日 [M]. 冯适，译. 南京：江苏人民出版社，2011：2.

成功的策划，需要上顺天时、下用地利、中得人和。"三因"制宜里面，"因人"体现了主观积极性，"因时""因地"更多涉及客观条件。作为主观之于客观、理论之于实践的行动，"因人制宜"最为关键，策划就是要制订此人想做、可做并最终能做成的方案。

因此，践行制宜原理首先是要因人制宜。策划规律千万条，以人为本是头条。策划植根于人，更服务于人。做好"因人制宜"，即是要设身处地为服务对象着想，做好"领导判断、问题诊断、需求决断"，进行"量身打造"，深刻地把握：我在为什么样的决策者服务？决策者面临的真正问题是什么？决策者希望达到什么目的与效果？研究好客户的需求和目标，是策划成功的最关键因素。其次要因时制宜。所谓凡益之道，与时偕行。"时"就是时势。孟子曾说："虽有智慧，不如乘势；虽有镃基，不如待时。"[1]策划必须"审时度势"。既要看清当前的时局，又要研究未来之大势（"因为某种内在规律而导致的未来的大概率或者必然趋向"[2]），深刻把握时代趋势、社会潮流和政策方向。只有善于借势，才能实现"譬若决水于千仞之溪，转圆石于万仞之谿（xī）"，绝非简单的"撑死胆大的，饿死胆小的"。最后是要因地制宜。挖掘策划对象所在地域的区位条件、发展格局、资源条件、文化底蕴、生活方式和区域性格（或说居民认知和心理底层结构），进而借势或整合特色人文地理资源，最大化激发特定地理空间的价值（即使影视、游戏策划等不具有空间特征的策略类型，也不能忽视地域因素）。同时文化具有叠加效应，其意义会经后人不断创新而丰富，所以文化在溯"源"之时，也要强"流"，把彰显地域历史文脉和时代文化精神有机融合。

原理四：守正用奇。

天下博弈，正奇而已。《孙子兵法·兵势篇》提出："凡战者，以正合，以奇胜。故善出奇者，无穷如天地，不竭如江海。"正奇原理强调的是科学性与艺术性的统一。"正"指科学性，是探寻事物发展的必然逻辑；"奇"是对规律的创新性运用，重点是求新求异。一定程度而言，"奇"才是策划的最大亮点所在。策划追求科学性，要利用最新科研思想和科学技术，需要提供前沿的知识、综合的分析、理性的判断及可以落地实施的方案，强调严密的逻辑性和实效性；策划也要追求艺术性，注重创新、创造与创意，体现主流价值观，强化人文色彩和艺术魅力（见表1-5）。只有将科学性和艺术性有机结合，才能使策划方案既具有逻辑性和操作性，又具有创新力和吸引力，让策划活动充满无穷变化与乐趣。"战势不过奇正，奇正之变，不可胜穷也。奇正相生，如循环之无端，孰能穷之哉！"[3]

---

[1] 方勇. 孟子·公孙丑[M]. 北京：中华书局，2010：46.
[2] 叶修. 深度思维[M]. 北京：天地出版社，2018：185.
[3] 杨丙安. 十一家注孙子[M]. 北京：中华书局，2012：83.

表1-5 "正"与"奇"的侧重点

"正"	"奇"
第一，关注研究对象的基本面 第二，没有调查就没有发言权 第三，发现所在行业基本规律	第一，培育创新意识与创新思维 第二，善于模仿借鉴和跨界整合 第三，要"大胆假设、小心求证" 第四，善于创造新概念和新提法

策划要以"正"为本，以其作为谋略之根基。如何做到"正"呢？其一，要关注策划对象的"基本面"，把握事物发展的基本状况和基本事实；其二，进行深入调研，没有调查就没有发言权。所有创新都应该建立在扎实的研究基础之上；其三，要分析提炼出策划对象所在行业或企业发展的基本规律。通过数据分析、案例分析、剖面分析和对比分析等方法，找到事物发展的内在逻辑和未来趋势，为方案设计提供强有力的依据。

策划要以"奇"为用，即要注重创新性，寻找新路径、新模式、新策略，充分激发组织与机构的潜能。那如何做到"奇"呢？一是要创新思维模式。将单线思维转变成复合思维，将封闭性思维转变成发散性思维，将孤立、静止的思维转变为辩证的、动态的思维。思维的转变是策划用"奇"之根本。二是要善于模仿借鉴和跨界整合。创意并不是凭空而来的，"新创意更像是一个个想法的拼接物，它们都是由思想的碎块拼组而成的"[1]。换而言之，创意主要是我们的大脑对相关知识的整理、联想和融合而来，"功夫在诗外"，唯有见多识广、思维开阔，才能触类旁通。三是要"大胆假设、小心求证"。"奇"之新出于假设，但必须要有现实的论证支撑。任何创意、奇招，都要有可实施性。这里的"奇"既包括定位与策略，也包括重大项目设计等内容。四是"奇"经常体现在"新概念"或"新提法"上，对于策划而言，有时一个概念或一句话就是一次策划的"眼睛"和"灵魂"，提炼概念的能力，是策划人员必须掌握的核心能力之一。

美国企业家马斯克的"激进创新"就是守正用奇的典型。"正"的一面是其创业充分贯彻了"第一性原理"，其所围绕和要解决的核心问题清晰而根本，那就是致力于解决人类能源、人工智能、走出地球等基础性问题；"奇"的一面是从新能源汽车、星链、脑机接口到可回收航天发射器等相关领域展开广泛探索。这种正奇结合成就了其全球首富的地位。

原理五：扬长聚势。

寸有所长，尺有所短，扬长避短，整合资源，创新突破，这是策划之精髓。当今，互联网正深刻地改变着人们的工作方式、生活方式、交流方式及商业的发展模式，未来世界正朝着更加开放、融合和协同的方向演进。在策划活动中，资源整合已成为策划能否成功的重要因素。高质量的策划，就需要帮助客户在分析自身优势与所求目标的基础上，通

---

[1] 史蒂文·约翰逊. 伟大创意的诞生[M]. 盛杨燕，译. 杭州：浙江人民出版社，2014：26.

过高明的创意、科学的方案，充分发挥自己的优势，最大限度地实现资源整合，形成集聚态势。

那如何实现扬长聚势呢？一是要坚持"长板理论"。在市场经济中，"长板"才是企业或区域的核心竞争力，"长板理论"就是要将自己的优势发挥到极致，而"短板"可以通过整合外部优势资源来补足。正如犹太经济学家威廉·立格逊所言："一切都是可以靠借的，可以借资金、借人才、借技术、借智慧。这个世界已经准备好了一切你所需要的资源，你所要做的仅仅是把它们收集起来，运用智慧把它们有机地组合起来。"二是发挥创意的能量。创意是资源整合的引擎。山间之明月，水上之清风，各种有形与无形的资源，都可以通过创意来整合，如"石头汤的故事"（见"链接小故事"）。很多时候，要想整合资源，就需找到属于自己的那块"石头"。三是合作要"以我为主"，主动有为。整合是一个相互取长补短，共同把"蛋糕"做大的过程。但这里整合有个主动与被动、主要与次要之分。为了获得更多的合作利益，在整合中应突出主动性，强化自身优势，力争成为合作中的主导力量。四是实现策划的"多兵种"协作。策划活动通常需要跨界，包括战略、技术、市场、资本、营销、文化和传播等各个方面。要实现多领域整合，必然要求策划机构实现"多兵种"协作，才能在交流和碰撞中找到最佳的结合点。例如，在兰德公司，其研究人员囊括经济学、统计学、政治学、心理学和社会学等不同领域的顶级专家。

链接小故事　　石头汤的故事

当年拿破仑在滑铁卢战败，所有士兵就地解甲归田，很多士兵两手空空，在漫漫返乡路上病饿而死。一天，一个饥肠辘辘的士兵走到一个村庄，发现了一块非常特别的石头。他灵机一动，把头盔摘下来，在河边把石头清洗干净，就在村口架起火煮起石头来。

有一个好事的村民觉得他很奇怪，就问他在干什么？士兵回答说："我在煮世界上最美的石头汤，因为我有一颗奇异的石头。"村民当然不信，嘲笑他说："你疯了！这怎么可能？"士兵坚定地说："如果你怀疑不是真的美味，我可以分一碗石头汤给你。不过你也不能白喝我的石头汤啊！你要有点贡献。你家里有青菜吗？请拿来放在汤里。"

这个人很快拿来了青菜，路上遇到他的邻居，就对他说："村口有一个奇怪的人在煮石头汤，味道很棒，想不想尝一尝？不过，想喝就要贡献一点东西。"于是很快就来了三四个人，有的贡献青菜、鸡蛋，有的贡献盐、调料，汤里的东西越来越多，香味溢了出来。

最后，士兵把汤搅了搅说："可以了，凡是添料的人都可以分享一碗石头汤。"每个人喝完以后，都说味道真的不一样，石头汤太神奇了。士兵把这块"神奇"的石头洗干净继续上路了，沿路上在每个村庄煮起了石头汤，靠着它平平安安回到了老家。

资料来源：石头汤[EB/OL].（2013-01-10）[2021-09-16]. https://www.cnblogs.com/dachie/

p/2854992.html.

原理六：化繁为简。

大道至简。道理只有简易，才能被人们记忆、传播与实践。文艺复兴巨匠达·芬奇曾说"把最复杂的变成最简单的，才是最高明的"。策划亦如是。在策划活动中，所谓的简易，不是浅薄的简单，而是"化繁为简、直抵本质、明确易行"。一套策划方案，是否条理清晰、简洁明确、切实可行，最能反映一个策划人或团队的策划水平。"删繁就简三秋树，领异标新二月花。"❶ 简易，应该是策划人追求的高级境界。

简易并不简单。如何才能做到简易呢？第一，要聚焦核心。东方思维注重用简易方法解决复杂问题，即要从纷繁的事物中快速抓住主要矛盾的主要方面，而不是面面俱到，模糊了焦点。第二，要坚持"冰山原则"。在自然环境中，一座漂浮在水面上的巨大冰山，能够被外界看到的只是露在水面上的八分之一，另外的八分之七藏于水下。策划活动中，简易背后是坚实的资料和研究支撑，是策划人大量的汗水与心血。一般而言，通过报告或方案等形式正式呈现出来的，往往只有研究工作的20%左右。第三，策划要做到"一句话"说清楚。"策划就是一句话的事"，如果将策划过程比作"画龙"的话，那么"一句话"就是"点睛"。这一"点"，极见功力。任何优秀的策划案，都可用"一句话"来提炼出其精髓与灵魂，如果不能，就意味着还没抓到核心与根本，还需继续深化与凝练。正如龙湖集团董事长吴亚军所言："咨询不是说写一个厚厚的报告，而是看有没有真知灼见，假传万卷书，真传一句话。"

原理七：利益多赢。

利益是每一个人、每个社会集团，乃至阶级、民族、国家所追求的目标，是开展活动的原动力。孙子说"非利不动，非得不用，非危不战"。马克思认为"人们奋斗所争取的一切，都同他们的利益相关"❷。策划亦然。多赢原理是指策划要使多方受益，不仅策划对象要受益，相关利益人也要受益。如果利益分配考虑不周全，就会增加方案实施的"摩擦力"和可持续发展的压力。

遵循多赢的策划原理，首先，要让服务对象受益。策划就是为了帮助个人或组织达到某一特定利益目标而进行的活动。策划因利益而动，利益是策划的归旨，也是策划的试金石。优秀的策划能够让个人或组织在困境中获生机，在变局中开新局。其次，要让利益相关人获益。包括政府、官员、居民、合作单位、中介组织、媒体机构等相关的个人或组织。例如，策划一个乡村文旅景区，策划人就不能只考虑投资者和运营者的收益，还需考

---

❶ 出自郑板桥诗《赠君谋父子》，全诗为：多读古书开眼界；少管闲事养精神。过眼寸阴求日益，关心万姓祝年丰。阶下青松留玉节，夜来风雨作秋声。删繁就简三秋树，领异标新二月花。

❷ 马克思. 马克思恩格斯全集（第1卷）[M]//中共中央马克思恩格斯列宁斯大林著作编译局. 马克思恩格斯全集. 北京：人民出版社，2012：82.

虑村民的获得感，推动形成一个共同创造与分享价值、良性运行的命运共同体。最后，策划机构本身也要受益。通过一次策划，机构要获得委托费，增加案例积累，提升品牌知名度，不断增强策划人的信心。事实上，如果失败案例过多，会给策划人造成极大的心理压力，也不利于策划机构的业务拓展。总而言之，策划时要考虑到各方利益。没有输家的策划，才是高明的策划。

同时对于策划而言，考虑利益不能鼠目寸光，局限于眼前，还需有长远的思虑，能够"长计划、短安排"，既要保证项目的当前利益，还要能预见未来态势，使当前策略与趋势接轨，留足延展与衍生的空间。形象的说法就是预留"管线"，即所谓的"吃着碗里，看着锅里，想着田里"。例如，迪士尼在策划设计动画人物时，不仅会考虑电影票房，同时还会考虑动画人物IP化之后，带来的各类衍生品收益，真正做到"一源多用"。

原理八：动态权变。

《孙子兵法》中写道："故兵无常势，水无常形；能因敌变化而取胜者，谓之神。"《盐铁论》中也强调"明者因时而变，知者随事而制"。策划活动是动态而充满弹性的，不应是机械与静止的。做策划，要学习"滑冰运动员"，在动态调整中保持平衡。所谓动态权变原理，即要求策划者在复杂环境中，及时准确地把握事物发展变化的信息，预测未来的方向与轨迹，并以此为依据，及时调整策划方案和实施计划。

那如何做到权变呢？第一，增强顺时求变的观念。及时了解掌握策划对象的发展信息，及时调整，未雨绸缪。这要求策划人不能在将方案交给客户之后，就甩手不管，而是应继续跟踪关注，最好能受聘为顾问监理，根据客户实践情况和条件变化，适时进行调整。第二，预留策划弹性或预案。策划需随市场和客观情况的变化而变化。策划之时即留有余地，在人力、物力、财力及发展目标上有适当的弹性。最佳的办法是要有预案。例如，策划一场大型论坛活动，就必须准备预案，以便遇到疫情防控、政策变动、核心嘉宾缺席等问题时，活动仍能成功举办。第三，正确把握权变的限度。策划调整并非越大越好，需要有个"度"的把握。重要的是根据环境变化程度和信息的可靠程度，决定调整和修正的范围与幅度，并及时评估调整之后的效果，以确定进一步行动。

原理九：坚守底线。

做人做事要有底线，做策划亦如是，要有道德标准，坚持底线思维。在策划过程中，有一些底线是不可以突破的。通常有四个方面。一是保守商业机密。"谋见则穷，形见则制。"策划是一种得益性行为，保密是最基本的商业规则和职业道德。当然，如果是自我策划，其保密与否皆由策划人自行决定。二是符合大政方针。策划也是一门"政治经济学"，除了考虑经济要素，也要会算"政治账"和"战略账"。国家在不同时期有不同的发展侧重点和政策引导方向，只有"小道理服从大道理"，顺势而行，才能借力发展。三是遵守法律法规。虽然目前没有出台策划领域的专门法规或管理办法，但是策划必须接受相关法律的约束。例如,《中华人民共和国企业法》《中华人民共和国广告法》等。四是尊重文化禁忌。不同的地区、民族和国家,拥有不同的风俗习惯,如果策划人不知晓或不顾及文化禁忌,结果可能适得其反。例如,丰田"霸道"曾刊出一则石狮向车行礼的广告,并配以"霸道,你不得不尊敬"的文案,引起了轩然大波。

第三节 主要方法

著名马克思主义哲学家杨献珍在论述经典文献的价值时说:"马克思、恩格斯、列宁的著作给我们留下的最重要最宝贵的东西是什么?是他们的思想方法。"这也给了我们深刻的启示,做策划首先要强调思想方法。策划因时不同、因势而异、更因策划人的修为与创意不同而千差万别。但正所谓策划无法,贵在得法。看似神秘莫测、庙堂深邃的策划之殿,亦有开启的密钥与法门。要实现策划的目标与功能,让策划更具成效,就必须遵循一定的框架结构,形成合理的思考路径,熟练掌握系统的方法与工具。

一、基本框架

基本架构如同房屋的"四梁八柱"。程序化和结构化的框架设定可帮助人们快速抓住策划要点。总结实践经验,策划框架大体可归纳为"1234模型",即"明晰一个策划目标、进行两项基础分析、创新三大核心内容,提供四类后续服务"。

(一)明晰一个策划目标

策划是一种帮助企业、机构或者个人提供决策服务和行动方案的活动,是否达成了双方约定的目标(如果是自我策划,就需要明确自己需要达到的目标),是评估策划是否成功的重要标准。因此策划首要任务即是明确工作目标——确定策划必须达到的结果或期望。目标不同,策划方案也千差万别。例如,某企业委托开展形象策划,目标是扩大品牌影响、树立良好形象;可是策划人却聚焦于组织设计和内部流程改善,工作必然难以获得理想成效。因此,如果策划之初客户没有清晰的目标,那么就要先帮助客户捋清目标再行动。

如何才算是清晰的策划目标?一般要满足如下两个条件。一是共识性。策划委托方和承接方在策划目标上必须达成共识。如果后者不了解或对需求理解有偏差,策划就可能南辕北辙。进一步说,建立共识的过程亦是策划活动明确工作范围、边界和难易程度的过程。需要强调的是,共识还需通过合同或协议等形式固化下来,避免随意改动,否则将极大地增加时间与人力成本。例如,原协议确定的是策划一个传媒艺术小镇,但后来委托方想改为人工智能小镇,那就意味着原来 80% 以上的工作都是徒劳。二是指标性。策划目标不能是虚无缥缈不可衡量的,必须通过设立一定的指标或评估维度,让目标清晰可见。例如,可从经济效益、社会效益和战略效益等方面选取指标,进行设计与评估。其中社会效益和战略效益可通过定性指标进行描述,但是经济效益应该强调数据化表达。特别是合作模式为按照效果收费或用智慧成果入股之时,制定量化指标尤为必要(见表1-6)。

表1-6 策划目标的基本要求

序号	要求内容
1	得到委托方和策划方双方认可
2	从结果而非行动予以阐述
3	具有清晰明确的时间范围
4	战略指标和社会效益指标可定性描述
5	经济效益指标需可衡量与可量化
6	目标要书面协议化,不能是口头承诺
7	便于所有组织成员之间进行沟通

(二)进行两项基础分析:主体分析 + 环境分析

《孙子兵法》曾言"知己知彼,百战不殆"。《矛盾论》提出:"唯物辩证法的宇宙观主张从事物的内部、从一事物对他事物的关系去研究事物的发展,即把事物的发展看作是事物内部的必然的自己的运动,而每一事物的运动都和它的周围其他事物互相联系着和互相影响着。""事物内部的这种矛盾性是事物发展的根本原因,一事物和他事物的互相联系和互相影响则是事物发展的第二位的原因。"❶ 从策划角度而言,即是要对策划对象进行主体与环境分析,找到事物发展的内在原因,并要考察外部环境,借势借力实现发展。

一是主体分析。内因是事物发展变化的根据。策划首先要对策划对象进行深入剖析,核心是要从发展战略和资源能力等角度进行"客户画像"或"自我画像"。前者要说清楚"我是谁?我从哪里来?我到哪里去?";后者要挖掘和梳理显性资源和隐性资源,并分类分级,以期通过创意策划最大限度地激活资源的经济与社会价值。

二是环境分析。外因是事物发展变化的条件。正如一颗鸡蛋如果没有适宜的温度,内在条件再优越仍孵化不出小鸡。同理,策划需要研究对象所处环境。主要包括宏观环境、行业中观环境和企业(或机构、项目等)微观环境。通过环境分析,对发展大势进行预

---

❶ 毛泽东.毛泽东选集(第1卷)[M].北京:人民出版社,2009:301.

测，对机会与威胁进行研判。

三是分析总结。完成主体分析和环境分析之后，需要运用 SWOT——优势（Strength）、劣势（Weakness）、机会（Opportunity）、威胁（Threat），以 3C——公司自身（Corporation）、公司顾客（Customer）、竞争对手（Competitor）等分析工具进行总结。即将分析结论依次放到相应位置，并进行梳理、归纳和解读，形成基本结论，为后续工作夯实基础。

（三）创新三大核心内容：理念、策略、评估

创新是策划的灵魂。具体落实到策划中，重点是创新理念、创新策略和创新评估。其中理念是根本，策略是核心，评估是保障。

一是理念创新。理念是对人们经过理性思考及实践所形成的思想观念、思维方式、理想追求和哲学信仰等内容的抽象概括。创新内涵丰富，包括理念、产品、服务、管理和制度等。但在这些创新中，最根本的是理念创新。它是其他创新活动的灵魂和统帅。策划人在帮助城市、区域、企业或其他机构提供问题解决方案之时，第一要务即是以创新的角度，运用新思维、新视角、新范式重新审视其现有发展理念、思维模式和战略定位等，从理念高度上找到问题产生的根源。当然这比一般的创新更加抽象与困难。理念创新的能力是策划人最为核心也最难培养的能力。理念创新主要包括思维、理论、思路和定位（如概念、目标、主题、宣传语等）四个层面（见图 1-8）。

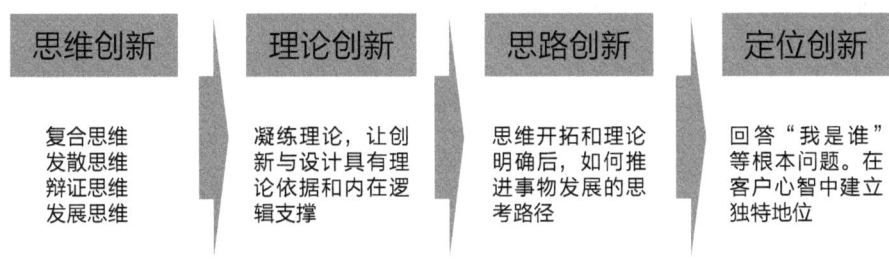

图 1-8 理念创新的四个层面

秀才赶考

有位秀才第三次进京赶考，住在经常住的旅店里。考试前两天他做了三个梦：第一个梦是梦到自己在墙上种白菜，第二个梦是下雨天，他戴了斗笠还打伞，第三个梦是梦到跟心爱的表妹躺在一起，但是背靠着背。

这三个梦似乎有深意，秀才第二天赶紧去找算命的解梦。

算命的一听，连拍大腿说："你还是回家吧。你想想，高墙上种菜不是白费劲吗？戴斗笠打雨伞不是多此一举吗？跟表妹躺在一张床上了，却背靠背，不是没戏吗？"

秀才一听，心灰意冷，回店收拾包袱准备回家。

店老板非常奇怪，问："不是明天才考试吗，今天你怎么就回乡了？"

秀才如此这般说了一番。

店老板乐了："哟，我也会解梦的。我倒觉得，你这次一定要留下来。你想想：墙上种菜不是高种（中）吗？戴斗笠打伞不是说明你这次有备无患吗？跟你表妹背靠背躺在床上，不是说明你翻身的时候就要到了吗？"

秀才一听，更有道理，于是精神振奋地参加考试，居然中了个探花。

资料来源：照亮人生前途的10大经典故事［EB/OL］.（2014-05-16）［2021-09-26］. https：//www.docin.com/p-812825552.html.

二是策略创新。理念创新之后，要通过具体策略来实现构想。策略主要包括内容创新、模式创新、空间创新、传播创新和要素保障创新等内容（见表1-7）。需要说明的是，并不是所有的策划都要涵盖这些创新，应具体情况具体分析。一般而言，内容创新通常涉及产业、产品（服务）和项目层面。模式创新主要指创新商业模式，也就是企业、组织或项目通过何种方式进行盈利。创造具有定制性的商业模式，是对策划人智慧、经验和能力的极大考验。空间创新即是对空间板块进行优化布局，以便合理有序地承载相应功能。传播创新主要是设计传播策略以提升知名度和影响力。要素保障创新主要包括技术、管理、制度和人才等方面的策略，为策划方案实施提供基础性要素保障。

表1-7 策略创新的主要内容

创新项	基本内容
内容创新	产业内容、产品内容、服务内容和项目内容等
模式创新	企业、组织或项目通过何种方式进行盈利
空间创新	优化空间板块布局，合理有序地承载相应功能
传播创新	设计传播渠道、内容、方式等，提升知名度和影响力
要素保障创新	包括技术、管理、制度、人才等方面策略

三是评估创新。即是对策划方案进行评价、估量和论证，以决定是否采纳。策划评估涉及两个层面：一是策划人对自身所提供方案的评估；二是决策者根据自身的优势、资源、战略考虑等因素，对方案进行评估。在评估过程中，要注意两个环节的创新。其一，评估指标的设计。不同的指标会得出完全不同的评估结论，如指标是突出当前收益还是长期收益，其评估重点必然迥异，通常的指标有经济、社会和战略效益指标等。其二，评估方法的创新。评估不能简单地凭经验、靠直觉、"拍脑袋"，而要有科学的方法与程序。在定量

评估中，可采用市场调查法、回归分析法、时间序列预测法、行业经验参数法等；在定性评估中，可采用德尔菲法、主观概率预测法、模型分析法、虚拟仿真法和案例参考法等。

（四）提供四类后续服务

从合同意义上而言，策划方案通过验收之后，策划活动就结束了。但所谓"扶上马、送一程"，欲让方案顺利实施，策划人还需提供后续服务（可另外收费），通常也称全链服务或全流程服务。一般包括四大类服务。一是顾问服务。即以顾问的形式帮助客户解决策划落实中的一些问题。二是定制培训。就策划方案内容进行宣讲，只有让客户各层级人员特别是决策者（团队）充分理解、掌握精髓，方案才能得到较好的贯彻执行。正所谓"火车跑得快，全靠车头带"。三是实施指导。对实施过程进行深入指导，确保方案精准执行，有时也可代为监理。四是资源整合。发挥策划机构的平台、枢纽或桥梁作用，帮助介绍资源，促成多方合作。当然对于自我策划而言，到这一步就不是提供后续服务，而是具体执行了。

二、思考路径

面对一个策划活动，应该从何入手？有何思考路径可循？总结行业专家的研究成果及策划机构的实践经验，此处归纳了四种思考路径，即"五何策划法""五度策划法""五创统一法""五字箴言法"。其中，"五何策划法"和"五度策划法"具有较强的普适性，适合各类策划；而"五创统一法"侧重活动、节庆等不涉及空间的策划，"五字箴言法"则适合大尺度的战略策划。

（一）五何策划法

"五何"是对"3W2H"的简称。具体包括Who（何人）、Why（为何）、What（何事）、How（如何）、How Much（何效）。五何策划法是一种极具启发性和普适性的思考路径（见表1-8）。

表1-8 五何策划法的基本内容

名称	内容	适用方向
五何策划法	Who（何人）：思考利益相关者	适用各类策划对象
	Why（为何）：策划委托缘由	
	What（何事）：明确重点任务	
	How（如何）：制订创新方案	
	How Much（何效）：评估方案效果	

1.Who：识别利益相关者

"为了谁"的问题，是策划首先要明确的问题。在策划之前，应弄清楚谁是策划的利益相关者，他们各自在策划中的诉求与期望为何，他们之间的相互关系图谱为何。根据利益相关者的重要性和影响力（权力），可以将其分为三个层次：决策者、执行者和其他利益相关者，其中弄清楚决策者的利益诉求（或策划目标）是策划成功的关键性因素。

2.Why：策划委托缘由

开展任何一个策划，必然有其理由。只有追根溯源，才能发现真正的问题（也许委托人自己也未意识到）和策划入口之所在。策划委托的缘由因人因事而异，通常可从外部因素（如政治、经济、技术、社会文化、环境等）、内部因素（如战略考虑、营利考虑、社会责任因素等）和团队/个人因素（如情怀、晋升等）等方面进行分析。

3.What：明确重点任务

基于决策者的需求和缘由分析，明确策划主要内容，并将其转化为具体的策划任务。不同类型的策划有不同的侧重，一般而言，实体类（或空间型）项目，内容通常包括基础分析、趋势分析、发展定位、空间布局、产业选择、产品或项目设计、运营模式、收益分析等内容。非实体类项目（如活动、广告、影视节目等）涉及背景分析、市场分析、产品（服务或项目）定位、核心创意、环节设计、时序计划和收益分析等内容。

4.How：制订创新方案

此部分是策划方案的核心内容，即针对目标进行具体的策略设计。不同的策划对象，策略设计的重心有所区别。例如，策划一个产业园区，就涉及基础分析、发展定位、产业选择、引擎项目设计、空间布局、资源整合、营销传播、开发时序设计等策略。而策划一次广告活动或一部影视剧，可能就不需要强调空间布局。但一般而言，定位策略、运营策略、开发时序是"必选动作"。需要注意的是，策略是针对问题的具体解决办法，必须突出创新性、可行性和实效性，不能过于宏观或抽象。

5.How Much：评估方案效果

评估方案效果即预测和评估方案能达到何种效果，是否可以实现预期目标等。由于这一部分是决策者做出取舍的重要依据，因此，应当案例翔实、数据准确、论据充分、结论明确，满足支撑决策的要求。例如，对重大项目的投资和成本估算准确度应达到顾客要求，要对多个参考方案的策略差异、结果差别和选择建议等内容进行细致说明，以供决策者权衡取舍。

（二）五度策划法

"五度"是指思考策划活动的五个维度，包括高度、深度、广度、亮度和黏度。五度策划法是具有较强普适性的思考路径。特别是在前期与客户沟通之时，是屡试不爽的"万能应对框架"（见表1-9）。

表1-9 五度策划法的基本内容

名称	内容	适用方向
五度策划法	高度：把握大势，高点定位	适用各类策划对象
	深度：策略精准，项目支撑	
	广度：延展链条，跨界融合	
	亮度：创新传播，扩大影响	
	黏度：打造平台，协同共赢	

1. 高度：把握大势，高点定位

"故善战人之势，如转圆石于千仞之山者，势也。"对于策划而言，需要善于应势、借势和用势。策划之奥妙，就在于将内部优势与外部机遇有效对接，实现超常规发展。所谓高点定位，就是要"站得高、看得远"，站在时代大势的潮头上，明确自己所处的地位、未来所要去的方向，顺时代而进，与趋势同行。

2. 深度：策略精准，项目支撑

所谓深度，这里有两层含义：其一，问题挖掘的深度。即在策划中，要透过现象看到本质，寻找到问题背后的"病灶"。只有将问题看准、看深、看透，才能精准施策。其二，方案可实施的深度。意味着策划不仅要有战略的布局和战术的设计，还需有具体项目的支撑。高质量的策划如同"哑铃"：一端是战略，另一端是项目，中间通过运营连通。

3. 广度：延展链条，跨界融合

广度即指在策划活动中，要有广阔的视野和跨界的思维，能够突破城市、区域、企业或项目的局限。具体可从三大方面着力：一是产业延伸的纵向思维。在审视和设计项目之时，能够运用产业链的思维，考虑一个项目如何能延展出更长的产业链条。二是产业拓展的跨界思维。在进行策划之时，决不能偏安于产业一隅，要考虑与相关产业联动。三是空间辐射的联动思维。能从更大区划范围来审视自身所处区位，并在其中找到最有价值和利好的战略地位。

4. 亮度：创新传播，扩大影响

我们在注重策划系统性之时，也需注意策划的突破性。方案要有能让人眼前一亮的闪光点，达到震撼人心的效果。通常可以从两个方面实施"亮化工程"。其一，从创意上着手，设计具有震撼力的内容（项目）。其二，从传播上着手，注意提炼核心的"一句话"。化繁为简、一针见血，能够用"一句话"提炼出策划中的根本战略和精髓，使内容能够快速地传播。

5. 黏度：打造平台，协同共赢

所谓"一家盖不起龙王庙，一人造不起洛阳桥"。互联网时代是强调连接的时代，是整合为王的时代。个人英雄主义、占山为王、单枪匹马打江山，已不是时代主流，任何组织或机构都应强化合作意识，拥有开放的胸怀和合作的思维。策划过程中，要在立足自身优势的基础上，以整合最广泛的资源为重点，积极打造一个由众多利益相关者共同创造和分享价值的有机生态系统。

（三）五创统一法

策划需要创意，但仅有创意还不够，还应是创意、创异、创议、创益、创谊的"五创"统一体。特别是面对大型活动、节庆会展、论坛峰会等策划任务之时，"五创统一法"提供了理想的思考框架（见表1-10）。

表1-10 "五创统一法"的基本内容

名称	内容	适用方向
五创统一法	创异：寻找独特的定位	侧重不涉及空间的策划
	创意：创新内容与形式	
	创议：设计话题与热点	
	创益：创造多元化效益	
	创谊：构筑合作生态圈	

1. 创异：寻找独特的定位

"异"即是不同的、特别的。"创异"就是要创造与当前不同的、特别的东西或概念，要做到"一枝独秀"。从最容易操作的角度讲，即是要找到或创造一个独特的定位，这也是一个策划方案成功与否的关键。实现"创异"，策划人必须树立创新意识和差异化思维，能够在分析自身条件、发展趋势和竞争对手的基础上，寻找或创造出独特的定位。

2. 创意：创新内容与形式

创意，简而言之，就是创造新的点子、想法或故事。根据创意产业之父约翰·霍金斯的观点，创意应该是独创的、有意义的和有用的"新点子"或"新主意"，并能够通过知识产权的开发与运用，创造财富和就业潜力。在策划过程中，有了较为清晰的定位之后，就要围绕定位进行系列的创意，通过"创意"为"创异"提供支撑。

3. 创议：设计话题与热点

在网络新媒体和高速移动通信技术日趋发达的时代，传播的重心从"播"转向了"传"。策划过程中，如何才能实现"传"？关键是要"创议"——结合策划内容，设计切中时代神经或大众关注的内容与话题。具体而言，应注意三个要素。其一，注意时机。如抓好时机（如重大突发事件、国际热点事件等），乘势而上，会有更大概率实现裂变式传播。其二，做好创意。"好创意自己会走"，抓住热点，将策划内容设计成创意性的大众话题，吸引用户参与和转发。其三，关注情感。转换思维，满足用户的信息需求、观点需求和情感需求，做到"传递信息，要有真材实料；表达观点，要有真知灼见；交流情感，要有真情实感"。

4. 创益：创造多元化效益

策划是一种利用创新与智慧活动实现事物的价值增值行为。它通过"全新的理念和思路，对生产力的各种要素、资源重新整合，使之产生 1+1 ≥ 2 的效果，甚至产生类似原子裂变式的市场效益或经济效益"❶。对策划活动而言，如果不能创造效益，那必然是无用或失败的策划。需要指出的是，这里的效益不是狭义上的经济收益，而是一种以策划目标为导向的，包括社会效益、战略效益和品牌价值等在内的多元效益。

5. 创谊：构筑合作生态圈

所谓创谊，就是要与其他利益相关者形成良好的合作伙伴关系，构建一个以我为主、共同创造价值和分享价值的生态体系。在这一体系中，每个企业担当着不同的功能，各司其职，但又互赖、互依与共生；虽有不同的利益驱动，但身在其中的组织和个人互利共存、资源共享，共同维持系统的延续和发展。

（四）五字箴言法

该思考框架既是一种策划思路，也是一种评估方案可行性的重要方法。其思想核心来自春秋时期的军事家孙武，他在阐述军事意义时说，"兵者，国之大事，死生之地，存亡之道，不可不察也"，所以君王在做出战争决策之前，要"经之以五事，校之以计而索其情：一曰道，二曰天，三曰地，四曰将，五曰法"。殆至今天，"道、天、地、将、法"此五字，仍能指引我们拨开重重迷雾和疑障，找到策划的关键和评估的准绳（见表1-11）。例如，软银集团董事长兼总裁孙正义就曾将自己的行动理念概括为"道、天、地、将、法"五字。❷

---

❶ 袁连生，等.文化产业创意与策划［M］.北京：清华大学出版社，2016：5.
❷ 王煜全.学会洞察行业［M］.北京：北京联合出版公司，2018：35.

表 1-11 "五字箴言法"的基本内容

名称	内容	适用方向
五字箴言法	道：需求与规律	战略策划
	天：趋势与导向	
	地：地理与文蕴	
	将：人才与组织	
	法：定位与策略	

1. 道：需求与规律

什么是"道"？《孙子兵法》中说："道者，令民与上同意也，故可以与之死，可以与之生，而不畏危。"❶ 从策划的角度而言，核心是要了解委托客户和目标市场的需求，并善于引导和创造需求。从更抽象的角度而言，"道"也有规律之意。策划即是寻找必然，顺应规律办事。虽然我们一直强调策划要创新创意，但这都建立在事物发展规律的基石之上，做到尊重常识、敬畏规律、抓住本质。例如，策划一次快消品的广告传播活动，就必然需要了解其原理和特点，根据规律办事，不能背道而驰。

2. 天：趋势与导向

"天者，阴阳、寒暑、时制也。"❷ 行军打仗，离不开看天行事。策划活动并不是在真空中进行的，而是要受到内部条件和外部环境的制约。因此，对策划而言，也不能只顾低头做事，还要眼观六路、耳听八方。设计或评价一个策划方案，需要考察其是否符合时代趋势、社会潮流、政策鼓励方向，才能避开策划中的各种险滩与暗礁。否则就会成为时代车轮碾轧下的牺牲品，正所谓"时来天地皆同力，运去英雄不自由"。

3. 地：地理与文蕴

"地者，远近、险易、广狭、死生也。"❸ 行军打仗，熟悉地理非常重要，策划同样需要关注地理条件，做到因地制宜。这里主要有两层含义：其一，研判所处的地理区位。区域价值决定城市价值，城市价值决定项目价值。要科学审视对象的战略区位，对其地缘格局、地形地貌、气候条件、空间规划、生态环境等方面进行充分了解和客观评估。认识、挖掘和提升区位和地块价值，是策划的要旨所在。其二，解码地方的文化底蕴。相比普通的咨询，策划更看重文化的力量，强调文化在策划中的塑魂作用。准确解码地域文化，是关乎策划成败的大事。合格的策划人，应该能够在尊重传统市场调研的基础上，灵活运用社会学式的感悟性和体验性田野调查，敏感地捕捉到在特定历史文化滋养下的文化个性、

---

❶ 杨丙安. 十一家注孙子[M]. 北京：中华书局，2012：5.
❷ 同❶：6。
❸ 同❶：8。

社会心理、集体偏好和消费趋向，把握一个区域社会运行的深层文化逻辑，提炼出区域（城市、景区或项目）的特色文化之魂。

4. 将：人才与组织

"将者，智、信、仁、勇、严也。"❶孙武在这里强调的是领军人物应具备的几种优质品格。正所谓"三军易得，一将难求"。策划方案执行的成败，与领军人物或团队灵魂人物密切相关。任何一个好的思路、好的策划方案，只有在领导团队领悟、赞同、吃透、充分赞同和肯定，并创造性地实施和操作的基础上，方案设想才能变为现实。

5. 法：定位与策略

"法者，曲制、官道、主用也。"❷制度、后勤是军队战斗力的重要保障。对策划而言，就是要形成定位、商业模式、管理机制、建设运营等系列策略。首先，最重要的是定位，明确企业"我是谁，我从哪里来，我要到哪里去"，只有确定了企业的发展方向，才能凝聚前行合力。其次，要设计好商业模式，如策划一家主题公园，是依靠门票营利、衍生产品营利，还是依靠服务和地产创收，策划人需要有全盘的统筹和细致的算账。最后，要设计好具体的支撑策略，如空间、项目、政策等要素，不然策划就难以落地。

孙武在《孙子兵法》中最后说："凡此五者，将莫不闻，知之者胜，不知者不胜。"今天，对于政府、企业或其他组织的领导者而言，这"五字箴言"仍有重要的现实意义。不管策划概念有多精彩、商业模式有多精妙，经不起"五字箴言"的检验，方案的可行性仍然是要"打问号"的。

三、方法工具

工欲善其事，必先利其器。策划要谋求突破和创新，需要有一定的方法与工具。经过多年的实践探索，以及西方科研工具的引入，当前策划的方法工具已经较为丰富。本节主要介绍案例经验法、MECE 切分法、头脑风暴法、一律四分法和框架分析法五种常用工具。

（一）案例经验法

古人讲鉴往可知来。任何一件事情，古今中外从未发生过同样或类似的事情，或从来没有人探索和实践过，这样的情况是极为罕见的。因此，过往的事实可以为我们开展策划活动提供一个可靠的参考依据，以强化应对未来不确定性的能力。事实上，拥有丰富的案

---

❶ 杨丙安．十一家注孙子［M］．北京：中华书局，2012：8.
❷ 同❶：9.

例和实践经验对策划人或策划机构而言,都是核心竞争力的重要体现。案例经验法包括两种形式:一是经验数据,二是典型案例。经验数据一般来自行业标准或共识性的数据,这种方法相对简单。例如,我们评估一个地区房地产的市场潜力,可以根据国家规定的人均居住面积乘以人数来计算,如果这个数据是1亿平方米,但现在建设面积已有3亿平方米,那么这样的市场就存在着极大的泡沫风险。案例研究相对复杂,因为涉及的要素较多。通常包括如下部分:第一,案例选择。首先需要根据与研究对象的相似性或相关性遴选案例。在数量上,可以选择一个案例深入分析,也可以选择多个案例总结其共性特征或成功经验。第二,案例分析。所谓"横看成岭侧成峰",分析视角与重点应视研究需要而定。一般要阐释案例背景、发展历程、核心做法、主要经验和问题挑战等。在做法与经验方面,需要合理选择维度,如可以从区位、资源、组织、运营模式等方面进行总结。第三,案例启示。案例研究的最终目的是为策划活动提供借鉴,所以研究最后要得出清晰的可供参考的结论,为下一步策略设计提供实例支撑。

(二) MECE 切分法

敏锐的问题意识是策划人的看家本领之一。分析策划对象,以问题为切入口是极佳的突破方式。在分析问题之时,如果善于运用"MECE 切分法"(MECE 读音为"me-see",是英文"Mutually Exclusive, Collectively Exhaustive"的缩写,意为"完全穷尽、相互独立"),可以帮助策划者全面、系统、有逻辑地思考企业(组织或个人)面临的各类问题。"MECE"中的"完全穷尽",是指"完整清晰地呈现出这个问题的各个方面";"相互独立"是指"让问题的各个方面独立呈现出来,避免出现混淆的情况"。❶简而言之,就是要做到"不遗漏、不重叠"。运用该法需要遵循四个步骤。

第一步:确定范围。也就是要明确当下讨论的问题到底是什么,以及我们想要达到的目的是什么。这个范围决定了问题的边界。这也让"完全穷尽"成为一种可能。换句话说,MECE 中的"完全穷尽"是指有边界的穷尽。

第二步:寻找符合 MECE 的切入点。即要引入"维度"(Dimension)这个变量。维度,在物理学的领域内,是指独立的时空坐标的数目,如四维空间、五维空间。扩展到思维领域,可以理解为人们观察、思考与表述某事物的思维角度(或分类方法)。维度譬如一把利刃,可将问题与问题间的粘连斩断。例如,我们以"性别"为维度,可将所有人分为"男人与女人"。选取维度这一步是最难的,但也是最关键的。一定要切记以终为始,反复思考要解决的问题或分析的目的是什么。当然,有时候我们也可以借助符合 MECE 原则的现有模型,如 SWOT、五力模型、波士顿矩阵等。

---

❶ 洛威茨. 麦肯锡思维[M]. 北京:企业管理出版社,2016:63.

第三步：找出大的分类后，思考是否可使用 MECE 继续细分。对消费者按照性别来分，的确可以满足 MECE 原则，但仅这么分对于我们的策划又能有多大帮助呢？从策划的角度来看，可能还要按职业、收入、年龄、居住区域等要素进一步细分，才能逐步得出我们想要的内容。

第四步：确认有没有遗漏或重复。分完类之后必须重新检视一遍，看看有没有明显的遗漏或重复。我们可以画出一个金字塔结构图，通过可视化的方式来检查是否有重叠项。当然，如果有一些项不是很重要，同时确实难以分类，可以统归为"其他"，只是这种讨巧的办法一定要慎重使用。

（三）头脑风暴法

策划没有标准答案，但有基本方法，头脑风暴法就是其中之一。爱因斯坦曾言："仅凭一己之力，没有他人的想法和经验刺激，即便做得再好，也是微不足道，单调无聊。"❶ 头脑风暴法（Brain Storming）是美国创造学家亚历克斯·奥斯本于 1939 年首次提出的一种激发思维的方法。其既是汇集众人智慧的重要方法，也是在策划实践中运用最多、效果最好的方法之一。它最大的优势在于能够克服传统科层机构会议的领导权威和多数人意见压力，最大限度地激发集体智慧与创意，弥补个人思维与能力上的不足。

头脑风暴法广受欢迎的一个重要原因是实施起来较为简单。主要形式是围绕某一特定主题组织会议，通过营造自由愉快、畅所欲言的气氛，让所有参加者能够自由地提出想法或点子。其通过联想反应、热情感染、竞争意识、表达欲望等作用机制，促进成员间相互的启发、辨析与激荡，可以创造知识互补、思维共振、开拓思路的条件，产生出新思想、新观念、新方法和新成果。实践表明，头脑风暴法可克服群体思维，排除折中方案，有效地提升决策的质量。因此广泛用于问题解决、创意策划和疑难排除等领域。

头脑风暴法要在遵循互不批判、自由畅想、以量求质、借题发挥（鼓励参会者对他人的设想加以发挥和改善）四个关键性原则的基础上，处理好会前准备、会中讨论和会后整理三大核心环节（见表 1-12）。

---

❶ 杰夫·戴尔，赫尔·葛瑞格森，克莱顿·克里斯坦森. 创新者的基因［M］. 曾佳宁，译. 北京：中信出版社，2013：98.

表 1-12 头脑风暴法的注意事项

对象	应该	不应该
准备阶段		
召集人	拟订明确的研讨主题和目标	漫无边际地研讨或主题不明确
召集人	确定合适的主持人和参会人员	无关人员参与，关键人物未出席
召集人	针对问题有合适的时间分配	平均分配时间，忽视重点问题
召集人	事先知会参与者相关会议内容	搞突然袭击，临会人员措手不及
参会者	阅读相关材料	对会议内容一无所知
参会者	会前已思考相关问题	依靠临时思考与发挥
开展阶段		
主持人	紧紧围绕研讨主题展开讨论	漫无边际，或不控制会议内容
主持人	在讨论过程中保持中立，坦诚地倾听、归纳参会者的观点	以个人的主观判断选择、限制参会者的发言
主持人	发现积极的和消极的参加者，适当地使用召集人的权力，保证每个人都为讨论做贡献	议来议去，没有结果和时间控制。让无意义的争论影响会议进展；需要作出决定时不能领导会议
主持人	对观点进行归纳与总结，保证研讨会有明确的结果	没有适当的归纳总结，让会议不明不白地结束
参会者	对参会有积极的心态，事先对研讨主题有一定的思考	事不关己，高高挂起；不知所云，发言空洞，或评论批评他人想法
参会者	围绕会议主题积极发言，倾听发言（用耳、身体语言）	在无关的问题上高谈阔论；表现出消极的身体语言
结束与整理阶段		
召集人	对会议结果有书面总结	无书面总结
召集人	将会议结果与有关领导沟通	无沟通
召集人	关注任务的落实进展	对会议结果不管不问
参会者	按会议协定的责任行动	不履行职责
参会者	会后言行与会议决定保持一致	发表不负责任的言行

第一，准备阶段。在此阶段要确定好会议主题、选择合适的主持人、组织合适的参会专家，并提前确定好时间和地点。头脑风暴会的主题应该单一而明确，当问题过于宏大或者复杂之时，可以将问题进行细分，再逐一讨论。合适的主持人关乎会议成败，其必须熟练掌握头脑风暴法的基本原理、原则和技法，熟悉会议的主题，要善于营造和保持轻松活跃的讨论气氛，同时能在合适的时间给予与会者适当的启发与提示，会议才能取得更为丰硕成果。头脑风暴会的参与人员不需要太多，以 7～15 位多个领域的专家构成为宜。由于会议需要高强度的思考，因此会议时间不宜太长，最佳时长控制在 60～80 分钟（视会

议人数调整），地点以环境舒适、通行便利为好。

第二，开展阶段。在此阶段要注意四个环节。一是主持人开场发言。由主持人介绍会议背景和讨论主题，并申明头脑风暴会的"四项原则"，尽量为与会者营造出一种轻松活跃的讨论氛围。二是参会者主题发言。主持人要善于引导，将自由和集中结合起来。既要让大家无拘无束地自由发言，又要引导其发言具有一定的针对性，避免东拉西扯。三是发言内容的动态呈现（可与上一环节融合）。为了让参加者的灵感相互激励，应将发言关键词句抽取，利用黑板或投影仪呈现出来，以便相互启发。四是总结并宣布散会。当会议已达到预期效果或超过预定时间，主持人可以进行简单总结并提出散会。同时请大家会后继续思考，如果有了新构想，再予以补充完善。

第三，结束与整理阶段。由于运用头脑风暴法激荡出来的构想，大部分都只是一种灵机一动的点子或创意，很少能够直接用来解决问题，所以进行整理和完善就显得尤为重要。因此，当会议结束后，主持人和记录员应及时地将讨论所获得的观点、建议或想法，进行归纳、总结与分类，并按照一定的标准对构想进行评估，最后去粗取精，选出 2~3 个相对较优的方案。如果创意还不太理想，可隔 2~3 天继续进行智力激荡，直到满意为止。

（四）一律四分法

"一律四分法"既是一种策划理念，也是一种策划方法与工具。所谓"一律"，即凡事都要注重规律，发现或找到事物发展的"底层逻辑"。看到一个现象，第一反应是思考背后的规律是什么，是偶然的还是必然的；策划一个项目，不是凭空臆想，而是要审问：策略符合事物发展的规律吗？所谓"四分"，是进行分类或创新的四种细分方法。简而言之，"一律四分法"即是以事物发展规律为基础，通过分类别、分区域、分阶段、分层级的思想，将研究、创新和策略方案进行细化和深化，从而让策划更具有针对性、创新性和可操作性（见表1-13）。东方思维通常重视直觉、整体、形象和复合，因此，强化分析思维非常必要。

表 1-13 "一律四分法"的基本内容

名称	主要内涵
一律	要想达到改造世界的目的，必须将尊重客观规律和发挥主观能动性结合起来。策划要义是寻找必然，按照规律办事
分阶段	将事物发展分为几个不同的阶段，解读每个阶段的本质特征，并推断未来发展趋向
分区域	根据不同地区的气候、风俗、文化、经济水平或重要性等维度，进行区域类型划分，并依此制定相应策略
分类别	依照或创造一定的标准，将事物分成不同的类别，并争取让策划对象成为品类第一
分层级	将事物分为几个不同的层级，归纳各层级的特点，并以此设计具体发展策略

1. 一律：寻找内在规律

辩证唯物主义认为，人们要想达到改造世界的目的，必须将尊重客观规律和发挥主观能动性结合起来。策划亦然。规律是事物之间内在的、必然的、稳定的联系，决定着事物发展的必然趋向。规律赋予了策划最坚实的基础和最持久的力量，让思想和创意可以变成现实，让策划能够抵御未来的不确定性，可以穿越时空的桎梏。所以，策划要义是寻找必然，按照规律办事。例如，策划一个区域、城市或企业，最根本的工作即是要通过历史研究、对比研究或截面研究等方式，找到该领域产生和发展的基本规律。

2. 分阶段：时间分析法

这是发现事物本质、判断事物趋势的一种重要手段。从哲学层面而言，事物发展具有阶段性和持续性的特征，不同阶段会呈现出不同的特点。策划需要针对不同阶段的特点采取不同的发展策略。分阶段方法的内在依据是事物量变与质变的关系，即当一个阶段的量变积累到一定程度后，就会发生质变，进入一个新的阶段。分阶段的思想在经济社会发展中已经广为应用。例如，理查德·阿贝尔·马斯格雷夫和罗斯托两位经济学家提出的"经济发展五阶段理论"（即早期阶段、起飞阶段、成熟阶段、高消费阶段和生活质量阶段）。分阶段是分析事物、发现趋势的重要方法。借用到策划之中，也是非常重要的分析方法和创新工具。

3. 分区域：空间分析法

区域差异是策划活动中需要重点考察的变量。以全球视野来看，各国历史文化、政体法律、民俗风物、经济社会发展水平等各方面千差万别。就幅员辽阔的中国而言，不同区域和城市的地理、气候、习俗、文化传统、经济实力等差异巨大，这些不同也必然导致生活方式、思维方式和行为方式的不同。例如，我们常说的南船北马、南经北政、南柔北刚等南北差异，以及东部、中部和西部间的区域差距。其实在国家重大战略制定中，也鲜明体现了这种分区思维：发展区域上，分为东部、中部、西部和东北；主体功能区上，分为优化开发区域、重点开发区域、限制开发区域、禁止开发区域。然后国家根据这些分区的生态条件、经济水平和发展潜力等因素，制定不同的发展策略。

4. 分类别：性质分析法

根据认知心理学先驱乔治·米勒的研究，人的心智容量极其有限，人们通常会将信息分门别类进行储藏，每个类别通常不能记忆 7 个以上的信息。这一发现为策划提供了一种重要的研究与创新工具——分类法，即通过一定的维度将事物分类，我们能更清晰地认识事物的特征与本质，进而采取相应的解决策略。同时通过创新分类标准，可以创造出新的品类，这也成为"定位"创新的重要源泉。"定位之父"艾·里斯认为"分化是商业界的原动力，分化的力量使得新品类不断涌现从而促进商业发展"。例如，酒店，从最初的招待所逐渐分为商务酒店、度假酒店、民宿酒店、汽车旅馆和青年旅社等。从策划角度而言，完成分类并不意味着策划工作大功告成。这只是万里长征的第一步。一个优秀的策划方案，不仅要进行创新分类，还需设计系列策略，将策划对象打造成为顾客心智中某一品类的首席代表。

5. 分层级：层次分析法

该分析法是一种剥洋葱式的分析方法。即将事物分为不同层级，不断深入地分析，然后根据各层级的特点设计具体发展策略。例如，麦肯锡公司分析企业业务策略的"三层面增长理论"（第一层面是"守卫和拓展核心业务"，第二层面是"建立即将涌现增长动力的业务"，第三层面是"创造有生命力的未来业务"）。通过这种分层，我们就可对事物或事物间的关系有更深刻的认知，创新相关问题的解决策略。还有一种分层级是行政区划上的分级别，如我国有省级、地级、县级和乡级等行政区。这些不同层级有不同的组织机构、行政权限和管理归口。因此在策划活动中，特别是政府项目中，我们必须了解项目所在的层级，这样才能看清楚项目在全景中的位置，知道未来项目汇报的程序，以及谁才是最终的决策者。

（五）框架分析法

"框架"是指一种具有约束性和支撑性的逻辑要素建构，用于解决或处理复杂的问题。框架分析法植根于人们的整体意识和结构化思维，是在思考过程中脑子里要有整体结构，应"理解每一个要素的关联及顺序等整体印象，而非将每个要素孤立出来观察。不要把每个要素一条条地分别罗列，而是在脑海中描绘出一个图"❶。迄今为止，先贤智者已打造出了大量经典的框架思考工具，帮助人们有力地提升了分析、创新和传播能力。一个策划人如果能够学会制作和熟用几种框架，必然可大幅提升工作效率。这里主要介绍双轴模型、三角模型、四象矩阵和多要素模型四种框架工具。但需要注意的是，模型只是思维结构的外化，关键是构建者对事物本质的理解与表达。

1. 双轴模型

即是以 X 轴和 Y 轴两根轴线构成的模型。通过双轴构成的坐标图有"直角坐标图"和"十字坐标图"两种。直角坐标图的 X—Y 轴线从零开始，只有一个象阵，这种坐标图可以将人们的注意力集中，聚焦两个变量间的相互变化关系，因此也可称为"关系坐标图"（见图1-9）；十字坐标图则相对复杂，它有四个象阵，能表达的信息更多，在进行品牌定位和消费者类型分析等问题时，这是一个非常实用的分析工具，也可称为"定位坐标图"（见图1-10）。

---

❶ 嶋田毅. 逻辑思维［M］. 张雯，译. 北京：北京时代华文书局，2018：39.

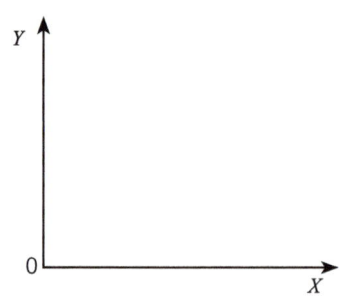
图1-9 直角坐标图（关系坐标图）

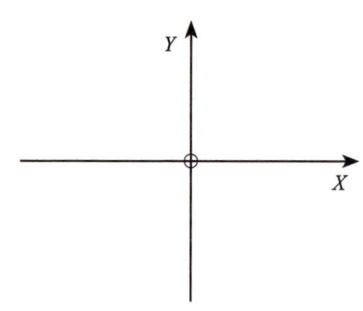
图1-10 十字坐标图（定位坐标图）

制定双轴模型主要有三个步骤：首先，确定模型主题。双轴模型擅长表现具有持续变化的变量，如时间、程度、空间等，可以通过数量或线条长度的方式，将变量的变化直观地表现出来。其次，确定轴线维度。选择何种维度定义轴线，是绘制坐标图的生命，其价值和魅力就体现在轴线的定义上。定义轴线之时，必须根据主题的要求，选择具有解释力和创新力的维度。最后，绘制双轴模型。模型可以画为直角坐标图或十字坐标图。具体绘制成何种，取决于主题与表达的需要。例如，要考察城市化率与时间二者的相互关系，直角坐标图无疑是不二选择；而我们要对某个品牌、产品或服务性质进行定位（或分类）时，十字坐标图则是很好的表达工具。

2. 三角模型

"三"是一个神奇的数字，在许多文明中都有极其重要的位置，象征着神圣、神秘和全能的东西。例如，在古希腊神话中，神和人的命运都是由命运三女神控制的。中国古代哲学家老子在阐述"万物本源"时提出："道生一，一生二，二生三，三生万物。"❶ 在我们的日常俗语中，也有"事不过三"之说。一般而言，很多现象或事物发生的主要原因都可归纳为三个方面（或因素）。通过三角模型构建，可以清晰地展示出事物的核心要素及相互关系，让人们能够快速地抓住事物发展的主要矛盾，提高思考和决策的效率。

构建"三角模型"过程并不复杂，主要有如下三个步骤。

第一步：提炼三个核心要素（或关键因子）。根据研究对象或主题，尽可能多地收集相关资料，并充分地阅读和理解这些资料。在此基础上，可通过头脑风暴法、深度访谈法等方式，综合各方意见，提炼和总结出影响事物演进或引发问题的三大核心要素，并分析他们之间的相互关系。

第二步：构画出三角模型。绘制以三大核心要素为端点的三角模型，并用最简练话语或者关键词标注出各要素间的相互关系。构画中有三点需要考虑：一是在摆布三个要素的位置之时，应将最重要的因素放在三角形的顶端，因为这个位置是视觉焦点，可以最大限

---

❶ 楼宇烈. 老子道德经注校释［M］. 北京：中华书局，2008：11.

度地引起人们的注意；二是就形状而言，不一定非要绘制成等边三角形（正三角形），完全可以根据各要素的作用与影响，绘制成等腰三角形（两条边相等）、不等边三角形（所有的边都不相等）；三是就线条而言，并非一定是直线，可以是波浪线、曲折线等。如果要表示要素之间的关系，还需用带箭头的线条。总而言之，绘图是为了更清晰地表达策划人对事物发展或问题的思考，如何绘制取决于作者的目的与理解。

第三步：根据三角模型，对原有资料进行再次梳理与分析，考察其要素选取是否准确，模型是否能囊括资料绝大部分关键信息，是否还有更好的表达方式等。通过不断地思考、打磨与完善，使模型能较完美地表达所思所想。

三角模型是解释事物现象和表达观点的简洁有力的工具。为了达到最好的使用效果，在模型绘制过程中有以下三点值得注意。

一是主题要明晰。即是要明确"制作此模型的目的何在？"因为主题不同，要素就千差万别。例如，要分析一家企业的动力结构，三要素可能是资源、模式与制度；但如果分析一个城市，三要素可能变成资源、战略和政策。

二是要素要精准。任何三要素都可以组成一个三角模型，但解释力和创新度可能就难以保证。因此，在确定要素的时候，应坚持"MECE"的原则，尽可能全面而又不重复地列出要点，并按照重要性程度排出前三者，同时抽象出三者之间的相互关系，然后可以开始绘图。

三是图形要简练。制图应坚持宜简不宜繁的原则，突出最重要的要素和最紧密的关系。如果面面俱到，反而会冲淡重点。三角模型的要素选择和关系构建，因人、因时、因地而异。但历史上也涌现出了一些久经时间和实践淬炼的经典模型，可供我们参考与借鉴。例如，大前研一的战略三角模型（又称3C模型，强调了成功制定战略的三个关键因素：公司本身、顾客、竞争者，见图1-11），以及菲利普·科特勒的营销战略模型（又称为"STV三角模型"，其将整个营销体系设计成三大部分：战略、战术和价值。）

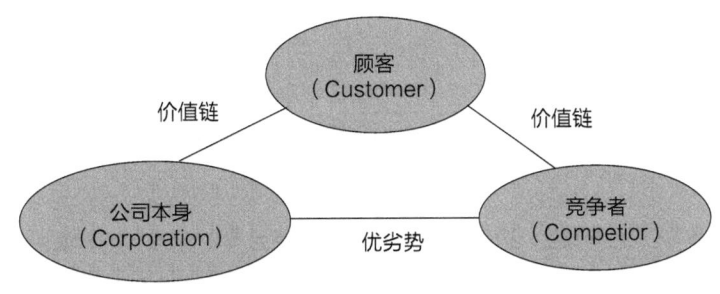

图1-11 战略三角模型

3. 四象矩阵

《易经》有言："太极生两仪，两仪生四象，四象生八卦。"四象限分析模型的基本原理就是"两仪生四象",通过两个维度属性的"对立统一"(正反变化),交错组合出四个矩阵,形成四个可供研究和讨论的选项。四象矩阵可让我们从"非此即彼"的二分法中解脱出来,形成"对立统一"的更辩证、更完整的思维视域,"可以说是帮助人掌握事物整体构建的代表性工具"❶。

四象矩阵已经广泛用于管理学、经济学和社会学等学科的专业分析之中。例如,我们选择"可能性"和"损失"两个维度,交互生成"转嫁、规避、降低和自留"四个象阵,就有了风险管理模型;选择"自己知不知道"和"别人知不知道"两个维度,交互生成"公开的自我、秘密的自我、盲目的自我和未知的自我"四个象阵,就有了著名的乔哈里视窗理论。对于优秀的策划人而言,必须学会熟练地画矩阵图。

绘制二维四象阵非常简单,主要包括以下三个步骤。

第一步:确定主题和选取维度。即首先要明确四象阵要解决什么问题,这是构建象阵的出发点。例如,要分析企业战略还是营销策略?回答不同矩阵制定的方向也就不同。确定主题之后,就要选取合适的维度,这是最关键,也最能体现绘制者创新力的地方。精彩的维度选择常常可以获得意想不到的象阵组合,为策略创新带来极为有益的启示。

第二步:绘制象阵图、确定名称与对策。根据两个维度的属性,设置"对立统一"的两个极端值(如重要与不重要),通过交叉组合,形成四个象阵。然后,根据属性交叉组合而成的各象阵特点,确定各象阵名称和相应对策,如"时间四象矩阵"(见图1-12)。我们可以确定每个矩阵的名称,然后对每个矩阵采取不同策略,如对"紧急又重要"的象阵,我们需要采取"马上执行"策略;对"重要但不紧急"的象阵,可采取"制订工作计划"、有序推进的策略;对"紧急但不重要"的象阵,可采取"委托别人"去办的策略;对"不紧急也不重要"的象阵,可以干脆不管它。

	紧急	不紧急
重要	紧急又重要 策略:马上执行	重要但不紧急 策略:制订工作计划
不重要	紧急但不重要 策略:委托他人	不紧急也不重要 策略:对它说"不"

图1-12 时间四象阵的各阵策略

第三步:对事项(或问题)进行象阵填充与策略选择。构建出四象阵之后,将待解决的事项(或问题)对号入座。需要注意的是,这个步骤也非常关键,因为填入不同的象阵,就意味着采取不同的策略。例如,一家企业面对"客户投诉"这个问题,该放到哪个

---

❶ 嶋田毅. 逻辑思维[M]. 张雯, 译. 北京:北京时代华文书局, 2018:50.

象阵？是"紧急又重要"还是"紧急但不重要"？这需决策者进行判断，然后放到合适的象阵中，进行相应的处理。

在制作和利用四象矩阵的时候，有两点需要特别注意。其一，突出创新意识。选取不同的维度会得出不同的象阵图，其解释问题或解决问题的效用也完全不同。因此，两个维度的选择就至为关键。一般而言，策划人需要对事物或问题进行深入研究，在掌握其规律的基础上，再结合具体的策划主题与目标，才能选择出两个最合适的维度，并设计相应的策略。其二，不要将手段当作目的。二维四象阵是策划人重要的分析工具和手段，其主要目的是帮助客户进行思考和决策。因此，策划人不能满足于绘制象阵，并胡乱将要素填满就完事；而是应切实地运用模型辅助制定策略，让其成为解决问题的有力工具而不是漂亮的花架子。在专家学者的辛勤探索下，政治、经济、管理、社会和营销等领域都诞生过许多经典的四象阵图。

这里特别介绍一下美国海因茨·韦里克教授提出的"斯沃特分析模型"（又称为SWOT分析），该模型是应用得最为广泛的四象矩阵（见表1-14），是创新性和科学性结合的典范。其以"内部/外部"和"积极/消极"两条轴线为切入点，将当前状况概括为内部自身的优势和劣势，以及外部环境的机会和威胁，进而形成综合判断。为了通过分析获得对未来发展战略的启发，在SWOT象阵的基础上，又衍生出了交叉SWOT象阵，形成了增长型战略（SO）、扭转型战略（WO）、防御型战略（WT）和多样化战略（ST）四种战略（见表1-15）。策划人可根据对形势的研判，选择最合适的战略以供决策者参考。

表1-14　SWOT矩阵结构

因素	积极	消极
内部	优势（Strengths）	劣势（Weaknesses）
外部	机会（Opportunities）	威胁（Threats）

表1-15　交叉SWOT矩阵策略

因素	优势	劣势
机遇	增长型战略（SO）：发挥企业内部优势而利用企业外部机会的战略	扭转型战略（WO）：通过利用外部机会来弥补内部弱点的战略
风险	多样化战略（ST）：利用本企业优势回避或减轻外部威胁的影响战略	防御型战略（WT）：减少内部弱点、回避外部环境威胁的防御性战略

4. 多要素模型

所谓多要素模型，是指涉及5个及以上要素的分析模型。随着要素的增加和相互间关系的复杂，模型构建和策略分析就更加困难。我们可以从波特五力模型（见图1-13）、波特钻石模型（见图 1-14）、麦肯锡 S 模型三个经典分析工具来考察多要素模型的构建之道。

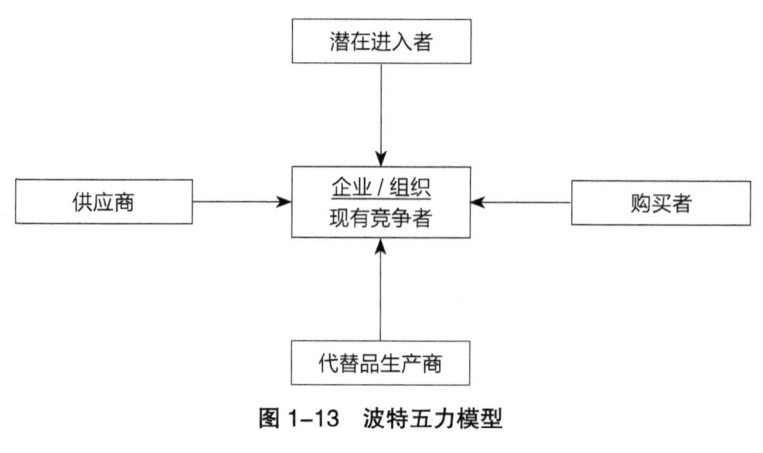

图 1-13　波特五力模型

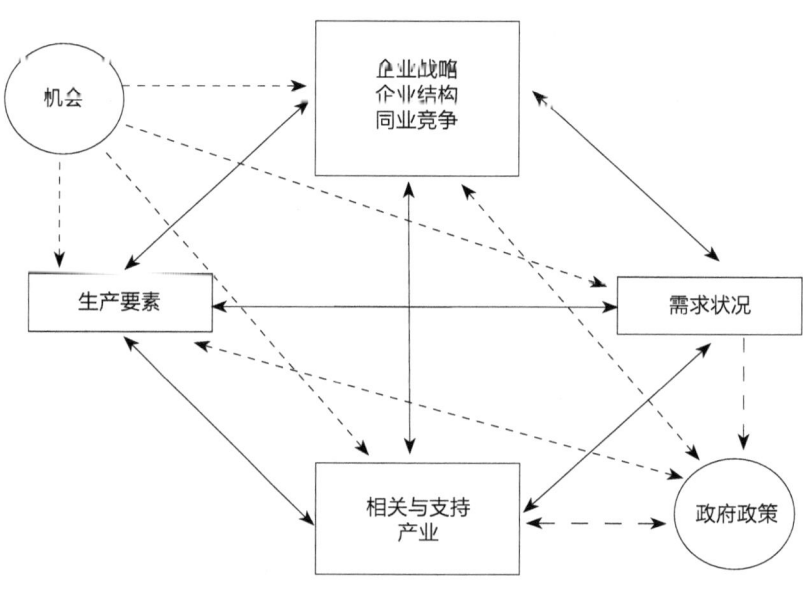

图 1-14　波特钻石模型

五要素模型："波特五力模型"。迈克尔·波特在这个分析框架中，创新性地将行业竞争力量归纳为五种，即现有竞争者的竞争能力、潜在竞争者的进入能力、替代品的替代能力、供应商和购买者的讨价还价能力。同时，波特教授将多个不同的竞争力量有机地汇集在一个简洁的模型中，构建出了一个清晰的逻辑结构图，并将"现有竞争者"置于"C位"，突出地强调了其重要性。波特的五力模型给了我们一种极佳的思维启示：即是对于很多事物的动因或作用力分析，我们可以根据"MECE 法则"，归纳出五个要素，然后对要素及其相互关系进行逐一分析，这样可以促进我们更有条理地思考。

六要素模型:"波特钻石模型"。该模型又称波特菱形理论、钻石理论及国家竞争优势理论,主要用于分析一个国家如何形成整体优势,并在国际上具有较强竞争力。这是波特对世界上 10 个国家的 100 个行业深入研究的成果。他认为影响一个国家某一行业的国际竞争优势有六大要素:一是生产要素,包括人力资源、天然资源、知识资源、资本资源、基础设施等;二是需求状况,这里主要是指本国的市场需求;三是相关与支持产业,这里是指相关的上下游企业是否具有国际竞争力;四是企业战略、企业结构和同业竞争,指的是国际市场需求的拉力与国内竞争对手的推力;五是政府政策,其影响不可忽视;六是机会。这个要素遇而不可求,会引起其他要素发生变化。由于这六个要素组合图像一块钻石,所以被称为钻石模型。

七要素模型:"麦肯锡 7S 模型"。通常而言,6 个以上要素的模型构建就变得非常复杂,而且被人们接受和应用的难度也增大。因此,成功的案例并不多,麦肯锡 7S 模型(Mckinsey 7S Model)可算其中佼佼者。该模型由托马斯·彼得斯和小罗伯特·沃特曼联袂提出。这两位长期服务麦肯锡公司的学者访问了美国历史悠久、最优秀的 62 家大公司,又以获利能力和成长速度为准则,挑出了 43 家杰出的模范公司,并对其进行了深入的调查研究,总结了这些成功企业的一些共同特点,提出了著名的企业组织七要素模型,即结构(Structure)、制度(System)、风格(Style)、员工(Staff)、技能(Skill)、战略(Strategy)、共同价值观(Shared Value)七大要素。其中,战略、结构和制度被认为是企业成功的"硬件",风格、员工、技能和共同价值观被认为是"软件"。同时该模型认为,只有在二者协调的前提下,才能确保企业的基业长青和走向卓越。

第四节 重点步骤

策划是一种严谨有序的理性行为,是一个发现问题、分析问题和解决问题的过程。结合专家的研究成果和实践的经验探索,本书将策划分为确定目标、调研分析、理念创新、策略设计、方案评估、动态顾问六大环节(见图 1-15)。正如咨询大师彼得·布洛克所言,咨询步骤不能随意省略,否则是自找麻烦。策划也是如此。即使是一个小型策划,也应严格遵照程序,否则往往欲速而不达。

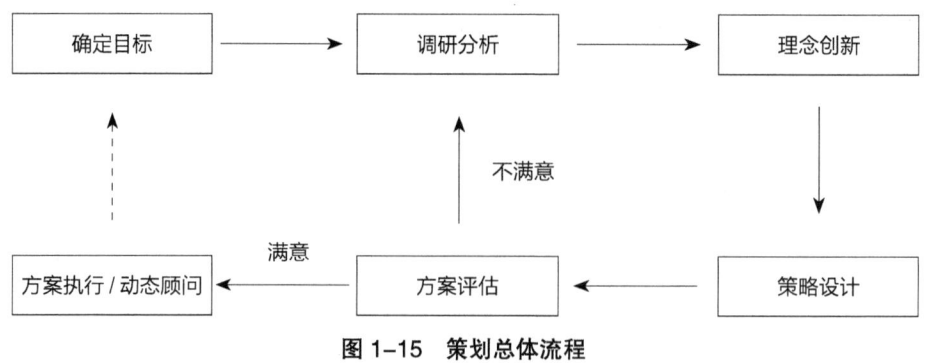

图 1-15　策划总体流程

一、确定目标

策划是以目标为导向的定制化创新创意活动，明确服务对象的动机与诉求，是策划的出发点和落脚点。由于明晰"自我策划"中的目标相对容易，所以这里主要探讨的是如何确定委托方的策划需求与目标（见表 1-16）。

表 1-16　明确需求的步骤和要点

事项	内容
熟悉客户，做好基础准备	收集客户详细资料，了解其发展历史、存在问题和可能的策划需求，提前准备好应对之策
有效沟通，洞悉客户动机	提高服务意识，快速判断动机，视对象说话，注意倾听，观点提纯与创见
明确目标与要求，固化共识	明确策划目标、内容、要求和可提供的工作条件，形成合同文本，作为成果验收依据

首先，熟悉客户，做好基础准备。机遇总是偏爱那些有准备的人。策划活动亦不例外。正所谓"知己知彼、百战不殆"，因此，最佳办法即是在与客户见面之前，先收集客户详细资料，了解其发展历史、存在问题和可能的策划需求，并组织内部专家进行头脑风暴，提前准备好应对之策，做到心中有数。实践表明，即使身经百战、阅人无数的资深策划人，亦高度注重"前期功课"，以便开展更富成效的沟通。其中就准备工作的内容而言，包括要熟悉委托客户的基本情况（决策者和核心团队等）、策划对象的相关情况（区位、地形、交通等），以及做好理论知识、案例和应对策略准备。做好前期资料收集要注意设计收集维度、拓展来源渠道和优化收集技巧。

其次，有效沟通，洞悉客户动机。在策划前期洽谈中，有效的沟通是成功的一半。不仅可增加被委托的概率，亦可为未来策划工作奠定信任和友谊之基石。做好策划前期沟通，策划人一般应注意四个问题：一是树立服务意识。策划虽然是具有高度知识性、创新性和价值性的工作,但其本质仍是服务业,尊重客户乃是首要原则。二是快速判断客户。重点要判断客户风格、把握委托动机、诊断策划问题、判断客户资源。三是要学会倾听,善于提纯与创见。与客户交谈之时,要善于提问,倾听回答,并推理其话语背后的"站位立场"和"隐藏文本",敏锐地从中发现信息点和兴奋点,迅速将零散设想加以概括提炼,形成系统性的创新思路。四是要"看人说话",根据具体对象调整说话的方式、内容和重点。例如,与决策者和执行者交流,二者沟通的侧重点应有所不同。同时,最忌"吹牛不打草稿",满嘴"跑火车",把自己或机构的能力说得天花乱坠,这样很可能适得其反。五是要争取共情共鸣。所谓"感人心者,莫乎于情",与客户找到兴趣共同点或关注共鸣点,形成情感相互投射,无疑有利于合作的达成。

最后,明确目标与要求,固化共识。策划过程中,最可怕是客户的目标与需求(或要求)模棱两可,像个泥鳅让人抓不到重点。如此,策划人即便耗费大量时间与精力,亦难取得预期效果。因此,必须确定策划的内容、要求和委托方可提供的工作条件。策划内容包括策划类型、目标、任务等,策划人可根据需要撰写"策划建议书",系统阐述对策划对象的基本认知、环境研判、发展建议、效益预测,并介绍策划的服务内容、收费标准、人员团队和成功案例等。策划要求主要包括成果呈现、质量效果、完成时间、人员团队等方面的要求。在工作条件中,最重要的是明确委托费用(包括数额、支付方式等)及调研支持等。在策划工作正式开始之前,双方要将沟通的共识性内容转化为书面合同文本,对策划的主要目标、具体内容、起止时间、费用数额、支付方式、权利义务等进行详细规定,以便为之后的策划工作和成果验收提供依据。

二、调研分析

确定了策划目标与要求,并签订了协议之后,策划工作将正式展开。优秀的策划绝非"妙手偶得之",必是大胆假设和小心求证的智慧结晶,调研分析是策划的基础工作。"调查就像'十月怀胎',解决问题就像'一朝分娩'"❶,调查和研究越深入,问题剖析越透彻,方案就越具针对性和可行性。因此,在策划过程中,要开展深入细致的调查活动,进行鞭辟入里的分析研究,找准策划对象的问题、摸清行业发展的规律、把握时代跃动的脉搏,然后才能精准施策。否则"不是机会主义,就是盲动主义"。

(一)实地调研,掌握原始材料

没有调查就没有发言权。实地调研是策划人了解事物发展现状、所存问题、优势劣势

---

❶ 毛泽东. 毛泽东选集(第1卷)[M]. 北京:人民出版社,2009:110.

的必要步骤。实地调研包括现场考察、深度访谈和问卷调查等方法。实施过程中应注意以下四个要点。

第一,要设定"检验假说"。策划本质是一种关于可行性的假设。策划方法之精髓在于"大胆假设、小心求证"(见图1-16),调研之前,要慎之又慎、思之又思、议之又议地制定出一个或几个可能解决问题和实现目标的假设(即假说,可以是想法、创意、观点和点子等)。

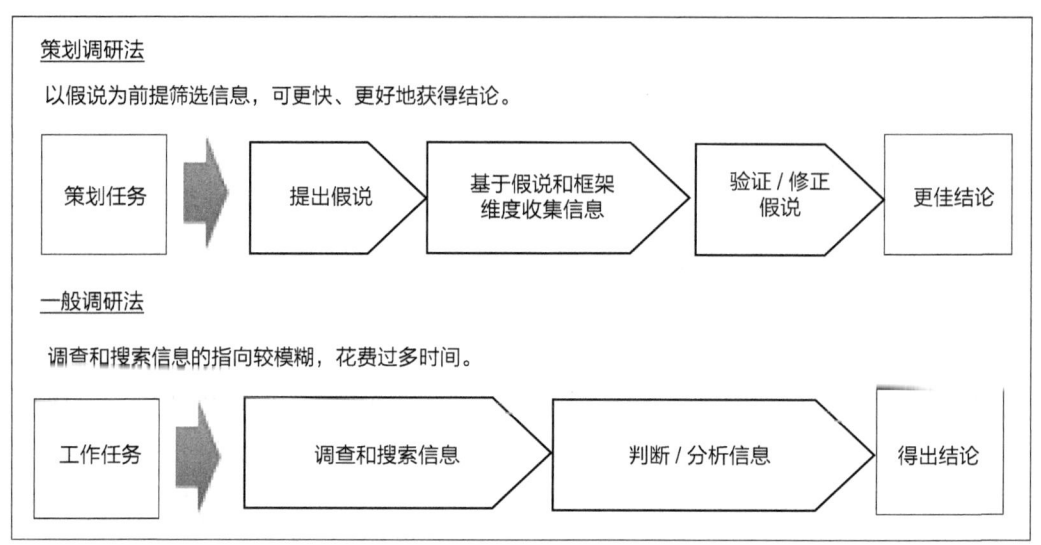

图 1-16　策划调研与一般调研的区别

第二,要制订调研计划。俗话说"做事没计划,盲人骑瞎马"。在实地调研之前,要制订好详细的调研计划,包括调研目的、地点、时间、对象、内容、参与人员(职务)、行程计划及费用预算等(见表1-17)。

表 1-17　调研计划内容表

项目	内容
调研目的	阐释为何要调研,其价值和意义何在,以便各方配合
调研时间	确定调研始终时间、到达离开时间,一般不选在休息日
调研内容	根据研究假设,列出需要调研的具体内容以及问题清单
访谈对象	确定需要访谈的对象,以及访谈的主要问题
调研人员	确定参与调研的人员,及其职务、职称等
行程安排	细化调研活动安排,包括时间、地点、交通、人员等
食宿安排	涉及酒店、餐馆预订等内容,要明确何方解决食宿费用
费用预算	根据标准(如级别消费标准等)制定费用预算

第三,要提升信息收集能力。首先,策划人应高度重视访谈,事前对访谈对象有全面的了解并制定详细的访谈提纲,不断提升访谈境界(从"我问你答""对话交流"到"启发引领")。其次,在考察现场和标杆性案例之时,要事前制定一套"观察框架",做到信息收集有章法、不遗漏,培养出一双具有洞察力的眼睛。例如,有人在论述如何评价一座城市之时,提出了诙谐的"四看法":一看树(环境)、二看路(交通)、三看姑娘(人才)、四看住(硬件条件);还有人提出了颇具传统哲理的"五行法":金(城市经济实力)、木(城市生态环境)、水(城市水系与供水问题)、火(城市领导与市民精神状态)、土(城市文化底蕴、政策与社会条件)。同时要学会"眼观六路,耳听八方",多渠道收集信息,了解实际情况,所谓"兼听则明、偏信则暗"。最后,要遵循"价值中立"的原则。❶ 即在收集信息之时,不要带有主观性的价值判断(特别是预先假设带来的心理定式),否则就会妨碍信息收集的客观性——策划人按照自己的偏好,收集对已有判断有利的信息。

第四,要强化报告撰写能力。报告撰写的核心任务是在掌握客观材料的基础上,通过科学的分析方法,从纷繁复杂的现象中找到事物发展本质,揭示内在规律,并据此提供参考建议。一份高质量的报告应该:尊重客观现实,用事实说话;深入本质,观点鲜明;架构完整、逻辑清晰、语言准确而洗练。

(二)系统分析,得出明确结论

所谓系统分析,就是要根据资料收集和实地调研情况,对策划对象的基本情况、内部条件与外部环境进行全面、系统的分析。将原来对事物片面的、现象的、外部联系的感性认识,跃升到全体的、本质的、内部联系的理性认识,找到事物发展的规律性,据此指导下一步策划工作。这时的策划人正如蜜蜂酿蜜一样,将从花园、树林、田野里采集的花蜜,通过一种特有的"转化酶",经过反复的酝酿,将其转化为香甜的蜂蜜。系统分析主要包括主体分析(包括现有战略分析、资源分析)和环境分析(包含发展大势、行业竞争分析和消费者分析)。

首先是主体分析。即从发展战略、资源情况与面临问题等角度,对策划对象进行深入剖析。其一,要进行战略层面的分析,说清楚"我是谁?我从哪里来?我到哪里去?"即要从愿景、使命和决策者三个角度考察"我是谁"的问题;从追溯策划对象的起源、演进和当前所处阶段等方面出发,考察"我从哪里来"的问题;从策划动因、事物发展趋势等方面分析"我要去哪里"的问题。其二,进行资源分析。即通过对比与归纳等方法,总结出策划对象的资源优势并进行分级。资源包括显性资源和隐性资源。前者指策划对象所拥有的、显而易见的资源,后者指存在但尚未发挥效用的潜力资源。能否有效地发掘和整合

---

❶ 卢长宝. 项目策划[M]. 3版. 北京:电子工业出版社,2018:45.

潜力资源，最大限度地激活其经济社会价值，体现着策划人的功力（见表1-18）。

表1-18 主体分析的主要内容

项目	内容	细化条目
战略分析	我是谁？	定位、愿景、使命等
	我从哪里来？	产生缘由、发展历程、所处阶段
	我到哪里去？	决策（者）目标、动因分析
资源分析	显性资源	区位、交通、产品、人才、品牌等
	隐性资源	社会关系、人格魅力、文化底蕴等

其次是环境分析。策划需研究对象所处环境。所谓"出门不问风浪事，怎能打得大鱼回"。具体而言，包括宏观分析、行业分析和消费者分析（见表1-19）。其一，研究事物发展的宏观环境。核心目的是了解大势，把握大势，顺势而为。本书提出了"PEST-DES"分析模型，即从政治、经济、社会文化、科学技术，以及人口、生态和空间等维度进行现状与趋势分析，预测发展趋势。其二，研究行业中观环境。从策划角度而言，中观环境分析主要包括市场环境分析、行业竞争分析两大板块。在市场环境分析方面，可以从市场规模、结构、阶段与趋势四个角度——即"4S分析法"——对市场环境进行透析。在行业竞争分析方面，迈克尔·波特的"五力分析模型"是非常高效的武器。其三，研究事物发展的微观环境（消费者分析）。该分析是指对产品或服务的消费者进行的分析。包括了解其基本特征（如性别、年龄、居住地、婚姻状况等）、消费行为（如媒体接触习惯、社交行为、出行轨迹等）、消费态度（如购买动机、商品满意度等）及发展趋势研判等内容，最后应聚合得出"消费者画像"。

表1-19 环境分析的主要内容

项目	条目	具体内容
环境分析	宏观分析	"PEST-DES"分析模型，即政治、经济、社会文化、科学技术，以及人口、生态和空间，预测未来发展趋势
	行业分析	"4S分析法"：市场规模、结构、阶段与趋势；波特五力分析模型及发展趋势
	消费者分析	"消费者画像"：基本特征、消费行为、消费态度及发展趋势研判

策划分析必须要有清晰结论，形成独到观点。这里需要注意五个问题。其一，维度的问题。要根据MECE原则，选取相互独立、完全覆盖事物性质的几个维度，进行问题研究。其二，创新的问题。一定要有创新意识，不能人云亦云，应形成一些独到的见解；其三，聚焦的问题。在系统分析之时，策划人需练就化繁为简的能力，能够识别关键驱

动点或关键成功要素（KSF）。其四，表达的问题。每项分析结论最好归纳为三条，并按照重要程度依次排列。其五，注意趋势分析。策划是为未来预设方案，准确的预测是策划成功的战略基石，一定程度而言，不是分析现状，而是预测未来，才是策划出奇制胜的关键。

最后是综合判断，明确发展方向。完成主体分析和基础分析之后，需要通过"SWOT"等分析工具进行总结。即将之前的分析结论依次放到"优势、劣势，机会、威胁"构成的四象阵中，并进行梳理、归纳和解读，形成基本结论与选择方向，如采取增长型战略（SO）、扭转型战略（WO）、防御型战略（WT）或多样化战略（ST）等。策划人可根据对形势的分析与判断，选择最合适的战略以供决策者参考，为后面的策划创新工作夯实基础（见图1-17）。

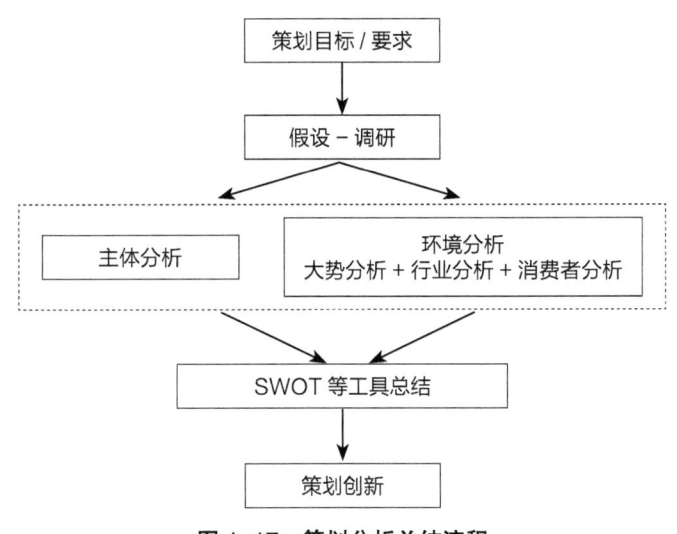

图 1-17　策划分析总结流程

三、理念创新

理念是思维活动的结果，是上升到理性高度的观念，包括思想、概念、法则等。理念创新是指革除旧有的既定看法和思维定式，以新的视角、方法和思维模式来研究事物，形成新的结论、思想、观点或概念，进而指导新的实践的过程。创新有很多类型，有"源创新"，有"流创新"，理念创新属于"源创新"或说"元创新"。它是一切创新之源之本，具有战略性、纲领性和引领性作用，指引着实践的发展方向，关乎着事业发展的成效乃至成败。理念创新内涵很丰富，就策划领域而言，主要包括思维创新、思路创新和定位创新等方面具有提纲挈领性的创新行为（见表1-20）。

表 1-20 思维、思路和定位创新的基本内容

思维	类型	分析内容
1. 思维创新：批判性、辩证性、开放性思维		
避免思维陷阱	锚定陷阱	碰到新问题或新事物时，习惯于将其放到熟悉的知识体系和认知坐标中，并据此思考
	封闭思维陷阱	陷入项目中，不能跳出项目换种思维方式
	寻找有利证据	心理偏好驱使寻找支持假设信息，回避抵触内容
	决策取景效应	为说服他人选取自认的最佳方案，有意弱化其他。
活用三种思维方式	养成批判性思维	接受结论或观点前，先问"五个W"：Who？ What？ Where？ Why？ What else，What if？
	辩证性思维	坚持"两分法"；"发展""联系"地看问题
	开放性思维	注重联合、整合和跨界战略
2. 思路创新：突出新颖性和有效性		
两点创新要求	新颖性	特定的想法在人群中的稀有性、独特性
	有效性	这种想法能够有效地解决当前的问题
四种创新方法	框架主义	总结经验性框架，快速建立起思考模型
	改良主义	取其他人思路，总结和改良形成策划思路
	跨界主义	不同视野或专业看同一问题，常有创新亮点
	拿来主义	收集研究资料与成果等，借鉴思路为我所用
3. 定位创新：唯一性、权威性、排他性		
定位类型	总体定位	说明"我是谁？"
	功能定位	说明"我能做什么？"
	市场定位	说明"我为谁服务？"
	产业/产品定位	说明"我发展什么产业？提供什么产品？"
	形象/品牌定位	说明"我想给别人留下什么印象？"
定位方法	抢先占位	发现有价值定位无人占据，"争当第一"
	关联定位	定位已被别人占据，可与强势品牌关联起来
	重新定位	打击领导品牌弱点，取代其位置（或反面位置）
超级符号	好名字	能告诉预期客户该产品主要特点的名字
	定位语	找到一句话或词来"点睛"，说清楚"我是谁"
	广告语	简短句子向用户传达"卖点"，激发需求
	视觉锤	有感染力、可占据心智的视觉形象，如符号等

1. 思维创新：批判性、辩证性、开放性思维

策划本质上是思维方式的创新。决策失误，很多时候并不是出现在程序过程中，而是

出在思维方式上。策划的思维创新，就是要避免锚定陷阱、封闭思维陷阱、寻找有利证据陷阱和决策取景效应陷阱，要善于将单线、封闭、保守的思维转变为批判、辩证、开放的思维，以新的视角、方法和思维模式来研究事物，形成新的结论、思想、观点或概念。

2. 思路创新：突出新颖性和有效性

思路决定出路。在策划活动之初，有全盘的思考和整体的思路，并能与客户就其进行沟通、达成共识，如此策划工作常可事半功倍。相比思维创新，思路创新更为具体，是针对具体事物发展的路径思考，包括总体思路、分析研究思路、策略设计思路等。策划思路创新要明确新颖性和有效性两点创新要求，掌握好框架主义、改良主义、跨界主义和拿来主义四种创新方法。

3. 定位创新：唯一性、权威性、排他性

策划就是"找魂"，用学术语言讲，就是确立定位、方向、独特性、个性、主线、主题故事等，关键是要提出"核心概念"，然后形成创新行动方案。定位是策划的主轴。如果没有准确的定位，各种策略设计就失去了方向与依附。做好定位首先明确定位类型（包括总体定位、功能定位、市场定位、产业/产品定位、形象/品牌定位等）、定位方法（包括抢先占位、关联定位、重新定位）及注意提炼超级符号（包括好名字、定位语、广告语和视觉锤）。

在策划过程中，要注意"魂、符、体"统一，"魂"就是内在的定位或精神，"符"就是外在的个性形式和超级符号，是视觉锤——"能够强化语言定位概念的视觉"❶。"体"就是事物发展的本体，三者的有机融合，才能让定位由外而内嵌入到人们心智中。"找魂"也是一种重要的方法论，就是找长板，找核心能力，就是要找到"这一个"，并在客户心智中形成系统认知。

四、策略设计

策划的主体部分是策略，即为决策者提供"怎么做"的具体建议。虽然不同类型的策划其内容相差甚远，但总体而言，应包括项目（内容、服务等）策略、空间策略、模式策略、传播策略、融资策略和时间策略六大方面。

1. 项目策略：创造内容与服务

为了推动策划的落地实施，策划方案通常采用"哑铃模式"——战略设计＋项目设计（或创意内容设计）。即是在确定和明晰总体战略的前提下，寻找和设计引擎性、旗帜性项目，并力争打造成为战略的支撑点或引爆点，实现"一花引得百花开"。项目是在一定

---

❶ 劳拉·里斯.视觉锤：视觉时代的定位之道［M］.王刚，译.北京：机械工业出版社，2017：8.

的约束条件下（主要是限定时间、限定资源），为完成一定的预设目标所进行的一次性的努力。做好项目策划，首先要有三个前置思考：谁来消费？谁来投资？效益何在？其次要突出项目的创新性（或原创性）、独特性、极致化和高势能的概念；最后是内容设计一般要包括项目背景、项目定位、项目构成、效益分析和参考案例五个方面（部分还涉及空间布局）。

2. 空间策略：空间选择与布局

空间是策划构想落地的关键因素。特别在策划城市、产业园区、特色小镇、商业综合体等实体类对象之时，必须合理地设定功能板块，以便能让土地价值最大化、运营成本最小化、生活工作便利化。即使是节庆、赛事、论坛等活动类项目，策划人也应积极运用空间思维，以便选择合适的场地、布置合适的场景。在策划实践中，主要涉及六种布局类型，包括区域战略、城市总体、产业空间、项目空间、企业战略和活动场地（见表1-21）。策划人在实施空间布局策略的时候，更多关注的是图底关系，就是各个板块之间内在的功能设置与逻辑关联，要处理好产业、社会、生态、文化等方面的协同关系。

表 1-21 空间布局策略

类型	分析内容
区域战略布局	基于区域经济空间结构理论，对区域进行基础分析、区域间相互关系分析，以及产业链分析等基础上，设计出主题功能区或战略节点等，形成层级清晰、功能互补的空间格局
城市总体布局	基本逻辑来源于集聚的向心力和离心力。相应地，城市空间主要有集中式布局和分散式布局
产业空间布局	最大限度地实现产业资源在空间上的有效配置，优化产业发展质量，坚持全域统筹、比较优势、全链协同
项目空间布局	包括布局理念、概念创意、空间结构（"形意法"和"意形法"）、分区设计，以便项目落地
企业战略布局	根据地域、基础设施、交通条件、政治政策、社会文化、自然条件、综合成本等进行选址
活动场地布局	主要考虑调性契合、预算合适，以及战略定制方式

3. 模式策略：创造可持续的商业模式

商业模式是"一个组织创造、传递及获得价值的基本原理"[1]。简而言之，即是设计好价值流程，实现顾客价值和企业利益的统一。事实上，无论是企业、园区、小镇，还是影

---

[1] 亚历山大·奥斯特瓦德，伊夫·皮尼厄. 商业模式新生代 [M]. 黄涛，郁婧，译. 北京：机械工业出版社，2018：4.

视、节庆、活动等策划类型，商业模式的设计都是不可回避的策划任务。成功的商业模式应该为客户提供独特价值，并具有排他性和可持续性。在实践中，具体的商业模式丰富多彩，并不断地推陈出新，但也有一些框架可供参考。例如，日本学者三谷宏治的四要素模型（即顾客、价值提供、盈利模式、战略、资源），亚历山大·奥斯特瓦德和伊夫·皮尼厄提出的商业模式的画布模型❶（包括客户细分、价值主张、渠道通路、客户关系、收入来源、核心资源、关键业务、重要合作、成本结构九个方面内容）。

4. 融资策略：为建设运营筹措资金

融资是指为新建一个项目、收购一个现有项目或对已有项目进行债务重组而进行的一切融资活动和方式，即为了项目的创作、开发、建设所进行的所有融资活动。不同的项目资产结构中，对版权、产品、现金流量的控制程度，以及投资者所承担的债务责任和所涉及的债务结构，存在较大差异。融资策略主要涉及融资方式（内部滚动、股权融资、债券融资等）、融资渠道（直接融资、间接融资）、融资金额与比例，以及融资路演设计等内容。

5. 传播策略：借势借力，传重于播

在这个"好酒也怕巷子深"的信息爆炸年代，做好传播策略的设计成为了策划的重要内容。事实上，传播意识要贯穿策划的全过程。纵观优秀的策划案，基本都是文字优美、说理透彻、极具自我传播能力的方案。特别是开展活动、会展、论坛等本身目的即是传播的策划，创新传播策略就显得更为重要。策划实践中，其一要明晰传播方向，即确定好传播对象、目标，设计好核心主题；其二要设计传播方式，在坚持"传"重于"播"、内容与创意为王、善于借势与造势的思路指导下，灵活运用广告、事件和体验、公共关系和社交媒体等传播方式，让客户信息得到更广泛的传播。

6. 时间策略：推动流程与时序

时间策略是指保证策划方案所设计的任务能按时完成的过程环节和时序安排。任何方案都要"长计划、短安排"。只有时序特别是关键时间节点安排合理，方案才能更高效有序地实施。时间策略也是方案实施之后，开展过程管理和进度考核的重要依据。时间策略主要从如下三个方面进行设计。首先，进行项目单元或活动环节排序（如节点图法、箭线图法）。其次，在确定了排序关系后，预计完成各项活动所需的时间长短，以及完成整个项目任务所需要的总时间。最后，制订进度计划。由于进度计划建立在项目环节、活动排序及时间估算的基础之上，因此前期工作越扎实，进度计划就越容易编制。

---

❶ 亚历山大·奥斯特瓦德，伊夫·皮尼厄. 商业模式新生代［M］. 黄涛，郁婧，译. 北京：机械工业出版社，2018：5-35.

五、方案评估

策略制定之后，需要对方案进行评估。通常包括"内评估"和"外评估"两个层面。"内评估"层面即是策划机构内部对方案与策略设计的评估。也可称策略评估。主要分析此方案设计可能带来的经济效益（成本、收益、利润等）、社会效益及战略效益等。此种评估是策划内容的重要组成部分。任何一个策划都要进行"算账"，对方案需要投入的资源（人力、物力和财力等）和可能取得的成效（经济、社会、战略等）进行评估和说明，以供决策者进行选择。

"外评估"层面是指委托方对整体策划方案的评估与调整建议。策划服务决策，理论上来说，必须制订多套方案以供选择。但考虑成本问题，实践中一般是一套主策划方案，外加一些变体方案（主要变化在发展定位、商业模式或者重大项目设计等方面）。方案提交客户之后，客户需要从比较中择优。其过程一般包括三大环节：一是制定评估标准，从实践经验来看，评估标准可分为定制性、科学性、创新性、效益性、可行性、持续性、风险性七个维度（见表1-22）；二是进行方案评估，并提出修改建议，这环节委托方具有决定权，通常也邀请业内专家参与评估；三是调整与修正方案，策划方应坚持"应改尽改"的原则，凡是委托者特别关注的修改内容，都应酌情进行修改。

表 1-22　策划方案评估指标

指标（权重）	子指标（权重）
定制性	问题指向度、对策合宜度、客户满意度
科学性	规律把握度、方法科学性、整体和谐度
创新性	思维创新性、策略创新性、形式创新性
效益性	经济效益、社会效益、文化效益、生态效益
可行性	资源支撑性、技术可行性、环境可行性
持续性	机制效果、人才效果、网络效果、品牌效果
风险性	政治风险、经济风险、法律风险、运行风险

六、动态顾问

成功的策划是理念、路径、手段与执行意志的有机统一。策划方案的完成，并不意味着工作的结束。如果自我策划，接下来就是执行方案；如果受委托策划，就要开展内容培训、过程指导、协助资源整合等动态顾问工作。

具体而言，一是进行策划内容培训。在培训之时，主讲人最好是项目经理，培训内容基于但不囿于方案。二是实施过程指导。根据"策划—规划—计划"推进流程,为了让策划思路能切实体现在规划上,策划人要代表客户对规划设计进行指导。三是协助资源整合。一方面帮助客户建立开放的生态圈理念,让客户明确自身核心优势和在生态圈中的位置,然后按照"长板理论",整合各类资源。另一方面可结合策划方案,对客户需要且可能整合的资源进行分层,确定优先级和主攻方向,并利用自身资源和人脉,为客户进行牵线搭桥。四是策划人还要注意总结复盘。所谓"复盘",是指一次对局完毕后,复演该盘棋的过程,以检查对局中招法的优劣与策略的得失。用在策划中,就是指策划人要从过去的案例、经验和工作中学习,从而快速地提升策划能力,迈向更好的策划境界。

第五节 成果呈现

一、呈现类型

策划是思维智慧,成果需要载体呈现。归纳起来,主要有三种类型。第一类是策划文本。又称策划书或策划案,是对策划创意和行动方案的书面表达[1],是根据策划理念和创新成果,提供给客户进行审核,并用来指导实施的策略性文件。策划方案是演出的剧本,是行动的路线图。方案一般要包括主文本、专项研究报告、调研访谈报告和策划示意图集等内容,有时后三者也作为附录出现。第二类是演示文稿。通常为 PPT 或幻灯片。随着投影仪等设施在会议室的普及,当前演示文稿已经成为商务汇报的标配。第三类是主题视频。为了将策划的思路、亮点、重点、引擎项目和整体蓝图等进行形象化展示,便于客户招商与宣传,有时可制作 5 分钟左右的主题视频,以达到震撼人心的效果。

二、核心要求

策划表达是衡量策划机构或个人传播能力的重要标尺。对于策划,"包子好吃也要在褶上",好内容不能藏着掖着,要让人一见则喜。为了更好地展示策划成果,策划表达要突出"一化三力":一是要定制化。策划是为决策者服务的,方案应根据决策者(或团队)的知识层次、行事风格、文化品位等,进行有针对性的准备,让内容与形式体现出定

---

[1] 万钧.商务策划学[M].北京:清华大学出版社,2015:175.

制性。二是突出简洁力，在主旨报告中，应该运用"奥卡姆剃刀"❶，凝练和强调策划精华，让客户快速理解并形成深刻印象。切忌"飞机上做报告——空话连篇"。三是突出逻辑力。策划的力量不仅来自策划人的名气与权威，更来自对规律的把握与符合逻辑的论述。一份策划案只有判断推理严密、结论清晰明确，才能折服人心。雄辩的策划案通常有着一种一往无前的磅礴气势，在一次次矛盾的冲突和解决之中，自然而然地引出令人难以辩驳的结论，形成强大的逻辑说服力。四是突出冲击力。优秀的策划方案需在内容与形式上给客户造成冲击力。在内容上，要给客户头脑"换芯片"，帮助客户转换思维、打开脑洞，方案要能戳中客户内心深处的最痛点，问题分析与解决方案给人以醍醐灌顶之感。视觉方面，在策划案（或 PPT）的内容安排、封面设计和文字排版中，应将最核心的观点和最突出的亮点放到最显著的位置上，如将总体目标、发展定位或核心口号（如广告语）作为策划文本的标题（或主标题），在第一时间抓住客户"眼球"。

三、主要内容

策划成果的呈现结构一般包括前序、正文、附录三个部分。

1. 前序部分

即进入正文之前的部分，一般包括封面、扉页、目录和序言四项内容。

（1）封面。封面恰如人之脸面，是策划方案给人的第一印象。创意的符号、色彩和图案设计，能产生醒目的效果，使阅读者一眼就能看到策划人的创新创意能力，并产生浓厚而强烈的兴趣。❷封面的设计风格、形式、要素选择，应视客户与策划的主题而定。封面是方案信息的重要载体，通常要提供如下信息：①策划方案名称（标题）。这是全案之魂。为了让客户快速领会策划的精髓，名字应以"主标题（发展目标、定位语、关键词等）+副标题（某某项目、城市、企业策划案）"的格式较为妥帖。例如，"打造国际时尚青年城——TJ 大悦城商业综合体总体策划方案"，这种格式远比"TJ 大悦城商业综合体总体策划方案"内涵来得丰富。②策划机构的名称、标识、二维码与联系方式。这也是机构承诺责任、塑造品牌的重要载体。③方案提交时间，凸显报告时效性。

（2）扉页。此非必选项，不是所有策划方案都需扉页。扉页内容主要有两种：一种是

---

❶ 该定律由 14 世纪英格兰的逻辑学家、圣方济各会修士奥卡姆的威廉（William of Occam）提出。奥卡姆剃刀的出发点就是：大自然不做任何多余的事。正如他在《箴言书注》2 卷 15 题所说："切勿浪费较多的东西去做用较少的东西同样可以做好的事情。"后来其以一种更为广泛的形式为人们所知，即"如无必要，勿增实体"，即"简单有效原理"。例如，你有两个原理，它们都能解释观测到的事实，那么应该使用简单的那个。总之就一句话：把烦琐累赘一刀砍掉，让事情保持简单。

❷ 卢长宝. 项目策划［M］. 3 版. 北京：电子工业出版社，2018：261.

引用先贤圣哲的名言、国家领导人的讲话或经典的格言警句等，为策划主题和核心观点进行背书；另一种是附上策研团队的信息，包括策划总监、项目经理、团队成员及外部顾问等，给人以真实可靠、高度负责的印象。

（3）序言。完整的策划案通常要有一篇序言，介绍策划背景、项目意义、创新思路等。序言可长可短，讲解清楚即可。但自我要求严格的策划机构，一般都会有一篇高屋建瓴、气势恢宏、开宗明义的高水平序言。该序言既是对整个策划方案的精华凝练，也是对策划思路和内在逻辑的深刻阐述，其内容很多时候可直接用作客户的内外宣传材料。

（4）目录。高质量的目录应是对正文结构和观点提纲挈领的展示。客户通过阅览目录，即可快速地把握方案的逻辑架构和核心观点。这就要求策划人必须对每一层级的每一个标题进行细致的设计，力求每个标题都带有丰富而鲜明的信息，并应强化标题之间的逻辑关联。一般目录只需列到正文的三级标题即可。如果列到四级标题会显得烦琐，反而削弱了标题的吸引力和关联性。

2. 正文部分

正文是策划报告的主体和核心部分，内容因策划类型而异，一般包括策划概述、基础分析、理念创新、策略设计、效益与风险分析、基础保障和实施时序七个方面。

（1）策划概述。主要目的是让阅读者能够在较短的时间内了解本策划的核心要义。一般包括策划背景、名称确定、定位、目标和核心内容等。

（2）基础分析。主要包括客观环境分析、主体条件分析。重点是总结发展的优势、问题及机遇与挑战，并要在分析基础上，得出清晰的结论。明确外部大环境处于什么形势（或发展阶段），我们当前处于什么阶段（竞争地位），未来应该走向何处（战略方向）。

（3）理念创新。核心是提出"新概念"，做好定位和发展目标。定位就是确定事物发展的方向，是策划之轴心，其他内容皆围绕此展开。策划文本一般要描述总体定位、功能定位、产业定位、形象定位等内容，这是策划的亮点和难点。同时要明确策划的目标。定位强调的是"是什么"，目标强调的是"到哪里去"。

（4）策略设计。策略是定位和目标实现的战略支撑。根据策划类别不同，文本大体包括商业模式、空间布局、产业选择、内容创意、交通体系、建设运营模式、传播策略等方面。如果说定位是头脑的话，那么策略就是躯干和手脚，只有策略扎实、科学得当，才能有效支撑定位，更好地实现策划目标。有时候策略设计也可以写成重点任务。

（5）效益与风险分析。效益分析是策划方案不可或缺的部分。特别是对投资收益的分析。无论是一个地产项目、产业园区，还是一个会议、展览或影视节目，都需要进行投资回报的分析，为客户决策提供依据。文本分析应包括定性和定量两部分。定量分析就是要算好经济账、微观账，定性就要算好社会账、战略账。由于策划是指导未来行动的预设方案，难免有一定的风险，因此，还要对策划可能存在的生态、经济、社会、法律、市场等风险进行分析，并制定出相应的规避措施。

（6）基础保障。策划实施需要包括组织、资金、人才、土地、政策等多方面的保障。所以文本保障部分也需围绕这些方面展开，为策划实施提供基础。特别是在政府主导的城市战略策划、产业策划等领域，做好基础保障、构建发展生态，是确保策划实施落地的重要基石。

（7）实施时序。所谓"长计划、短安排"，策划落地需要有严谨的时序设计，才能推动工作有序展开。相对于具体的计划，策划时序一般比较"粗线条"，主要标明重要的时间节点和重大项目的推进安排。

3. 附录部分

该部分是策划机构认为能对方案起到支撑作用的辅助材料。作为方案的最后一项组成部分，附录经常给人可有可无的感觉。但事实上，善用附件不仅可增加策划案的可信度及说服力，也能传达出策划者的严谨态度。具体内容包括但不限于调研报告、专题报告、访谈记录、参考文献和资质证明等方面。

四、注意要点

为了让策划思想能够得到更好的表达，成果呈现应注意如下几点。

1. 策划文本写作要点

文本是策划思想和内容的载体。文本表述的方式与技巧，对策划成败具有重要影响。在策划实践中，文本撰写通常需要注意：第一，坚持问题意识（导向）。在方案撰写过程中，要将问题意识贯穿到全报告中。处处考虑到该部分是否围绕着核心问题来写，是否有助于分析和解决问题。第二，遵循结构思维。在布局上要按照金字塔结构，先将最重要的、抓总性质的结论前置，然后按照逻辑层级分点阐述。在表述上要有结构性，利用"MECE"原则，多角度、不重复地阐述观点。第三，语言要准确生动。准确严谨、简洁洗练是最基本要求。为了便于传播，还应善于运用比喻、对比等修辞手法，增强语言的形象性、生动性与鲜活性。第四，排版统一规范。注意重点突出、字体统一、格式规范，注意多用恰当的图表图片，增强文本表现力。第五，杜绝低级错误。包括错别字、多字少字、错误符号、错误数据、报告缺页少页、格式混乱，以及显而易见的错误分析方法与结论。策划机构要高度重视校对工作，如果因为细节问题而让客户觉得机构不严肃、不负责任、不值得信任，那无疑因小失大。

2. 演示文稿制作要点

首先要突出焦点。PPT 的本质是"POWER YOUR PIONT"，所以要将关键词、关键句突出，版面设计只能有一个焦点。特别是给主要领导汇报的浓缩型 PPT，一般而言不要超过 30 页，汇报时间不要超过 30 分钟。而且必须每页都是观点，简洁凝练，富有语言与视觉的冲击力。其次要具有冲突。好的 PPT 应跌宕起伏，就如同在讲述一个激动人心的故事，是一个不断制造冲突和解决冲突的过程，在矛盾纠缠中引人入胜，让决策者不知不觉被方案的观点和内容所征服。最后应实现各要素和谐。注意标题、图片、视频、内文、字体等方面的协同性，要与策划主题、基调、传播对象联系起来。

3. 主题视频制作要点

首先要写好脚本。好的脚本是视频成功的一半。脚本最好由策划负责人来撰写，因为他对整个策划方案最为熟悉，对方案的重点、亮点和难点最为了解，所以稿子较容易体现出策划的精髓。需要注意的是，脚本在交予制作机构之前，一定要与客户（主要负责人）进行沟通，征求客户意见，确保脚本在后期不会进行大幅度修改。其次要做好指导。策划人是整个视频的导演，最清楚要表达什么、达到何种目的。因此策划人在视频制作过程中，要与拍摄人员、剪编人员及委托方代表进行深入沟通，不断磨合，达成共识。

策划方案的成果呈现主要包括内容，见表 1-23。

表 1-23　策划方案的成果呈现

类型	内容与要求
呈现类型	策划文本（策划主文本、专项研究报告、调研访谈报告、策划示意图集）；演示文稿；主题视频（根据需要）
呈现要求	表达要突出"一化三力"：定制化、简洁力、逻辑力、冲击力
主要内容	前序部分（封面、扉页、序言和目录等）、正文部分（主体和核心部分）、附录部分（调研报告、专题报告和访谈记录等）
注意要点	文本写作（坚持问题意识、遵循结构思维、语言准确生动、排版统一规范、杜绝低级错误）；演示文稿（突出观点，突出焦点，具有冲突，要素和谐）；视频制作（写好脚本，做好指导）

第六节　功能价值

曾有人这样评论策划（或谋略）的作用："一策而转危局，一语而退万军，一计而平骚乱，一谋而值千金，数言而定国基。"❶在漫长的人类发展历程中，作为智慧的重要表现形式，策划（或谋略）对政治、经济、文化等各个方面产生了巨大的影响。大到治国平天

---

❶ 诸葛瑾. 反经的智慧[M]. 长春：东北师范大学出版社，2010：3.

下，小到修身齐家，"谋定而后动"，成为人们行事的重要法则。

争强者必先争谋。今天，随着竞争的日趋激烈和科技的日新月异，越来越多的个人、企业和政府部门发现，策划已经成为抢占发展先机、推动科学决策、实现事业成功的重要法宝，成为决策和行动的重要前置环节。策划价值就其本质而言，在于促进资源的有效配置和高效利用。具体来说，当前策划的功能和价值主要体现见图1-18。

图1-18 策划价值示意图

一、服务决策：做正确的事

西汉学者戴圣在《礼记·中庸》指出："凡事豫则立，不豫则废。"意思是说，做任何事情，事前有准备就可以成功，没有准备就会失败。毛泽东在《论持久战》中也强调："没有事先的计划和准备，就不能获得战争的胜利。"曾经有"战略决定成败"和"细节决定成败"之争，但事实证明：细节只有在战略正确的前提下才有意义。恰如"南辕北辙"的寓言故事，如果方向不对，马虽良、用虽多、御虽善，亦只会越行越远。所以，现代管理学之父彼得·德鲁克才提醒说："遭受挫折后，最主要的原因恐怕就是：人们很少充分地思考自己在执行之前，对整件事情的策略是什么。"

在激烈竞争的时代，能快速、正确地作出决策，愈显重要。日本嶋田毅教授指出："竞争环境的变化提速及这一现象的激化，允许人们静观其变审时度势、允许存在一定容错率的时代已经结束了。今后'针对重要论点（Issue，或译为论题）快速做出正确决策、将决策合理地传达给周围人'这一能力将愈发受到重视。"❶ 策划主要任务是围绕某一特定目标，根据当前的各种情况与信息，综合判断事物发展变化趋势，全面构思、设计合理可行的行动方案，以供决策参考。从程序上而言，策划应处于决策之前，它通过超前的谋划、构思和设计来促进决策的科学化、理智化、效能化。如果没有可供选择的策划方案，决策就难免依靠"凭直觉""拍脑袋"，其决策质量自然难以保证。特别是当前世界发展格局已经进入全球化、信息化、移动互联的高新科技时代，事先做好专业的研究、创新的谋划，就显得更为关键。这也是现代策划最大的功能与价值所在：为决策提供前瞻性、科学性、可行性的问题解决方案。当然，更高明的策划，能够为领导人"换芯片"，为其提

---

❶ 嶋田毅.逻辑思维[M].张雯，译.北京：北京时代华文书局，2018：3.

供新观念、新思路、新方法，形成决策指南与奋斗纲领。

二、指导行动：正确地做事

策划价值不仅在于服务决策，更在于提高行为之效率。索洛增长模型的创立者索洛将增长动力归纳为三个简单的变量：资本的增加、劳动力的增加、创新和技术进步。策划就是"创新和技术进步"中的重要变量。通过创新性策划，可以形成创新的思维、模式和方法，提高工作效率。例如，通过理念和思路创新，将生产力中的各种要素、资源重新整合，很多时候能使之产生 1+1>2，甚至原子裂变式的市场效应或者经济效益。一般而言，一个成功的策划应带来四重效果：其一，政府、企业或个人能获得实在的社会效益和（或）经济效益；其二，促使政府或企业形成更高效率的运营管理机制；其三，通过策划的实施，培育和锻炼出一批高素质的人才队伍；其四，形成独特的商业模式和可持续发展战略，逐步打造出以自身资源或能力为核心的战略平台和生态体系。

三、创造价值：彰显创新力量

策划的灵魂是创新，要求"无中生有、有中生优"。任何高质量的策划，必须要有新思路、新创意、新策略，"鹦鹉学舌""照葫芦画瓢"，照搬、模仿、抄袭别人已有的经验和模式，都不能算是真正的策划。

《孙子兵法》中有言："兵无常势，水无常形。"策划应视具体情况而调整，不能抱残守缺、因循守旧，欲求取胜，必须不断地创造新策略。即使已经成功的模式，也不能生搬硬套，要善于依据客观条件来努力创新。例如，通过创新创造了巨大价值的苹果公司。在曾经的手机市场上，诺基亚作为老牌的手机巨头，拥有完整的开发团队和经营团队，而苹果公司并没有占据多大份额。为了进一步开发手机市场，两个公司不约而同地进行了新型手机的开发。诺基亚严格按照设计程序进行问卷调查，在一系列研究之后得出结论：大众需要的是具有完美拍照功能的手机。而当时掌管苹果公司的乔布斯则认为：用户需要的是具有完美触摸体验和全新界面设计的手机。于是两个公司按不同思路进行开发，其结果今天已一目了然。当诺基亚 CEO 乔玛·奥利拉在记者招待会上公布同意微软收购时，最后他说了一句话"我们并没有做错什么，但不知为什么我们输了"。诺基亚的工作方法可以说是传统工业时代流行的方法，其本身固然没有失误，但在新经济条件下，没有创新就会寸步难行。

第二章 区域战略策划

第一节 区域战略策划概述

审视区域与城市发展之时，我们不禁要问：为什么有的地方发展较为迅速与顺利，而有的则磕磕碰碰，"一步跟不上，步步跟不上"，总感觉踩不到时代前进的鼓点之上？这里当然有区位、资源、生态、发展基础等各种因素的影响，但除了这些客观条件，能否发挥主观能动性，以宏阔、长远、前瞻的视野，创新制定发展战略，整合资源聚力推进，这无疑也是影响区域与城市发展的核心因素之一。

一、内涵与基本特征

区域（Region）是一个普遍化的概念，不同学科具有不同的理解。政治学认为区域是国家管理的行政单元，社会学将区域看作是具有相同语言、相同信仰和民族特征的人类社会聚落，经济学则认为区域是由人的经济活动所造成的、具有特定地域的经济社会综合体，地理学把区域定义为地球表壳的地域单元，认为是特定的地理空间范围，整个地球是由无数不同地域层次和范围的区域组成的，大到整个地球，小到市、县、乡或村。❶在本文中，对区域的界定更趋向一种地理学和经济学的概念，是涵盖不同层级、不同功能、不同范围的区域，既包括跨行政区的大区域，各层级的行政区域（省、市、区、乡、村），还可以包括特定功能性区域，如新城区、高新区、产业园区和特色小镇等。

战略（Strategy）一词最早源于军事，指将领指挥军队作战的谋略，后比喻为在一定历史时期指导全局的方略。战略策划是相对运营策划、项目策划而言的。一般涉及全局、整体、系统的策划，是策划的最高层次，主要为区域、城市、企业等提供战略研判、发展定位、策略设计和高级顾问等服务，需要从全局视野、较长周期来谋划目标实现路径或问题

---

❶ 吴志强，李德华. 城市规划原理[M]. 4版. 北京：中国建筑工业出版社，2015：219.

解决方案。这要求策划人具备广博的知识、丰富的阅历和强大的创新能力。实践来看，当前 95% 以上的策划都可以归为运营策划和项目策划。因为这两类策划相对具体和专业，比较容易掌握。而战略策划需要极强的综合能力和创新能力，这样的机构（或个人）占据着行业的金字塔顶端，数量相对较少。

什么是区域战略策划呢？本书认为即是以区域及其发展为对象，为了达到特定的目的或解决特定的问题，在科学调查和研究的基础上，创新性地定制区域发展策略与行动方案的理性行为。具体而言，就是要对区域发展进行战略判断、总体定位、路径创新、重大项目设计等谋划活动，为决策者提供创新性、系统性、可行性的目标实现或问题解决方案。

我们平时接触的区域规划较多，但是对区域策划了解不多。那区域规划与策划之间存在着何种关系呢？策划活动一般发生在规划之前，主要任务是为规划提供思想理念、发展战略、产业选择、重大项目和运营模式等内容指引，让规划更具创新性与落地性。相比规划，策划更重思辨和论证。例如，策划活动中的空间策略与规划中的空间设计就不一样。法定的空间规划具有严谨的编制程序和技术规范，是指导项目实施落地的法规文件；但策划的空间策略，偏向于逻辑性、概念性，重点考察空间板块的功能安排和整体协调，主要用于指导下一步的总体规划或控制性详规。即是说，规划强调"空间属性"，策划强调"逻辑属性"——重点论述为何如此布局的理念、缘由和内在逻辑。

区域战略策划由于涉及主体较多、专业性较强、利益关系较为复杂，因此是策划门类中较难掌握的，需要策划人进行长时间的理论与实践积累，并不断强化跨界合作。区域战略策划除了具有预设性、定制性、创新性、可行性、系统性等策划的一般特征外，还具有较强的前瞻性、全局性、平衡性和突破性。或者说对于区域战略策划而言，需要有前瞻性思考、全局性筹划、平衡性要求和杠杆性项目设计。

第一，前瞻性是区域战略策划的必然要求。战略的较长周期性意味着策划不仅要关注当下，更要着眼长远。战略策划一般要涉及 5~30 年的时间跨度，在科技日新月异的现代社会，预测这样长周期的变化无疑是极为困难的。但如果没有长期规划，奉行边走边看的机会主义，最后又难免在快速发展的时势中迷失自己。这也要求策划方案必须具有极强的前瞻性，为未来行动提供纲领性指导。例如，当前开展新城策划之时，就需预测人工智能、数字孪生、无人汽车、元宇宙等技术和业态对未来城市的影响，并在此基础上展开策略设计。

第二，全局性是区域战略策划的重要特征。所谓"不谋全局者不足以谋一域，不谋万世者不足以谋一局"。区域和城市的发展涉及经济、空间、文化和生态等多领域，是一个多系统、多要素、多主体互动和协同的复杂体系，对其进行战略策划需要有整体思维。首先在策划目标上，常常涉及经济、社会、民生、文化和生态等多个方面，是一个"目标束"的概念，需要全面权衡利弊、综合分析论证，才能实现各地区、各部门、各主体间整体效益的最大化。其次在内容上,通常包括发展方向、空间布局、项目设计、招商引资、支撑政策、发展保障等多个方面的内容。

第三,平衡性是区域战略策划的内在要求。根据约翰·刘易斯·加迪斯在《大战略》中的观点,目标和能力的平衡即为战略。对于区域战略策划而言,就是要平衡区域发展目标与区域资源和能力间匹配的问题。即是在策划中,不能好高骛远,"拽着头发往上窜",而是要有所为、有所不为,根据自身资源、特色和优势,走出一条目标与能力相平衡的发展道路。

第四,杠杆性是区域战略策划的重要特点。好战略需要通过集中智慧、资源和行动来获得力量。❶区域战略策划偏向宏观,比较全面,一般会让人感觉比较"虚",难以集中发力;要让战略趋"实",就必须设计重大项目作为战略杠杆,推动发展愿景落实。例如,哈尔滨谋划打造"世界音乐之都",就邀请了扎哈·哈迪德设计了美轮美奂的哈尔滨大剧院。

二、流程与主要内容

(一)策划流程

区域战略策划是旨在促进经济社会发展、空间与环境优化及满足人们美好生活需求的谋划活动,核心内容是梳理资源条件、分析当前形势、制定指导方针,并采取一系列连贯的行动。需要回答好"我是谁""我从哪里来""我到哪里去""我该如何去"等重大问题,为区域发展谋定方向与路径,实现区域发展价值与效率的最大化。从策划流程来看,主要包括如下六个环节(见图2-1)。

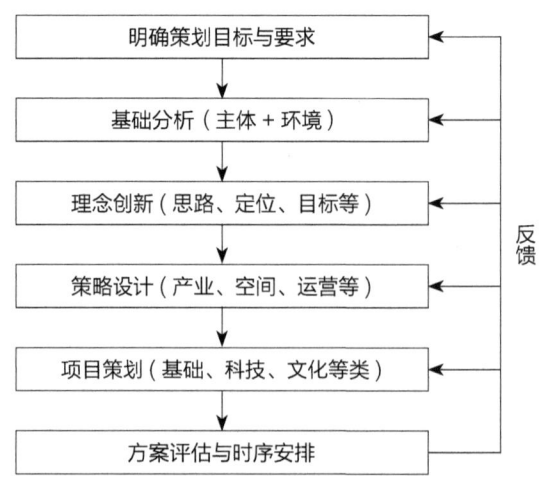

图 2-1 区域战略策划主要环节

---

❶ 理查德·鲁梅尔特. 好战略,坏战略[M]. 蒋宗强,译. 北京:中信出版社,2017:115.

（二）策划核心内容

根据区域战略策划的目标与要求，其内容通常包括以下六个方面。

第一，基础分析。这部分是区域战略策划的前提。只有扎实、深入和具有洞察力的分析，才能为之后的创新设计奠定基础。基础分析包括环境分析和主体分析。由于战略重在指导未来行动，因此分析要强化预测性，关键是要把握发展大势，也可以称为态势分析。具体包括政策大势、经济大势、科技大势、社会大势和空间大势等方面的分析（见表2-1），同时环境分析还应包括竞争格局与变化趋势等方面内容。主体分析对象包括区域的区位、交通、环境、文化和特殊资源等，是对区域的全景式扫描和剖析。基础分析要得出清晰的认知与判断，并根据经验、案例及思维创新，形成新的发展思路。

表 2-1　大势分析的主要内容

维度	类型	分析内容
政策大势	国家宏观	党中央、国务院的会议与决策；国家五年发展规划；年度工作报告、区域战略规划；国家产业发展政策；国家层面法规、条例等
	行业专项	所在行业的政策、规划及法规条例。例如，文化政策、房地产政策、战略新兴产业规划
	区域省市	省市县五年规划、区域或城市总体规划；地方产业发展规划与政策；年度工作报告、领导讲话等
	相关政策	各地出台产业、经济、服务等方面的相关政策
经济大势	经济增长	国际组织发布的经济报告，国家和地方统计公报，知名智库关于经济的研究报告，金融机构预测等
	产业发展	国内外产业发展的历年数据分析，产业发展年度报告，专业机构以及权威专家关于产业发展的预测等
	消费升级	人均可支配收入与恩格尔系数的历年变化，国际消费发展研究报告，市场调查机构对消费发展的预测等
	国际贸易	国际智库发布的贸易数据，商务部发布的历年数据，相关机构对国际贸易的预测等
科技大势	最新科技	国际新兴科技研究报告，世界知名科技专业网站，智库组织发布的相关报告等
	科技影响	新科技影响报告，国际科技专家评论，先进国家或市场应用情况，证券机构的分析报告等
	科技选择	新兴科技商业应用的难易程度，市场价值与潜力；委托客户可选最佳的科技门类与路径设计等

续表

维度	类型	分析内容
社会大势	人口统计环境	国家、省或市的人口统计报告（包括人口数量、年龄结构、男女比例、人口分布、教育层次、职业结构等），以及人口增长率、城市化率等历年变化趋势
	社会阶层	国家、省或市的社会阶层变迁研究报告，包括中产阶层、创意阶层，世代研究报告等
	文化思潮	文化思潮研究报告（著作），重大社会文化事件；社会主流价值观念变迁；社会主流文化与亚文化等
	区域文化	区域（省、市）历史文化、文物遗存、宗教信仰、文化精神特质、民俗文化、非物质文化遗产、文化演进脉络、文化产业、公共文化服务等情况
空间大势	国际格局	国际地缘政治研究报告，国际格局研究白皮书，国际顶级智库相关的研究报告等
	区域格局	区域发展战略规划、空间规划、产业规划，以及各类空间发展研究报告等
	城市格局	城市总体规划，分区规划，城市交通、生态、水系等领域的专项规划，以及城市空间研究报告等

第二，发展思路。根据基础分析，结合案例启示，提出区域发展的战略思路、发展定位和建设目标。战略思路主要是宏观上的思想导引，阐述区域的发展思考和战略遵循。发展定位是区域策划的"定海神针"，因为其他部分都需要围绕它来建立"战略配称"，定位通常包括战略定位（根据区域地位、作用和特色，按照高势能、唯一性、支撑性的原则，找出具有竞争优势的发展方向）、功能定位（根据功能区发展趋势，确定功能定位）、产业/市场定位（根据区域或项目特点，确定产业方向、主流市场，市场的层次、职业特征和消费特点等）和形象定位（确立区域或项目形象概念，包括案名、广告语等）等内容。定位如果说是方向，那么目标就是目的地。根据需要，区域发展目标可包括定性目标与定量目标、整体目标与阶段目标。

第三，发展策略。重点包括四个方面的策略。一是空间布局策略。在总体定位的基础上，通过对区域的区位、交通、资源、自然条件等分析，在空间上提出规划构想，含盖布局理念（提出理念和设计主题，突出文化内涵与文化特色）、功能分区（根据功能定位，并结合各功能的内在逻辑关系，设定功能分区，确定各板块的功能，以及各功能板块之间的关系）、分区设计（包括分区内各类用地布局及构成、物业开发类型、总体建筑规模及各类建筑规模构成、建设开发强度设计）等内容。二是产业发展策略。在总体定位的基础上，通过资源与优势分析，确定区域主要发展的产业类型，并提出每类产业发展的具体思路与举措。由于区域有层级之别，在选择产业之时，也需有宽窄和环节之分，切忌一味追求"大而全"。三是建设运营模式策略。与企业需有商业模式一样，区域发展涉及各类要素和主体，策划之时也需统筹考虑好如何更高效地利用资源及协调好各方利益，进而构建起利益共同体。四是要素招引策略。包括企业、资金、人才等发展要素，有时还含盖区域营销传播策略。

第四，引擎设计。区域策划通常是全面统筹、点上突破。即根据区域发展的方向，设计一些具有带动性、示范性的重大引擎性项目。通过项目策划和建设，实现以点带面，促进区域的发展。项目一般包括市政基建、商业经营、公共服务、品牌活动等类型，内容通常涵盖设计背景、发展目标、项目构成、投资估算、实施建议和推进时序等内容。

第五，发展评估和建设时序。评估是决策者选择方案和实施行动的前置环节。包括策划方案实施需要的成本和资源投入，以及可带来的经济效益、社会效益和战略效益等。这里需要注意的是评估标准和权重的设置。同时，由于区域发展涉及的各类事项较多、周期较长，这就需要根据轻重缓急和条件成熟程度，制定建设推进的时序，确保工作有序展开。

第六，案例借鉴（附录）。即是寻找并分析与当前区域类似的成功或失败案例，从中总结发展经验、问题、启示与警示。通常可以选取 3～5 个国内外案例进行分析。由于案例具有实践性、实在性等特点，因此，经常能够为策划的思路和策略提供有力的支撑。案例分析内容主要包括建设背景、总体定位、文化主题、功能体系、产品形式、开发强度、运营模式、成功关键驱动因素、投资收益、发展问题和警示启示等。案例分析最好能够到现场收集一手材料，并有策划人自己独特的总结与解读。

以上六个方面的策划内容，见表 2-2。

表 2-2 区域战略策划内容一览

内容	分类	具体内涵
基础分析	态势分析	包括政策大势、经济大势、科技大势、社会大势和空间大势等
	主体分析	对区域显性资源（区位、交通、环境、文化、人才等）和隐性资源（声誉等）进行分析
	分析结论	运用 SWOT 等框架，梳理和明确分析结论
发展思路	战略思路	阐述区域的发展思考和战略遵循
	发展定位	通常包括战略定位、功能定位、产业定位、市场定位、形象定位，以及广告语
	建设目标	包括区域发展的定性目标与定量目标、整体目标与阶段目标等

续表

内容	分类	具体内涵
发展策略	空间布局	布局理念（原则与思路）、功能分区（板块划分与区间关系）、分区设计（类型、规模用地配比等）
	产业发展	产业选择、发展目标、发展路径
	建设运营	建设模式、运营模式、成本与效益估算
	要素招引	招商引资、区域营销、品牌建设策略
引擎设计	市政基建类	区域发展基础类项目，如交通道路等
	商业经营类	具有营利性质的项目，如商业综合体等
	公共服务类	有利于完善区域公共服务的大型项目
	品牌活动类	具有区域营销和提升影响力的品牌活动
发展评估和建设时序	发展评估	设定合理指标，对项目进行经济效益、社会效益及战略效益等方面的评估
	建设时序	制定各阶段重点任务和项目开展的先后顺序
案例借鉴	可供参考借鉴的案例（作附件）	包括案例的建设背景、总体定位、文化主题、功能体系、产品形式、开发强度、运营模式、成功关键驱动因素、投资收益、发展问题、警示和启示等内容

三、策划的注意要点

区域战略策划影响较大，涉及内容较多，对策划人知识体系和视野格局要求极高。做好区域战略策划，通常要注意以下几个方面。

第一，注重发展大势的把握。善弈者谋势，善谋者致远。《兵经百字》认为，"据兵之先，唯机与时"❶。对区域发展而言，更需要审时度势，既要看清当前的时局，又要研究时代之变、科技之变、全球格局之变，敏锐地测定流向，识别时势，借助时代浪潮之伟力。如何才能做好大势把握呢？一方面要求策划人应有大胸怀、大气魄、大格局，看问题、做方案、出思路，能够不拘泥当下与眼前，而是将其放到时代发展大势、产业演变规律、国家政策变迁等宏大时空坐标中去审视和研判。另一方面要求策划人不断地强化自己的研究和洞察能力。任何事物的出现和发展都有其内在逻辑和必然规律，策划人就是要通过自己独特的能力找到这种必然趋势，然后在此基础上进行区域策略和项目的设计。事实上，任何趋势都会有端倪和预兆的，核心问题是我们能不能敏锐地发现，并顺应和引领这种趋势，成为时代的"报春鸟"。例如，以5G为代表的新一代信息技术和人工智能、大数据、

---

❶ 戴庞海，等. 兵经百书[M]. 郑州：中州古籍出版社，2018：13.

区块链等颠覆性技术的突破，深刻变革着人们的生产生活方式，数字经济、智能经济、共享经济等新型经济形态层出不穷。如何在此趋势中发现机遇、引领潮流，就体现着策划人的眼光与能力。

第二，注重文化底蕴的挖掘。俗话说"十里不同风，百里不同俗"。地方文化塑造了地区人民整体心理结构和价值认同，植根当地文化来设计发展路径，可以让策划更具有定制性和可行性。在区域发展策划中，要重视对地域文化的挖掘，发现区域文化资本，创新提炼区域的独特文化基因与精神内核，从而塑造区域发展特色。当然，如果一些新区缺少深厚的文化底蕴，也可以利用时尚性、国际性、创新性的文化或理念。但是不管何种方式，在区域发展策划中，文化主题是一个绕不开的问题。如何才能找到区域文化之魂呢？首先，要做好案头工作，即通过研读网络资料、地方志、地方文化书籍等方式，熟悉区域文化资源，了解现有研究成果。其次，要做好现场勘探和深入访谈，策划人应亲临现场，获得"在地"的空间感和文化感。并通过拜访当地的文化名家和贤达人士，更深入地了解本地人对当地文化的理解与认识。最后，在此基础上提炼区域文化精神，创新解读和价值阐释，并将文化精神注入区域发展的定位、空间、业态、制度和品牌等内容中。

第三，注重空间功能的布局。区域策划重要的内容即是土地使用的配置、功能空间的组合，以及实现二者的方式与手段。因为土地空间资源是区域发展的核心资源之一。如何进行战略空间布局？首先，基于一定的理念（如以人为本、主题集聚等）和经济空间结构理论（如增长极理论、点—轴开发理论等），在对区域进行分析（包括自然、资源、区位、土地性质等硬性条件，经济、社会、文化、科技实力、投资环境等软性条件）的基础上，在空间范围内创新性地设计出各种轴带、主题功能区或各种空间战略节点等，形成层级清晰、功能互补、有机集聚、联动发展的空间格局。其次，进行概念创意。根据区域定位和文化主题，在空间布局中引入特色的文化元素，为空间注入文化之魂。例如，可以将空间布局抽象为某种图形、符号，或具有美好"隐喻"的事物，赋予空间结构一定"意义"，让枯燥的规划术语能以生动和通俗的方式呈现，便于人们理解、记忆与传播，并让策划者、建设者和消费者在理念或精神上达到某种契合与共鸣。具体策划之时，一般有"意形法"（即从概念到布局，先提出具体的符号或概念，再根据其确定项目的空间和形态）和"形意法"（即先根据项目的地形、地块、用地性质等因素，因地制宜地对空间进行布局，然后再对其形状加以提炼，赋予其一定的"意义"）两种。最后，要做好功能分区的策划，包括分区的总体功能、各类用地规模与配比、物业开发类型、总体建筑体量等。不过一般而言，策划中的分区设计主要是概念性的，具体落地实施还需制定详细的空间规划。

第四，注重引擎项目的设计。区域发展策划不能停留在理念或战略上，必须能够落实到具体的项目中。为什么项目对区域策划显得特别重要呢？因为区域策划通常涉及的范围比较大、建设时序比较长，工作推进起来千头万绪。但如果在战略的指导下，以项目为抓手推动战略落地，可以让方案既有高度，又具有良好的操作性。项目设计应注意如下四点：一是要"跳出项目设计项目"。因为项目是为战略服务的，要找准项目在区域发展中的位置与价值，从战略高度思考和设计项目。二是要突出创新性（或原创性）。创新是项目设计的精髓，只有"非新勿扰"，在把握事物规律的基础上，创造出新内容、新形式和新模式，才能让项目获得消费者的关注与青睐。三是追求极致化。只有做到极致，才能成为唯一与第一，引发消费者追捧。在一个竞争激烈的年代，项目设计最大的忌讳是平庸和同质。如何才能做到极致？可以从品质、功能、文化、特色、细节等角度出发，聚力突破。四是做好项目的评估。即是对策划项目进行经济、社会、战略和生态等方面的效益评估，然后才能有所取舍。

第二节 京津冀协同发展战略策划
——如何构建以首都为核心的世界级城市群

2015年4月30日，中共中央政治局会议审议通过了《京津冀协同发展规划纲要》。在无数专家学者研究论证及各级政府的强力推动下，京津冀区域合作的顶层设计终于尘埃落定，协同发展的总体方针基本明确。随后，全国首个跨省级行政区规划《"十三五"时期京津冀国民经济和社会发展规划》印发实施，京津冀区域土地、城乡、水利、卫生等12个专项规划相继出台，京津冀协同发展驶入了快车道。

作为全国三大经济圈之一，京津冀协同发展的动议由来已久。早在1981年，区域就成立了由京、津、冀、晋、蒙组成的华北地区经济技术协会，主要任务是通过高层会商来解决地区间物质调剂等问题。1982年，北京市在《北京市城市建设总体规划方案》中首次提出了"首都圈"概念，拉开了京津冀区域合作的序幕。随后，又出现了"环渤海经济区""环渤海综合经济圈""大北京""首都地区"和"京津冀都市圈"等区域合作概念和设想，但因为"显而易见"的合作效益不突出、各省市产业自成体系，以及政府机构改革等方面的影响，合作效果不尽理想。

进入"十二五"时期（2011—2015年），由于经济全球化和区域一体化的深入、北京建设世界级城市目标的确立及周边区域渴求合作的强烈愿望等种种动因，北京区域合作面临着全新的形势，合作目标发生了深刻的变化。在此背景下，如何发挥首都的优势和引导作用，构筑世界城市坐标下的区域合作新版图，就成为北京亟须破解的重大命题。

本次策划即发生在此时间节点上。2012年春，策研团队受北京市区域合作部门的委托，开展了区域合作的专题研究与战略策划。"千金难买回头望"，当年的策划距今已逾十载，站在今天的时点来审视当初的战略思考和策划得失，无疑有助于我们更好地理解与认知区域战略策划。

一、策划思路："两个坚持、三个做好"

京津冀区域合作范围包括北京市、天津市、河北省、山西省、内蒙古自治区等省（区、市），总面积约155万平方公里，总人口约14660万人，是一项涉及众多利益相关方和专业领域的巨型系统工程。面对这样一个千头万绪的复杂课题，需要策划机构具有宏观视野、丰富知识和整体把握能力。那到底应该如何才能有序推进呢？策研团队的破题思路可归结为"两个坚持、三个做好"。

第一，坚持目标导向。对于委托性课题而言，明确客户需求和目标是策划的逻辑起点。策研团队通过与委托方沟通之后，明确重点是立足北京建设世界城市的战略需求，从区域合作的角度出发，在分析首都及周边地区经济社会发展阶段与趋势，以及借鉴国内外成功经验的基础上，突出北京作为区域首位城市的带动作用，科学谋划合作主体功能分区，明确合作的重点区域和行业，并设计具有可操作性的引擎项目和协同机制，进而推动以首都为核心的区域合作健康有序发展，合力建设世界级城市群。之后的策划实践表明，当初对需求和目标的准确把握，极大地提升了策划工作的效率与效果。

第二，坚持问题意识。发现问题、分析问题和解决问题是策划的"三部曲"，问题意识是策划人的重要素养。事实上，京津冀合作是一个由来已久的话题，从20世纪80年代初提出的首都圈，到21世纪初的大北京、首都地区、京津冀都市圈，政府、专家和学者一直在寻找区域合作之道，但由于利益协调、共享机制、推进组织等方面的问题，合作进展和效果一直不太理想。因此，从策划角度而言，亟须深入研究制约区域合作的核心问题和背后成因，找到问题的真正症结之所在，如此才能"对症下药"。

第三，做好计划安排。策划是基于理性的特定活动程序，需要科学的计划和合理的安排。根据北京相关部门的课题委托要求，本次策划的周期为12个月。策划机构将工作分为了三个阶段：首先是框架设计、资料收集和调查研究阶段（4个月）。工作内容包括根据以往经验制定区域合作研究大纲，然后在此框架之下，通过专家、网络、图书馆等渠道收集基础资料，并通过现场实勘和深度访谈收集一手信息，提炼核心观点，同时研究首尔首都圈、东京首都圈、长三角、深港澳等世界级城市群的合作案例，归纳合作的共性规律。其次是策略探讨与初稿撰写阶段（4个月）。根据前期调查与研究成果，完善框架大纲，撰写报告初稿，并组织业内资深专家，召开头脑风暴会和研讨会，集思广益地优化策略设计。最后是方案评审与完善阶段（4个月）。主要工作是就策划成果与委托方进行沟通交流，听取其意见，然后召开专家评审会，对方案的可行性与科学性进行论证与评估，然后据此进行修改和完善。

第四，做好基础研究。研究是策划创新的基石。对于内容庞杂的区域合作而言，开展系统深入的研究是做好策划方案的前提。为此，策划机构重点在四个方面作出了努力。一是强化文献研究。京津冀合作研究开展较早，成果汗牛充栋。策研团队认为应集成和利用现有研究成果，站在"巨人"的肩膀上进行创新。二是强化实地调研。真相永远在现场。策划也需要增强"现场感"，不能纸上谈兵、人云亦云。例如，不到环首都十四个县市实地考察，就难以想象无形边界造成的"发展悬崖"。三是做好深度访谈。深入了解北京、天津、河北、山西、内蒙古的发展战略和合作诉求，找到不同主体间利益的最大公约数，谋划构建区域发展的利益共同体。四是强化专题研究（见表2-3）。包括开展现状、案例、主体与周边等方面的专题研究。例如，通过研究东京、伦敦、巴黎等以首都为核心的世界级城市群，剖析首都圈发展的客观规律。

表 2-3 策划专题研究内容

专题研究	研究内容
现状研究	包括国内区域合作发展情况、中国三大经济圈合作对比研究等
案例研究	东京首都圈、首尔首都圈、欧盟、北美自由贸易区等案例研究
首都研究	地理区位、城市结构、功能布局、人口分布、战略规划、发展趋势与需求等
周边研究	包括环首都经济圈市县，以及唐山、天津、蒙中西等区域和城市研究
机制研究	保障和推进区域合作的组织机制、政策制度、政策性工具等方面的研究

第五，做好创新突破。相比战略研究，战略策划需要更加突出创新性，通过创新来突破协同发展中的重大问题与核心难点。在此次研究过程中，策研团队开展了大量的头脑风暴会，就空间格局、合作领域、项目设计等方面进行了深入探讨。例如，在区域生态合作方面，策研团队提出应建立合理的生态补偿机制，细化补偿内容，包括水资源使用权损失补偿、限制传统工业发展权益损失补偿、生态工程管理费用补偿等，并建议由水利和经济专家开展量化测算，形成科学合理的生态补偿体系，构建长效、可持续的区域生态合作机制。

二、策划要点：识势、寻因与创新

根据战略学家理查德·鲁梅尔特的观点，好的战略应该在了解形势的基础上，制定整体性策略并设计统一连贯的行动。区域战略策划涉及内容庞杂，在京津冀协同发展战略策划中，为了突出策划的宏观高度和落地深度，策研团队将方案分为了两大部分。一是战略篇。主要阐释在区域、经济、产业和城市发展的新阶段，协同合作需要涵盖的空间范围、功能分区和分区定位；二是战术篇，重点论述北京加强与周边合作的具体策略与项目设计，谋求共筑区域合作新版图。具体而言，策划方案主要分为有机联系的四大内容板块。

（一）大势分析

察势者明，用势者智。战略策划，首在识势与谋势。策研团队认为，京津冀协同合作，并非行政式运动，而是有其宏大的时代背景，有其内在的逻辑动力，是多种因素合力促进的必然结果。

一是国家有要求。进入21世纪新的十年，经济全球化与信息化的相互交织与加速发展，使生产要素的全球扩散和区域集中日益明显，以城市为主体的经济区日渐成为国家参与全球竞争和合作的基础性力量。京津冀地区是我国东部的三大都市圈之一，更是提振北方经济的核心引擎，其协同发展不仅关系到首都世界城市的建设，关系到北方经济的高质量发展，还关系到我国综合国力和全球竞争能力的提升。北京如何在区域合作中发挥龙头带动作用，形成媲美甚至超越东京、伦敦、巴黎等以首都为核心的世界级城市群，占据全球经济、科技、文化战略制高点，对中国强劲崛起和可持续发展具有重大意义。

二是北京有需求。大国需要大都，但北京政治功能与经济功能的超级集聚及互动强化，已经让北京超负荷运转，环境污染、交通拥堵、房价高企等"大城市病"日益严重。无论从保障城市运行、舒减城市压力，还是加快经济上的"强心健体"，北京都离不开一个紧密合作、繁荣发展的经济圈。在策划课题开展的2012年，北京市在保障城市运行方面，每年能源消费中70%的电力、94%的煤炭、60%的成品油、100%的天然气和石油均依靠外部供给，蔬菜的72%、猪肉的70%、水产品的88%都依靠周边供给，在舒减城市压力方面，北京核心区人口密度已达到每平方公里2万多人，只有立足区域高度来塑造城市、疏解和优化功能，引导人口向外转移和截流新进人口，才能有效地缓解城市压力。在经济发展方面，北京也需要加强与周边合作，推进制造、加工等中低端产业向周边转移，才能集中力量发展"高精尖"，转型升级成为产业高端和高端产业汇聚之地。

链接：什么是世界城市？

世界城市（Global City）是国际大都市的最高级城市形态，对全球的经济、政治、科技和文化等方面具有重要的影响力。世界城市是全球政治中心、经济中心、金融中心、科技中心和国际交往中心。举世公认的世界城市为伦敦、纽约和东京。

世界城市具有五个鲜明特征。

第一，首脑功能集聚。必须集聚大量跨国公司总部、国际机构等，是国家甚至世界的首脑区域，所以世界城市又称"首脑城市"。

第二，经济规模庞大。雄厚的经济实力是衡量世界城市的硬指标，世界城市不仅需要GDP总量大，还需人均GDP水平高。

第三，高端产业发达。集聚着以金融和现代服务业为主导的高端产业，充当着全球和区域的新产品和新标准创新中心、商品和服务的市场中心。

第四，区域合作紧密。世界城市形成和发展依赖于都市圈的强大支撑，都市圈为其提供发展的广阔腹地，不断为其发展注入动力。

第五，国际交通便利。作为全球要素集聚和辐射地，世界城市通常有巨大的人、物、信息和资金的流动量，通常拥有世界级交通枢纽体系。

城市层级体系如下所示：

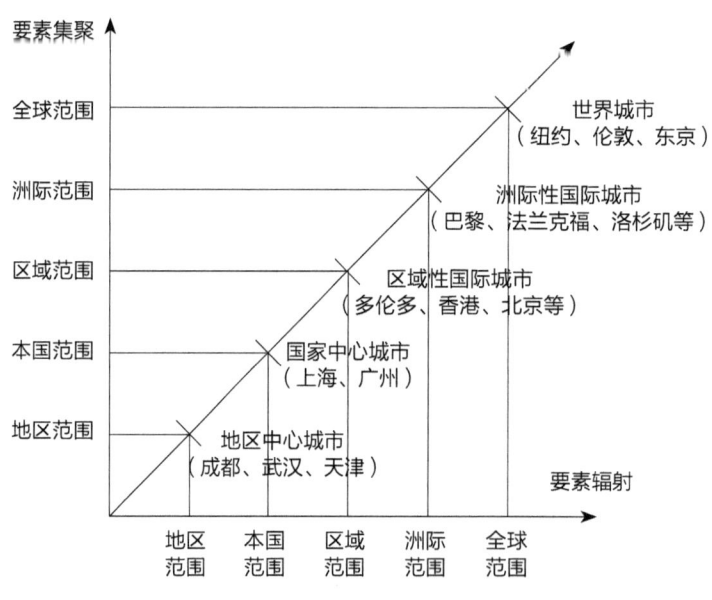

三是区域有渴求。北京强大的自主创新能力、商务服务能力及丰富的人才资源等优势，是周边区域迫切需要但缺乏的资源。周边市县迫切希望能与北京深化在科技、金融、教育、医疗等方面的合作，更多地承接和利用北京的高端生产要素，推进产业结构调整，加快经济增长方式转变（见表2-4）。例如，河北省早在2010年就提出了"环首都经济圈"战略。同时，为了保障首都的生态环境和水资源供给，以及确保重大活动期间的维稳与安全，多年来，周边省、市、县也为北京提供了宝贵支持，做出了巨大的牺牲。北京有责任也有道义，通过帮扶与合作带动区域协调发展，消除首都周边长期存在的集中连片贫困带。

表 2-4 周边区域在调研中提出的合作需求

合作需求	主要内容
推进区域交通衔接	构建畅通的区域交通体系是周边各市县最迫切的需求，特别是京北山区的各市县，都希望北京能把市区的道路延伸过去，加快实现区域大连通、区内微循环的便捷快速的交通体系
加快产业企业转移	希望北京市相关部门能帮助牵线搭桥，促进市内的"国字号""京字号"大企业、大项目及科技研所向当地外迁，特别是电子信息、新能源、新材料、装备制造等新兴战略产业项目
加大高端要素辐射	希望能与北京深化在科技、金融、教育和人力资源等方面的合作，更多承接和利用北京的高端生产要素，推进产业结构战略性调整
实现发展规划对接	希望北京市能统筹考虑区域生态、经济和社会服务，在规划上实现与周边区域在基础设施、路网建设、城镇体系、产业布局等全方面对接
健全区域合作体制机制	希望联合建立多层面、多渠道组织协调机制。包括高层定期会晤制度、专职部门日常协商制度、生态补偿机制和区域税收分成制度等

基于此，策研团队认为，作为区域核心城市，北京应强化龙头意识，立足战略性、前瞻性和全球性的视野去审视协同合作，吸收和借鉴国内外先进合作经验，制订系统性和可操作的战略行动方案，将区域合作推向全新高度。

（二）问题探究

问题是策划创新的"触媒"，发现问题和找到成因是策划成功之基。京津冀协同合作已经提议和推进多年，但为何合作效果不佳呢？根本原因何在？策研团队在走访了环首都十四个区县，以及天津、山西、内蒙古等地的相关市县，收集整理了大量一手资料之后，认为主要存在如下四个问题。

第一，缺少有效的合作制度与促进机制。在市场力量的驱动之下，很多"国字号"和"京字号"大型企业以北京为总部，通过投资、设立生产基地等形式，向北京周边市县扩张，并形成了一定的投资规模，"市场之手"大幅度领先了"政府之手"。但政府间尚未形成多层级、制度化、长效性的合作机制，导致政府间信息不畅、沟通不及时，同时地区间也缺乏合理的利益共享机制，这些因素阻碍了区域间要素的自由流动和优势互补。

第二，基础设施衔接滞后于合作进程要求。受各种因素的综合影响，北京周边市县尤其是北部邻京地区，政府财力弱，基础设施建设水平不高，难以与北京形成有效的对接，其中突出表现在区域交通体系一体化建设方面。由于很多区域连接道路处于北京山区、乡村，是北京的边缘路，因此有些道路没有延伸出京域，有些等级比较低，这就造成了区域部分交通衔接不上。

第三，高端要素辐射滞后于地区发展要求。在过去一个时期里，北京对周边的辐射主要体现在传统产业梯度转移，以及能源和农产品供需合作上，在科技、信息和金融等高端要素辐射方面并不强。这与周边区域规划大力发展电子信息、生物医药等战略性新兴产业，希望吸收北京高端产业和生产要素转移的愿望相去甚远。这一定程度上是由于这些产业对人才要求比较高，而人才主要集聚在北京核心城区。

第四，产业跨区转移滞后于居住迁出步伐。在北京周边区域，如固安、涿州、燕郊及蓟县等地，其中大部分的高档商品房都由在京工作者购买，但是这些居住区主要以"卧城"或"周末别墅"的形式存在，并不是产业转移带来的结果。这种转移，不仅不能有效地缓解北京的交通压力、优化城市功能，反而使地区的房价大幅上涨，远远超出了当地居民所能承受的范围。

（三）理念创新

理念创新是策划创新的思想统帅。创新可以从研讨中来，也可以从案例借鉴中来，本次策划一个重要的创新来源即是案例借鉴。

策研团队通过研究东京、伦敦、巴黎等以首都为核心的世界级城市群，以及欧盟、长三角与深港澳等地区的合作案例，总结凝练出了四点共性经验。一是核心城市是推进区域合作的关键引擎，如果缺乏担当龙头作用的城市，区域合作难以有效推进。二是核心城市的长远视野是推进合作的基本要求，因为从短期利益来看，区域合作中的强者需要做出更多贡献。三是从近到远、先易后难是推进合作的必然过程。区域合作在空间上呈现涟漪扩散效应，在产业转移和辐射上，较容易取得成果的一般先是相邻地区，合作内容也一般先从交通、旅游等较容易的领域开始，然后逐渐深入金融、商务和公共服务等领域。四是合理的组织和制度是推进合作的重要保障。从实践来看，合作较为紧密的区域通常拥有较完善的合作组织和制度，典型如欧盟。

基于此，策研团队认为要推动京津冀协同发展，北京应首先在合作理念上进行突破。一是全球视野，做好龙头。围绕首都建设中国特色世界城市的总体目标，积极转变观念，从注重功能聚集为主向聚集、疏解与辐射并重转变，从注重单方保障为主向双方服务共赢发展转变，大力加强对周边的服务辐射和产业转移，帮扶和推进周边落后区域的发展。二是全面统筹，重点突破。对区域发展要求最迫切、大家利益最集中、示范效果最明显的焦点项目或核心领域进行集中攻坚，加快形成突破和示范。三是创新模式，关注增量。探索与创新出一套与周边城市或区域在生态保护、现代农业、先进制造和战略新兴产业、高端服务等领域的合作模式，让区域合作有路径可依。因为在存量资源上，利益格局已经形成，难以打破，更为可行的是寻找新的合作增长点。四是政府引导，多方合力。政府应主要做好提供公共产品、改善政策环境、建立协调机制、宣传引导及提升区域影响力等方面的工作，特别是要突出区县一级政府的合作主动性，使他们成为政府层面合作的前沿与先锋。同时要充分调动区域合作企业、社会组织等市场主体力量的积极性，推进多方合力协作。

（四）策略设计

策略是主观之于客观的重要思维活动，是区域战略策划的核心内容。从实践来看，此部分也是策划机构花费精力最大的地方。具体如何设计呢？策研团队坚持目标导向和问题导向，根据区域合作的基本规律和重点问题，从空间格局、发展定位、合作领域、重要载体和保障机制等方面出发设计策略。

1. 空间新构想

空间布局是区域协同合作的基础性设计，体现了合作的空间安排和资源的集聚导引，以便获取"收益或效用的最大化"❶。京津冀空间构建一直是区域合作研究的重点。早在2001年，吴良镛院士等专家就提出了"大北京地区"概念（包括北京、天津与河北省唐山、廊坊等9个城市），以及"一轴三带"空间布局（即京津发展轴、山前传统发展带、山区生态文化带、滨海新兴发展带）；2008年国家发改委又提出"京津冀都市圈"，合作范围包括北京、天津与河北省的石家庄、唐山、廊坊、秦皇岛、沧州、保定、承德、张家口10个城市，并提出"双核、三轴、三增长点"的空间架构（京津双核，京津塘主轴和京保石与京唐秦两大拓展轴，中关村、滨海新区和曹妃甸工业区三大增长点）。策研团队在吸收以上研究成果之后，根据区域合作的迫切性和条件的成熟度，建议北京应着力推动构筑"一轴三圈"合作新格局，加快形成功能互补、产业联动、区域协同、共赢发展的合作新局面。

"一轴"即京津滨合作发展轴。该轴是由京津塘高速、京津高速、京津城际铁路等京津间快速通道连接的，西起北京中关村、东至天津港的发展轴带。该轴带是首都经济圈合作中最有基础、最具战略价值的合作廊带。应综合发挥北京科技创新、高端服务、航空枢纽，河北先进制造、成果转化，天津海港经济、高端制造等方面的优势，推进区域合作、产城融合发展，携手打造世界级自主创新和高新技术发展的产业隆起带和世界级城市连绵带。

"三圈"即为合作核心圈、合作紧密圈、发展协作圈。"核心圈"包括河北的唐山、保定、承德、张家口、秦皇岛、廊坊6市和天津的宝坻、武清、蓟县3个区（县），是首都最直接的功能疏解地、产业转移地、生态保障地和市民休闲度假地，是北京推进区域一体化、建设以首都为中心的区域经济体的核心圈层。与这一区域合作的重点是通过深化交

---

❶ 张文忠. 经济区位论［M］. 北京：商务印书馆，2022：8.

通、生态、产业、城市运行保障等全方位的合作和衔接，推进区域融合发展。"紧密圈"包括天津市（除蓟县、宝坻区和武清区）和河北的石家庄、沧州、衡水、邯郸、邢台等6市，是首都重要的经济技术合作区、扩大对外交流的海陆通道区、拓展世界城市发展腹地的战略纵深区。与这一区域合作的重点是加大海港、金融、科技和战略新兴产业等方面的联动发展，扩大区域经济规模，提升区域综合竞争力。"协作圈"主要包括蒙中西、晋中北、陕西北部三大板块，是首都的重要能源合作区、生态保障区和经济协作区。与这一区域合作的重点是加强在能源开发、生态建设、经济技术等领域的交流合作，为建设世界城市提供坚实的能源支撑、生态保障和广阔的经济腹地。

2. 合作重点领域

区域合作领域广泛，不能"眉毛胡子一把抓"，那应该优先从哪些领域切入呢？通过案例分析和经验总结，策研团队认为：建设跨区域的基础设施是区域合作的基础要求，深化产业协作和功能互补是区域合作的核心内容，推进科技创新和公共服务共享是区域合作的关键助力。根据合作的迫切性和易行性，策研机构认为应强化基础设施、资源能源、产业分工、科技创新、公共服务和区域规划六大合作领域。

第一，建设跨区域基础设施。重点是做好交通和信息网络建设，推动形成合理的区域交通体系、机场体系及区域信息共享数字平台。第二，构建资源能源保障机制。将加强与周边地区的生态、水资源、能源的合作放到事关世界城市建设成败的高度，建立长效、合理的合作机制，如联合成立"流域生态保护与治理基金"，推进建立合理的生态补偿机制等。第三，推动区域产业分工与合作发展。重点加大在现代农业、电子信息、汽车及装备、生物医药、绿色能源和现代服务等领域的合作，探索"产销协议""总部＋基地""支持帮扶""飞地经济"等模式，形成错位、互助、共赢发展。第四，推动科技创新合作。以北京建设具有全球影响力的科技创新中心为契机，发挥北京科研院所、科研人才，以及公共技术平台集聚等创新优势，主动承担起龙头带动作用，通过提供科技研发服务、推进科技成果转化、联合建立科技园等形式，提高区域整体创新能力，共同打造科技创新圈。第五，强化区域公共服务。发挥首都公共服务资源优势，加快与周边开展联合办学、医疗卫生、文化体育等方面合作，促进区域公共服务水平的提升。第六，共同编制区域合作专项规划。协调制定区域产业发展合作专项规划、区域基础设施一体化发展规划和区域社会事业发展合作规划等，不断优化区域合作的顶层设计。

3. 合作重要载体

战略设想如果没有载体和项目的支撑就难以落地。借鉴国内外区域合作的经验，结合北京与周边合作的实际情况，策研团队根据"易于实现战略性突破""易于形成示范性影响""具有区域地理临近性"三条原则，建议北京重点推进"五区、多点"等合作载体和项目，引领区域合作走深走实。

"五区"即建议以河北环首都四市为合作重点,联合建设五大合作区:以旅游休闲、生态合作为核心的京北七县旅游合作区;以科技、商务和城市功能合作为核心的京冀全面合作先导区;以临空服务、物流、制造等为核心的区域国际临空经济区;以科研服务、新能源合作为核心的京张生态科研合作区;以地质公园共建、新兴产业发展为核心的京保合作区。

"多点"即共建多个战略项目支撑点。策划和推进京石生物医药合作园、京秦国际休闲度假区、京唐港北京临港产业园、泛金海湖旅游合作基地等多个项目。例如,推动北京平谷与天津蓟县、河北兴隆等地加强合作,以金海湖为核心,系统整合盘山、黄崖关长城等旅游资源,逐渐将其打造为集"山、水、长城"于一体的国际休闲旅游发展高地,成为京津冀旅游合作的示范点。

4. 合作保障措施

合作任务要具体落实到组织、形成机制才能持续推进。从京津冀合作情况来看,合作组织与机制等方面的不完善是迟滞区域合作的重要原因。为此,策研团队建议从构建组织协调制度、建立区域合作机制及创新合作政策工具三方面推进优化与完善。第一,建立健全区域合作四大制度,包括政府首脑互访制度、市长联席会制度、城市合作负责部门衔接落实制度、区域合作督导和考评制度,层层压实各级工作责任。第二,创新探索区域合作机制。特别是要加快形成信息沟通机制、区域创新发展机制、区域生态补偿机制、税收分成机制、规划协调机制五大机制。第三,创新区域合作政策工具。建议设立京津冀区域发展基金、共建区域开发银行、组织首都圈论坛等合作平台。例如,筹备并发起"首都圈区域合作与发展论坛",就区域的经贸合作、生态保护、机制建设和社会发展等方面进行研讨。

三、策划思考:为何当时没能提出"雄安新区"

战略策划成果汇报之后,得到了委托方的高度肯定,认为该方案思路清晰、结构合理、内容翔实,具有较强的科学性和可操作性。同时也提出了三点修改意见:一是要提升"高度"。继续加大对世界城市建设、区域合作发展规律研究,要总结出规律,依循规律指导合作。其中非常重要的部分就是要对国内外目前合作区域的合作历史、内生动力、合作手段、合作机制等进行全方位分析,找到共性和特性,总结出规律,并为我所用。二是要做好"深度"。深入分析京津冀各合作主体的发展特点、合作需求,找准对接点和突破口,突出操作性,做到"合作有重点,推动有项目,落地有载体,管理有机构"。三是要彰显"亮度"。在可操作的基础上,注重创新,设计一些具有创造性、示范性的合作区域或合作措施,形成媒体热点,打造京津冀协同合作示范品牌。

根据委托方的建议，策划机构对方案进行了修改和深化，并将策划成果写入了北京市对口支援和区域合作的专项规划，成为指导北京"十二五"时期推进区域合作的纲领性文件。整体而言，10年前的这次关于京津冀区域合作的战略策划，无论从当初的客户认可，还是后期对实践的指导作用，都是一次比较成功的研究与策划。但从今天的视角来看，仍有许多问题值得策划人深入反思，特别是关于雄安新区的设立问题。

2017年4月，千年之城"雄安新区"横空出世。这是继深圳经济特区和上海浦东新区之后又一具有全国意义的新区，其核心使命是"集中疏解北京非首都功能，探索人口经济密集地区优化开发新模式，调整优化京津冀城市布局和空间结构，培育创新驱动发展新引擎"❶。从这段阐述来看，设立雄安新区无疑是推动京津冀协同发展的战略抓手。那么这次发生在2012年的京津冀区域合作策划，当时为什么只提出了要以首都新机场为引擎建设一个区域性城市，而没能提出打造雄安新区的战略设想呢？

现在回头来看，可能有如下原因。

一是立足点的局限。当时策划机构是受北京市区域合作部门的委托，因此思考问题的出发点必然是基于北京的需求与能力，难以从区域乃至国家战略高度进行思考。虽然也提出了北京要着眼于区域全局和长远战略来推进合作，但毕竟会优先考虑北京的利益。例如，将一些央企单位从北京迁出，这种提法在当时是难以想象和接受的。二是对区域协作的规律认识还不够深入。经验证明，要建立具有"反磁力"的新城，在距离核心城区60公里的范围内，效果是不太明显的，反而会沦为"睡城"；只有距离超过100公里，建设雄安新区这种2000平方公里以上尺度的大城，才可能形成新的产业和人口磁力中心，与北京主城区构成相互依存又相对独立的协同发展格局。三是缺乏大胆的想象力，在创新上较为保守。策研团队主要是基于现状、现有成果和现成案例，没有站在更高、更超脱的角度去思考问题。

出于以上种种的原因，此次策划与雄安新区失之交臂。这也让策划机构失去了一次提出和设计国家级战略新区的历史机遇，让此次区域战略策划缺少了更强的前瞻性和震撼力。这个问题和缺憾无疑值得后来策划者深思。

---

❶ 新华社.中共中央、国务院决定设立河北雄安新区［EB/OL］.（2017-04-01）［2021-09-16］. http://www.gov.cn/xinwen/2017-04/01/content_5182824.htm.

第三节　中国大运河文旅融合发展策划
——以旅为媒激活世界文化遗产的当代价值

2022年4月28日上午10点，山东德州的四女寺枢纽南运河节制闸和天津静海区的九宣闸枢纽南运河节制闸同时开启，让南来之水经南运河与天津本地河水汇合，至此，断流百余年的京杭大运河实现全线通水，开启了大运河的历史新纪元。

中国大运河是世界上开凿较早、里程最长、规模最大的运河，是中华民族标志性的伟大工程。如果我们能穿越时空隧道，来到唐宋或明清盛世的天空，俯瞰神州，一定会被两条雄踞在中华大地的蜿蜒巨龙深深震撼。一条是横亘东西、冷峻深沉，在猎猎寒风中阻挡着塞外铁蹄、拱卫无数家园的万里长城；另一条则是连贯南北、轴舻千里、风帆簇簇，牵引着帝国财富南北流动的大运河。它们一撇一捺、一刚一柔，共同书写着勤劳、智慧的中国"人"。

中国大运河包括隋唐大运河、京杭大运河和浙东大运河三大部分，总长约3200多公里，跨越10多个纬度，自北向南沟通了海河、黄河、淮河、长江、钱塘江5大水系，连接起北京、天津、河北、山东、河南、安徽、江苏、浙江8省市30多个城市。2500多年来，大运河在维护国家统一、繁荣社会经济、促进文化交流、兴盛沿线城市等方面发挥了不可磨灭的作用，是南北交通的大动脉、国家统一的战略线、财富流动的大通道、文化融合的枢纽带、城市聚集的绵延区。特别是在明清时代，达到了繁盛的顶峰。每年运输的漕粮达到400万石以上❶，其他商品更是难以计数，沿线一片"舳舻相接，帆樯栉比"的繁忙景象。

往事越千年。如今长城已经盛名远播，作为世界八大奇迹之一享受着各国游人的尊崇和敬慕；而大运河，随着现代交通的发达和漕运的停止（1901年），航运功能逐渐衰退，昔日的辉煌和荣光与那些桨声灯影一起，悄无声息地湮没在历史深处的尘埃中。直到2014年6月，大运河成功申遗，成为中国第46个世界遗产项目，大运河才又回到了人们的视线。2017年，习近平总书记作出批示，强调"大运河是祖先留给我们的宝贵遗产，是流动的文化，要统筹保护好、传承好、利用好"；2019年，中共中央办公厅、国务院办公厅联合印发了《大运河文化保护传承利用规划纲要》，随后八省市相继出台了各省段的保护传承利用规划，并大力推进，掀起了大运河文化建设的高潮。

---

❶　钟行明.经理运河：大运河管理制度及其建设［M］.南京：东南大学出版社，2019：44-45.

中国大运河文旅融合发展的研究与策划正在此背景下展开。

一、策划目标：建设璀璨文化带和缤纷旅游带

（一）背景与要求

大运河是流动的、活着的世界级人类文明遗产，蕴含着中华民族悠久绵长的文化基因。为贯彻落实《大运河文化保护传承利用规划纲要》及《长城、大运河、长征国家文化公园建设方案》，加快打造中华文化标志，国家发展和改革委员会联合国家文物局、水利部、生态环境部、文化和旅游部等部委计划构建起大运河文化保护传承利用的"四梁八柱"规划体系，即在《大运河文化保护传承利用规划纲要》的指导下，编制大运河文化遗产保护传承、河道水系治理管护、生态环境保护修复、文化和旅游融合发展"四"个专项规划，并指导沿线省（市）编制"八"个地方性实施规划。

2018年6月，中国传媒大学文化产业管理学院接到了文化和旅游部的委托——希望学院能承接"中国大运河文旅融合发展专题研究和专项规划工作"，项目周期8个月。这是该学院接到的大运河领域的又一重要课题。

俗话说"机会是留给有准备的人"，此次委托与研究院前期的研究积累密不可分。早在2014年7月，即在中国大运河申遗成功之后的一个月，在文化部相关司局的支持下，学院师生15人，驱车2000余公里，对京杭大运河进行了为期半个月的摸底调研，考察了沿线12个城市，与当地宣传、文化、旅游、水务等部门召开了8次大型座谈会，实地考察了100余个文化遗产和项目（企业、园区等），收集了大量一手视频、照片和文本资料，撰写了2万余字的调研报告，发表了10余篇学术论文。随后，在2017年、2018年又相继考察了隋唐大运河、浙东运河。与此同时，研究院还先后承接了中宣部、国家发改委、文化和旅游部及运河沿线省市的大量文旅研究课题，积累了丰富的文本资料和研究经验。

明确委托要求是研究与策划的起点。在前期沟通中，文化和旅游部课题委托负责人表示，《大运河文化保护传承利用规划纲要》单独用一章对"推动文化和旅游融合发展"做出了战略部署（内容包括"完善基础设施和配套发展""打造精品路线和统一品牌""推动新产业新业态融合发展"等），体现了规划对文旅融合的高度重视；要求课题组在之后工作中，应围绕"宜融则融，能融尽融，以文促旅，以旅彰文"的思路，以文化为引领，以文化和旅游高质量融合发展为主线，聚焦融合发展重点任务，做好顶层设计，推动大运河打造为"继古开今的璀璨文化带"和"享誉中外的缤纷旅游带"，使之成为宣传中国形象、展示中华文明、彰显文化自信的标志性文化品牌。

平心而论，相比以前的委托，此次课题具有较大的挑战和难度。其一，从基础理论来说，文化和旅游融合是新近提出的概念，其内涵尚不明确，内在机制还不清晰。如果没有

基础理论的支撑，文旅融合策划就缺乏坚实的学理依据与逻辑基础。其二，文旅融合研究涉及8个省市30多个城市，各地文化底蕴、经济水平、资源状况和基础设施等方面都差异较大，如何快速地熟悉浩繁的研究资料、把握各地诉求，并在此基础上形成文旅融合与区域合作的策略，其工作量和难度之大可想而知。其三，大运河文旅融合促进任务涉及文化和旅游部十几个业务部门，同时涉及中宣部、国家发改委等多个部委，因此，如何做好规划内容与各职能部门的对接也是一大挑战。

（二）破题思考

如何才能更高效地开展工作，高质量完成委托任务呢？策研团队从思想意识、研究方法、工作计划等方面做了细致安排。

第一，提升思想认识，增强研究策划的自觉性和使命感。策划是一种体现主观能动性的行为，激发研究者的积极性极其重要。团队负责人强调：中国大运河生动记录着国脉的世代赓续、传承着民族的璀璨文明。在实现中华民族伟大复兴中国梦的历史新时期，推进大运河文旅融合发展具有重要历史意义和时代价值。一是有利于塑造大运河的时代新功能与新价值，为文化遗产保护提供持续动能、为文化遗产传承提供活化载体、为文化遗产利用提供有效路径，让大运河文化焕发出时代风采与永久魅力；二是有利于转化大运河积淀千年的文化势能，发展文化旅游、创意设计和休闲康体等新业态，打造世界级文化和旅游的发展平台与战略脊梁带，可以有力促进我国文化的繁荣兴盛；三是有利于以文旅产业为抓手，发挥沿线强省强市的引领作用，"串珠成链""由线及面"，构建大运河发展利益共同体，带动沿线贫困地区精准脱贫和落后城市发展；四是有利于深化国际交流互鉴，向世界真实、立体、全面地展示大运河的悠久历史和伟大成就，向世界传播和光耀中华文化。同时对学院和团队而言，也是服务国家文旅战略和提升学术品牌影响力的重要机会。

第二，优化工作方法，提升研究和策划的效率。一是加强对上位规划的解读。在本规划编制之前，国家已经出台了《大运河文化保护传承利用规划纲要》，对大运河空间布局、文旅融合已经有明确的部署，这是本次策划的最权威依据。二是要强化基础研究。只有在把握文旅融合的内涵与规律、大运河文旅融合的现状与问题的基础上，同时结合国内外类似案例的经验与启示，才能做到有价值的创新，因此，策研团队设计了5个研究子课题（见表2-5），借此强化研究基础。三是优化资料收集方式。由于涉及省市和部门众多，依靠策研团队力量必然难以收集。因此建议文化和旅游部通过正式发函的方式，向沿线城市收集文化和旅游资料，并编撰提纲向部里业务部门征集材料与建议。四是开展头脑风暴会。通过此类会议推进观点讨论和创意收集。该课题前后开展了10余场头脑风暴会，收效良好。

表 2-5　大运河文旅融合研究的专题设计

专题	研究内容
《文旅融合发展理论研究》	收集和研究现有文旅融合研究成果，在此基础上集成创新，提出文旅融合内涵与框架构想
《大运河文旅资源梳理与现状分析》	梳理大运河沿线文旅资源，挖掘文化特色与价值，总结文旅现状、问题与成因
《世界运河文化旅游发展案例研究》	分析伊利运河、里多运河、阿姆斯特丹运河等世界知名运河案例，总结经验
《大运河文化旅游融合发展路径分析》	研究与探讨发展思路、主要目标、产业类型、产品形态、空间格局和重大项目等
《大运河文旅协同机制与政策创新研究》	研究文旅融合的合作组织、机制、制度，以及资金、税收、土地等方面的配套政策

第三，做好研究计划，高质量完成研究与策划工作。一是将研究分为三个阶段（见表 2-6）。即基础研究与提纲撰写阶段（3 个月），主要包括资料收集、调研考察、专家座谈、案例分析和策划提纲撰写等内容；策划创新与初稿撰写阶段（3 个月），主要包括发展思路、主要目标、产业类型、产品形态、空间格局、重大项目、保障机制等方面的内容；专家研讨与完善转化阶段（2 个月），组织权威专家召开研讨会，根据意见进行调整和完善，形成策划终稿。然后根据规划体例，转化为规划文本，并上报文化和旅游部组织评审。二是做好实地调研安排。在 2014 年京杭大运河、2017 年隋唐大运河调研的基础上，策研团队还赴扬州、宁波、沧州等重点城市调研和座谈，大量收集第一手资料。

表 2-6　大运河文旅融合研究与策划的阶段设计

阶段	工作内容	阶段成果
基础研究与提纲撰写阶段（3 个月）	资料收集：通过书籍、网络、专业数据库等，收集文献资料，系统梳理现有研究成果 调研考察：实地考察大运河重点城市发展情况、企业集聚情况、空间利用情况 专家座谈：邀请大运河沿线相关领导进行座谈，邀请企业、居民代表进行座谈 案例分析：研究国内外案例，总结共性因素，归纳其发展模式、路径和举措等 策划提纲：根据团队经验、规划要素和大运河实际，撰写文旅专项规划的提纲	5 个研究报告 +1 个策划提纲

续表

阶段	工作内容	阶段成果
策划创新与初稿撰写阶段（3个月）	发展思路：深入分析文旅发展趋势及机遇与挑战，系统总结文旅发展的新形势与新要求 主要思路：根据前期研究成果，提出文旅融合的指导思想、基本原则和发展目标 发展策略：制定旅游、文化产业、公共文化服务等领域的主要任务与战略举措 项目设计：重点策划文旅融合，以及与其他产业融合的载体和活动 实施保障：为保障策划规划的顺利实施，提出保障实施的机制和举措	文旅融合策划初稿
专家研讨与完善转化阶段（2个月）	讨论修改：组织专家对成果进行调整和完善，根据委托部门建议，形成研究与策划终稿 规划转换：根据规划文本要求，对策划内容进行转化，组织权威专家召开专家评审会	完成文旅融合策划和规划文稿

二、策划内容：如何做好"以文促旅，以旅彰文"

（一）基础分析

策划创新建立在基础研究之上。在大运河文旅融合的课题中，策研团队从阶段、现状、问题和趋势四个方面进行分析。

1. 阶段分析：大运河价值演进的三个时代

唐代诗人皮日休曾写诗论道："尽道隋亡为此河，至今千里赖通波。若无水殿龙舟事，共禹论功不较多。"可见时人对大运河价值的评价之高。然而，今天的大运河早已断航，漕运功能也早已消失，那么它在现代社会中的价值何在？策研团队认为，要探析这一问题，需要将大运河放到纵深的历史时空中，去寻找其演进与繁荣的内在逻辑。

前文提到过"一律四分法"，其中"一分"就是"分阶段"。即根据事物发展的阶段性和持续性规律，将发展历程分成一定的阶段，并总结出不同阶段的主要特征。这是一种发现事物本质、判断事物趋势的重要手段。中国大运河肇始于春秋，贯通于隋代，繁荣于唐宋，取直于元代，鼎盛于明清，断航于清末。纵观大运河的发展历程，策研团队认为大体分为三个阶段。

第一个阶段：军事时代，这时的大运河是王国的运河。中国大运河发端于公元前486年吴王夫差修建的邗沟。夫差欲争霸中原，北伐齐晋，为解决军事物资及时补给等问题，在今扬州市北蜀岗上沿江筑邗城，修建了邗沟，首次将长江与淮河两大水系连接起来，即《史记》中记载的"秋，吴城邗，沟通江、淮"。至战国中期，魏惠王为了战争需要，于公元前 360 年又开挖了鸿沟，畅通了黄河与淮河之间的水路交通。在那个时代，国家还未统一，攻伐兼并是时代的主旋律，运河主要承载的必然是军事功能。

第二个阶段：漕运时代，这时的大运河是全国的运河，也是运河昔日最辉煌的时期。特别到了元代，运河裁弯取直，里程大大缩短，运河成为南粮北运的大动脉、维护国家统一的战略线；各地的物产、进口的珍奇，也经运河辗转到全国，可以想见当时运河的繁忙与重要。同时，财富的流动、物资的集散，也带来了沿线城市的兴盛与繁华，崛起了苏州、镇江、扬州、淮安、聊城、济宁等新兴城市。在这个时期，随着国家统一，军事运输不再是主要功能，南北物质和经济的交流成为大运河的核心使命。

第三个阶段：文化时代，这时的大运河是世界的运河。在航空、高铁、高速公路等现代交通方式冲击下，大运河的航运价值日渐弱化。然而随着时代的发展，一种一直被人忽视但难以估量的无形价值却开始浮出水面：那就是积淀千年的运河文化。特别是 2014 年 6 月，中国大运河以其世所罕见的跨越时空之长、流经地域之广、技术水平之高、管理能力之强、历史遗存之丰，终获世界认可，在第 38 届世界遗产大会上获准列入《世界遗产名录》，成为中国第 46 个世界遗产项目。这也意味着，大运河的文化价值已经超越国界，跻身于世界文化保护与传承的最高等级。进入实现中华民族伟大复兴中国梦的新时期，续写大运河宏伟历史诗篇，传承与弘扬大运河文化，讲好大运河故事，对强化民族自信心、提升民族向心力无疑具有重要的价值和意义。

2. 现实基础

"参天之木，必有其根；怀山之水，必有其源。"大运河文旅融合并非建立在空中楼阁之上，而是有其文化底蕴与资源的支撑，有其发展的现实基础。从文旅融合的现状来看，还是让人充满信心的。

一是文化和旅游资源富集。大运河绵延 4000 余公里，历经 2500 多年，融汇了京津、燕赵、齐鲁、中原、淮扬、吴越等地域文化，孕育了漕运文化、水利文化、商事文化、民俗文化等文化形态，塑造了独特的水系网络、岸线景观和地理风貌，留下了大量的文化和旅游资源。沿线水工遗存、运河故道、古城古镇等物质文化遗产超过 1200 项，已列入世界文化遗产的河道遗产、水工遗存、附属遗存及相关遗产共计 58 处，拥有传统技艺、传统体育和游艺等各类国家级非物质文化遗产 450 余项，是我国文旅资源高度聚集的地区。

二是文旅产业基础较好。一方面，大运河沿线是我国文化和旅游业发展的战略脊梁带，其规模和质量都居于全国前列。2017 年，大运河沿线八省市文化产业增加值占比全国超过 50%，占比八省市的 GDP 超过 5%，高出全国平均水平近 1 个百分点；沿线旅游人数超过 40 亿人次，旅游总收入超过 5 万亿元。另一方面，随着大众旅游时代的到来，大运河文化和旅游市场需求日趋旺盛。以江苏省为例，2018 年江苏段大运河遗产河道、遗产点和主航道所在区县游客量达 8 亿人次，其中入境游客突破 400 万人次，相关旅游收入

13247亿元。❶

第三,区域支撑能力较强。大运河位于我国中东部地区,沿线交通路网密集、产业体系完备、人才资源丰富,是我国经济社会最为发达、发展动力最强劲的区域之一。2017年大运河沿线八省经济总量达到34.5万亿元,占全国比例为42%;人均GDP达到8.2万元,高于全国平均水平近2.2万元。区域对高品质的文化和旅游消费需求强劲,文化和旅游与其他行业融合的潜力巨大。同时大运河与"一带一路"、京津冀协同发展、长江经济带发展等重大国家战略密切相连,为文旅融合提供了更广阔的战略空间。

3. 问题分析

但整体而言,大运河文旅融合尚处于较初级的阶段。从实地调研的情况来看,策研团队认为主要存在如下问题。

一是文旅融合发展的认知有待深化。从观念上看,固守思想、本位主义等传统观念仍然对融合发展构成障碍,导致文化遗产资源活化利用程度严重不足。从实践来看,一些地方较少意识到产业间的"化学反应"可以孕育出新产业与新业态,融合发展只是现有业态的简单叠加,未能实现更深层次的,从制度、金融到组织机构的有机融合。另外,文化和旅游与新型城镇建设、乡村振兴、产业升级等领域融合较少,远未实现多方位、全链条的深度融合。

二是文化内涵挖掘不足,文旅项目品质有待提升。当前沿线城市主要依托自然资源开发观光型旅游产品,缺少去粗取精、去伪存真的文化内涵挖掘,缺少区域文化特色塑造,城市间项目同质化建设问题严重。例如,沿线已经建成和正在规划建设的大运河文化主题博物馆已超过20家,但多数展示内容相似,展陈方式雷同,尚未形成既相互衔接又各具特色的大运河博物馆体系。

三是部分地区基础设施薄弱,掣肘文旅融合发展。由于大运河沿线省市运河实体条件不相同、经济发展不平衡和缺乏多元投入机制等原因,沿线旅游公路、航道、步道等基础设施,旅游厕所、游客集散中心、智慧旅游平台等配套设施建设方面仍不完善,尤其是针对运河旅游的服务设施总体上还存在规模偏小、层次偏低等问题,这已经成为掣肘大运河文旅融合发展的重要因素。

四是区域协同机制有待强化,一体化发展格局尚未形成。大运河纵跨8省市30多个地级市和150多个区县,涉及发改委、水利、文化和旅游、交通等诸多部门,统筹协调难度极大。但目前运河沿线省市还未建立统一高效的协同合作机制,区域内部存在条块分割、多头管理、政企不分等问题,这是未来文化和旅游融合发展必须破解的重大难题。

---

❶ 《江苏大运河文化旅游消费白皮书》发布[N].新华日报,2019-05-06.

4. 发展形势

策划是基于未来预测做当前的决策。准确把握发展形势非常重要。策研团队认为，大运河文旅融合机遇与挑战并存，但机遇大于挑战。党的十九大明确作出"坚定文化自信，推动社会主义文化繁荣兴盛"的重大部署，为推进大运河文化和旅游融合发展提供了战略指引；京津冀协同发展、长江经济带、乡村振兴等重大国家战略的加速推进，为推动大运河文化和旅游融合发展提供了重要契机；中国特色社会主义进入新时代，社会主要矛盾的变化和人民群众对美好生活的新期待，为大运河文化和旅游融合发展提供了巨大潜力空间。

但推动融合发展是一项复杂的系统工程，纵向上需要国家、省、市、县（区）及更具体的行政单元间的统筹联动，横向上需要城市之间，城市内部文化和旅游、水利、环保、行政区等主体之间高效对接，这对协同能力提出了巨大挑战；同时沿线省市运河实体条件不相同、经济社会发展不平衡、文化和旅游产业实力相差较大，以文旅为抓手带动区域高质量发展的任务还很艰巨。

（二）理念创新

从策划的角度而言，基础分析是相对容易的环节。因为只要依据一定的研究方法，对现状、问题、趋势等方面进行归纳总结即可，通常不会出现大的问题。退一步说，即使分析有些问题，但由于不是直接用作策略建议，因此也不会直接传导到实际行动。但理念创新作为主观之于客观的直接活动，是其他创新的"总开关"，能对行为产生直接影响，因此是策划中较困难而重要的环节。在大运河文旅融合课题中，策研团队的理念创新主要体现在理论、思路和目标上。

1. 理论创新：解读文旅融合概念与内涵

文旅融合是一种新提法，以此为主题开展策划，首当其冲的无疑是清晰界定其概念与内涵，在此基础上才能进行策略创新。

文旅融合是文化和旅游融合发展的简称。什么是文化呢？可以理解为包括知识、信仰、艺术、道德、法律、习俗，以及任何其他的人（作为一名社会成员）所获得的才能和习惯，鲜明体现在人们独特的生活方式和价值观念中，是一种社会教化与自我内化的过程。什么是旅游呢？可以理解为个人利用其自由时间并以寻求愉悦为目的而在异地获得的一种短暂的休闲体验，是人们广为喜爱的休憩娱乐与认知扩展方式。那什么是文旅融合呢？2009年文化部和国家旅游局联合发布的《关于促进文化和旅游结合发展的指导意见》中，提出了"灵魂"和"载体"说——"文化是旅游的灵魂，旅游是文化的载体"，尔后这种提法成为二者关系的重要概括。不少专家也认为文化和旅游间是"双向赋能、融合共生"的关系。

策研团队在头脑风暴和征求专家意见之后，认为文旅融合是以满足人民美好生活文化需求为导向，以"以文促旅、以旅彰文"为融合主线，推动文化发展与旅游业相互渗透、相互交叉，进而形成新业态、新价值、新模式的动态发展过程。具体包括文艺创作、非遗保护、文化产业、公共文化服务、文化科技与旅游的融合，以及文旅与其他产业融合等多重维度。

如何理解"以文塑旅"？策研团队认为包含三个层面的含义。第一层面：塑造景区的精神内核和文化主题。即发挥文化彰显特色、引领价值、陶冶心灵的功能，将文化之魂融入旅游活动中，成为旅游明确导向、塑造差异的精神内核。第二层面：促进旅游产品的精神价值提升。旅游消费本质是一种精神消费。旅游产品涵盖物质价值和精神价值。文化通过增强旅游体验感、文化感，进而增加游客价值感，使其愿意支付更多费用。没有文化和体验，旅游就只能是门票经济。第三层面：延展旅游业的产业链。借鉴文化产业领域"一源多用"的发展模式，推动旅游非在地化发展，扩大旅游业潜力空间。

什么是"以旅彰文"？策研团队认为包含两个层面的含义。第一，促进文化资源活化利用。充分发挥旅游规模巨大、贴近大众、融入生活的优势，通过市场化的运作方式，将文化资源（存量资本）与要素转化为人们喜闻乐见的文旅产品（服务流）（见图2-2）。第二，推动文化交流与互鉴。通过旅游，让人们在"润物细无声"中接受文化的熏陶与滋养，不断提升文化的影响力和感召力。特别是世界级旅游景区，必然要承担传播中华文化、提升中国文化软实力的责任。文旅融合后，旅游工作者需要进一步提高站位和格局。

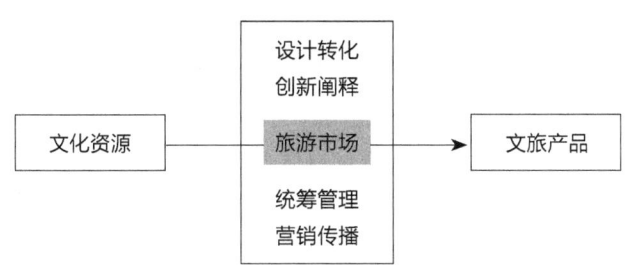

图 2-2 文化资源存量转化示意

2. 思路创新

基于对文旅融合概念与内涵的理解，策研团队提出了大运河文旅融合发展的整体思路，即：以大运河文化为内核，以文化和旅游融合发展为重点，以文化和旅游与相关产业融合发展为延伸，以基础条件和发展环境优化为支撑，构建大运河文旅融合发展生态体系。

第一，以大运河文化为内核。融合发展之魂在文化，要以"活着"的世界级人类文化遗产为思想根基，发掘大运河文化在物质层面、制度层面、精神层面等方面的独有特色，提炼大运河文化的独特基因与精神内核，赋予大运河文化新的时代含义和文化价值，形成融合发展的文化特色和底色。

第二，以文化和旅游融合发展为着力重点。统筹推动文化和旅游资源保护利用、文化和旅游公共服务共建共享、文化产业和旅游业互促提质、文化和旅游融合品牌体系构建，以及融合发展的区域协同与国际合作，推动以文促旅、以旅彰文，互动提质，为人们提供更为丰富的文化精神食粮。

第三，以文化和旅游与相关产业融合发展为延伸。推动文化和旅游与地方特色产业、城镇建设、现代农业、传统工业、体育健身等业态融合，不断拓展融合发展的范围边界，发挥对区域产业和经济的引领带动作用。

第四，以基础条件和发展环境优化为支撑。不断提升大运河文化和旅游融合发展的基础设施，改善市场、政策、机制、法律等发展环境，为文化和旅游深度融合提供基础保障。

3. 目标设定

目标是行动的灯塔。策划与规划都需要设定具体的目标。大运河文旅融合是一个长期过程。根据"长计划、短安排"的原则，策研团队将融合发展目标设定为三个阶段。

近期目标（到2025年）：文旅融合发展初见成效，成为沿线经济社会发展的新亮点，大运河文化艺术精品力作不断涌现，大运河文化遗产得到有效保护利用，沿线文化产业和旅游产业对经济发展的带动支撑作用更加显著，沿线文化和旅游公共服务更加完善，文化和旅游与相关领域融合程度日益加深。

中期目标（到2035年）：文旅融合发展成效突出，为沿线经济社会发展做出重要贡献。沿线文化和旅游在更大范围、更广领域、更高层次上实现融合，文化事业、文化产业和旅游业实现高质量发展，社会效益和经济效益实现高度统一，初步建成具有国际影响力的璀璨文化带和缤纷旅游带。

远期目标（展望2050年）：文旅融合发展效益充分显现，"千年运河"品牌享誉中外，大运河成为宣传中国形象、展示中华文明、彰显文化自信的重要标志，大运河文化带成为中华优秀传统文化传承发展的样板和典范。

（三）策略设计

理念创新之后，需要策略设计来实现。那么其设计的逻辑框架从何而来呢？或者说，大运河文旅融合应包括哪些内容？

这就是前面提到的基础理论的价值。策略设计的框架要归结到我们对文旅融合概念与内涵的理解，以及对基本路径的研究。如果没有理论的支撑，策略设计就没有根基。虽然大家对文旅融合内涵与路径有不同的理解，但对于策划人而言，必须在撷采众家合理成分之后，形成自己的理论观点，并以此来指导策略设计。所以基于对文旅融合的独特理解，策研团队将大运河文旅融合策略分为九个部分。

第一，统筹文旅资源保护利用。对于大运河文旅融合而言，文化文物资源保护是基础，传承是方向，利用是动能。只有始终把保护放在第一位，依法合规保护大运河文化遗产，才能实现大运河文化不断传承与发展。为此，策研团队提出要积极普查梳理文化和旅游资源、构建保护利用共享平台、推动文博资源旅游应用和推进非遗融入文旅。策划是行动方案，需要强化落地性。因此策研团队创新策划了"大运河文化和旅游资源普查工程""中国大运河资源数据共享平台""大运河文化带文化遗产创新创意设计大赛"等项目。

第二，提升文旅基础设施和公共服务水平。基础设施和公共服务是提升旅游舒适度与产业发展水平的重要条件。策研团队认为，要加快构建水陆旅游交通网络、统筹推进沿线公共服务设施建设、提升公共服务的供给能力，支持各景区开展特色公共文化活动，发挥旅游的文化传播功能，同时要完善咨询与解说服务体系。为了推动落实，并提出了"旅游基础设施建设工程""旅游公共服务提升工程""大运河文化和旅游智能公共服务平台"等工程。

第三，推动文化和旅游产业互促提质。以文促旅，以旅彰文，文化产业和旅游产业的融合是文旅融合的重要内容。策研团队建议，一是拓展文化行业旅游功能，积极策划和开发一批高质量的实景演出、主题公园演出、驻场演出或旅游巡演项目。二是促进旅游业文化产品供给。推动旅游企业与动漫、影视、演艺、会展、体育等领域的文化企业合作，开发旅游导向的文化创意产品。三是培育文旅融合新产品、新业态。要引入流量经济思维，发展基于"文化内容消费＋核心流量＋垂直营销"的新型业态。同时提出了"百家文化企业进景区工程""文化产业重点平台建设工程""传统景区业态升级工程"等项目。

第四，打造文旅融合统一品牌和精品路线。品牌是文旅融合的旗帜。策研团队认为，一是要以"千年运河"为标志，打造主题突出、层次分明的大运河文旅融合品牌体系。二是坚持世界眼光，高标准打造世界文化遗产研学游、华夏历史文明体验游、大运河沿线古都游、运河古镇记忆传承游、运河故事特色专题游等精品线路，推动大运河成为与万里长城、丝绸之路齐名的中华文化旅游经典路线。三是增强品牌营销推广力度，推动组建营销推广联盟。并策划了"大运河品牌营销推广工程""中国大运河文化节"等活动。

第五，完善融合发展市场与环境。市场与环境是文旅融合的重要支撑。策研团队建议：要加快培育新型市场主体，支持文化和旅游跨界企业做优做强；提升产品服务质量，完善文化和旅游产品与服务的标准体系、质量评价体系和反馈处理体系；强化综合市场监管，建立以信用监管为核心的新型监管制度，对融合发展的新业态，及时加强关注和引导。同时设计了"大运河文化和旅游产品重大题材扶持计划""大运河特色民宿促进工程"等项目。

第六，拓展文旅与其他领域融合。文化和旅游除了二者自身要融合之外，还需要嵌入更大经济社会体系中。一是要推动文旅与特色产业融合。例如，促进文化和旅游与沿线农业、养殖业、酒业、茶业、纺织服装业等产业融合，提升产品附加值和市场空间。二是推动文旅与乡村振兴融合。深度挖掘大运河蕴含的农耕文化、河工文化、渔文化，通过设计原乡原俗的农业活动、节庆活动和农村生活体验项目，来带动乡村振兴。三是推动文旅与工业升级融合发展工业旅游。策研团队为此设计了"传统文化产业融合提升工程""休闲农业和乡村旅游精品工程""工业遗产活化利用工程"和"文化和旅游与体育融合工程"等项目。

第七，促进区域协同与国际交流。大运河绵延数千里，历史遗存丰，跨越时空长，流经地域广，需要强化协同合作，才能全线"一盘棋"，凝聚发展合力。策研团队提出要加速推进沿线城镇协同发展。支持沿线城市联合组建大运河文旅融合城市协作组织，建立定期互访、联席会议、落实执行、日常沟通和督导考评等制度，实现文旅资源信息、重点项目运营、企业扶持等全方位对接。同时提出，要继续发挥好世界运河历史文化城市合作组织（WCCO）和国际旅游城市联盟等合作机构的作用，促进交流合作。

第八，强化文旅融合发展支撑能力。纵观大运河文旅融合发展的进程，在很长一段时间推动缓慢的一个重要原因是缺少组织、政策、人才等方面的支撑。因此策研团队提出：要加强统筹指导，落实地方政府主体责任；要创新政策支持，加强文旅融合用地保障；要强化人才支持，重点引进一批具有较高文化素养、懂经营会管理的文化和旅游领军型人才。同时要培育发展民间力量，发起建立大运河文化旅游带志愿者联盟，鼓励民众以志愿者等形式参与建设，汇集大运河文旅融合发展的多元力量。

第九，构建"一轴三区六地"的空间布局。大运河全线绵延3200多公里，各地文化和基础条件差异较大，如何进行布局才合理呢？策研团队进行了很多思考与设计，但最后还是根据《大运河文化保护传承利用规划纲要》的空间格局，按照"河为线，城为珠，线串联、珠带面"的思路，构建了"一条融合发展主轴、三大融合发展功能区和六大融合发展高地"的空间布局，希望推动形成全域联动、特色分明、核心集聚、协同共进的融合发展新格局。为了突出各省市的发展特色，策研团队还设计了八省市发展特色导引（见链接）。

链接：八省市发展特色导引

北京市：北京是国家的首都，京杭大运河漕运的最终目的地。落实习近平总书记考察北京时的讲话精神和北京建设"四个中心"的发展定位，北京段运河需要积极发挥示范作用，突出服务首都核心功能，全力打造大运河文化核心展陈区和"三好运河"建设首善区。重点抓好白浮泉、通州古城和八里桥等处的文物保护修缮和活化利用，重现昔日文化胜景；推动通惠河与国家文化产业创新实验区融合发展，打造大运河文创高地；同时以首都副中心建设为契机，高水平建设大运河文化展陈和体验设施，大力推进旅游智慧化、数字化、全域化发展，为北京建设世界文化名城、世界文脉标志做出贡献。

天津市：天津是南方漕粮进京的咽喉通道、闻名全国的漕运中心。根据城市"一基地三区"的发展定位，依托"运河—海河—渤海"联动的优势，深入挖掘天津古今交融的民俗文化、中西合璧的城市文化、包容多元的海河文化特色，打造兼收并蓄、海纳百川的津味运河文化和旅游体验区。重点保护与展示好筐儿港减河河口、三岔河口、屈家店枢纽等漕运和水工遗存，活化好历史文化资源和传统民间技艺，创新打造津味文化和旅游产品体系，不断增强影响力和辐射力。

河北省：河北段运河是大运河中河道样态最真实、原生态风貌保持最完整的河段。根据河北燕赵文化特色和运河资源优势，突出原真性、延续性，打造彰显燕赵精神和原生特色的文化和旅游融合区。重点保护展示以"两点一段"、名城古镇为代表的物质文化遗产，传承利用沧州武术、吴桥杂技等优秀文化资源，整理修复永济渠遗址。以南运河、三岔口重要支流独流减河—大清河—白洋淀一线为重点区域，打造北方运河文化集中体验区。

山东省：山东段运河处于京杭大运河中部，是"运河之脊"，融汇南北中心位置突出。依托流域内儒家文化、泰山文化等具有中华民族文化标志意义的重要文化，突出南旺分水枢纽、戴村坝等标志性水工科技文化，以建设"鲁风运河"为特色品牌，推动大运河与儒家文化、泰山文化的融合，打造运河研学旅游核心区和世界运河科技交流互鉴高地。重点建设和提升南旺分水枢纽国家考古遗址公园、戴村坝博物馆、台儿庄运河古城、江北水城文化旅游节等一批代表性项目，推动与泰山等世界文化遗产展示提升项目和国家记忆工程融合，不断扩大山东段运河的知名度与影响力。

河南省：河南段运河是隋唐大运河的主要节点和最辉煌部分，见证了隋唐大运河从开凿、发展、繁荣到衰落的历史进程。根据河南地处中原文化腹地的区位优势和建设华夏文明传承创新区的战略目标，发挥洛阳、开封、郑州的核心支撑作用，打造隋唐大运河历史旅游体验区和中原文明创新展示区。重点推进大运河中原文化旅游、郑汴洛文化旅游改革创新区、浚滑古镇展示区、隋唐洛阳城历史文化公园等重大工程建设，打造见证和展示华夏文明的文化长河。

安徽省：安徽段运河属于隋唐大运河的通济渠，是南北运河文化的交融之地，通过深入挖掘运河历史文化，促进运河文化与古泗州文化融合，丰富运河旅游产品体系，打造大运河南北文化交融体验区。重点以柳孜运河遗址、通济渠泗县段等遗产点段为着力点，通过数字化、智慧手段，提升柳孜运河遗址公园、隋唐大运河旅游文化产业园，开发休闲体验、民俗体验、休闲运动等文化旅游产品，设计世界文化遗产精品游等路线，展现南北运河交融之地的文化魅力。

江苏省：江苏是京杭大运河流经最长的省份，世界遗产点段位居沿线各省市第一，也是大运河申遗的牵头城市。根据江苏资源优势和文化强省建设战略，突出开放包容、南北融合的淮扬文化，打造世界运河城市交流高地和运河全域旅游示范区。重点整合沿线古城、古镇、古街及生活习俗等优质旅游资源，做好周庄、木渎、盛泽、同里等典型古镇建设，突出江苏大运河的园林文化、饮食文化、水乡文化，建设好大运河国家文化公园、世界运河历史文化城市合作组织（WCCO），打造系列高品位的体验旅游项目，展现多元化历史画卷。

　　浙江省： 浙江段运河包括江南运河和浙东运河。根据浙江省文化发展战略，打造以"千年古韵、江南丝路、通江达海、运济天下"为特色的江南运河文化核心体验区。重点挖掘弘扬诗画文化、曲艺文化、园林文化、丝绸文化等特色文化，彰显运河与城市相伴相生的特色，加强江南水乡古镇和历史文化街区的保护和利用，积极打造大运河文化旅游的华彩段和示范区。

三、策划反思：不断深化文化内涵认知与融合路径探索

　　2020年9月，国家发改委与文化和旅游部联合印发了《大运河文化和旅游融合发展规划》，这是继2019年中共中央办公厅、国务院办公厅连续印发《大运河文化保护传承利用规划纲要》《长城、大运河、长征国家文化公园建设方案》之后，推动大运河文化保护与利用的又一重要战略部署。应该说，该规划出台的背后，有本次课题研究和策划的功劳，部分内容即是从策研文本转化而来。

　　规划出台到现在，已经历时两年多。从实施过程来看，要实现"以文塑旅、以旅彰文"，文旅互促升级，还需不断深化和强化如下内容。

　　一是要以文化为"硬核"，做好大运河文化内涵的深入挖掘与现代转化，大力弘扬中华民族昂扬向上的精神主脉。文旅融合发展之根之魂在文化，文化的内涵与特色决定了其底色与品质。大运河文化是千百年来因水运而产生、而发展、而流传的物质财富和精神财富的总和，多层次、全方位、不间断地深化对大运河文化内涵的认知，是我们持续推进大运河文化和旅游融合发展的前提。在新的历史条件下，顺应大运河主导功能的变迁和新时代价值的引向，我们需要着重挖掘大运河所蕴含的中华民族追求国家统一、民族团结的执着信念，尊重规律、创新克难的创造精神，开放包容、美美与共的文化态度，天人合一、和谐共生的思想智慧，并积极推进现代阐释、创新转化和创意传播，使它与我们的核心价值观、新发展理念相融合，涵育出新的时代意涵与价值，形成文旅融合发展的独特基因与精神内核，将大运河打造成为中华优秀传统文化的传承创新示范区。

　　二是要以需求为导向，供给特色优质的文旅产品和文创精品，持续提升消费者的体验感、获得感和自豪感。满足人们对美好生活的文化需要是大运河文旅融合发展的根本出发点和落脚点，其核心是要研发出具有大运河文化特色、符合时代审美、贴近现实需求的文

旅产品和文创精品，营造出高颜值、可激发人们自我表达和情感共鸣的"新场景"，赋予大运河特定的文化价值和空间意义，让"近者悦、远者来"。特别是要科学规划文旅游览联程联运经典线路，做好世界文化遗产研学游、华夏历史文明体验游等，以大运河为纽带"以点串珠"，打造一条光彩夺目的中华文明链和文旅隆起带；同时要充分利用学术研究成果，支持各类市场主体围绕大运河的典型文化元素，研发具有故事性、艺术性、实用性、时尚性和创意性的文创产品，更可触可感地传递大运河文化内容，增进人们的文化认同与文化自信。

三是要以聚焦战略为突破，发挥重点城市、重点项目、重点企业的示范带动作用，快速扩大文旅融合的规模、能量与影响。大运河沿线各地在基础条件、发展水平、能力意愿等方面都有差异，不宜平均用力，强求齐头并进，应在战略设计上有所区别、有所侧重，集中精力打造"增长极"与"排头兵"，实现"以点带面"促进全线文旅融合高质量发展。其中，除了应根据经济基础、文化资源、城市能级等因素，着力培育几大节点性城市之外，重点是选择一批具有基础性、紧要性、创意性和示范性的重大项目，以其作为战略引擎，推进文化资源向文旅产品高效转化。在实践过程中，要特别做好文旅项目的前期策划，大胆想象、小心论证，完善需求分析与科学测算，做好建设、管理与运营模式的论证，明确"谁来做、谁来消费、效益如何"等问题。如果政府一味追求"高大上"，企业一味追求"短平快"，一哄而上，这对于生态环境脆弱的大运河，很可能造成难以逆转的损害。

四是要以数字赋能为动力，加强数字牵引和创新驱动，加速大运河文化与新科技、新场景融合，打造"数创大运河"。顺应新冠肺炎疫情常态化背景下对数字服务的新需求，充分发挥移动互联、人工智能、新一代信息技术等对传统基础设施的赋能与提升作用，加速构建以数据为关键要素的大运河文旅融合基础设施，以数据的畅通流动、开放共享和泛在融合，促进文化和旅游的深度融合。积极利用大运河国家文化公园建设的契机，推进"数字再现工程"，大力培育基于5G、大数据、物联网、区块链的新型文旅业态，推进VR体验游、"云旅游"发展；鼓励各类市场主体研发大运河文化IP，发展数字创意、数字艺术、在线视听等内容，实现数字技术对文旅发展的放大、叠加和倍增作用。同时主动利用微信、微博、抖音等数字新媒体，从不同维度、面向不同群体，增加大运河文化传播的广度与深度，让更多年轻人认知与热爱大运河文化，自觉传承与创新大运河文化。

五是要以构建共生进化体为保障，推动多方力量协同互动，实现共建共享共治，促进大运河文化持续创新与永续发展。大运河文旅融合发展涉及的城市和部门众多，是一个繁杂的系统工程。在实际推进过程中，应注重融合策略，将大运河文化建设融入经济社会发展的全局，借助大运河独特的历史价值、经济价值、文化价值、生态价值和战略价值，推动城市联动、部门协同、多元合作，促进和整合最广泛的资源和力量参与到融合发展中来，形成政府引导、市场主体、社会参与的融合发展格局，以创新的方式推动大运河文化展现出永久魅力与时代风采，为新时代建设社会主义文化强国、实现中华民族伟大复兴中国梦提供重要支撑。

所谓"见不尽者天下事，读不尽者天下书"，策划也可说是一门过程性艺术。因为随着知识与经验的增加，各方都会对策划内容有更进一步的理解。但在策划当初，由于主客观条件的制约，未必能够做到尽善尽美。所以，为了弥补这个缺点，策划有一条基本原理——"动态权变"。就是要求策划人和执行者，因时而动、因需而变、随事而制，在发展中应适度调整和修正策划内容，以便更好地指导实践行动。

第四节　桂林阳朔旅游升级策划
——小县城如何建设世界级旅游景区

"这样的山围绕着这样的水，这样的水倒映着这样的山，再加上空中云雾迷蒙，山间绿树红花，江上竹筏小舟，让你感到像是走进了连绵不断的画卷，真是——舟行碧波上，人在画中游。"小学课本上的这篇《桂林山水》让桂林家喻户晓，成为人们心生向往之地。特别是改革开放之后，奇特的自然山水吸引了众多国内外游客的到来，桂林成为国际知名的旅游胜地。

2021年4月，习近平总书记在考察桂林时指出："桂林山水甲天下，天生丽质，绿水青山，是大自然赐予中华民族的一块宝地，一定要呵护好。要坚持以人民为中心，提高服务质量，提升格调品位，努力打造世界级旅游城市、宜居城市。"桂林打造世界级旅游城市，从区域发展格局来看，主要有两大核心引擎：一个是桂林中心城，另一个就是阳朔。事实上，桂林山水的核心区和精华段在阳朔县境内，历来有"桂林山水甲天下，阳朔风景甲桂林"之说。同年3月发布的《中华人民共和国国民经济和社会发展第十四个五年规划和2035年远景目标纲要》中，明确提出要"建设一批富有文化底蕴的世界级旅游景区和度假区"，这对阳朔而言，无疑是一次历史性的机遇。在此背景下，阳朔县邀请策研团队，希望就阳朔旅游升级进行研究与策划。

一、战略研判："六大特征"与"五代叠加"

目标是策划的方向。就阳朔旅游升级策划的目标而言，是比较清楚的。但打造世界级旅游景区，具体该从何处着手呢？根据策划实践，解决这类有明确方向的问题之时，最好先打造一把"尺子",用它量一下现实的长短,然后扬长补短,这是策划破题的一种重要方法。

(一)世界级景区:六大特征

世界级景区有没有测量的客观标尺呢?目前国内外没有权威标准。但总结当前世界知名旅游景区和度假区的特点,还是可以归纳出一些共性特征的。策研团队认为,建设世界级景区,优越的特色资源是基础,独特的旅游产品是核心,完善的配套服务是保障。具体而言,世界级景区通常具有六大特征:一是超级的资源禀赋;二是独特的文化硬核;三是畅达的内外交通;四是优质的复合产品;五是知名的景区品牌;六是精细的体验管理(见图2-3)。

图 2-3 世界级景区的主要特征

第一,超级的资源禀赋。任何一个世界级景区,要么是"老天爷"赏饭吃,拥有独特的世界级自然资源,如海滨、海岛、山地、湖泊和雪山等,典型的如瑞士韦尔比耶的滑雪产业;或者四季皆宜的气候条件,如泰国的度假海岛。要么是"老祖宗"赏饭吃,具有世界级文化遗产,如法国卢浮宫、中国故宫与长城。要么有特别聪明的"老板",如迪士尼主题乐园、环球影城度假区,用创意IP征服人心。上天厚爱阳朔人,"群峰倒影山浮水,无山无水不入神",绝版自然山水资源是阳朔建设世界级景区的自信与底气之源。

第二,独特的文化硬核。旅游是文化的载体,文化是旅游的灵魂。景区内涵的根本差异是由文化塑造的。世界级景区一定要有独特的文化内涵,如夏威夷除了拥有良好的自然生态和丰富的度假设施,在旅游开发中最成功的经验无疑是对玻利尼西亚历史文化的保留与保护。游客去夏威夷,不仅是去海岛度假,还希望体验它的独特风情。策研团队敏感地提出:那什么是阳朔之"魂"?阳朔的文化特色到底是什么?从策划的角度讲,就是能否用"一句话"说清楚阳朔。山水怡情,文化养心,阳朔山水独绝,绝对属于世界级;但是文化养心,阳朔要发展休闲度假与文化旅游,除却山水,还需要给游客更为丰富与深刻的人文体验,在文化内涵上进行更有深度的挖掘和凝练。

第三,畅达的内外交通。世界级旅游景区的客源市场覆盖全球,需要拥有或靠近大型机场和铁路,以便利大规模的国内外游客进入;同时内部交通要安全和畅达,如此才能提高旅游舒适度。如果经常堵车拥塞或景点难以到达,常常会让游客望而生畏。从阳朔来看,桂林两江机场投入使用,以及贵广高速铁路阳朔站开通之后,外部交通得到了极大改善。但是作为一个县城,基建投资能力有限,在内部交通的规划、组织和建设中,还存在不少短板。

第四,优质的复合产品。世界级景区的旅游产品必然是复合的,需要以一个世界级核心吸引物为中心,然后围绕它形成丰富的、复合型的旅游产品体系。例如,新加坡的圣淘沙度假区,以环球影城和文娱场所为核心,然后配套酒店、餐饮、购物等各类业态,构建出相互补充、体验性强、符合多元需求的产品体系。审视阳朔的文旅产品,有世界级核心吸引物——绝版的漓江山水,而且围绕它已形成了遇龙河景区、三千漓景区、阳朔西街、印象刘三姐和桂林千古情等多样态的文旅产品,但就品质高度和文化丰度而言,对比国际一流水准,仍有较大的提升空间。

第五,知名的景区品牌。世界级景区的品牌形象突出、个性鲜明,地域和文化特色明显,具有全球性的品牌辨识度、知名度和美誉度。通常需要开展具有创意性、震撼性和国际影响力的营销节事或推广活动,来塑造景区的品牌形象。例如,澳大利亚大堡礁通过"全世界最好的工作"等创意活动进行全球营销,日本与韩国通过影视剧来炒热文旅景点。阳朔的知名度来自于独特卓绝的山水资源,特别是大连人陈淼的一篇《桂林山水》,让朔家喻户晓。近十多年来,虽然阳朔也在探索各种营销方式,但总体而言,没有出现爆款性的营销活动,品牌内涵也一直停留在山水风光的感官层面。

第六,精细的体验管理。景区如果没有精细化和个性化的体验管理,就难以满足游客对服务越来越高的要求,景区只有加强全流程、全周期的体验管理,极力提供人本化、国际化、特色化的优质服务,才能赢得游客青睐。例如,迪士尼乐园,其口碑已从主题乐园中"出圈",成为服务行业争相学习的标杆。当前我国倡导的全域旅游,本质上而言就是为了整合全域力量,全面提升旅游服务品质。从阳朔情况看,精细体验管理方面还有极大提升空间。

虽然不同专家或机构对世界级景区的评价标准有所差异,但作为策划活动而言,能构建出一套较为合理的测量尺度,这本身就是重要的创新。例如,通过世界级景区主要特征的这把"尺子",并按照五星制来评价,阳朔景区的优势与短板就非常明显。可以看到阳朔在文化内涵、体验管理、品牌建设、交通条件和产品构建等方面还存在着明显不足(见表2-7)。

表2-7 阳朔景区的现状评估

要素	评估(五星制)
独特文化硬核	★★★
超级资源禀赋	★★★★★
优质复合产品	★★★
内外交通畅达	★★★
品牌国际影响	★★★
精细体验管理	★★

（二）旅游发展趋向：迈入"五代叠加"时代

预测是策划创新之源泉。世界级景区的建设亦需随趋势变化而动。那么当前旅游发展呈现何种趋势呢？从策划方法而言，"分阶段"是一种非常实用的切入办法。策研团队分析后认为，当前世界正经历着百年未有之大变局，在经济、科技、疫情和国际格局变幻等多重因素的影响下，我国旅游行业发展正进入"五代叠加"的新时期。这对阳朔而言既是机遇也是挑战。

第一个是品质旅游时代。2020年我国居民人均可支配收入已经达到3.2万元人民币（约5000美元），恩格尔系数（即食品支出占人们总支出的比重）下降到28.2%，消费模式正从模仿型、排浪式消费加快向个性化、多元化消费转变，市场对文旅产品的需求也从"有没有"向"好不好"转变。这就要求景区改变供给结构，从"白天看庙、晚上睡觉"的观光旅游向体验与休闲旅游转型升级（见图2-4）。在此时期旅游产品还有一个鲜明特点，即景区更多是提供一个平台、一个场景或一系列道具，关键是要激发游客的想象力和参与度，让人们获得更多的心灵与心理体验。

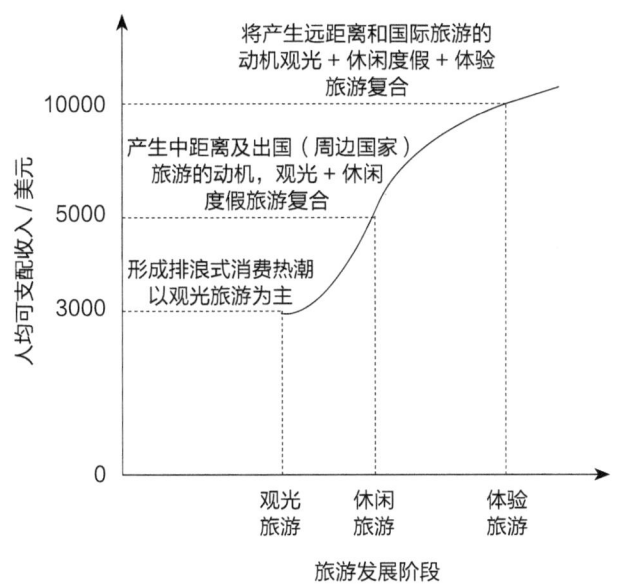

图2-4 人均可支配收入与旅游发展阶段的关联

第二个是数字智能旅游时代。以5G为代表的新一代信息技术和人工智能、大数据、区块链等颠覆性技术突破，深刻影响着旅游的发展形态，推动着旅游加速向数字化、智能化转变。根据中国互联网络信息中心发布的统计报告，截至2021年12月，我国网民规模达10.32亿，使用手机上网比例达99.7%，人们从旅游计划到旅游分享，都可以通过网络和应用小程序（App）进行自我服务。

随着"元宇宙"概念的火爆，旅游业进入了一个从"碳基"到"碳硅共生"的时代，现实场景与虚拟世界的融合共生，促进了新旅游形态和新网络文明的崛起。旅游发展呈现出新的要求：一是主题性需要更加鲜明。通过景观创意、活动项目创意、故事创意等方式，吸引游客参与其中，实现景区与游客的深度互动。二是沉浸感需要更加强烈。从景区App开发，到吃、住、行、娱、游、购等各种元素均需体现沉浸式特色。三是数智化需要更加深入。景区需推进智慧管理，进行精细化的游客画像，为其提供更好的个性化服务。

第三个是疫情影响的旅游时代。自2020年新冠肺炎疫情暴发以来，全球正常的人员交流、交往，以及正常的经济活动受到较大冲击，尤其对旅游业和餐饮业冲击较大。联合国世界旅游组织（UNWTO）数据显示，新冠大流行将使全球旅游业在2020年损失2万亿美元的收入，国际游客人数比2019年降低70%~75%。从我国的国内旅游来看，人次下降了52%，旅游收入下降61.1%。❶ 即使到了2022年，疫情仍然看不到根本上受控制的迹象，全球旅游行业复苏"脆弱"且"缓慢"。同时，疫情对旅游的影响更是深远的。未来人们将更注重健康、生态、绿色、运动的生活方式，更注重微旅游、短度假、轻旅行的消费形态，更注重智能化、预约制、非接触的服务体验，更注重自助游、周边游、家庭游等出行方式。策研团队同时认为，从辩证角度看，疫情压抑了国际旅游，但也将部分出境消费留在了国内，为我国旅游加速转型升级提供了重要机遇。

第四个是市场分众化旅游时代。随着社会群体的多元化发展——如Z世代、千禧一代、银发族、单身人群、亲宠圈等群体的壮大，其消费需求和偏好各有不同，旅游市场明显趋于多样化。旅游景区需要明确自己的核心客群，不要试图取悦所有的游客，只有聚焦用力才可能脱颖而出。例如，秦皇岛的阿那亚度假区（Aranya），原先是个"烂尾楼盘"，但如今，房价却飙升到2.5万元/平方米以上，旺季民宿价格达到2000元/晚以上。同样一个地方，为何前后差距如此巨大？关键是市场细分与聚焦。2013年，该项目的新操盘手将核心客群缩圈为25~45岁的北京新中产群体，然后开始贩卖新中产的理想生活方式与价值观。为此，先后建设了图书馆、教堂、市集、酒吧、画廊、运动中心等文化娱乐设施，并通过社群化运作，彻底把阿那亚变成了一个精神的空间和社交的平台。阿那亚做对了什么？简而言之，就是选择特定目标客群，高品质满足客户需求，并将产品和服务做到极致，从提供一个房子，转向提供一揽子生活方式，形成一种社群圈子，进而增进了目标人群的精神共鸣和价值认可。

第五个是软实力旅游时代。任何一个大国的崛起，不仅伴随着经济的强盛，也伴随着

---

❶ 文化和旅游部.2020年文化和旅游发展统计公报［EB/OL］.（2021-07-05）［2022-06-08］. http://www.gov.cn/fuwu/2021-07/05/content_5622568.htm.

文化的繁荣。例如，美国是当前世界最强大的政治、经济和军事体，其地位的确立不仅仅是通过军事和美元，也通过好莱坞、现代音乐、职业体育及旅游活动，将美国的思维方式、生活方式和文化消费习惯，潜移默化地传播到世界每个角落。当今世界文化交流、交锋与碰撞亦日趋频繁和激烈，坚定文化自信，加速文化传播，扩大中华文化的全球影响与价值认同更显迫切。调查数据显示，82%的受访者表示来中国旅游之后，对中国的印象完全改观。包括对中国人、中国文化、中国美食的肯定，对中国城市、经济、科学发展的赞许，对西藏、新疆等地发展成效的认可。因此站在国家文化战略高度而言，建设世界级景区，除了增加旅游收入，减少服务贸易赤字，还有一项重要功能是将国际游客"请进来"，让他们来讲好可信、可爱、可敬的中国故事，不断扩大中华文化的影响力和感召力。

分析"五代叠加"趋向的目的是什么呢？对于策划而言，最后落点还是要落到具体问题的解决上，也就是要落实到阳朔如何打造世界级景区上。在此时期，要想建设世界级景区，从目标客群、旅游形态，到产品形式和发展动能，都需重新审视，做好主动应变（见图 2-5）。

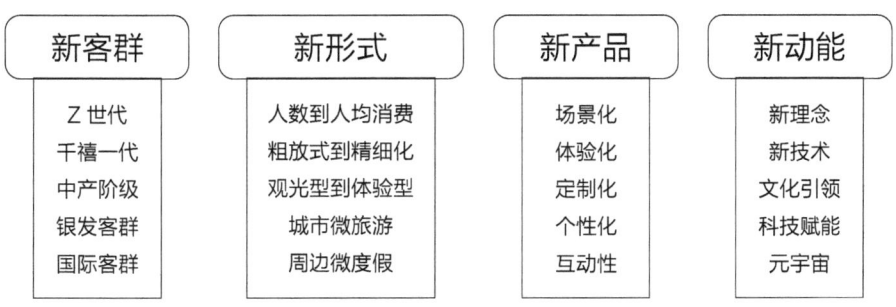

图 2-5 "五代叠加"时代旅游发展的新变化

所谓问题，无非是理想与现实之间的差距，在分析了理想的目标之后，问题也呼之欲出。策研团队认为阳朔建设世界级景区存在如下六大问题。

一是目标市场的问题。国际上哪些国家是主要客群来源地，哪些人群是核心人群，不同的人群就需要采取不同的营销模式。二是文旅产品的问题。观光时代阳朔主要是游山玩水，那么休闲度假时代，阳朔有何代表性产品，旅游的文化内核是什么，能不能形成独特的文化魅力和核心竞争力。三是数智景区的问题。5G 时代必定是智慧管理，目前基于 5G 的智慧旅游服务体系如何搭建，景区智能化如何推进。四是精细化管理。像阳朔这种全域型、开放型景区如何管理，如何处理好与社区、村民的关系，以及旅游安全的问题；五是国际传播的问题。如何做好创新传播，扩大国际影响，如何做好危机公关预案，增强危机传播管控能力。五是辐射带动的问题。旅游产业怎么带动一、二、三产业发展，目前阳朔是哑铃型经济模式，农业和旅游占比高，但二产太弱，如何通过旅游带动全域发展。六是资源要素的问题。县级财政支撑世界级景区建设，难免"有点小马拉大车"之窘况，如何才能整合更多的资源共促景区建设。

面对以上问题，阳朔旅游该如何转型升级呢？

二、升级策略："136计划"构建景区发展的核心驱动力

根据前面的研究和问题分析，策研团队认为阳朔需要从五个方面推进转型。一是在对象上，从注重游客规模转向注重游客质量。2019年阳朔游客达到2000万人次，已经接近景区极限。因此未来发展重要的是品质导向而不是人数导向，要吸引高端高价值客群，提升人均文旅消费额。二是在类型上，要从观光旅游转向休闲度假旅游。三是在层级上，要从建设全域旅游区转向世界级景区。四是在标准上，要从标准模糊转向国际化标准，严格按照国际一流水平优化景区设施、产品与服务。五是在功能上，要从一枝独秀转向带动全领域融合。策研团队认为，当前阳朔旅游税收占到财政收入的60%以上，但这并不是值得文化和旅游部门骄傲的事情，说明文旅辐射带动作用还不强。因此要树立旅游也是区域场景与流量的思维，发挥旅游的引领作用，促进"旅游+"和"+旅游"深度融合，让旅游成为区域发展的底层驱动力，拉动全县高质量发展。

那具体如何做呢？策研团队根据"目标、战略、工程"三位一体的设计思路，提出了阳朔转型升级的"136计划"（见表2-8）。

表2-8　阳朔景区转型升级策略

策略	内容
1个目标	世界级山水人文休闲度假胜地
3大战略	国际化、融合化、可持续化
6大工程	顶层设计工程　内容提质工程 模式创新工程　传播塑品工程 数智赋能工程　融合发展工程

（一）"1"个目标：打造"世界级山水人文休闲度假胜地"

世界级景区是一个功能性概念，落到阳朔应该突出何种特色呢？核心是要强调山水与人文。阳朔是世界自然遗产地，其喀斯特地貌是大陆型塔状喀斯特的世界典范，展现了世界上最优美和最独特的喀斯特山水景观。因此绝美山水是阳朔建设世界级景区的独特优势和核心资源。但随着人们对休闲度假和文化体验的需求增加，仅凭自然山水必然难以满足

市场需求，必须深化文化挖掘、特色塑造和创意设计，做到山水与人文比翼、奇观与体验齐飞，才能将阳朔打造为享誉世界的山水人文休闲度假胜地。

策划讲求多重效益与共赢效果。所以在总的大目标下，还要设计一些小目标。策研团队认为，对于阳朔而言，对接国家战略需求，结合自身优势和特点，还可以往"中国特色山水人文会客厅、两山理论实践创新示范区、文旅引领共同富裕先行区"三个方向努力。以打造国家级"会客厅"为例。其实中国的会客厅有很多，历史文化会客厅可能在西安，商务会客厅可能在上海，政治会客厅可能在北京，但是山水人文会客厅在哪里呢？阳朔应该积极争取。何况国务委员王毅就曾在这里接待了俄罗斯外长谢尔盖·拉夫罗夫。所以阳朔必须立足国际视野，站到代表国家形象和提升国家软实力的高度去策划与升级。

（二）"3"大战略：国际化、融合化、可持续化

目标需要依靠战略来实现。策研团队认为，对于阳朔而言，国际化、融合化、可持续化发展，是未来转型升级中需要彰显的三条战略主线。

一是以国际化为引领。国际化既是目标，也是手段。在疫情常态化和国人消费升级的新阶段，我们必须重新理解旅游国际化的内涵（见图2-6）。就目标而言，建设世界级景区，就是要立足世界文明交流互鉴的高度，吸引更多的国际游客，借助旅游活动传播中华文化；就手段而言，就是要对标国际标准，彰显阳朔山水人文特色，全面提升旅游服务和创新水平，使阳朔成为"近悦远来、享誉世界"的中国人文地域名片。

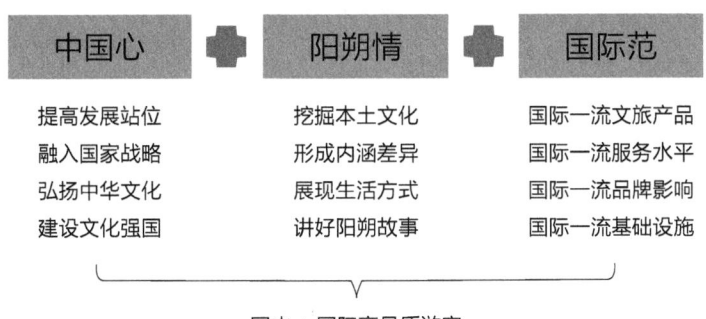

图 2-6　阳朔国际化发展示意

二是以融合化为主轴。文化产业和旅游产业密不可分，要坚持以文塑旅、以旅彰文，推动文化和旅游融合发展，让人们在领略自然之美中感悟文化之美、陶冶心灵之美。如果从文旅融合发展来看，阳朔是"短腿的"，就是旅游的一脚长、文化的一脚短，未来亟须推进"文化挖掘、文化建设、文旅融合"三项工作，提升阳朔的文化魅力，促进旅游业转型升级。

三是以可持续化为基石。什么是可持续发展？即是在满足当代人需要的同时，不损害后代人满足其需要能力的发展。可持续旅游的目的不是利用旅游获取短期利润，而旨在为长期发展带来多赢效果。其中有两层含义：第一，促进代际公平与代内公平。对于阳朔而言，就是永远要将保护喀斯特世界自然遗产放在第一位；第二，要将旅游融入更大的产业发展和区域战略体系中，让旅游发展更具韧性，能够更好地抵御疫情等不可知因素的冲击（见图2-7）。

图 2-7 旅游的可持续发展示意

（三）"6"大工程：基于文旅融合的"金三角"模型

战略策划落地需要一致性的行动方案，从阳朔旅游发展来看，最核心的还是要落实到文旅融合上。可以说，文化是旅游体验的"精神内核"，旅游是文化活化的"生动场景"，产业是文化和旅游融合的内生动力。那具体如何推进文旅融合呢？策研团队根据国外文化和旅游互促发展的经验，结合我国的现实情况，提出了"金三角模型"：即以顶层设计（关键是定位）为引领，以特色文化为灵魂，以极致内容为核心，以营销传播和模式创新为支撑，通过三者间的良性循环促进发展（见图2-8）。

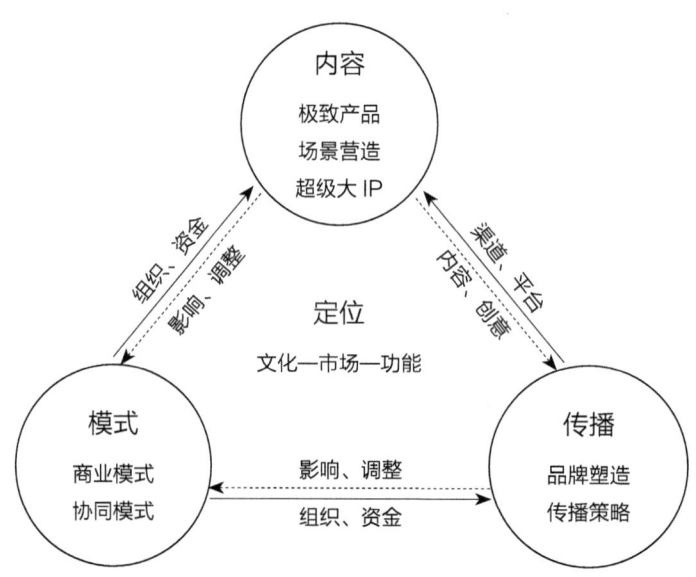

图 2-8 文旅融合的"金三角"模型

具体内容如下：一是做好顶层设计，主要任务是明确发展定位和文化特色，以及制定出路线图和时间表，完善"谋划—策划—规划—计划"的决策与执行体系。二是做好内容建设，核心是以市场需求为导向，以特色资源与文化为基础，借助创意与科技的力量，打造独特性、创意性、极致性的旅游产品或体验场景。三是设计好发展模式。其中关键是设计好商业模式和协同模式，简而言之就是如何盈利，如何创造共建共享的利益共同体。四是做好营销传播。就是要运用创意与媒体力量，讲好景区故事，塑造景区品牌。

基于阳朔旅游发展现状与文旅融合发展模式，策研团队提出了涵盖顶层设计、内容提质、传播塑品、模式创新、数智赋能和融合发展六大工程。

1. "顶层设计工程"：凡事豫则立，不豫则废

顶层设计本质上就是谋而后动，减少决策失误。特别是在空间、财力和纠错能力都有限的县级行政区，如果没有谋划好蓝图就草率行动，很可能犯下不可逆的错误。例如，当前阳朔名气很大、市场很火，各种资本都想进入。但是立足新阶段，策划团队认为，我们需要思考：未来打造一个什么样的阳朔？选择什么样的龙头企业？培养什么样的新兴产业？设计什么样的重大项目？旅游怎样促进共同富裕？由于区域资源有限，在谋划中一定要注意"战略留白"：一定要将区域的战略资源牢牢掌握在政府手里，将最优质的地块留给最有潜力和韧性的新兴产业，否则决策的成本、未来调整的代价将是巨大的。因此对一个县域而言，高水平开展顶层设计，画好战略蓝图后再行动，至关重要。从文旅角度而言，重点是要明确发展定位和文化特色。

第一，明确发展定位：形成高势能、独特性、支撑性和价值性的定位。阳朔如何明确自身定位？关键是要从全球视野和国家战略高度去思考定位——总体定位（我是谁）、市场定位（为谁服务）、功能定位（我能做什么）、产品定位（我发展什么产业，提供什么产品或服务）、形象定位（要给人留下什么样的印象）。这些必须明确回答。从总体定位而言，策研团队认为阳朔应瞄准建设"世界级山水人文休闲度假胜地"。

第二，文化特色挖掘：从展示山水转向传播山水人文精神。文旅融合发展之根之魂在文化，阳朔要以文化为"硬核"，做好文化内涵挖掘、阐释与现代转化。目前阳朔有山水文化、民族文化、红色文化、古镇文化和刘三姐文化等多种文化，那如何将其提炼和聚焦为更具概括性或更具特色的文化？策研团队认为，思考阳朔文化，要立足阳朔、跳出阳朔，找到在"讲好中国故事"中的阳朔角色，借势借力实现发展。对于阳朔而言，一是要弘扬中国山水人文精神。阳朔因山水而兴、因山水而名，同时中国人对山水文化的感情也非常深。"采菊东篱下，悠然见南山"，山水之中蕴含着东方特有的和谐、逸致、归真、自然之道。二是要讲好"刘三姐"的故事。应深入挖掘和创新解读刘三姐文化，其精神实质是：热情好客、追求爱情、向往和追求美好生活，她不愿嫁给有钱人，而是要跟阿牛哥在一起，要嫁给爱情。这非常符合我们时代的价值观，同时爱情主题也很有普世价值，容

易引发全球游客的共情与共鸣。

2. "内容提质工程"：注重特色性、沉浸性、极致性和共鸣感

旅游是一种异地体验行为，景区必须给游客一个来此体验与消费的理由。对于阳朔而言，核心是要以需求为导向，以打造特色、极致的旅游核心吸引物为抓手，借助创意与科技的力量，丰富特色文旅产品和文创精品，构建复合型文旅产品体系，持续提升消费者的体验感、震撼感和共鸣感，不仅要让游客来"打卡"，更要来"刷卡"。

第一，创新打造极致产品和首创产品。旅游具有天然的垄断性，没有特色与极致的产品，就没有旅游目的地。没有震撼，就只能留人遗憾。因此，只有坚定走"一品做绝，多元配合"的发展模式，打造"文化＋极致"的核心吸引物，形成震撼心灵的"哇效应"，再开发具有内在联系的多元产品，才能构建起旅游地的吸引力。对于阳朔而言，山水是绝版资源，但文化体验是弱项，还需要加强文化性和故事性。策研团队认为，阳朔可以特别突出"爱情"的主题，谋划打造具有全球影响力的告白胜地、定情胜地、求婚胜地、蜜月胜地、结婚纪念胜地等。理由主要有四个：一是爱情具有普世性，容易形成国际影响；二是刘三姐文化的内核是爱情，区域文化中蕴含着爱情基因；三是阳朔的游客主要是年轻人和情侣；四是爱情产业链具有极强的延展性。

第二，促进现有旅游产品转型提升。景区产品的本质是什么？不是建筑、不是场景，而是愉悦的体验和美好的回忆。当前阳朔旅游还以观光为主，依靠门票经济，未来还需要强化"故事性、体验性、互动性、沉浸性"。从旅游要素来看，目前"吃、住、行、游"等还较好，可以吃特产、住民宿、游漓江，但论及"购、娱、休、养、学"等内容，离世界级景区的差距就很大。策研团队认为，阳朔未来需要瞄准国内外核心客群的需求，按照国际一流标准，形成全域、全季、全时的高品质服务（见图2-9）。

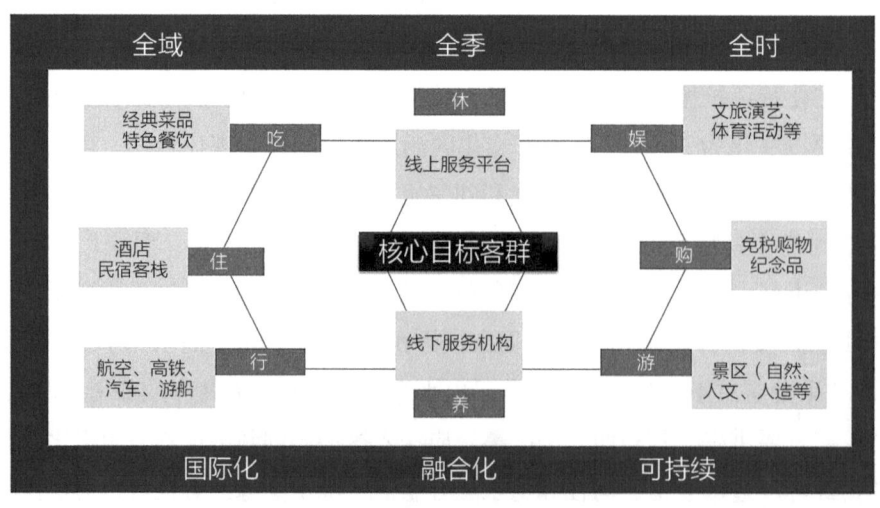

图2-9　阳朔的旅游产品体系示意

第三，设计和传播网红场景。应积极营造出高颜值、可激发人们自我表达和情感共鸣的"新场景"，赋予景区特定的文化价值和空间意义。要设计形成一些"网红"体验点。例如，栈道咖啡、云顶酒吧等。吸引抖音、小红书、微信视频号等新媒体平台及"网红"进行直播，不断扩大阳朔旅游影响力。

3. "传播塑品工程"：从景区日常宣传，转向高效塑造特色品牌

传播即共鸣。文旅消费的核心是要满足顾客精神层面的需求，其感知价值通常是由认同和共鸣而非效用决定的，因此旅游传播就是要强化共鸣感。策研团队认为，在"传"胜于"播"的时代，强化共鸣感的关键是要善于利用创意传播，做好"三超策略"：即超级符号、超级话语和超级平台。一是设计超级符号，核心是找到自己的"视觉锤"。定位是语言概念，是钉子，视觉锤是将定位这颗钉子钉入消费者心智的工具。一个品牌只有拥有强大的视觉锤，才能够与消费者心智建立强大的连接，如日本熊本县的"熊本熊"。"视觉锤"可以从形状、颜色、产品、符号、动物等角度出发打造，对于阳朔而言，可以从山水景观等角度出发进行探索。二是提炼超级话语。简而言之就是做好景区广告语，要能朗朗上口，瞬间打动人心。例如，重庆武隆区提出的"世界自然遗产，天地大美武隆"。目前阳朔还没有叫得响的口号，还需加快创意提炼。三是要构建超级平台。建立健全阳朔旅游的现代传播体系，不断增强全球、全域、全时、全龄的展示传播与服务能力（见图2-10）。例如，可以通过打造具有创意性、国际影响力的节事活动，向全球推广阳朔旅游品牌。

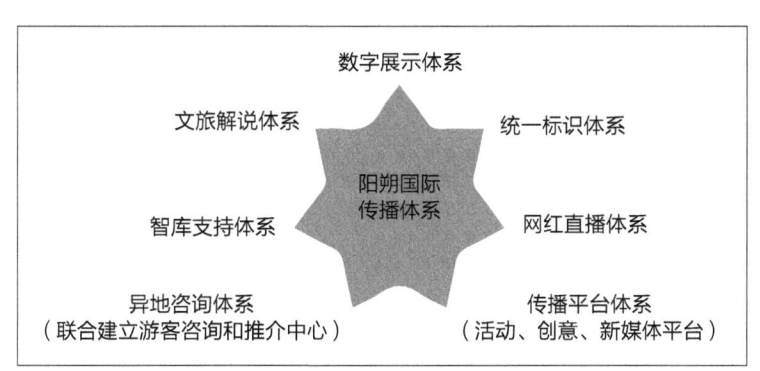

图2-10 构建阳朔旅游传播的七大体系

4. "模式创新工程"：从自我聚力发展，转向开放协同的共生进化体

策研团队认为，对于一个资源有限的县级行政区而言，阳朔建设世界级景区不能靠自己"小马拉大车"，而应以构建"共生进化体"为方向，整合最广泛力量参与到景区建设之中。具体而言，一是要搭好平台、做好生态，促进产业链与创新链融合。例如，开展"阳朔国际创享大赛"等活动，吸引高等院校、企业、创业团队等力量参与，发挥他们的

聪明才智，不求所有，但求所用。二是要发挥协会或联盟的"信息交流、资源共享、培训教育、自我管理"等功能，引导创立和支持民宿协会、阳朔文旅企业联盟等组织。三是要强化村民与社区自治组织，推进乡村旅游管理和主客共享空间建设，发展"嵌入式"公共文化服务。四是加强与大型旅游机构合作。例如，深化与携程等具有国际客源导入能力的机构合作。五是加大与国际城市和品牌的合作，不断扩大阳朔的国际"朋友圈"。

5. "数智赋能工程"：从粗放管理转向智慧化和精细化体验管理

旅游的核心是体验。对于传统景区而言，关键是要以数智赋能为动力，加强数字牵引和创新驱动，推进景区与新科技、智慧管理的融合。例如，以大数据、智能技术为支撑，实施游客容量管控、生态环境监测等工程，打造便捷、智慧和人性化的旅游服务。

在数智赋能方面，策研团队认为阳朔还有极大提升空间。一是要积极推进智慧景区建设。搭建文旅大数据平台，实时对旅游市场全覆盖监控，据此开展监管、服务及应急保障。二是继续推动"一机游阳朔"，打造智能化旅游服务系统，推进预约、限流、错峰常态化，提高管理效率。三是探索建设"虚拟景区"。推动景区与元宇宙业态融合，培育数字创意、网络视听、智慧旅游等新业态，让阳朔旅游实现"在地"和"在线"的融合发展。

6. "融合发展工程"：推动文旅与其他产业融合

旅游不仅是一种业态，也是一种优质的城市营销载体。事实上，旅游是一个地区流量的入口。互联网时代发展旅游，要有流量思维，通过流量变现，推动"旅游+"与乡村振兴、新型工业化的融合，让旅游成为区域发展的底层动力。对于阳朔而言，策划团队认为，要发挥旅游的带动作用，改变目前县域"哑铃型"的经济结构。

第一，推动旅游从自我循环转向引领县域经济大循环。一是要积极推动"旅游+康养"，吸引医养、疗养、养生产业主体，培育智慧康养、微医养、营养膳食、药食同源等健康产业。二是推进"旅游+体育"。引入DISCOVEY或其他品牌户外运动基地，建设国际山地运动中心。三是推动"旅游+文创"。打造影视基地、旅拍基地等，传承创新竹编和竹雕等非遗工艺。四是推进"旅游+农业"，瞄准自驾游市场，发展"后备厢经济"。五是推动"旅游+工业"。依托阳朔生态环境和人文魅力，吸引文旅相关的高精尖产业入驻。

第二，推动将"阳朔"塑造成为超级大IP，发展IP经济。探索以阳朔旅游知名度为切入口，丰富"阳朔"品牌的内涵和影响力，推动其成为超级IP，然后"一源多用"，构建起文旅产业链和生态圈。如何打造超IP呢？策研团队认为：第一步是挖掘，即挖掘阳朔的品牌文化要素、代表符号等，要形成品牌符号体系；第二步是集粉，IP不仅是产权知识，更是影响力，没有粉丝的IP没有商业价值；第三步是变现，可以构建IP五大变现体系，如生产体系（小说、动漫、电影、音乐、游戏等）、平台体系（公众号、影视基地、文化研究院等）、服务体系（App、地图、手游、主题乐园等）、产品体系（文创产品、文旅综合体、创意农业、新兴工业等）、活动体系（阳朔国际音乐节等）。最后，还要根据时尚潮流和发展需求，不断创新 IP 的内涵与国际影响力。

总而言之，策研团队认为，阳朔做旅游不能囿于旅游，要有"从全局谋划一域、以一域服务全局"的格局观和战略观，积极推动旅游与农业、工业等多元业态的融合，让旅游成为区域经济社会高质量发展的底层驱动力。

三、策划思考：要用辩证思维看待区域发展的短板

建设世界级景区是阳朔的理想，但从现实来看，仍有较长的路要走。虽然这次战略性策划给阳朔提供了一些参考性建议，不过具体实施起来，在资金、人才等方面阳朔仍将面临"小马拉大车"的问题。其实阳朔在旅游升级过程中，还有一些难以化解的短板，策划团队没有明确提出来。

第一，气候因素。桂林很早就提出要建设国际旅游休闲城市，但除了山水举世闻名之外，休闲度假却一直没有火爆起来。原因何在？气候是其中的关键因素。桂林地处低纬度，属亚热带季风气候，主要特征是春节阴雨连绵、夏季闷热多雨、秋季时节较短、冬季阴冷潮湿，这种气候难以让外地游客喜欢，即使是本地人，也常常对漫长的梅子雨吐槽不已。

第二，洪水因素。阳朔县城紧靠漓江，街道与江面高程相差不过 2～3 米。在一些降水量较大的年份，县城及部分乡镇的街道和路面常被积水淹没，导致房屋底层进水、商铺关闭，居民无法出行。虽然洪水终会退却，但洪水造成的损失和心理影响却不容低估。这也让一些投资者不愿意建设更高端的文化娱乐设施，唯恐受到洪水影响而血本无归。因此，如何预防洪水、减少洪水的危害，也是阳朔必须关注的事情。

第三，环保因素。习近平总书记 2021 年在漓江杨堤码头调研时曾说："全中国、全世界就这么个宝贝，千万不要破坏。"对于阳朔而言，漓江生态环境的保护永远是第一位的。但这也意味着，漓江沿线的交通、基建、商业等用地是受到严格限制的。例如，江边有些村落希望开办民宿，但是由于生态保护要求，村庄不允许修建公路，只能通过船只摆渡等方式进入村庄，这无疑增加了旅游资源开发的难度。

但事物的发展都是辩证的。策划讲究的就是思维创新，善于运用辩证思维和逆向思维。任何事物本身没有绝对的优劣之分，关键是我们衡量和利用它的标准与方法。例如，针对没有公路而导致入村难的问题，可以尝试设计深度体验旅游项目，打造现代版"桃花源"，化交通劣势为体验特色。例如，针对春季雨水多的问题，可以策划推出以雨雾为主题的旅游产品，让游客在山色空蒙中，尽情领略"烟雨漓江"的独特美景。

第五节　北京水峪嘴文化小镇策划
——京西古道风华地，永定河畔"会客厅"

悠悠古道，迤逦群山、运往行来，记录着几多艰辛与喜乐；蜿蜒大河，水光潋滟、奔流不息，滋育着北京城的千年繁华。古道与大河交汇之处——北京妙峰山镇水峪嘴村，融合叠聚着深厚的历史底蕴与璀璨的文明光辉。

迈向全面建设社会主义现代化国家新征程，在北京建设人文北京、科技北京、绿色北京和全面推进乡村振兴战略指引下，京西地区的生态、文化、休闲价值不断彰显。门头沟作为京西的第一道绿色屏障，生态优越，历史悠久，贡献巨大，在经历了"乌金时代""灰金时代"之后，当前正迈入"绿金时代"，正着力打造"绿水青山门头沟"的城市品牌。

一个时代需要一个时代的榜样。新时期门头沟实现转型升级，需要思维的创新、路径的创新，更需要示范的创新，需要建设一批生态保护、文化传承、绿色产业、乡村振兴统筹发展的旗帜性项目，塑造高质量绿色发展的超级杠杆与战略引擎。水峪嘴文化小镇策划正是在这样的背景下展开的。

一、价值探寻："俯瞰—聚焦—发现"

水峪嘴村位于北京市门头沟区妙峰山镇南部，千年京西古道的要塞之处，全村现有住户262户，居民约560人。其外抱永定河，背倚九龙山，京西古道穿村而过，素有"京西古道第一村"的美誉。村内牛角岭关城被誉为"京西第一关"，保存有"蹄窝"奇观和"永远免夫交界碑"等独特文化遗址。同时村庄仍保持着传统的街巷肌理、建筑风格和乡风民俗，是京西古道中的精华遗存地段。从水峪嘴村的名字就可以看到其蕴含着丰富的地理与文化信息。"水"指河水，代表永定河；"峪"指山谷或峡谷开始的地方，代表是京西古道的穿行之地，"嘴"指像鸟嘴突出的部分，代表村的地形是山延水抱、古道和大河的交汇之处。

对于这样一个山水交融、人文底蕴深厚的村落，在生态中国、文化强国、乡村振兴、文旅融合等重大战略深入实施的背景下，应该如何谋划呢？策研团队认为，这次策划服务对象是村集体，但其资源有限，必须争取更多外部政策与资源的支持。因此，策划报告除了服务村集体的决策之外，还承担着吸引上级领导和战略投资者关注与认可的重任，所以在设计上视野必须宏阔，需要树立战略思维，准确把握我国新发展阶段的新特征与新要求,着眼大格局,争当示范点。

但水峪嘴毕竟只是一个小小的村落,如何才能吸引更多的目光聚焦到这里呢?于是策研团队借鉴影视拍摄的手法,从"俯瞰,聚焦,发现"三个层次逐级放大村庄价值,让领导和投资者将注意力投向这个禀赋优异的小山村。

(一)俯瞰大京西:新时期彰显新价值

策划水峪嘴,必须跳出水峪嘴,至少要站在大京西的角度来审视。策研团队分析后认为,京西地区历史悠久,有着万年人类史、千年采煤史、百年钢铁史,为城市建设和经济发展做出了巨大贡献。进入新时期,京西地区的生态、文化、休闲、可持续发展的价值日趋突出。

首先,践行"两山理论",建设"绿色北京",京西生态战略地位彰显。京西地区群山荟萃、绿水穿流、林多树密,是离首都核心区最近的生态涵养区,是护卫中心城的重要生态屏障。其次,推进文化强国,建设"人文北京",京西文化资源潜能彰显。京西地区文化底蕴深厚,是北京历史文化的发源地之一。北京人、东胡林人等古人类遗址散落其间,长城文化带、西山永定河文化带贯穿区域,特别是京西古道,绵延西山、沟通京冀晋蒙,文化底蕴深厚。最后,满足新兴消费,推进乡村振兴,京西文旅休闲价值彰显。席卷全球的新冠肺炎疫情深刻地影响了人们的生活与休闲方式,城市"微度假"兴起,"微旅游、慢生活、享时光"成为消费新时尚。作为离首都核心区最近的浅山区,京西地区可以最大限度地发挥区位、交通、生态和文化优势,以文旅产业为引领,统筹推进休闲度假、乡村建设等多元融合互促,打造乡村振兴新模式与新样板。

(二)聚焦门头沟:新阶段孕育新崛起

门头沟区虽然在北京市十六个行政区中一直存在感较弱,但它却是大京西的典型区域,是北京市唯一的纯山区(山地面积占98.5%),拥有全市最长的河、最高的山(灵山),是首都西部第一道绿色生态屏障。

门头沟历史悠久,是北京市最早的人类活动区域之一,西山永定河文化带、长城文化带交织其间,京西古道贯穿全境,总长680公里,是京西古道的核心区。纵观门头沟的发展历史,经历了"乌金时代"(京城重要的煤炭供应地,"乌金遍地下,百宝满山川")、"灰金时代"(主要发展采石、矿山、石灰、水泥等资源型工业),当前正迈入"绿金时代",走向了一条"见绿又生金"的转型升级之路。策研团队认为,在新时期,对门头沟而言,核心是要推进三大创新。一是思维的创新,要增强战略思维、底线思维、辩证思维,将全区发展放到国家发展的新阶段、新格局中去思考,放到北京发展新战略、新要求中去思考,提升站位高度和战略定力。二是路径的创新,核心是拓展"绿水青山"向"金山银山"的转化路径,加速形成"一园四区一小院"发展格局,真正实现生态涵养区的压轴作用。三是示范的创新,发挥好"榜样的力量",加速打造一批生态保护、文化传承、绿色产业、乡村振兴统筹发展的旗帜项目、"网红爆品",引领带动全区转型升级。

(三) 发现水峪嘴: 新视野打造新样板

打开门头沟地图,我们可以发现水峪嘴村无疑是门头沟区最具开发潜力的浅山村落之一。首先,区位优越,交通便捷。距离天安门直线距离 30 公里、首钢园 10 公里、门头沟区政府和新首钢协作配套区 5 公里,邻近海淀科技园、西城区金融街、央企总部等高端客源市场,区域交通非常便利。其次,文脉交会,资源独具。水峪嘴村处于"西山永定河文化带"和"京西古道"文化线路的交会之处,文化资源丰富而独特。目前京西古道风景区已为 3A 级景区,是门头沟"一线四矿"文旅康养休闲区的重要结点,京西重要的旅游目的地和文化窗口区。最后,自然生态,环境优美。水峪嘴村属于北京近郊的浅山区,拥有山、水、园、林等多元化生态优势,春花、秋月、夏萤、冬雪,一年四季风景秀丽,其文旅产业开发的品质性、便捷性和安全性都比较好。爱奇艺、腾讯视频、优酷、抖音、快手等龙头型网络视频媒体平台,非常看好区域交通与生态优化,入驻意向强烈,希望将影视剧本创作、研讨、选角、部分拍摄等环节设置于此处,这将为小镇发展新兴文化业态奠定坚实基础。

所谓"运用之妙,存乎一心"。对于策划文本的谋篇布局而言,其实没有一定之规,不需要拘泥于刻板的形式,最能打动目标对象的表述就是最好的表述。在这次策划方案中,策研团队并没有按照通常的 SWOT 框架进行阐述,而是选择"推镜头"的方式("俯瞰—聚焦—发现")逐渐展示村域价值,让开篇具有了很强的画面感、逻辑性和感染力。

二、思路创新: 新标杆、新空间、新模式

思是事之始,事是思之行。对于空间有限、资源有限的水峪嘴村,如何进行发展定位和路径设计,才能发挥其最大优势,彰显其最大价值呢?这对于一个具有职业精神的策研团队而言,其实是一个非常严肃的命题。所谓思路决定出路,但创新的思路从何而来呢?通常有两个来源。一是策研团队的经验积累和创新能力。既能将对象放到合理的系统坐标中进行审视,抓住区域的核心价值,同时又能准确提炼区域的文化内核,明确发展定位与路径。二是案例借鉴及专家建议集成。即通过归纳成功案例的共性规律及吸纳业内专家的观点,进而形成创新思路。水峪嘴村的发展思路主要来自前者。

（一）基本思路

策研团队在对水峪嘴村的优势、劣势及机遇和挑战进行深入分析之后，认为水峪嘴村应立足战略视野，发挥地脉、文脉、绿脉和人脉优势，创新发展路径，努力"打造新标杆、构筑新空间、创造新模式"，形成具有全国影响力的引领与示范效应。

一是"打造一个新标杆"。即以习近平新时代中国特色社会主义思想为指导，以生态为基、需求为本、文化为魂，深入挖掘京西古道和永定河所蕴含的文化内涵与价值，推进现代阐释、创新转化和创意传播，打造一个以京西文化传承活化为主线，生态涵养、文化驱动和乡村振兴融合共促的创新样板，成为"两山理论"和文旅融合的典范高地和国际窗口。

二是"构筑一个新空间"。即建设"三宜"融合、"四生"和谐、"五区"共进的理想空间。核心是依托区域优越的交通优势和良好生态本底，统筹推进"宜居、宜业、宜游"三大功能，实现"生态保育、生命健康、生活慢享、生意交流"四大融合，打造"生态育区、产业园区、旅游景区、民宿住区、幸福社区"协同发展的多功能复合空间。

三是"创造一个新模式"。即实践形成"文化引导的全面乡村振兴新模式"。积极发挥乡村生态、文化和特色资源优势，坚持党建引领，有效整合政产学研融媒等多元力量，以文旅休闲等绿色产业为突破口，推进多元业态融合互促，加快提升村庄基础设施和公共服务工作，全面推进乡村产业、人才、文化、生态振兴，不断增强居民的获得感、幸福感和安全感。

（二）总体定位

定位就是"找魂"，就是明确"我是谁"的问题，以便在目标对象的心智中占据独特的优势位置。水峪嘴村未来发展该如何定位？这是此次策划中最核心也是最困难的问题。因为所谓的战略策划，关键是明确发展定位（或说"核心概念"）并在此基础上建立战略配称（或说"行动方案"）。这个过程体现了策划鲜明的科学性与艺术性。

策研团队在多次头脑风暴和权衡论证之后，认为应充分借势京西古道的千年文化势能，通过建设小镇的形式推动其保护、传承与利用。于是将水峪嘴村总体定位为："京西古道文化小镇"。即坚持国际视野与首善标准，以生态为基、需求为本，以弘扬京西古道和永定河文化为主线，以生态涵养与文旅驱动为主导，以构建政产学研融媒协同共赢的生态体系为支撑，建设集生态保育、产业发展、旅游休闲、乡村振兴等功能为一体的复合空间，努力将小镇打造成为京西文化建设的标志性品牌、首都乡村振兴成果的重要展示窗口，成为国家文化产业与旅游产业融合发展示范区。

同时将小镇命名为："京西古道·水峪嘴文化小镇"。其中，"京西古道"是小镇超级IP和文脉所在。"水"代表永定河，"峪"代表京西古道，"嘴"代表古道和大河的交汇，文化代表核心价值，小镇意味着综合服务功能。小镇名称蕴含着青山绿水、文化风华和品质服务之意。

（三）形象标语

在小镇对外宣传和推广中，拥有一句独特而又响亮的口号非常重要。我们常说策划就是"一句话"的事情，这句话就是口号，就是小镇的文脉灵魂和超级符号。可以说，这也是本次策划最大的亮点和难点之一。经过多次的头脑风暴，策研团队将口号提炼为："京西古道风华地，永定河畔会客厅"。

"京西古道风华地"：以推动优秀传统文化的活化利用为方向，深入挖掘京西古道的文化内涵、典型故事和文化要素，通过景区提升、产品创新、场景营造、主题体验和数字虚拟等方式，集中再现京西古道的文化风华，将小镇建设成为弘扬京西古道文化的"精华地"，展现北京历史人文的"风景眼"。

"永定河畔会客厅"：依托优越的地理区位、生态环境、交通条件和厚重的文化底蕴（被誉为"京西古道第一村"），强化政务商务接待、休闲娱乐、餐饮住宿等功能，以国际视野提升服务品质与水平，将小镇打造成为高端政商人士交际、交流和休闲的顶级平台，成为服务区域国际交往的特色人文会客厅。

三、策略设计：业态、空间、项目与场景

作为区域类战略策划，小镇策略设计一般包括主导业态、空间布局、重点项目、推进时序等内容。策研团队在坚持国际视野、首善标准的基础上，紧紧围绕小镇的发展定位，从业态、空间、项目、场景和实施策略等角度进行了细化设计，希望加速推动小镇高质量的建设和发展。

（一）主要业态

业态兴，小镇强，乡村富。在门头沟重点推进"一园四区一小院"发展格局、重点建设民宿小院的战略布局下，策研团队认为水峪嘴文化小镇应以民宿旅游休闲为基础，推进"民宿+"多元业态融合。首先，发展民宿休闲旅游。依托京西古道风景区和特色民宿区，提升区域文化内涵和文化创意水平，丰富旅游休闲产品和服务品质，发展主题旅游、生态休闲、运动康体、特色研学、精品民宿等旅游休闲业态。其次，根据融合发展的概念，推动"民宿+"，促进民宿与影视艺术、医药康养、节庆演艺、户外运动和传统非遗等业态融合，打造以民宿为载体的产业集群，逐渐形成文化影视、网络直播、休闲度假、户外运动、活态展示和创意交流等多业态融合的集聚发展高地。

（二）空间布局："一山一水，一环四区"

空间是业态发展和项目落地的载体。如何进行空间布局呢？从策划而言，有三个基本原则：一是尊重原有的地形地貌和空间结构；二是在主题集聚与功能互动中激发每个板块的最大价值；三是坚持以人为本，让空间布局更加人性化、便利化和舒适化。在此次方案中，策研团队从水峪嘴村的地理和空间现状出发，按照"主题集聚、廊带串联、功能混合、互动增效"的理念，构建了"一山一水，一环四区"的多元复合空间。

"一山"即百花景观山，对村域内的山体进行生态修复与美化治理，按照景观要求种植桃花、梨花、槐花，以及彩叶树木等，优化小镇生态本底，增强山体自然美感。"一水"即永定河滨水景观，推进村前永定河的生态治理，增加滨水步道、景观台与雕塑小品等，打造优美的滨水景观带，形成区域山环水抱的全域景观。"一环"即古道文化环，以村域现有的古道遗存为基础，以健身步道为主要形式，挖掘古道文化资源和价值内涵，通过文物遗存、主题壁画、文化小品、景观营造等建设方式，讲好京西古道故事，打造出串联起小镇功能板块和景观节点的文化线路。"四区"即产业园区（建设为影视创作与拍摄高地）、古道景区（建设为京西古道文化体验首选地）、民宿街区（建设为京西第一民宿区）、幸福社区（建设为乡村宜居生活典范）。通过主题性空间的构造，有效提升空间的利用效能。

（三）重点项目："大地景观工程"等七个项目

项目是为了达到一定目标而在一定限定条件下所做的一次性努力。在推动工作时，项目是重要的抓手，因为它有明晰的起始点和结束点，比较容易评估成效。对于策划水峪嘴文化小镇而言，也必须设计各类引擎性项目。这样一来有利于推进工作，将方案落实到具体行动上；二来有利于通过项目的形式，申请上级资金和招商引资。因此，策研团队立足小镇的定位和空间布局，从环境、服务和产业等维度，设计了七个重点项目，希望加速策划构想落地。

一是"大地景观工程"。主要内容是通过山体绿化或者功能改造（如山体艺术、攀岩基地）等手段，改变山体裸露面貌，修复好因采石等工业造成的毁损山体。同时，根据"春观花、夏观叶、秋观果、冬观枝"的景观营造思路，以绿、粉、白、红、黄等为主色调，选择适合浅山区的植物（乔、灌、藤、草、花等）进行种植。并根据村域原有水系修建渠沟，让绿水在村庄流淌。

二是"永定河景观提升工程"。即以区村有关部门为主导，在西山永定河文化带规划的指导下，加强村前永定河的生态治理，改善滨河沿线绿化景观、照明景观、艺术小品、游客休憩步道和设施，增设具有山水交汇意向的主题雕塑，形成集生态文明、历史文化、亲水休闲于一体的滨水岸线，成为永定河文化带建设中的重要结点与亮点。

三是"古道文化环道建设工程"。坚持以古道文化为主线，以现有村庄道路为基础，强化线路的基础设施、景观设计、文化要素、故事传说和配套服务等内容，打造一条串联主要功能板块，融合文化体验、景观欣赏、运动健身、扩展训练等多元功能的综合性步道。策研团队为此设计了"古道十景"，分别为古道风华、桃源飞瀑、小桥流水、茶棚论道、蹄窝奇观、角岭关城、长亭旭日、诗路怀古、古道商街和百花山路。

四是"文化与康养产业综合体"。项目以发展影视文化、创意设计与高端康养等产业为方向，以产学研融媒协同合作为支撑，引入大师工作室、明星工作室、剧本创意中心、国学国医机构等主体，打造具有重要影响力的影视创作与拍摄基地，以及"康养+"融合发展示范基地。同时配套建设京西玫瑰园、古道山坊、河畔书房等，整体提升区域品质和功能。

五是"古道景区提升工程"。规划在小镇入口处建设古道游客服务中心，创新建筑设计与造型，打造具有古道文化特色与代表元素的服务中心。同时改造提升现有的古道博物馆、古道餐厅、古道剧场、古道广场等载体设施，增强沉浸感和体验感，并新建中国古道文化博物馆、古道剧场、古道文化广场等项目，打造京西古道文化保护、传承和利用的集中体验区域。

六是"古道山居小院项目"。坚持品质、品位与品牌，在保持街巷肌理和建筑外形的前提下，在沿街区域高标准建设多家京西主题客栈，为游客提供休闲度假等产品和服务；同时按照特色、极致与稀缺的原则，在非沿街区打造百余套蕴含东方美学，整体统一、主题各异的精品民宿小院，为高端游客、商务、政务等人士提供多样优质的居住空间。并配套建设古道休闲商街，积极打造"网红店""网红景点"，展示京西文化风华。

七是"美丽乡村提升工程"。即以村集体为主体，完善社区文化综合服务中心、文化广场、村史博物馆，推进嵌入式公共文化服务，让服务"屋前屋后，遍地开花"。推动房屋临街墙体的艺术化，通过绘制生态、古道等文化主题的3D艺术壁画，提升社区文化氛围，打造游客的入村景观。

（四）场景营造

随着人们审美趣味的提升，简单粗糙的乡村设计已经难以满足人们的需求。策研团队认为，要把更多美学元素、艺术元素应用到乡村建设中，增强审美韵味、文化品位，要以美为媒，增强水峪嘴文化小镇的魅力与吸引力。

第一，营造"桃源意境，全域景区"。结合文化小镇地形（要过一个铁路涵道才能进入村庄），根据陶渊明《桃花源记》的意象，在小镇入口道路两侧和内部腹地，布局种植桃树、梨树和玫瑰等，营造桃源的诗词意境。同时，按照海绵城市建设要求，在小镇中构建雨洪管理及水循环系统，推进自然生态网络与庭院景观、绿色建筑、步行系统、办公农园、农牧种植等有机结合，实现"春有山花、夏有绿果、秋有红叶、冬有白雪"，构筑人与自然和谐共生的生态圈。

第二，"六感体验，留住乡愁"。通过景观改造、主题壁画、夜景灯光、小品设计等形式，在各个空间场景中植入京西文化符号和特色元素，让美丽乡村的地貌、形态、肌理、记忆等得以更好地提升和展示，打造出涵盖"眼、耳、鼻、舌、身、意"的六感体验空间。在这里看得见久远的历史、尝得到熟悉的味道、摸得到建筑的质感、闻得到泥土的芳香、听得到山野的呼吸、唤得醒沉睡的记忆，能够让人们在领略自然之美中感悟文化之美、陶冶心灵之美。

第三，"宜人尺度，步行导向"。根据小镇生活的活动流线和人行流线设置步道，打破交通空间、功能空间、景观空间的界限，实现步行范围内的服务可达性，打造以人为本的人性化小镇，让人能够在小镇上自在地、悠闲地行走，体悟、感悟"慢"的时光。同时，联合公共文化服务机构，打造多样化、便利化的文化阵地，推动"嵌入式公共文化服务"，建设主客共享的文化空间。

第四，"极致美学，细节为王"。坚持"文化＋极致"的匠人精神，对村落进行精细化设计与改造，做到"大处见格局，细节见心思"，实现文脉、意象、质感、美感、韵律、功能的有机融合，力求精致、精细、精美。以数字赋能为动力，加速景区建设与数字科技、虚拟场景融合，促进智能化服务。在功能布局和内部装饰中，注意阅读空间的设计和经典图书的装饰，打造"书香小镇"。

（五）实施策略

为了加快策划方案的落地实施，策研团队同时设计了小镇的运营模式、建设时序和品牌传播策略，希望能够促进和整合最广泛的资源和力量参与到小镇建设中来，提升小镇发展的能级与影响力。

在运营模式上，建议坚持共建共赢的平台思维，推动村集体与战略投资企业联合组建文化小镇建设管理公司。由公司负责具体建设管理。村集体在每年获得保底收入的前提下，根据股份进行年度分红。部分项目再由管理公司委托专业公司进行专业化运营，通过建立合作基地、合作开发项目等多种形式，推进与物业公司、酒店管理、园区运营、养老康体和商业服务等机构合作，创造多样化的收入来源与渠道。

在建设时序上，按照三年进行规划。即"一年成势"：在策划方案基础上，完善规划设计和实施计划，实现村域全部民宅流转，推动小镇水、电、暖气等基础设施建设，实现电线全部入地，推动部分重点项目建设。"两年成型"：推动重大项目建设，争取到区市两级文旅专项资金的支持，推进影视拍摄、创意设计、康养医疗等业态机构入驻。"三年成功"：建设成为首都西部综合服务区的示范项目、京西特色历史文化旅游休闲区的经典标志、国家文化产业与旅游产业融合发展示范区。

在品牌宣传上，建议以"京西古道·水峪嘴文化小镇"为总体品牌，下设小院、旅游、服务等子品牌，制定品牌标志、logo、广告语等，强化宣传与推广。积极构建小镇现代融媒体平台，整合利用各种宣传渠道，提升小镇知名度和美誉度，媒体平台主要包括文化小镇自媒体平台、影视传播平台、主流媒体宣传、户外媒体、活动和口碑传播等，同时通过各类活动的开展，不断扩大文化小镇的品牌影响力。

（六）成本与效益分析

由于此次策划偏向概念性，重点是争取更多政策与资金的支持。因此，在成本与效益分析的环节，策研团队主要强调了项目实施可能带来的综合效益，具体来说，包括五个方面的效益。

一是有利于促进绿色发展。项目预计投入3亿元以上，将直接拉动区域的固定资产投入，同时将引入众多视频企业在此建立影视创作与拍摄基地，能够极大地促进区域文化产业繁荣。二是有利于带动就业富民。小镇的项目开发、建设、运营，将直接创造工作岗位，同时可间接带动大量就业。通过房屋流转收入、就业收入、分红收入，可实现居民收入增加，并获得长期性的股金收入。三是有利于弘扬京西文化。项目将彰显京西历史文化的特色魅力，提升门头沟城市形象和知名度，扩大京西文化的影响力。四是有利于服务国际交往。通过打造独具京西文化特色的城市人文会客厅，将构建起京西地区向世界展示文化的重要窗口和体验平台。五是有利于形成示范模式。项目通过创新提炼，可形成"文化引导的全面乡村振兴模式"，在全国乡村振兴、绿色发展和文旅融合中发挥示范作用。

四、复盘思考：理想与现实之间是漫长的奋斗之路

策划方案提交之后，得到了村委会的高度认可，也得到区委书记的批示，要求抓紧将策划设想落地。但从当前推进的现状来看，还明显滞后于策划的时序安排，一些基础性问题亟须加速解决。一是村庄基础设施需改善。由于是老旧村庄，市政设施较为落后，供水、供气、供热、供电、垃圾处理、污水处理、公厕、村庄道路等，迫切需要根据产业发展的需求进行建设与完善。二是农宅流转与规划调整。目前村民住房还没有完成整体流转，产业区与民宿区的民宅没有进行统一规划和运营，难以形成规模效益和功能互促效应。三是景区服务条件还需提升。根据国家对4A级景区的评估标准，目前古道景区在旅游服务中心、停车场、核心景点、旅游厕所等方面还需加快建设。四是仍需加强人员培训，进而提升小镇的运营能力和服务品质。可以说，妥善解决好这些问题是推动策划落地的基础条件。

不过就策划本身而言，此次策划还是亮点颇多。一是充分利用了借势法。即借助了永定河和京西古道的知名度和关注度。永定河是北京建设全国文化中心重点打造的三大文化带之一，而京西古道长期以来在京城与周边文化交流、物资运输及京城军事防御中有着重要的地位和作用，近些年来随着文化的复兴，古道获得了更多人的关注。二是准确地提炼了文化小镇的"魂"——"京西古道风华地，永定河畔会客厅"，生动地表达了小镇所在的位置、文化底蕴及未来功能，并希望借助冬奥会契机，积极服务国际交往，力争成为京西地区向世界展示文化的重要窗口和体验平台。三是强调了开放与整合。提出要以构建"共生进化体"为方向，整合政府、企业、乡村、研究机构等最广泛的资源和力量，通过共建共享共赢，化解乡村资源少、建设能力不足等发展困境，加速将小镇打造成为具有重要影响力的京西文化"金名片"。

第三章 产业策划

第一节 产业策划概述

产业兴则经济兴，经济兴则国家强。无论国家层面还是地方层面，都非常重视产业的选择与发展。通常而言，我们听到较多的是产业规划——综合运用各种理论分析工具，立足当地实际情况，结合产业发展趋势，对区域产业发展的思路、定位、结构、空间布局和保障措施等进行一年以上的计划安排。但我们比较少了解产业策划。根据通常的习惯，我们一般直接做规划，不会提到策划，只是在做规划之时会有一个产业研究的环节。而事实上，相比规划强调的确定性和规范性——"必须做什么"，策划以实现特定目标或解决特定问题为导向，强调研究基础上的创新性——"为什么做，做什么和如何做"，其鲜明的前瞻性、定制性和行动性等特征，能够有效地提升规划的创新水平和落地能力。因此，产业策划应作为产业规划的前置环节加以重视。

一、内涵与基本特征

产业是社会分工和生产力不断发展的产物，是具有某种同类属性的企业经济活动的集合。通常具有如下特征：从需求角度来说，是指具有同类或相互密切竞争关系和替代关系的产品或服务；从供应角度来说，是指具有类似生产技术、生产过程、生产工艺等特征的物质生产活动或类似经济性质的服务活动。❶产业是一种中观经济，当我们在分析国民经济管理和微观经济活动之时，如果仅作宏观或企业经营活动分析，而缺少产业这个"二传手"——中观层面的关照，就难免走入过于宏观或微观的陷阱。特别是在产业全球化和科技影响下，产业转移、渗透、融合、重组日趋频繁和激烈的新时期，做好产业层面的研究和策划，具有重要的现实价值和战略意义。

---

❶ 苏东水. 产业经济学 [M]. 四版. 北京：高等教育出版社，2015：5.

产业策划即是为更有效地实现特定的产业发展目标而在研究基础上创新定制行动方案的理性行为。更具体地说，是立足国际国内宏观环境与区域发展实际，通过分析产业趋势、竞争格局、市场需求，以及本地资源和能力与产业间的匹配程度，明确产业发展方向、目标、路径和实施方案的理性行为。策划核心是要解决"为什么、做什么、如何做"的问题。相比规划的指令性和规范性，策划需要论述行动或策略背后的原因、逻辑及可行性分析等内容，或者说，发展规划是策划方案中那些确定性和行动性内容的提炼，而舍弃了论证、分析与说理等部分。

产业策划一般有两种类型。一是区域产业策划。即在明确区域整体战略基础上，对区域产业选择、结构调整、空间布局等内容进行整体设计，同时注重协调好土地开发、生态保护、社会民生、基础设施建设等各方面关系，形成区域产业协同发展格局。二是特定门类的产业策划。即针对某一特定的产业进行策划，具体任务是要理清产业门类或环节选择，明确空间布局，设计重大项目，优化产业服务，推动产业集群化高质量发展。在后一类策划中，需要特别关注产业选择的层次，太泛则不聚焦，太窄又可能错失良机。例如，根据国家统计局发布的《文化及相关产业分类（2018）》，将文化产业分为9大类43种类和146小类，那我们应该在大、中、小哪个层次进行选择？这就需要遵循"善因制宜"原理，做好具体问题具体分析了。

相比区域、企业和项目等类型的策划，产业策划除了具有预设性、定制性、创新性、可行性、系统性等一般特征外，通常还具有战略性、专业性和政府主导性等特征。

一是鲜明的战略性。这里包含两个方面的内涵。一方面是指产业选择通常是区域的战略性选择。产业分析与选择的理论基础是资源的稀缺性及资源配置效率在不同产业领域的差异性。[1] 由于一个地方的资源通常是有限的，不可能同时选择所有产业来发展，而是必须根据自身优势和条件，选择一个或几个产业来进行重点支持和培育，谋求打造成为区域经济发展的支柱性产业。例如，贵阳市抢抓大数据爆发式增长的历史机遇，充分利用区域地质、气候、成本和社会资本等优势，聚力发展大数据产业，实现了异军突起。另一方面是指产业培育与发展是一个长期的过程，需要宏阔视野和战略定力。除了一些较为特殊的情况，如产业链上的龙头企业入驻，迅速集聚配套企业形成产业集群。典型如北京顺义区的汽车制造产业。一般而言，产业发展难以一蹴而就，需要根据产业发展生命周期，有计划、分步骤地培育和推进。例如，武汉光谷发展光电产业、合肥培育集成电路和智能语音等产业。可以说，产业策划需要战略思维、长线思维，上接国家战略要求、下引企业发展方向，如果没有充分论证，而是采取机会主义态度，很可能耗费巨大资源与时间成本却一无所得。

---

[1] 周新生，等. 产业分析与产业策划方法及应用［M］. 北京：经济管理出版社，2005：5.

二是较强的专业性。产业门类千差万别，不同的门类有着不同的发展规律，不可概而论之，正所谓"隔行如隔山"。例如，特色种养、电子信息、人工智能、文化创意、金融服务等产业，其产业链就相去甚远。因此，产业策划人应是某个或几个产业领域的专家，深谙产业发展规律，洞悉产业趋势，才能制订出真正具有前瞻性、指导性和落地性的策划方案。

三是突出的政府主导性。对产业方向的引导和扶持主要是政府的职责，因此，产业策划在尊重市场需求和资源约束的前提下，主要体现为政府的发展意图。从这个意义上而言，与企业和项目策划不同，产业策划具有很强的政策性和公共性，重点关注的是区域整体利益。因此，在策划过程中，策划人需要坚持全局的视野和公正的立场，根据地方实际和外部环境，通过科学的调查与分析，遴选最适合区域发展的产业门类或环节，并定制行动方案加以推进。

二、流程与主要内容

（一）策划流程

策划是根据现有的资源与信息，判断事物变化的趋势，分析需要解决的问题和主客观条件，确定可能实现的目标和预算结果，再由此来设计、选择能产生最佳效果的资源配置和行动方案，进而形成决策的复杂过程。❶通常而言，策划有着较为严格的程序，以保障策划的科学性和严谨性。产业策划主要回答一定区域范围内产业选择中的"为什么""做什么""怎么做"等问题。明确需求是整个策划的起点，做好产业选择和策略创新是其中的核心环节（见图3-1）。

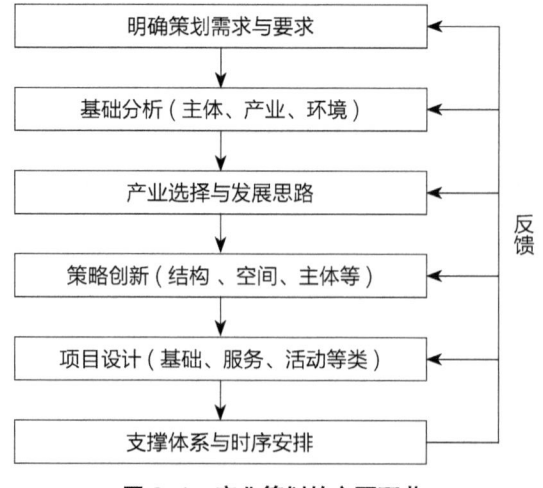

图3-1 产业策划的主要环节

---

❶ 李真真. 主题公园的策划与发展研究［D］. 南京：南京林业大学，2008.

（二）主要内容

相对于规划的确定性和强制性，策划需要详细论述特定产业选择的原因与依据、发展任务和要点，以及具体的实施推进路径。因此，产业策划一般包含基础分析、产业选择、发展思路、发展策略、引擎项目和支撑体系等内容（见表3-1）。

表 3-1　产业策划的基本内容

条目	具体内容
基础分析	➤ 区域主体分析：包括区位、资源、战略意愿，以及当地产业发展概况、历程、现状与存在问题等 ➤ 产业本体分析：发展基本规律、产业所处周期、国内外此类产业发展趋势（阶段、趋向）等 ➤ 发展环境分析：政策、科技、社会和消费变迁等
产业选择	➤ 产业价值与吸引力分析：规模及增长潜力、地方经济贡献、解决就业能力、吸引投资及企业潜力、周期性与稳定性等 ➤ 产业发展可行性：区位优势、产业基础、区域战略、产业资源、营商环境、招商引资能力等 ➤ 产业具体门类选择：如基础产业、主导产业和战略培育产业等
发展思路	➤ 理论创新：创造或活用基础性理论 ➤ 思路创新：谋划产业发展具体路径 ➤ 定位创新和发展目标（总体与分阶段）
发展策略	➤ 产业结构调整：主要涉及结构优化、科技赋能、跨界融合、区域协同等 ➤ 发展空间布局：基于产业空间理论和演进规律，进行点线面的统筹设计 ➤ 产业主体促进：企业孵化培育、招商引资、负面清单管理等
引擎项目	➤ 基础设施类项目：交通、电力、通信等 ➤ 产业载体类项目：园区、基地、景区等 ➤ 企业培育类项目：创业、孵化、上市等 ➤ 创新能力类项目：科技创新等能力培育 ➤ 品牌活动类项目：专业论坛和主题活动等
支撑体系	➤ 构建产业综合服务平台 ➤ 提升产业要素支撑水平 ➤ 完善产业政策扶持体系 ➤ 优化企业政务服务环境 ➤ 推动产业协会和联盟建设 ➤ 策划实施落地的组织保障
附录	包括调研分析报告、典型案例研究报告和产业准入负面清单等

1. 基础分析

策划原理要求"因时、因地、因人"制宜，上顺天时、下得地利、中通人和。一个地区能够发展何种产业，绝非异想天开，有其内在的逻辑和必然性，如遵循相对优势理论。

为什么动漫影视、数字创意、人工智能等产业主要集聚在北京、上海、深圳和杭州等大城市，而不是中小城市，原因很简单，因为这里集聚着高端科技与创意人才。动漫影视和人工智能等产业，本质是创意经济、大脑经济，主要由人才驱动，而大城市恰恰具有人才集中的相对优势。这里提出的基础分析是一个大的概念，主要包括主体分析、产业分析和环境分析三部分。主体分析重点考察区域的区位优势、资源条件、整合能力、发展意愿，以及区域产业发展历程、现状和存在问题等；产业分析重点剖析产业发展规律、所处生命周期阶段、当前发展格局和未来发展趋势等；环境分析主要研究国家政策、科技创新、社会文化、市场需求等可能对区域和产业发展造成重大影响的要素。基础分析应注意运用成熟的分析工具，如波特五力模型、钻石模型等，可以让分析更有逻辑性和严谨性。基础分析之后，通常需要进行系统性的总结，得出明确的观点和结论。

2. 产业选择

资源的稀缺性和配置效率的差异性客观上决定了人类产业活动中必须具有选择性。在产业策划过程中，产业选择——明确发展什么产业或不发展什么产业、发展哪些环节或不发展哪些环节，是策划的核心与关键。选择准不准确、合不合理，直接决定着策划的成败。

如何才能做好产业选择呢？重点是做好匹配度分析——区域的资源条件最适合哪一种或哪几种产业发展。通常做法是：第一步，策划团队根据前期的基础研究和访谈，基于主观愿望（想要发展什么产业）、外部机会（可以发展什么产业），以及资源与能力（能够发展什么产业）等因素，罗列出候选产业门类。第二步，运用定性或定量研究工具，进行产业价值与吸引力分析（如规模及增长潜力、地方经济贡献、解决就业能力、吸引投资及企业潜力、周期性与稳定性等）和可行性分析（区位优势、产业基础、区域战略、产业资源、营商环境、招商引资等支撑条件）。第三步，找到吸引力与可行性二者结合较好的产业门类，并进行排序；如果产业类别较多，可按产业性质分类再排序，如基础产业、主导产业、战略性培育产业等。第四步，采取座谈会或专家法（德尔斐法）等方法，做好专家论证。邀请专家根据设定的指标对各产业门类进行评分，确定产业选择的优先顺序。第五步，比对专家结果与内部排序，综合权衡之后作出产业选择；如果有必要，可以多次邀请专家论证。

3. 发展思路

所谓思路决定出路。确定产业方向之后，就需要创新发展思路。前文提到，对于策划而言，包括理论创新、思路创新、定位创新和发展目标等内容。理论创新虽然不是必选项，但是一种基础性的创新，甚至可以说理论创新是"里"，思路创新是"表"。当然，此处的理论创新也可是对经典产业或区域理论的活学活用，并不是硬性要求开创一种新的理论。

思路创新就是阐释产业应该按照何种路径去发展，通常需要基于一定的基础理论，再结合区域的优势、资源与能力，提出创新的发展路径。定位创新主要强调产业在区域或国家层面的功能与作用，如建设成为城市的战略性支柱产业、主导产业或先导产业等。同时，在此环节，还需确定产业发展的阶段目标和总体目标。通常近期目标注重定量表达，远期则倾向于定性描述。

4. 发展策略

此环节重点任务是论述好"如何做"的问题。策略没有一定之规，不同策划人提出的具体策略也许大相径庭。但从策略需要涉及的内容而言，一般应包括如下方面：一是产业培育或结构调整策略。新产业需要培育，原有产业需要结构调整。产业结构作为以往经济增长的结果和未来经济增长的基础，其不断演变成为推动经济发展的主要因素。产业结构的变动主要表现为产业结构由低级向高级演进的高度化和产业结构横向演变的合理化。❶策划需要分析当前的产业发展现状，通过创新政策、招商引资等方式，优化资源配置，提升发展效能，促进产业结构高级化和合理化，形成区域产业发展体系。二是产业空间布局策略。合理的产业布局有利于发挥地区优势，充分利用资源实现良好的经济、社会和生态效益。策划人需要依据产业布局的一般规律（如生产力发展水平决定产业布局、劳动地域分工影响产业布局等），以及地区独特资源条件和主观意愿诉求，结合产业布局理论（如集聚理论、成本—市场理论等），对所选择的产业进行空间布局，以实现经济资源在空间上的有效配置。策划中通常会以"点、轴、带、圈、片、区"等方式来组织布局，以求空间格局更为清晰有序。三是产业主体促进策略。一个地区产业竞争力根本上取决于企业的竞争力，产业的发展最终需要落实到企业及其市场行为上。因此在策划过程中，策划人要充分关注企业需求，增强区域的招商引资能力，为企业入驻和高质量发展提供必要的引导和支持。

5. 引擎项目

产业策划属于中观或战略层面的策划活动，因此必须要有可落地的基本载体和战略抓手，这就需要设计系列的引擎性项目，使其成为策划方案落地实施的支撑点或突破点。可以说，项目设计也是产业策划的必要环节和特征之一。

相比其他门类的项目策划，产业策划更加强调项目的产业承载力和集聚力。例如，为了推动新能源汽车产业发展，策划机构通常会设计主题性产业园区，通过园区基础设施、产业服务等方面的建设，推动企业集聚，产生集聚效益。产业策划项目一般包括产业基础设施类项目（交通、电力、通信等公共设施），产业载体类项目（园区、基地、景区等），企业培育类项目（创新、孵化等能力培育工程），创新能力类项目（科技创新等能力培育），品牌活动类项目（论坛、主题活动等）等类型。在项目策划内容上，通常要涵盖项目背景、项目定位、建设地点、建设内容、空间布局、建设与运营模式、投入资金、资金来源、责任主体、效益分析、运营策略和进度计划等内容。在项目设计中，应高度关注建设与运营模式的问题。如果一个项目其自身不能实现收支平衡，除非它是公共性或出于某

---

❶ 李孟刚.产业经济学［M］.北京：高等教育出版社，2008：130.

种特殊目的而设立，否则就难以持续发展。

6. 支撑体系

产业发展是一项系统工程，需要构建和不断完善支撑体系。在策划内容中，主要应注意四个方面。一是要做好产业服务平台。着眼于提供更高效、便捷和精准的产业服务，建设集信息发布、政策解读、创业孵化、金融服务、项目对接、展示交易、渠道建设、人才培训、资源共享等服务内容，为企业提供全周期服务的综合服务平台。二是完善产业要素支持体系。聚焦产业发展重点，深入调研企业发展需求，出台政策促进人才、资金、土地、数据等要素集聚，并加强对政策的跟踪与评估，进行及时调整。三是优化政务服务环境。例如，全面推行"一窗综办、集成服务"，大力推行"互联网+政务服务"，不断深化智慧政务。四是推动产业协会和联盟建设，发挥其"信息交流、资源共享、能力提升、规范发展"等主要功能，定期举办沙龙、学习与培训活动，增强联盟的凝聚力，搭建政府与企业、各企业之间协同发展的桥梁。

三、策划的注意要点

产业策划是一种专业性极强的策划类型，策划中需要注意如下几点。

第一，重视资料收集与深度分析。由于产业方向对区域经济社会发展具有重要的影响，因此在产业选择中就不能不慎重，而在选择之前进行细致的资料收集、分析与研究，就成为策划的最基础环节。从资料收集的角度而言，要收集产业本质属性（如产业形成原因或存在价值、产业发展的基本规律、关键驱动要素等），发展演进（发展脉络、里程碑事件、所处生命周期或阶段、产业规模、发展速度、市场结构等），发展环境（包括区域发展战略、自然地理、经济基础、社会人文、政策条件、产业技术和国际环境等）等方面信息（见表3-2）。同时要注意企业调研和现场访谈，充分了解政府意愿和企业想法。在占有资料的基础上，做好产业趋势、潜力、价值、吸引力及可行性分析（梳理好优势、劣势、机遇与挑战等），通过科学的产业分析，得出清晰和共识性结论，在产业选择中实现客观条件、内在规律与主观意愿的有机统一。

表3-2 产业研究资料收集维度

维度	子维度
产业本质属性	产业形成原因或存在价值
	产业概念、内涵与基本分类
	产业链结构与各环节价值
	产业发展的基本规律、关键驱动要素等

续表

维度	子维度
产业发展演进	历史：发展脉络、里程碑事件、生命周期演进等
	现状：产业规模、发展速度、市场结构、产品类型、竞争状况、区域分布与水平、产业所处生命周期或阶段等
	趋势：规模、速度、结构、技术、分布、竞争趋势等
产业发展环境	自然地理：地理区位、资源禀赋、交通条件等
	经济基础：GDP规模、三次产业比例、投融资规模、产业政策、固定资产投资额、基尼指数、恩格尔系数等
	社会人文：历史文化、人口数量与结构、大学生比例、人口流动情况、民风民俗等
	区域战略：区域总体定位、建设目标、产业导向等
	政策条件：资金、税收、土地、人才等政策
	产业技术：当前核心技术、最新技术影响等
	国际因素：进出口额、产业链分布、比较优势等

第二，重视运用科学的产业分析方法。产业研究是一项非常严谨的专业工作，但策划人员不一定都是产业领域的科班出身，因此有时在分析上具有一定的主观性和随意性，依靠揣摩领导意愿和定性研判来获得答案。所以产业策划中要高度重视分析方法和量化研究。其中通过掌握一定的产业分析框架来开展研究，是策划人提升专业能力的有效方法，如波特五力模型、SCP分析法、产业链分析法、外部因素评价矩阵、竞争态势矩阵（CPM）等（见表3-3）。如果能熟悉掌握和灵活运用，将成为产业分析的利器。当然，成熟的策划机构应该拥有自己独特的产业分析方法与工具，如前文提到的"五字箴言法"。

表3-3 产业分析方法与工具举例

分析方法	主要目的
波特五力模型	较多用于与企业战略结合的产业和市场分析中
SCP分析法	侧重从市场结构分析，指出通过其影响市场行为，进而影响市场绩效
产业链分析法	可用作对产业发展的上、中、下游分析
外部因素评价矩阵	对外部因素进行评估，反映出机会和威胁，一般和内部因素联合进行分析
竞争态势矩阵（CPM）	与对手优势、劣势比较，描述竞争态势
SWOT分析法	发展优势、劣势，以及机遇与挑战分析，是运用广泛的产业分析框架
3C分析法	对企业、消费者、竞争对手进行分析
行业周期理论	确定产业处于何种阶段，而后制定产业策略
波特钻石模型	关注如何形成整体性产业优势与国际竞争力

第三，重视培育产业策划的全链思维。产业链是产业经济学中的一个概念，是各个产业部门之间基于一定的技术经济关联，并依据特定的逻辑关系和时空布局关系客观形成的链条式关联与关系形态。17世纪中后期西方古典经济学家亚当·斯密提出了分工思想，这被认为是产业链思想的雏形，之后马歇尔把分工思想扩展到了企业之间，成为产业链理论的真正起源。❶ 迈克尔·波特1985年在其著作《竞争优势》中提出了企业内部管理层面的"价值链"概念，1990年在其著作《国家竞争优势》又提出了"钻石模型"和"产业集群"概念，这些为研究产业链及其竞争力提供了理论基础。格雷厄姆·史蒂文斯在《整合供应链》一文中将产业链看作是由供应商、制造商、分销商和消费者连接在一起组成的系统，指出产业链不仅是一个产品链，同时也是一个信息链和功能链。❷ 在产业策划之时，策划人要有产业链的意识，需要从全链条视角去思考问题。例如，我们可以画出数字文化产业的全链条（见图3-2），然后根据区域优势和资源能力，选择全产业链或聚焦部分环节发展。

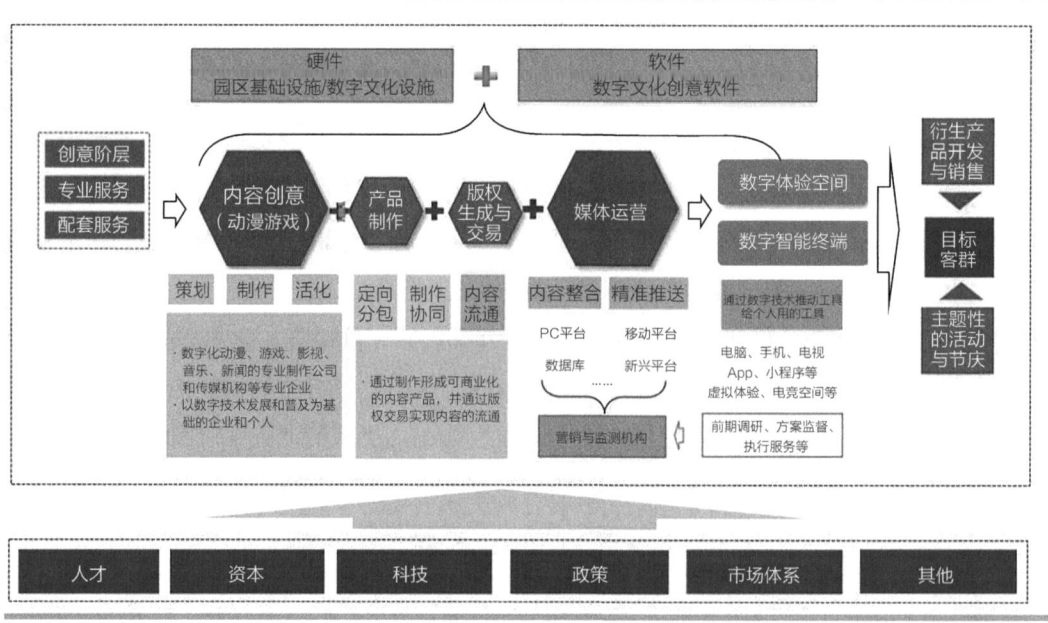

图3-2　数字文化产业的全产业链示意

第四，重视策划方案的创新性、系统性和可行性。其实这也是策划前置的重要原因。对于产业策略而言，一是要在研究的基础上进行大胆创新，特别是在重大项目设计方面，要做到"大胆假设，小心求证"，如重庆南滨路为了推动文旅产业发展，创新策划了"龙门浩·重庆人家"项目，谋求发挥龙门浩地区"最重庆"的山水城景、市井老街和开埠文

---

❶ 曹媛媛.基于产业链和系统动力理论的现代服务业发展研究[J].理论探讨，2013（4）：93-96.
❷ 孙行，郭天宝.产业链视角下的中国农产品国际竞争力分析[J].财经界，2012（14）：29-31.

化，打造具有国际影响力的城市历史人文体验区。二是策略要突出系统性。产业策划是要为一个地区的产业发展提供系统性的定制方案。一般包括发展思路、结构优化、空间布局、产业服务、促进政策等内容，以便能够为地区产业发展提供具体而全面的策略指导。三是策略要彰显可行性。策划虽然强调创新和创意，但决不能天马行空，落不到实地。特别是策划重大项目，必须充分考虑地方资源、市场、要素、生态环境等各方面的支撑条件，应该是区域"跳一跳、够得到"的项目，否则就可能造成巨大的资金和精力浪费。例如，一个区位偏僻、能级较低、市场辐射能力不强的小县城，为了发展旅游业，谋划打造一台投资几亿元的大型文旅演艺节目，这显然是极为冒险的做法。

第二节　重庆南滨路业态策划
——如何打造连接世界的"重庆外滩"

一座重庆城，九开八闭，两江四岸，行千里致广大；一条南滨路，山水相依，文脉绵延，阅尽沧桑巨变。

南滨路汇两江、览四岸，城、江、滩、岸、坡、山、林在这里融合为一体，这种错落有致、自然优美的地理生态格局，在国内乃至国际上都较为少见。但南滨路最特殊之处还是文化。大禹文化、巴渝文化、开埠文化、宗教文化、抗战文化、生态文化和现代艺术等多元文化在这条不算长的道路上交融互促、和谐共生。

上古时期，洪水滔天，大禹治水，在这里留下了"三过家门而不入"的千古传说，他的妻子涂山女娇，以一首《候人歌》，唱出思念的咏叹……时光荏苒，沧海桑田，呼归石至今依然默默守候。

这里的黄葛古道是历代川黔商贾的必经之地。"木鱼敲星起钟声，送出丛林万户惊。一百八声方始尽，古街三市有人行。"宋朝诗人余玠这首《觉林寺晓钟》，记录着古道昔时的繁华，现在读起来仍让人如临其境、如闻其声。

南滨路曾经被誉为"重庆外滩"，是西部内陆的开埠之地，引领着重庆乃至西部近代风气之先，开埠遗址占整个重庆的80%以上。立德乐洋行、安达森洋行、法国水师兵营、美国使馆酒吧等历史建筑集聚沿线，构建起了百年前"十里洋场"的繁华，龙门浩码头更是我国最早的内陆通商口岸，为重庆打开了步入新世界的大门，让开放与融合融入了城市的基因。

我们熟知的《挺进报》和陈然烈士的故事，就发生在南滨路钟楼广场旁边的一幢小楼里。当年这里是"中粮"公司机器厂修配车间，地点隐秘。陈然就在这里秘密印刷了《挺进报》，它突破了国民党的新闻封锁，在最黑暗的日子里为国统区的共产党员和进步群众带来了胜利的亮光。

文化资源的丰富，为南滨路文旅产业发展提供了源头活水。近些年来，南滨路积极推进文物保护，促进创新利用，大力发展数字文创产业，取得了突出成绩，2020 年正式建成重庆市唯一一个国家级文化产业示范园区。目前，这里聚集了以"文化+"为引领，涵盖文旅、商务、商业、金融等领域的多元业态，成为重庆极具人气的城市文化之窗和文旅商学融合高地。

"十四五"时期是南滨路谱写高质量发展新篇章的关键时期。重庆在"十四五"规划中提到要将"两江四岸"建设成为"近者悦、远者来"的全球著名旅游目的地，集中展示"山水之城·美丽之地"的城市名片。南滨路作为"两江四岸"与长嘉汇大景区的核心区，应立足世界眼光、国际标准和巴渝特色，抓前沿、聚高端、促高效，加速向更有品质和效能的新阶段迈进。

此次策划的帷幕正是在这样的历史背景下徐徐展开。

一、策划目标：何为"历史人文风景眼、山水城市会客厅、商业商务中心区"

根据委托要求，策划活动需要坚持"历史人文风景眼、山水城市会客厅、商业商务中心区"的战略定位，围绕"做靓长嘉汇城市功能新名片"的发展方向，借助成渝地区双城经济圈深入推进及重庆建设国际消费中心城市的重大契机，按照目标导向与问题导向相统一、全面规划和突出重点相协调、战略性和操作性相结合的思路，在深入调研、集思广益的基础上，对南滨路业态发展做出战略安排和行动设计。一定程度而言，这次产业策划是一篇命题作文，核心就是要回答好什么是"历史人文风景眼、山水城市会客厅、商业商务中心区"及应该如何推动其建设。因此明确概念与内涵，就成为此次策划的首要任务，策研团队也为此开展了深入的专题研究。

什么是"历史人文风景眼"？这是南岸区提出的原创性概念。文化是城市的灵魂，城市是文化的容器。文化遗产是一个城市极其珍贵且不可再生的文化财富，是城市历史变迁的生动记录，是涵养城市独特魅力的根脉与源泉。策研团队在研究了伦敦泰晤士河岸文化经济带、东京 2020 文化资源区、悉尼沃尔什湾手指码头、上海西岸艺术区、广州恩宁路街区等案例之后，认为南滨路作为多元文化集聚之地，建设"历史人文风景眼"，即是要以保护为基础、传承为方向、利用为动能，既要守护"城市之根"，又要增进"创新之力"，在发展中营造出有历史的城市、有记忆的街巷、有故事的建筑、有文化的产业，让文化遗产展现出历史韵味与时代风采，为城市塑造出独特的人文魅力，成为讲好"重庆故事"的文化标志区。并提出了加强文化遗产系统保护、推动历史文脉有序传承、促进文

IP 开发和文化地标建设等策略。

什么是"山水城市会客厅"？这是当前很多城市都提到的概念。策研团队认为，此词来源于对家庭客厅的借用。客厅通常是接待客人、展示家庭文化和生活品位的地方。类比而言，城市会客厅应该具有接待、展示、娱乐和交往等功能，是整个城市文化底蕴、生活方式、品牌符号的集中展现地，是文人景产的有机融合体（见表3-4）。南岸区建设会客厅，应对标伦敦南岸、巴黎左岸、上海外滩等著名滨水活力区，围绕"文、人、景、产"的构建主线，通过文化塑造、空间营造、体验设计、业态创新等方式，将南滨路打造成为传统与时尚共生、生态与经济共荣、本土特色与国际风范并耀的国际化都市滨水活力区，成为重庆向世界展示城市魅力的窗口。

表3-4　城市会客厅的要素

要素	主要内容
文	尊重独特的文化底蕴，推动传统文化保护传承与利用
文	彰显开放、创新、包容的城市品格
人	强调居民的生活方式和价值共识
人	提升城市生活体验感、幸福感和自豪感
景	以可持续的观念推进城市景观建设
景	用沉浸式的设计推动城市场景升级
产	构建时尚、创意、艺术、文化融合的新业态

什么是"商业商务中心区"？此类区域是大都市的标志性空间，虽然称呼时有变化——如商务中心区（CBD）、休闲商业区（RBD）、中央娱乐区（CED）、中央文化区（CCD）等多种说法，但此类区域一般具有一些共性特征，即通常是区域资金流、技术流、人才流和信息流的汇集之地，在区域经贸活动中发挥着重要作用。策研团队认为，南滨路应不断提升资源集聚力、内需支撑力、辐射带动力，展现"国际范"、彰显"重庆味"，建设国际化、绿色化、智能化、人文化的商务和商业活力区，成为重庆和成渝地区双城经济圈高质量发展的活跃增长极与强劲动力源。

二、基础研究：理清发展现状、问题与未来趋势

当策划目标已经明确之后，策划如何继续展开呢？首先梳理现状，然后找到问题，再去考察区域和产业发展的新趋势与新要求，是一种较为合理的路径。也即是要研判自己当

前所处的方位，考量现实与理想的距离。

（一）现状分析：产值、颜值与气质

现状分析没有诀窍，无非要注意两点：一是深入调研，全面掌握材料；二是注意维度，分析逻辑严密。虽然策研团队在 2015 年就帮助南滨路做了整体规划，对情况较为熟悉，但为更深入了解最新情况和获得更多的现场感，团队还是从鹅公岩大桥徒步到寸滩大桥（约 17 公里），然后又徒步了朝天门、江北嘴等"两江四岸"的核心区域，以便从更多视角来审视南滨路。同时，深入访谈了南滨路建设发展中心、南滨路文化产业园区等机构负责人，考察了重庆出版集团、汉青集团、NORHOR（北欧表情）、故宫文物南迁纪念馆、弹子石老街等代表性企业和项目。从调研情况来看，近些年来，南滨路在基础设施建设、招商引资、项目实施、业态培育等方面取得了不少成绩。

一是成功创建了国家级文化产业示范园区。2017 年南滨路获得了创建资格，2020 年 12 月正式创建成功，成为重庆市唯一一个国家级文化产业示范园区。二是企业与项目加速落地。先后招引了重庆出版集团、汉青集团、西演集团、阿里巴巴西南总部等龙头型企业，引入了重庆蚂蚁消费金融有限公司、阿里体育、京东直播基地、中斯加特（重庆）等新业态企业，建成了国家文物保护装备产业基地、故宫文物南迁纪念馆等一批重大产业和公共服务项目。三是业态结构走向多元。近年来南滨路以"文化+"为引领，聚力培育文旅、商务、商业、金融等业态，逐步形成了以文旅为特色的多元发展格局。文化企业数量已达到了 1387 家，商业商务载体空间达到 200 多万平方米，金融产业也逐步集聚。四是城市品质日趋提升。推进了 56 个"两江四岸"治理提升项目，建设了一批 24 小时图书馆等文化设施，增强了南滨路的服务水平和吸引力。五是品牌活动精彩纷呈。举办了重庆国际马拉松、重庆国际时尚周等 20 余项大型活动，其中马拉松赛事已成为中国马拉松"双金标"赛事。随着南滨路发展业态与整体调性的进一步明确，越来越多的网红店、体验店、定制店、旗舰店向南滨路集聚，不断提升着这个"城市橱窗、品牌秀场"的颜值、气质与产值。

（二）问题分析：业态、空间、基础设施和营商环境仍需改善

目标决定高度，问题产生距离。虽然近些年来南滨路业态与城市发展取得了显著成绩，但如果对照市里提出的新要求，对标巴黎左岸、伦敦右岸、上海外滩等区域，南滨路还存在较大的发展差距，还有系列问题亟待解决。策研团队认为主要有如下问题。

第一，产业主导方向不明，发展能级相对较低。目前南滨路地产、餐饮、住宿等传统业态占比仍然过高，金融商务、高端商业、数字文创等新兴业态占比相对较低，主导业态发展方向还不明晰，龙头型、链主型、国际化企业少，区域首位度较低，缺少核心竞争力

和国际影响力。

第二，空间集聚效应较弱，载体利用效能不高。南滨路因岸线较长，腹地较为狭窄，且多为老旧城区，导致商务商业项目散点分布，连通不畅，难以发挥集聚效应。相比长滨路、北滨路等区域，商业项目出租率、租金水平和人均消费不高。同时各类功能用地的配比不合理，制约了产业调整的速度。

第三，基础设施存在短板，公共服务有待完善。立足城市建设和业态发展的新需求，当前南滨路在道路交通体系，以及高水平的教育、医疗、文化、社区生活等配套服务方面亟待提升。特别是交通设施存在瓶颈，公交线路少，过境车辆多，地铁等大流量通勤工具与商务商业载体间缺少连通。

第四，营商环境还需优化，体制机制仍待健全。当前管理机构在功能定位方面还不够清晰，责权利关系还不够明确，企业招引与产业培育所需要的资金、人才、载体、土地和政策等问题在管委会（发展中心）层面还难以解决，招商引资、产业服务等工作缺乏有力抓手。同时由于管理机构缺少实力雄厚、协同发展的平台公司，使其引导市场资源配置的能力不足。

（三）发展趋势与要求分析

策划是针对未来行动做当前的决策方案，因此趋势分析是策划研究的重要内容。人们在进行预测时，通常有几种方式：要么以史为鉴；要么依据固有规律趋势；要么根据可以预测的经济动态或社会动态；要么根据他人所遵循的惯例。这些都是趋势分析的有效方法，同时，分析中也要注意维度，尽量遵循"MECE"原则。策研团队主要从如下维度展开了趋势分析。

首先，从城市发展新战略来看，南滨路区域地位日趋重要。在新时期重庆整体战略布局中，南滨路位于重庆"中部历史母城"的核心区域，要求打造为"长嘉汇城市功能新名片"（重庆六大城市功能新名片之首）。在"两江四岸"核心区整体提升计划中，涉及南滨路的项目有79个，总投资240亿元，分别占到全市的42%和41.5%。在南岸区建设"具有影响力和竞争力的山水人文都市区"的战略部署中，南滨路是区域未来发展的核心载体和动力引擎。策研团队认为：面向新时期，南滨路应积极借势借力，加速打造生态、人文、智慧、宜居的"新南滨"，成为企业、资本和人才抢滩重庆、辐射成渝、连接全球的价值高地。

其次，从经济发展新格局来看，区域资源优势日趋彰显。国家提出要坚持扩大内需这个战略基点，以高质量供给引领和创造新需求，畅通国内大循环，促进国内国际双循环。重庆市，作为唯一的西部城市，获批率先开展国际消费中心城市培育建设。在此背景下，重庆提出要建成"高质量发展高品质生活新范例"，打造国际消费中心城市和世界级休闲旅游胜地。南滨路依山傍水，生态环境优越，文旅资源丰富，消费发展潜力巨大。策研团队认为：面向未来，南滨路需要发挥资源优势，以文旅消费、时尚消费、夜间消费为主攻方向，积极创造消费新模式、新业态，不断增强消费对经济发展的基础性作用。

再次，从产业发展新趋向来看，区域业态亟须转型升级。以 5G 为代表的新一代信息技术和人工智能、大数据、区块链等颠覆性技术的突破，深刻变革着人们的生产生活方式，目前南滨路的业态还较为传统，难以满足时代发展需求。因此，策研团队认为：南滨路亟须前瞻布局产业新场景、新赛道，加速培育以移动互联、大数据、人工智能等技术为支撑的融合型新业态，促进文化与金融、科技、旅游等领域在更广范围、更深程度、更高层次的融合发展。

最后，从区域发展新态势来看，亟须提升核心竞争力。随着"成渝地区双城经济圈"和"一区两群"的战略推进，重庆中心城区正着力推动瘦身健体，强化科技创新、现代服务、先进制造、国际交往等高端功能，打造城市功能新名片。目前，相对于长滨路、北滨路等周边区域，以及成都类似地区，南滨路在高端产业、人才、载体等领域的集聚水平和辐射能级仍然相对较低，面临着产业升级与周边竞争的巨大压力。策研团队认为：未来南滨路必须创新思维，倡导共建共赢共享，吸引更多高端业态与要素集聚，提升产业区域首位度和核心竞争力，实现高质量跨越式发展。

三、发展思路与业态选择："1234"战略与"3+2"业态

（一）发展思路："1234"战略

思路是建立在对现状、问题和趋势分析基础之上的。但思路创新具体从何而来呢？一种是原创，实现 0 到 1 的创新；一种是集成创新，实现从 100 到 1。即是在博采众家之长后，进行观点提炼、整合，进而形成创新。相对而言，后一种创新由于有别人观点的借鉴与认证，难度较小，各方的接受度也较高。本次策划在思路上，策研团队主要采取了集成创新的方式。同时，为了便于思路的传播与记忆，在策划中自觉地利用了数字方式进行总结和表述，如本次思路就被总结为"1234 战略"。

"1"即坚持"一个方向"。立足南滨路发展战略定位，逐步将其建设成为立足重庆、引领西南、展示中国、连接全球，具有重要国际影响力和竞争力的新兴金融中心、时尚消费中心、高端商务中心和文旅休闲目的地。到 2035 年，逐渐建设成为具有国际影响力和美誉度的世界级滨水活力区。

"2"即做好"双轮驱动"。统筹"有为政府"与"有效市场"，充分发挥市场在资源配置中的决定性作用，同时通过实施重大基础设施项目、提供高效便捷的营商服务等方式，更好地发挥政府作用，协同"有形之手"和"无形之手"，合力推进南滨路业态的高

质量发展。

"3"即促进"三生融合"。推动生态、生产、生活功能融合。科学处理好城区生态、产业发展、市民生活间的互动关系，坚持以生态为基础、生产为主导、生活为落点，通过引导功能调整和优化空间布局，推动南滨路成为生态、生产和生活多元协同的城市综合功能融合区。

"4"即优化"四宜品质"：提升宜居、宜业、宜游、宜乐水平。坚持以人为本，完善生活服务设施，发展高端高效业态，开发文旅度假产品，丰富休闲购物、数字娱乐（如影视、游戏、电竞等）内容，优化运动健身设施，大力开展体育活动，打造山清水秀的生态带、便捷共享的游憩带、人文荟萃的文化带、动感活力的运动带、繁荣兴旺的产业带，让居民与游客拥有更多获得感和幸福感，建设好人民城市。

（二）业态选择

业态选择是本次策划的核心任务。未来南滨路应重点发展哪类或哪几类产业或业态？这是一个颇费踌躇的问题。但产业选择仍有痕可循。正如本章第一节所言，可以通过分析主观愿望、外部机会及资源与能力，列出候选产业门类，然后分析产业吸引力并进行排序，最后通过专家论证与综合权衡，确定产业选择。此次策划中，产业选择主要是基于政府战略意图、区域产业基础、产业发展潜能三个维度进行考量，即是：此类产业符不符合南滨路的总体定位、南滨路有没有发展此类产业的基础条件、此类产业在未来有没有发展潜能。在充分权衡之后，策研团队提出了构建"3+2"高端高效新业态的思路。

一是做强新兴金融。金融是现代经济的血液，是促进产业高质量发展的重要力量。策研团队认为，南滨路应紧抓重庆建设西部金融中心的战略机遇，以"江北嘴—解放碑—长嘉汇金融核心区"一体化发展为导向，以"新"为特色，重点发展绿色金融、非银金融、产业金融、消费金融等新兴金融业态，打造长嘉汇金融中心，不断提升南岸区金融要素的集聚能力和辐射能级。

二是做优文旅休闲。文旅休闲服务是满足人民精神文化需求、提振区域市场人气、增强城市文化软实力的重要载体。策研团队认为，南滨路应依托丰富的历史文化资源，以文化保护传承和利用为主线，以"人文"为特色，深入挖掘区域文化内涵，重点发展历史文化旅游、都市时尚休闲、文体赛事活动等业态，通过主题场景营造、优质产品组合、数字科技赋能、区域协同发展等方式，促进文化与旅游、休闲、文创等业态融合发展，打造重庆"历史人文风景眼"的核心承载区和特色文旅体验目的地。

三是做特时尚商业。国际消费中心城市是现代国际化大都市的核心功能之一，是消费资源的集聚地，更是一国乃至全球消费市场的制高点。策研团队认为：南滨路应借助重庆建设国际消费中心城市的战略契机，顺应消费向品质化、多元化、场景化、智能化的升级趋势，以"潮流"为特色，突出"国际范"和"重庆味"，强化南滨路商业的品牌塑造与形象展示功能，推动线上线下融合共进，重点发展"四首"经济（首牌、首店、首发、首秀）、夜间经济、主题商业、现代酒店等消费业态，充分利用大数据、移动互联、虚拟现实等现代科技，推出新产品、新模式，提高消费规模和质量，全面提升南滨路的国际知名度、城市繁荣度、商业活跃度、到达便利度和消费舒适度，将其打造成为国际消费中心城市核心区。

四是促进高端商务。这是强化城市集聚与辐射能力，促进经济繁荣发展的战略力量。因此策研团队认为：南滨路应以高端化、品质化、国际化为发展方向，以弹子石中央商务区为核心，以"生态"为特色，聚焦发展总部经济、专业服务、国际贸易等核心业态，建设国际一流品质的商务办公载体体系、绿色空间体系和公共设施体系，创新集成自由贸易区、经济开发区、中央商务区等优惠政策，大力引入国内外企业总部或区域总部，打造中央商务区和西部国际交往中心的核心承载地。

五是促进数字文创。当前文化产业发展与竞争的主阵地正向数字化、网络化、融合化、智能化转移，不断衍生出应用新场景、孕育经济新动能。策研团队认为：南滨路应进一步巩固国家级文化产业示范园区的创建成果，以"数创"为特色，实施文化产业数字化战略，完善园区规划和产业促进政策，推进文化与科技、时尚、城市的深度融合，打造国家级数字文化产业基地。

四、发展策略：构建"一园、一厅、一里、一廊"空间格局等内容

为了推动业态发展，策研团队从空间布局、重大项目和支撑体系三个方面展开了策略设计。

（一）空间布局

产业发展需要空间承载。策研团队立足长嘉汇建设大格局，结合城市更新计划，构筑了"一园、一厅、一里、一廊"的空间格局。

"一园"即长嘉汇长线公园。发挥南滨路依山临江的独特地理优势，统筹规划沿线十余公里长的带形绿地和现有滨江公园，打造一个以绿色生态为基础，集"乐活"美学生活体验、文体活动庆典、沿江夜景观赏及休闲运动健身等功能于一体的超大型综合线性公园，为建设世界级滨水活力带奠定生态底色。

"一厅"即城市会客厅。统筹规划弹子石、洋人街等区域，突出绿色、人文、智慧、国际的整体特色，以发展高端商务、金融服务、时尚商业、国际贸易与交流为核心功能，建设世界一流品质的商务办公载体体系、文娱消费体系、现代酒店体系、绿色空间体系和

公共设施体系，打造高端商务区和西部国际交往中心的核心承载地。

"一里"即历史人文里。整合开埠历史遗址公园、龙门里、龙门浩老街、米市街、武夷滨江内街、慈云寺老街、故宫文物南迁纪念馆等文旅地标项目，促进文化与旅游、休闲、文创等业态融合，形成"里巷子和外巷子"两条十余里长的街巷空间，建设"开放式历史文化博物馆"，打造城市历史人文风景眼的核心承载区和特色文旅体验目的地。

"一廊"即时尚娱乐廊。整合联动铜元局、重庆游乐园、珊瑚水岸、南滨厚街、南滨烟雨公园、东原1891等区域，以时尚娱乐和潮流"夜经济"为特色，集聚发展艺术酒吧、时尚餐吧、潮玩商店、先锋俱乐部等业态，大力招引国内外一线的时尚品牌旗舰店和新型娱乐公司入驻，打造成为在年轻群体中具有强大号召力的时尚先锋体验地。

（二）重大项目设计

政府抓产业核心是抓项目，能不能设计出具有创意性、引擎性和带动力的项目，最能体现策划机构的专业水平。策研团队在深入调研与论证之后，设计了19个重点项目，谋划通过项目带动区域高质量发展。

为了推动金融服务，策划设计了重庆时光·创新金融小镇、洋人街金融科创总部、长嘉汇金融广场等项目；为发展文旅产业，设计了长嘉汇（南滨路）历史文化保护传承工程、龙门浩·重庆人家城市更新计划、历史文化名街建设工程、长嘉汇文旅城（综合服务中心）、"南滨十二景"营造工程、"长嘉汇十二节"品牌活动计划、大型文旅演艺秀、长嘉汇精品旅游线路等项目；为发展商业服务业，提出了"夜南滨"品牌提升工程、首店引入与培育工程等工程；为发展商务服务业，设计了长嘉汇国际会议会展中心项目；为发展数字创意产业，提出了西部数创谷、厚街新文创孵化基地等项目。

从项目策划思路而言，主要是瞄准解决问题的方向而设计的。例如，针对南岸区目前文化空间单体的体量小、没有连片和规模效应的问题，策划团队建议将龙门浩、弹子石、慈云寺、马鞍山等区域进行统筹考虑，统一规划主题、业态和故事，形成一个统一的大景区——"重庆人家"，充分发挥地区"最重庆"的山水城景、市井老街和开埠文化，通过深入挖掘片区文化和产业潜力，打造具有国际影响力的城市历史人文体验区。

（三）发展支撑体系

产业并不是在真空中发展，而是需要系列的基础性条件。只有厚实的基础支撑，产业之树才能成长得根深叶茂。根据南滨路实际情况，策研团队提出：首先要提升硬件设施条件。进一步完善城市道路交通体系、优化区域公共服务设施、美化城市空间整体风貌。目前南滨路缺少地铁等大型通勤交通，导致进入和疏解难度大，因此特别需要提升区域交通条件，提升交通的便利性、可达性和畅通性。其次是提升综合服务能力。重点优化产业服务体系、提升城市治理水平，促进城市营销推广。核心是要围绕企业发展需求，构建集信息咨询、金融服务、孵化加速、公共平台等为一体的产业发展服务体系。再次是要创新体制机制。即坚持党建引领，优化管理机制，强化协同机制，打造专业队伍，借助专家力量。特别是要赋予管理机构在城市建设、管理及产业发展等方面的相关职能，推动向景区式、园区式的管理服务模式转变，实现责、权、利的统一。最后是要夯实要素保障。重点要强化空间载体、发展资金和优惠政策等方面的保障。建议区政府安排财政资金设立产业引导股权投资基金，积极发挥政府资金的撬动和导向作用。

五、策划思考：南滨路能不能实现"下穿"或"云轨"？

如果我们从鹅公岩大桥徒步到寸滩大桥，在近17公里的沿江路上，一路可以俯瞰奔流不息的江面，可以近观人群熙攘的购物空间，还可以远望对岸鳞次栉比的现代化高楼。华灯初上，南滨路便成为欣赏这座立体城市魔幻夜景的最佳观景长廊。在慈云寺老街、弹子石老街或龙门浩老街，望着高楼、灯光、游船与江面旖旎倒影的交相辉映，吹着迎面而来的清凉温润的江风，再来上一杯极富创意的鸡尾酒，其情其景真让人心旷神怡、荣辱偕忘。

虽然拥有这么好的江景资源，但在现代商业、高端商务、金融服务乃至文化旅游等领域，南滨路较朝天门、江北嘴等区域仍有较大距离。直观来看，就是以上两地的楼宇出租率和租金都要比南滨路高一档次。具体原因何在呢？策研团队认为主要有三大原因：一是南滨路是一条依山临河而修的道路，腹地窄狭成为天然劣势；二是南滨路为双向四车道，同时为连接巴南区的主干道，道路车辆多，环境嘈杂，影响商业区品质，更大的问题是，南滨路沿线没有地铁等大流量通勤工具，从外面进入南滨路主要依靠私家车和公交车，导致交通容易阻塞且进入难度大；三是缺少极致性的核心吸引物。南滨路拥有丰富的历史文化资源，但是单体分散、规模小，而之间的交通联系又不便利，因此没有形成连片规模效应。

如何破解这些难题呢？策划中提出了通过道路扩建等方式提升交通便利性、可达性和畅通性等策略，但从实际情况来看，这些策略都无法从根本上解决问题。为此，策研团队曾提出南滨路"下穿工程"或"云轨工程"，即是从重庆长江大桥到朝天门大桥这段位于城市核心区域的道路转移到地下或空中，将腾退出的地面空间与现有公园整体规划设计，打造成为绵延10余公里，集生态、休闲、运动、公共服务于一体的30余万平方米的中央线性公园，成为长嘉汇大景区中的世界级、旗帜性景观，从根本上改善南滨路发展的空间、交通、休闲与公共服务环境，为打造世界级滨水经济活力带奠定战略基石。考虑到整体工程浩大，策划团队建议近期可先行研究和论证慈云寺老街段的下穿工程，部分地改善交通条件和城市品质。

设想虽然很好，但实施难度很大。由于南滨路是城市的主干道，同时地下管线密布（包括市级排污管道），"下穿工程"或"云轨"工程不仅投资金额巨大，而且需要市级层面作出战略决策，才可能动工实施。因此该设想在策划方案中提出，但并没有写入"十四五"业态发展规划。前文提到，所谓策划思维，就是要大胆假设、小心求证、创新突破。本次策划只是提出了假设，其求证的工作量浩大，答案只能期待于未来。

第三节　杭州富阳文创产业策划
——一幅中华传世名画的当代复活

中国历史上有一篇绝美的山水抒情散文。文中写道："风烟俱净，天山共色。从流飘荡，任意东西。自富阳至桐庐，一百许里，奇山异水，天下独绝。水皆缥碧，千丈见底。游鱼细石，直视无碍。急湍甚箭，猛浪若奔。夹岸高山，皆生寒树。负势竞上，互相轩邈；争高直指，千百成峰。泉水激石，泠泠作响；好鸟相鸣，嘤嘤成韵。蝉则千转不穷，猿则百叫无绝。鸢飞戾天者，望峰息心；经纶世务者，窥谷忘反。横柯上蔽，在昼犹昏；疏条交映，有时见日。"南朝梁文学家吴均这篇170余字的著名山水小品，描述的就是浙江富春江一带秀美独卓的自然山水。

元代画家黄公望所绘的《富春山居图》，更让富春江名满天下。该画以富春江为背景，用炉火纯青的笔墨技法、疏密有致的画面布局，描绘了林峦浑秀、草木华滋的江景意象，充满了隐者悠游林泉、消散淡泊的诗意，被誉为"画中之兰亭"。此画更因其"焚画殉葬"、身首两段分藏大陆和台湾的传奇经历而家喻户晓。

富阳区地处杭州西南，位于富春江下游，古称富春。作为拥有2200多年置县史的地区，富阳文化底蕴深厚，风景秀丽华滋，优秀人物辈出，拥有世界级的山水资源和文化艺术品牌，《富春山居图》描绘的就是这里的山山水水。2017年是富阳区腾退传统的造纸产业、推动城市更新发展的关键年份，也是培育经济新动能、发展接续产业的重要时期。在这种背景下，富阳区政府邀请国内知名的文化智库，就富阳文化创意产业发展进行了研究与策划，意图推动"一幅名画的现代复活"，加速建设"现代版富春山居图最美示范区"。

一、基础分析："四大契机"与"五个不足"

没有调查就没有发言权。扎实的调研与分析是策划出奇出新的基石。策研团队为此设计了《富阳区文化资源梳理与文化特色分析》《富阳区文化创意产业发展现状研究报告》《国内外城市文化产业发展典型案例研究》三个子课题，先后4次到富阳区进行深入调研，实地考察了10余个街镇和30多个村落，访谈了宣传部、发改委、旅游局等部门及区内的重点文创企业，在此基础上，形成了发展条件的基本研判。

整体而言，自2014年富阳"撤市建区"后，特别是交通的日益畅达，让文化产业的发展迎来了重大契机。策研团队将其归纳为四个方面。

第一，浙江省与杭州市最新的战略决策部署，为富阳文化创意产业的发展铸就了高起点、提供了高平台。2017年浙江省第十四次党代会提出要打造"绿色智慧和谐美丽的世界级现代化大湾区"，建设成为"全国现代化建设先行区、全球数字经济创新高地、区域高质量发展新引擎"。同时，杭州提出打造"世界名城、国际文化创意中心、全国电影产业副中心、东方文化国际交流重要城市"等战略目标。作为杭州的新设之区和城南文创大走廊的重要结点，省市层面的战略布局为富阳区高起点规划和发展文化产业提供了战略机遇。

第二，"之江文化产业带"的规划建设，为富阳文化创意产业借势发展、拥江发展，提供了最直接的战略驱动力。根据规划，之江文化产业带将用五年左右的时间，建成为"全省文化产业大发展大繁荣的重要增长带，在全国具有引领示范意义的文化产业发展新高地和样板区"，富阳区作为"一带一核五极多组团"中的重要一极，以及产业带中承东联西的战略枢纽，未来无疑将获得更多资源、资金和政策等方面的支持。

第三，富阳建设现代智慧山水城，为文化创意产业的发展提供了广阔的时代舞台。文化创意产业是以创意为核心，以文化为灵魂，以科技为支撑，以知识产权的开发和运用为主体的知识密集型、智慧主导型战略产业。发展文化产业既是富阳推动传统产业转型、塑造经济发展新动能的"硬引擎"，也是富阳提升城市整体形象、彰显人文魅力的"软支撑"。

第四，"三铁三高三快速"畅达，让富阳从杭州郊区转变为对接西南区域的战略前沿，为文化创意产业的协同创新发展提供了坚实基础。随着杭富城际、杭黄高铁及杭州绕城高速西复线等道路的建成通车，富阳对接杭州主城，联动杭西、皖南、浙南等区域的能力大大增强，将真正成为区域的战略枢纽，这将为富阳集聚文化资源，与周边区域文化产业联动发展提供良好条件。

但策研团队在分析中也认为，富阳区文化产业发展起步较晚、基础较薄，在发展中存在系列问题，主要体现在"五个不足"：一是历史文化资源创新性传承和创造性转化不足，优势文化品牌没有形成现实的文化生产力和竞争力；二是产业发展体量与规模不足，缺少龙头项目、企业、人物和品牌的带动；三是文化产业在塑造城市特色、提升区域形象、推动产业转型升级中的作用还发挥不足，亟须推动融合跨界发展；四是国际化发展程度不足，国际化视野、产业辐射能力与区域文化资源和城市发展能级不相匹配；五是产业发展特色不足，亟须聚焦打造高首位度、知名度、集聚度的战略性文化产业门类。

二、趋势研判：文化产业未来发展的六大趋向

产业的选择需要基于一定的趋势分析与预测。因为即使是文化产业这类朝阳产业，在快速的科学技术革新和市场需求变迁的背景下，可能今天的前沿就变成了明天的后方，策研团队认为，当前文化产业主要存在如下趋势。

第一，文化产业在塑造城市特色、提升城市形象、推动产业发展和满足人们美好生活新需要等方面，作用愈加凸显。文化，是一个城市的灵魂与精神之所系，生命力与竞争力之所依，城市独特的气质和风格最终要通过文化来塑造。当前许多城市领导跳脱经济与产业的狭隘视野，从大历史观角度和全球化高度出发，重视文化发展的重大意义，积极制定文化发展战略，让文化完整、科学、艺术地融入城市发展的规划、设计和建设的各个方面。

第二，在移动互联、大数据、区块链、人工智能等新科技的催动下，网络空间成为产业竞争的主阵地，基于数字的创新创意成为文化产业发展的价值根基与核心竞争力。新一代信息科技正引发着文化产业的内容生产、表现形式和商业模式的深刻变革，在我国8.02亿网民的庞大基础支持下❶，专家估计未来数字创意产业在我国文化产业中占比将超过70%。网络文学、数字动漫、数字影视、游戏（包括电竞）、创意设计、VR、在线教育等新兴产业，将成为信息时代文创产业发展的核心门类。

第三，在创意阶层崛起与社群聚落中，如何快速集聚经济资产、有形资产和网络资产❷，成为打造文化创意新地理的战略路径。从根本上看，人才聚，企业聚；人才兴，产业兴。文化产业的高速发展依靠的是创意人力资本的投入产出和文化创意阶层的崛起。当前许多城市都通过营造优越的生态、生产、生活、交流和政策环境，积极打造创新区❸，营造服务知识精英阶层和创意阶层的城市，提升当地经济发展的活力和持续力。

---

❶ 据中国互联网络信息中心（CNNIC）发布的第42次《中国互联网络发展状况统计报告》显示，截至2018年6月，我国网民规模达8.02亿，占到全球网民的1/5以上。

❷ 经济资产，是指驱动、培育和支持创新环境的相关企业、机构和组织；有形资产是指公共和私人所拥有的建筑、空地、街道、设备及其他设施；网络资产是指创新区参与主体之间的关系，如个人、企业和机构之间的关系。当上述三种资产与具有支持性的文化相结合，就会创造一个创新生态系统——人、企业和地方（地区的自然地理）之间的协同关系，从而有利于创意的产生和商业化加速。

❸ 美国布鲁金斯学会发布《城市竞争力的新一轮发展：市长推动创新区发展的作用》报告，提出创新区建设正在从根本上转变美国城市既有发展模式。创新区指城市中顶级锚机构（研究型高校、研究院所、三甲医院和旗舰企业等）和创新企业集聚、伴有创业公司、企业孵化器和加速器的新经济空间，而且经济密度高、交通便利、提供混合住房和丰富生活服务设施，主要包括中心城区的创新街区和郊区具备完善城市生活功能的科技园区。

第四，在生活审美化的时代潮流下，文化产业正跳脱自身发展桎梏，进入国民经济大循环，融合跨界、塑魂赋能，拥有了更广阔的空间与发展可能。国家"互联网+"行动、国家大数据战略及《中国制造2025》中，都提出要强化文化的力量，把文化理念渗透到设计、生产、营销、品牌和管理等环节，提升产业发展的附加价值。特别是文化部与国家旅游局合并后，文化与旅游进一步融合，目前二者增加值已占到GDP的10%左右，通过互融、互促与互生，文旅产业将迎来一个历史性的繁兴时期。

第五，植根区域文化底蕴，弘扬区域文化特色，构建区域文化创新生态，打造区域特色文化产业体系，正成为各地文化产业发展的重要方式与经验。2017年4月发布的《文化部"十三五"时期文化产业发展规划》着重强调，要"引导各地根据资源禀赋和功能定位，走特色化、差异化发展之路"。当前各地已经充分认识到，越是深厚根植于自身文化及资源禀赋所培育出的文化产业，就越是具有生命力和竞争力。因此，如何保护、传承和利用好当地文化资源，实现差异化、高品质发展，将成为未来文创产业的发展趋向。

第六，在区域协同、要素协同与产业协同的经济发展大背景下，立足文化要素，完善产业链条，推动协同共赢成为各地文化产业发展的重要选择。当前文化产业发展已经逐渐从"点状经济"扩展到"带状经济"和"块状经济"，如中国大运河文化带、丝绸之路文化带等巨型文化发展廊道的设立。在这种背景下，对于一个城市的文化产业发展，也需要突破一城一地的视野，从更广大的区域中寻找自己的战略定位，实现协同发展效应。

策研机构认为，结合以上论述，富阳区未来文化产业的发展，需要着眼实际、顺应趋势，探索出一条特色发展、融合发展、开放发展的新道路，加速跻身杭州文创产业发展的第一梯队，力争成为具有全国乃至国际级影响力的特色文化高地和示范标杆。

三、理念创新：树立"新四观"和打造"三地一心"

历史的脚步匆匆，但紧要处往往只有几步。今天的富阳又站在这样的重要时间节点上。策研团队认为，在这种时期，富阳区需要创新思维、确立新定位，然后凝心聚力，实现文化创意产业发展的新跨越。

（一）创新思维：树立"新四观"

思维创新的重点是打开惯性桎梏，用更大的格局、更广的视野、更辩证的眼光来思考问题。对于富阳而言，即是要立足浙江省建设"绿色智慧和谐美丽的世界级现代化大湾区"和杭州打造国际文化创意中心的高度，突出"占位"意识，坚持"特色、拥江、国际、创新"导向，以大战略观、大文化观、大区域观、大产业观谋篇布局，高点定位、高标准建设。

一是树立"大战略观"。富阳作为杭州大都市的新兴城区，应立足浙江打造大湾区和杭州建设国际文创中心的高度，以之江文化产业带建设为契机，高擎"两山理论"旗帜，发挥山、林、江、湖、岛、城融合优势，突出"富春山居"文化品牌和人文内涵，以生态化、特色化、数字化、国际化为发展方向，在设计、招商和建设项目中，按照"世界眼光、国际标准、区域特色"进行衡量和决策，力争打造成为国际知名的特色文化休闲旅游目的地和与世界名城相适应的人文发展新地标，成为彰显"两山理论"的全国典范区。

二是树立"大文化观"。富阳之魂在文化，魅力之源也在文化。富阳文化发展，需要从全局、系统、战略的高度出发，围绕城市的发展定位、原则和任务，统筹布局，发挥文化建设在引领当代价值、提升公众素养、提高生活质量、推动经济发展、优化社会氛围和塑造新区形象等方面的积极作用，将文化融合到城市发展的方方面面，助推富阳实现高品质、高效率的发展。

三是树立"大区域观"。富阳曾经是杭州到徽州的水上通衢，今天杭黄高铁更是串起了半个江南。同时从杭州市域来看，富阳处于杭西南文化发展轴的核心地带，是杭州未来文旅大走廊的枢纽节点，是连接主城区与西部市县的重要通道。新时期，富阳应充分借力"之江文化产业带"建设，做好"一条江"的文章。以富春江为载体，联动周边市、区、县，真正发挥富阳在整个杭西南的战略枢纽作用，成为杭州西部区域中心。

四是树立"大产业观"。颠覆性技术革新正在溶解着传统的产业边界，产业融合成为时代趋势。富阳区文化产业发展需要突破自我循环，推动与旅游、休闲体育、影视娱乐、金融服务、虚拟现实和人工智能等产业的深度融合，在此基础上构建起文化产业的新业态、新产品与新服务，形成"文化+"的大文化格局，铸就推动经济转型升级的强大动力。

从战略观、文化观、区域观到产业观，其实从根本上而言，就是要求一个地方的产业部门要跳出产业谋划产业，要将产业放置在更广阔的坐标体系中去审视，找到自身在区域发展中的独特优势与价值，以及与其他产业和领域之间的关系，然后才能以超脱的视角谋划产业发展。富阳区发展文化创意产业，绝非临时起意、率性而为，而是有其发展的必然性和必要性。

（二）明确定位：聚焦打造"三地一心"

思维创新需要落实到具体定位，才能进行宣传与建设。根据区域资源优势与产业未来趋势，策研团队提出了打造"三地一心"的发展定位，即力争成为"东方山水艺术朝圣地、国际山居文旅目的地、数字创意产业集聚地和世界名城文化新都心"。

"东方山水艺术朝圣地"——利用《富春山居图》和"春江花月夜"诗词的国际性影响力，加强与中国美院、中央美院等机构的合作，通过举办山水画双年展、艺术展等，吸引国内外顶级的山水艺术大师到富阳设立工作室，并加大本土艺术人才培养，力争将富阳建设成为东方山水艺术的展示中心、交流中心、艺术创作和体验中心。

"国际山居文旅目的地"——利用富阳山、林、江、湖、岛等自然资源的禀赋优势，以及体育产品制造与运动开展的基础，顺应现代都市人群文化休闲与运动康体的巨大需求，以山居度假、乡村休闲及依托山水的时尚运动、极限运动为特色，加大与国内外顶级精品度假酒店、体育运动公司、国际赛事组织等机构的合作，建设产业平台，完善产业链条，打造服务华东、辐射全国，具有国际影响力的山居休闲度假目的地。

"数字创意产业集聚地"——立足世界数字文创产业发展前沿，实现与之江文化产业带中其他区域的差异发展，聚焦影视传媒、数字内容服务，以及文化创意与虚拟现实、大数据、区块链等融合型新业态，大力构筑产业创新发展生态，打造具有重要影响力的数字创意高地，成为富阳经济发展的重要引擎。

"世界名城文化新都心"——立足杭州打造世界名城的战略目标，充分发挥富阳的战略区位和发展空间的优势，按照"世界眼光、国际标准、区域特色"的要求，规划城市布局、功能分区、文体设施、文化陈设，促进文化创意、科技创新、运动休闲、生态人居等功能的有机融合和叠加，吸引高端人才入驻与高端产业环节发展，着力建设世界名城的文化新都心。

四、发展策略：提炼文化精髓和聚焦特色产业等

定位需要策略的支撑。对于策划而言，策略也是承上启下的核心环节。没有策略设计，就像一个人没有了腰腹，肯定立不起来。根据富阳区文化创意产业发展的现状与需要，策研团队从文化特色、产业选择、空间布局、项目设计和政策创新等角度提出了策略建议。

（一）提炼文化精髓

一个地区的文化产业与另一地区的发展路径与特色不同，原因何在？除了区位、资源、人才等因素之外，文化底蕴的不同也是重要因素。甚至可以说，一个地方的文化产业是在其特色的文化底蕴上生发出来的。同时这样的产业也才更具植根性、成长性和可持续性。

策研团队认为，"一条江、一幅画、一张纸、一批人"为代表的文化资源，让富阳变得与众不同。根据文化的独特性、影响力、产业转化能力、社会正向效应等标准，富阳区

应创新传承历史文脉、深入挖掘文化底蕴,特别是《富春山居图》所蕴含的东方人文智慧(包括崇尚天人和谐、体悟生命价值、追求身心健康的美好生活),结合富阳山水特色,提炼出"秀润、灵动、逸致、归真"的文化精髓,为富阳新时代文创产业的发展注入最深厚的灵魂。在城市建设中,强调以人为本,关注人们健康的生命状态与高层次的精神需求,推动人与自然、社会、自我的协调,形成独特的城市文化气质与生活方式,打造东方画境城市——"现代版富春山居图最美示范区"。

(二)聚焦产业特色

如果考虑到山水资源、文化底蕴和产业基础,再结合时代消费发展趋势,以关注人的生命状态与精神需求为导向,富阳区的产业方向大体是明确的。策研团队认为,重点应发展关爱生命健康的产业,一是身体健康型产业,如生命科学、生物医药、高端运动器械、休闲体育和康体养生等;二是精神健康型产业,如文化旅游、影视娱乐、文化艺术等,特别是要发展面向新生代消费者的数娱内容产业,为其提供优质的精神食粮。

基于这种思考,策研团队提出要以"立足实际、着眼高端、瞄准未来、特色发展"为指导,推动"3+3+3"的富阳文创产业活力体系。

做大做强"3大主导产业"。一是文化旅游。重点发展山水游览、休闲度假、乡居民宿、演艺娱乐、旅游创意商品等业态,突出品牌化和特色化。二是影视传媒。以影视制作、影视服务、娱乐体验,以及基于互联网的新媒体运营为重点,引入国内外优质的影视与传媒机构,推进影视传媒产业发展。三是数字内容服务,重点以网络视频(如动漫、短视频、直播)、网络游戏、数字娱乐软件开发、数创IP运营为重点,同时大力培育文化创意与虚拟现实、大数据、区块链等相融合的新型业态。

加快发展"3大战略产业"。一是艺术品业。以"富春山居"品牌为引领,引进和培育一批具有国内乃至国际知名度的艺术品创作、策展和交易企业,重点发展艺术创作、金融、交易与总部经济。二是休闲体育。依托杭州亚运会契机,利用富阳山水资源优势,重点发展时尚运动、赛事会展、高端体育器械制造等产业。三是创意设计。结合文化旅游、高端智造、乡村振兴等内容,重点发展建筑设计、工业设计、广告服务等业态。

全面升级"3大特色产业"。一是传统工艺。结合富阳"造纸之乡""手工艺之乡"的优势,以手工造纸发展为核心,通过联盟化、设计化、体验化、品牌化等方式,带动特色竹编、清水丝绵、制笔、制伞、根雕等传统工艺产业化发展。二是教育培训。利用杭富城铁、彩虹快速路开通的契机,借助中国美院、浙江音乐学院等资源,加大载体建设,大力发展艺术教育与培训;同时支持洞桥青年少年营地等机构规模化,大力发展青少年拓展培训等内容。三是创意农业。以"三美"新农村建设为指导,以山区各镇为核心,以特色小城镇、街区、田园综合体为主要载体,打造融生产、生活、生态为一体,集科技、文化、艺术于一身的特色创意农业。

(三)优化空间布局

立足浙江省与杭州市的战略决策,充分考虑富阳沿江资源优势、城乡产业布局及"三铁三高三快速"的交通体系,按照"主题突出、资源整合、产业集聚、空间集约、开放合作"的思路,策研团队建议构建"一核、双轴、双翼、多点"的产业布局。

"一核":富阳文化产业创新核,努力打造成为"之江文化产业带"富春发展极的重要创新核,杭州文化经济的新极点、承东接西的新都心。"双轴":一是核心主轴——"富春江文化融合发展轴",打造成为拉动富阳经济增长、留存传统中国山水记忆、彰显富阳城市气质的重要轴线;二是发展辅轴——"沿城际铁路文化科技带",打造杭州西部文化科技发展的隆起带。"双翼":一是江北山地文化休闲翼,重点发展乡村旅居、文化休闲、森林康养、乡土养生、村落观光体验等业态;二是江南特色文化发展翼,大力发展东吴文化、乡村旅居、山地运动、手工艺体验与展示等业态。"多点":即以园区、特色小城镇、田园综合体和重大文化项目为载体,打造多个特色功能节点。

这种空间布局绘制出来之后,会在地图上形成一只飞舞的"凤凰"形象,这也是在前文空间章节提出的"形意法"。即先根据项目的地形、地块、用地性质等因素,因地制宜地对空间进行布局,然后再对其形状加以提炼,赋予其一定的"意义"。例如,我们常说的"掌形城市""海星形城市"等,即是来自对既有空间的归纳和形象表达。

(四)重大项目设计

产业策划必须要有战略项目作为抓手。策研团队认为,要做好统筹协调,聚焦重点区域、重点项目和重点企业,集中精力,打造系列的产业平台和发展载体,形成一批具有富阳特色和重大影响力的文化品牌。为此,策研团队创新设计了"春江花月夜"文旅长廊、东洲创智岛、银湖文创园、"G320艺术培训产业走廊、中华古籍造纸印刷文化园、富阳国家时尚运动公园、"富美原乡"特色村镇(体系)和富春品牌振兴工程八个重点项目。这些项目主要围绕核心产业展开,如为了推动文旅产业,策研团队设计了"春江花月夜"文旅长廊,即发挥富阳"一江两岸"的自然资源优势,以《富春山居图》为文化底色,以"春江花月夜"为体验意境❶,立足杭州建设世界名城的高度,构筑世界级滨江文化长廊,力争将富春江打造成国际性的艺术与文化休闲娱乐目的地,成为继西湖之后的第二张大型

---

❶ "春江花月夜"是我国传统诗词中最具分量的代表之一,其意境空明,想象奇特,语言自然隽永,韵律宛转悠扬,洗净了六朝宫体的浓脂腻粉,具有极高的审美价值,素有"孤篇盖全唐"之誉。

休闲体验名片和新的城市客厅，成为杭州建设具有独特东方魅力和全球重大影响力的世界名城的重要支撑。

（五）发展政策创新

前文提到，产业策划具有很强的政府主导性，反映了政府的战略意图。而政府引导产业发展的指挥棒就是政策。因此，在产业策划过程中，政策设计就是重要环节。策研团队根据富阳区产业发展的实际需要，提出了四个方面的政策建议。一是人才政策。建议出台人才引进政策，设立"文创大师工作室"，推进本土文化人才培育计划，逐步提高区域人才集聚水平。二是创新政策。设立富阳区文化产业创新奖，完善细化文化产业专项资金等扶持与激励政策，出台文化旅游等门类的专项资金政策。三是金融政策。设立富阳文化产业投资基金，创新文化金融产品与服务、文化产权评估、抵押质押的具体办法，建立以文化企业信用评价为基础的多层次文化金融服务体系。四是合作政策。实施税收优惠、财政补贴等政策，积极引入知名文化企业、高等院校（分校）和科研机构，构建产学研协同的良性生态系统。

五、策划思考：产业研究、策划与规划的区别

这个项目开始之时，其实进展并不顺利，原因很简单：这个课题到底是要做什么？是产业研究、产业策划还是产业规划？

虽然这三者有相似性，但工作重心和难度还是不同的。在工作开始之前，我们需要对工作内容有明确的规定。如果是研究，就会侧重在基础分析、问题剖析等方面，通过寻找事物发展的前后因果关系，发现规律性、本质性和必然性的东西，然后根据问题和成因，提出策略建议。如果是策划，则需在研究的基础上，特别是在把握趋势的前提下，提出特定的发展目标，并创新定制行动方案，核心强调创新性、定制性、可行性和系统性。而如果是规划，就需要在策划的基础上，明确具体做何事及何时完成，强化规范性、强制性、时间性和保障性，以便实施主体能够将规划落实到行动。

由于产业策划是一种较为新颖的提法，没有产业研究和规划那样为人所熟知，同时也有一些人认为，策划包含在研究或规划中，没有必要独立出来。在这种认知环境下，本次工作内容开始是游离的。先是提出做规划，后来发现这并不是甲方最为关注的，或者说条件还不成熟；后来认为是研究，但是简单的对策研究解决不了复杂的产业发展问题。所以反复探索，最后指向了产业策划。

在策划方案中，策研团队提出：富阳应立足杭州打造世界名城、东方文化国际交流重要城市的目标，利用山、林、江、湖、岛等特色资源，突出"秀润、灵动、逸致、归真"

的城市气质与人文智慧，构建"一核、双轴、双翼、多点"的空间布局，做大做强文化旅游、影视传媒、数字内容服务三大主导产业，加快发展艺术品业、休闲体育、创意设计三大战略产业，全面升级传统工艺、教育培训、创意农业三大特色产业，加大投资建设一批重大引擎项目，着力将富阳建设成为国际知名的东方山水艺术朝圣地、国际山居文旅目的地、数字创意产业集聚地、世界名城文化新都心，铸就富阳新时代文化发展的新辉煌，打造"现代版富春山居图最美示范区"。

从之后的发展来看，富阳区出台了系列政策，打造了"春江花月夜"文旅长廊、青年电影节等项目与活动，区域的文化创意产业取得了较快发展。从策划的角度讲，策研团队是乐见其成的。实践永远是检验真理的唯一标准，策划方案也只有通过落地实施，才能真正实现自身的价值。

第四节　中关村顺义园新能源智能汽车产业策划
——如何培育战略性新兴产业

顺义园是国家自主创新示范区中关村科技园的 16 个分园之一，管理面积 30 多平方公里，是北京顺义区经济社会高质量发展的"领航员"和"排头兵"。2020 年顺义园实现总收入 1743 亿元，拥有高新技术企业 595 家，初步形成了以新能源智能汽车、第三代半导体、航空航天三大创新型产业集群为核心，新一代信息技术、医药健康、智能装备制造和高端现代服务业等高精尖产业为支撑的发展格局。

但面向未来，随着国家高质量发展战略的深入实施，北京非首都功能加速疏解，园区面临着"稳增长"和"调结构"的巨大压力。目前园区产业发展一业独大、一企独大特征明显。传统支柱产业——汽车产业营业收入占园区比重近 70%，占属地财税收入近 60%，工业总产值占比更高达 90%，而新增的第三代半导体、航空航天、新能源智能汽车相关领域仍处于起步阶段。在这种背景下，抓住国家重大产业布局调整及北京建设全国科技创新中心的契机，提升自主创新能力，突破关键技术瓶颈，努力在新能源智能汽车领域形成关键影响力，就成为园区必须谋篇布局的事情。

本次产业策划即在此背景下展开。

一、大势研判：机遇与挑战并存

自从 1885 年德国工程师卡尔·本茨发明第一台现代汽车以来，汽车就成为人们出行的重要交通工具，100多年来获得了飞速发展。汽车产业是一个资金与技术高度密集型的高新产业，装配每辆汽车需要一万个以上的零部件，产业链长而复杂，对组织生产能力具有极高要求。

新能源智能汽车是指采用非常规的车用燃料作为动力来源，集成车辆驱动、控制及人工智能等方面的先进技术而制造的新型汽车，是能源、通信、大数据、人工智能等多技术变革的交会点。根据燃料动力来源的不同，可分为纯电动车、插电式混合动力车、油电混合动力车、燃料电池电动车和增程式电动车等。相比传统汽车，新能源在技术和结构上发生了根本性变化，"三电"（电池、电机和电控）取代"三大件"（发动机、变速箱和底盘）成为汽车行业的关键零部件，电池在新能源汽车上扮演了更为重要的角色，成本大约占到整车的40%。❶

当前，世界多数国家都积极制定和实施创新发展战略，谋求抢占全球科技领域的制高点。作为未来重要生活与工作场景的新能源智能汽车行业，成为全球的兵家必争之地。顺义园是一个拥有雄厚传统汽车制造业基础的区域，在新时期如何借助基础优势，培养新能源智能汽车产业呢？策研团队首先从全球竞争、中国政策与技术变革等方面，对产业发展趋势进行了初步研判。

第一，从全球来看，新能源智能汽车正引领新一轮产业竞争。作为新生事物，新能源智能汽车诞生和成长阶段需要政府的引导与大力扶持。世界主要国家和地区如中国、美国、日本及欧盟成员国等都相继出台了各种扶持政策，如制定燃油车禁售时间表和新能源汽车发展目标，以及出台电动车财政和税收优惠政策等，进而加大技术研发与市场培育，提升汽车工业国际竞争力。目前在技术领域已经形成了美、日、欧三足鼎立格局。

第二，中国新能源智能汽车正在加速前行。2019上半年中国新能源乘用车销售56万辆，占全球市场份额达到56.9%，远高于欧盟的20%。2020年颁发的《新能源汽车产业发展规划（2021—2035年）》，提出"到2025年，新能源汽车新车销售量达到汽车新车销售总量的20%左右"，同时《绿色交通"十四五"发展规划》，要求"到2025年，全国城市公交新能源汽车占比要达到72%，出租汽车（含网约车）新能源占比要达到35%"。随着我国"碳达峰、碳中和"目标的提出，以及支持新能源企业政策的深化和市场的不断扩展，新能源智能汽车产业在国内具有巨大的发展潜力。根据彭博新能源财经预计，到2030年全球新能源汽车保有量将达到1.3亿辆，中国预计占据45%的份额。

---

❶ 聚焦新能源汽车（一）：补贴退坡后的产业链解读［EB/OL］.（2019-01-22）［2022-07-16］.https：//www.toutiao.com/article/6649192838238044680/?&source=m_redirect.

第三，新能源智能汽车正经历应用场景创新和技术变革。在数字网络新技术和人们收入水平提升的背景下，消费业态、消费模式不断创新，消费场景、消费品类日益多元，汽车将成为"软件定义的智能移动终端"❶，在无人驾驶的模式下，汽车主导功能可能发生根本性变迁，将成为移动的娱乐、休闲、学习和办公融合的多功能空间，成为各种服务和应用的重要入口。这也将促进汽车软硬件技术的变革。基于对整车感知、交互与决策的需求，传感器、中控屏、芯片等将成为汽车的核心零部件，电池、电机和电控也终将取代以发动机为核心的动力操控系统。

第四，国际形势变化对产业发展提出了更高要求。新冠肺炎疫情的全球蔓延，对世界经济、科技、生活、观念，以及资源、人员、资金的流动产生了深刻的影响，逆全球化、地方保护主义具有增强的趋势，开放合作面临更大的风险与挑战。在新能源汽车领域，一些关键技术和部分核心零部件也面临着"封锁"和"卡脖子"的危险。例如，电控核心零部件 IGBT 器件，德国、日本、美国分别占比 34.3%、24.9%、7.2%，我国进口依存度约 90%。❷ 在此背景下，我国新能源智能汽车行业必须未雨绸缪，把握电动化、智能化、网联化、共享化的融合发展趋势，加速提高自主创新能力，抢占全球科技制高点，增强我国汽车行业的国际竞争力和影响力。

二、现状分析：基础优势与瓶颈问题同在

策划需要分析发展趋势，同时更需分析自身基础和能力。新能源智能汽车是技术和资金高度密集的产业，并不是有造车梦想就能实现的。顺义园发展的基础如何？当前存在什么问题和瓶颈呢？

（一）发展基础

经过深入调研，策研团队认为，顺义园汽车产业传统较为深厚，制造基础扎实。早在 2012 年，随着北京汽车产业研发基地落成、北汽集团总部搬迁入驻，以及国家汽车质量监督检验中心投入运营，顺义已经成为名副其实的首都汽车产业核心区。目前顺义已经集聚了北京现代、北京汽车自主品牌、北汽越野车三大整车企业的 5 个整车厂，近 100 家汽车配套零部件企业，2019 年园区汽车产业实现营业收入 833 亿元。坚实的产业基础为新能源汽车发展提供了强大的支撑。

---

❶ 崔小粟，宋维东. 再迎重磅利好，新能源汽车四大产业链值得关注 [N]. 中国证券报，2020-10-12.

❷ 任泽平. 全球新能源汽车发展报告 2020：百年未有之大变局 [EB/OL].（2020-08-29）[2022-07-01]. https://weibo.com/ttarticle/p/show?id=2309634543409086922817.

从新能源智能汽车的发展来看，汽车全产业链已经初具雏形，聚集了上下游产业链核心关键部件创新企业，形成了"龙头企业＋设计（研究院）＋测试＋零部件配套"的产业链协同模式。在研发设计方面，北京汽车产业研发基地、长城华冠汽车科技股份有限公司的新能源汽车研发环节布局顺义园，北汽集团总部和研究总院也搬迁入驻。在生产配套方面，北汽集团、北京电控、韩国SKI三方合作打造的新能源汽车动力电池项目已落户园区。在整车生产方面，北汽新能源汽车整车基地落户，将建成为北京市最大的新能源汽车生产基地。在创新应用方面，北京汽车集团推出首款"车联网概念系统"，该项目是"互联网＋汽车"在北京市汽车领域的重要突破。在展示体验方面，正通过产业横向与垂直的聚集、整合和互动，打造新能源智能汽车体验示范区。

（二）主要问题

但与此同时，园区发展新能源智能汽车产业仍存在不少问题，策研团队通过材料研究、实地访谈之后，认为主要有如下问题。

一是新能源智能汽车产业对整体经济贡献较小。汽车产业作为顺义园的支柱产业，大部分为传统汽车，新能源智能汽车产业尚未形成规模效应，整体经济贡献相比传统汽车产业差距很大。目前园区大部分汽车零部件企业为传统制造企业，自动化和智能化水平亟待提升。

二是项目缺"大"少"新"。虽然园区签约落地了不少重点新能源汽车项目，但总体来看，投资大、产出高、行业引领性强的重大项目缺乏，有影响力的国际性项目较少，上下游产业项目聚集效应也不明显，亟须引入电池、电机、电控等核心部件项目，以及车载智能操作系统和计算平台等核心技术。

三是配套产业链仍需完善。目前园区新能源智能汽车产业发展所需要的人工智能、云计算、智能传感器研发等产业链不够完善，已经引入的部分企业尚未形成规模，配套产业的支撑作用不够显著。

四是竞争压力进一步加大。随着中国汽车市场增速放缓，市场竞争日趋激烈，对产业发展环境提出了较高的要求。在新能源汽车领域，从技术上看，北京在新能源汽车领域的专利布局落后于深圳。与此同时，以杭州、成都为代表的第二梯队正在加速崛起，北京保持技术领先优势的难度不断加大。

三、理念与策略："四链四融"

（一）基本理念："四链四融"

如何实现创新突破，加速传统汽车向新能源智能转型？策研团队认为：应根据现有发展基础，坚持"高新特"方向不动摇，以智能制造为核心，逐步构建创新能力强、智能化水平高、配套设施完善、示范应用领先的新能源汽车整车制造体系。其中关键是要促进"四链四融"。

首先，促进"创新链、产业链、产品链、资金链"四链联动。即重点布局孵化、中试、成果转化、产业化为主线的创新链；加快完善设计研发、高端制造、销售运营、品牌管理、创新应用为主的产业链；择优布局整车、电池、充电桩、电控等产品链；建立和完善包括园区创新产业发展基金、中关村政策支持资金和资本市场等在内的多元资金链。

其次，推动"产城融合、产融融合、产投融合、产人融合"四方融合。未来高新科技园区将是科技（科教资源、科技成果、科技服务），产业（新兴产业、新兴企业、新兴业态），城市（城市功能、产业功能、创新功能）和人（高新科技人才、创意阶层）有机融合的创新驱动发展示范区和高质量发展先行区。因此，园区应通过建设"智能研发、高端制造、智能测评、体验展示"为一体的新型产业综合体，促进产业金融和人才招引创新，面向全球招引一批高水平科学家，集聚一批"塔尖"级人才。同时需要引进培育一批具有全球影响力的龙头企业和"专精特新"企业，聚力打造千亿级新能源智能汽车产业一体化功能区，以及具有全球影响力的新能源智能汽车创新与应用中心。

（二）策略设计

1. 打造空间聚集载体

根据现有产业空间格局，策研团队认为应推进三大产业基地建设：一是改造升级现有汽车生产基地，重点布局新能源智能汽车产业，依托现有产业优势，重点引进新能源、智能化、网联化的汽车制造、关键零部件、智慧出行服务与后市场领域项目入驻。二是加快打造北汽—奔驰新能源整车生产基地，重点发展纯电动乘用车、纯电动越野车，建成一流的新能源汽车制造基地。三是依托理想汽车全球旗舰工厂建设，打造纯电车型生产基地，逐渐形成集聚效应。

2. 推进全产业链布局

聚合产业链多方力量协同创新，促进产业集群发展壮大。在整车制造领域，重视整车企业自主创新能力提升，大力支持以纯电动车为主、氢燃料电池车为辅的新能源汽车整车研发制造；在关键零部件制造领域，强化核心与高端汽车零部件项目引进，推进储能电池及关键原辅材料建设；在服务与后市场领域，加快车端智能互联、共享汽车定制开发、智能驾驶技术研发应用及做强车联网增值服务。

3. 推动核心技术创新

策研团队认为顺义园应充分利用北京市在信息科技、人工智能等领域的先发优势，着力突破整车智能化技术、"车网融合"技术和智慧交通相关技术,完善新能源汽车核心零部件及智能网联汽车关键系统。同时聚焦电池、电控、电机等核心领域,加大关键和共性技术攻关,争取形成重大技术突破。强化新能源智能汽车技术标准创制,推动创制整车设计、动力总成、检测诊断等全产业链共性标准。联合国内外顶尖研究院所建设一批产业技术创新与科技技术创新中心,形成服务产业链条的实验室经济。

4. 招引和实施重大项目

策研团队认为顺义园应利用北京全国科技创新中心建设和国家重大产业布局的契机,大力吸引头部企业和重大项目带动产业基础再造和重大技术改造升级。一是要做好拟退出搬迁企业的资源利用工作,腾挪出新项目落位的空间。二是要大力推动北京奔驰新能源汽车基地、理想汽车全球旗舰工厂、嘀嘀无限共享出行研发中心等项目落地。三是聚集和造就一批具有较强国际竞争力的龙头型、领军型企业,如嘀嘀无限共享出行研发中心等机构。

5. 建设优质营商环境

一是全面提升重点项目服务水平,针对园区入驻的重大项目,发挥好"招商后服务",建立从招商、落地、投产的链式服务脉络,制定重大项目"一企一策"服务机制。二是建立总管家、服务管家、双服务生工作机制,持续推进顺义园营商环境"早餐会"和企业诉求信息服务平台建设。三是探索构建由政府、企业、市场等多方参与的营商环境共建共治模式,鼓励企业牵头组建产业联盟、行业协会等组织。四是完善重点企业处级领导包干服务机制,扩大"点对点""一对一"服务和监测范围。

6. 提升国际合作水平

借助中德工业园建设契机,积极对接德国各地政府驻京办、德资企业和外资中心等,加强园区内新能源智能汽车企业与德国资源进行交流合作。成立中德合作小组,建立定期合作与线上线下交流机制,疫情稳定后及时组织交流团双边交流;探索出台符合国际标准和通行做法的系列政策,增强海外人才到园区工作的意愿,大力构建具有国际竞争力的人才队伍体系。

四、策略思考:转型之难与策划之用

早在编制园区"十三五"规划之时,策研团队就认为,园区大部分产值和税收都来自汽车产业,一旦出现汽车滞销或者企业战略重心转移的情况,园区发展将失去"擎天之柱"。为此,策划团队当时就提出要瞄准新能源智能汽车方向,引导汽车产业向信息化、智能化、新能源方向优化升级,并建议抓好北汽新能源汽车在顺义区布局的契机,重点引入新能源汽车柔性生产线、数字化车间和智能工厂,推进新能源电池项目的建设投产。但五年过去了，到了"十四五"时期，园区产业结构调整的任务仍然艰巨，汽车产业仍然一业独大，而新兴产业如第三代半导体、航空航天、新能源汽车才刚刚起步，要担当起主导产业的重任，仍然道路漫长。而园区的改造升级，由于涉及土地产权、用地性质等方面的原因也进展缓慢。

虽然在此次策划中，策研团队设计了新能源智能汽车的发展思路、重点任务及重大项目等内容，但方案能否落地实施，主要还得看领导者的决心与环境的助力。很多时候，事情的成功需要天时、地利与人和。策划不是万能的，策划人一定不能有自命不凡、舍我其谁的思想。策划的成功，根本上还是在于决策者和执行者，军功章的90%应该属于他们！

第四章 事业策划

第一节 事业策划概述

事业单位是指国家为了社会公益目的,由国家机关举办或者其他组织利用国有资产举办的,从事教育、科技、文化、卫生等活动的社会服务组织。[1]事业单位接受政府领导,是表现形式为组织或机构的法人实体。与行政机构、企业单位相比,事业单位通常具有五大特点(见表4-1)。

表4-1 行政机构、事业单位和企业单位的区别

项目	行政机构	事业单位	企业单位
性质	公共权力机构	社会服务组织	市场行为主体
职能	公共管理	公共服务	商品生产
资金	行政经费	事业拨款	经营收益
经营	无经营	非营利机构	自负盈亏
目的	社会管理	社会服务	发展盈利

一是提供公共服务,这是其最基本、最鲜明的特征,也是其存在和发展的逻辑基础和根本目的。事业单位主要分布在教、科、文、卫等领域,为保障国家政治、经济、文化生活的运行提供支撑服务。二是非公共权力机构。事业单位不具有公共行政权力,其主要从事从政府职能派生出来的具体事务,完成一些不能或无法由纯市场来提供的公共服务,如义务教育。三是知识密集型组织。由于其主要从事教、科、文、卫等需要特定知识和专门技术的服务领域,因此对人才的专业化水平要求较高,主要成员多是经过高等教育的脑力

---

[1] 事业单位登记管理暂行条例(中华人民共和国国务院令第252号)[EB/OL].(2018-03-11)[2021-07-01].http://www.qumalai.gov.cn/html/1372/184153.html.

劳动者。四是服务的公益性。事业单位通常由国家财政拨给经费（公益一类全额拨款，公益二类差额拨款），借此从事公共产品生产，以满足社会发展和公众的需求。因此事业单位所追求的首先应是社会效益，强调服务的公益性。五是范围的广泛性。事业单位存在于广阔的服务领域中，我国就有教育、科技、文化、卫生、社会福利、体育、交通、城市公用、地震测防、勘察设计、检验检测和机关后勤等19类事业单位，开展多种多样的专业服务。

目前我国有110多万个事业单位，3100多万在编人员，承接了大量政府转移出来的服务功能，是社会公共服务的重要主体。随着人们对公共服务品质要求的提高，事业单位还需强化策划创新能力，借以提升服务水平与效能。

一、内涵与基本特征

事业策划是指事业单位为了更好地履行公共服务职能，围绕塑造自身形象、扩大社会影响或吸引民众参与等主题而开展的策划活动。或者说，是为更好地实现特定公共服务目标而创新定制行动方案的理性行为。在事业单位的职能实现过程中，为了让有限的资源发挥更大的服务效能，提升策划意识和增加策划能力，是极为必要的事情。例如，在我国一些基层文化馆站通过策划群众喜闻乐见的文艺活动，有效地激发了居民的参与热情。在国外，一些政府通过策划建设大型文博设施，如西班牙毕尔巴鄂市的古根海姆博物馆，不仅服务了市民，改善了城市形象，同时也促进了经济社会的转型升级。

相比区域、产业、企业等类型的策划，事业策划除了具有预设性、定制性、创新性、可行性、系统性等策划的一般特征外，还具有社会效益的首位性、预算的约束性和参与的开放性等特点。

首先，社会效益的首位性。这也是事业策划的首要特征。事业单位主要从事公共服务与产品的提供，因此在策划中要坚持把社会效益放在首位。衡量一次事业策划是否成功的标准，核心指标应为社会效益的大小。狭义的社会效益是相对于经济效益而言的，广义的则包括思想政治、文化价值和可持续发展等内容。例如，某个城市策划举办"农民工歌手大赛"，其主要目的必然不是为了收取门票获利，而是希望通过这样的方式为外来的城市建设者提供展现才华的舞台，增强他们的荣誉感、幸福感和获得感。

其次，预算的约束性。由于事业单位的活动经费主要来自财政支出，具有严格的审核制度，因此在事业策划中，必须要有强烈的预算意识，对能使用的经费额度要做到心中有数，否则再好的创意也难以落地。例如，帮助某个县策划举办一届国际雕塑文化艺术节，我们可以设计得高端、大气、上档次，但如果该县的财力和物力难以支撑，那么再花哨的方案也必然搁浅。策划的灵魂是创新，但这种创新必须建立在一定的基础条件上，需要解决好现实、能力与理想间的匹配问题。

最后，参与的开放性。事业单位存在的合理性即是提供高效的公共服务。一般而言，社会各方参与度越高，社会效益就越好，事业单位存在的价值就越大。开放性具有两层含义：一是在策划目标上，其归旨应是以人民为中心，尽可能吸引服务对象参与，让服务能惠及更多的人。例如，策划构建一个新城区的公共文化服务体系，一个重要原则即是能否让居民便利地享受均等高效的公共文化服务，形成较高的参与度与满意度；二是在策划过程中，应做到集思广益，听取各方面的建议，让更多利益相关者参与进来，如可组建多方参与的策划工作小组，吸取更多的资源、智慧与力量。

二、流程与主要内容

（一）策划流程

相比企业和产品等策划强调市场导向，事业策划由于资金来源主要是公共财政，因此更需要考虑社会的整体意志或者说政府的战略意图。例如，我们要策划一个重大的城市公共服务项目——中央公园，此时的策划必须基于城市战略诉求，思考公园建设的目的、价值与功能，而非仅从艺术和景观的角度去设计。一定程度而言，策划其实扮演着一种桥梁或枢纽作用，将顶层战略与具体项目连接起来，让战略意图变实，让项目立意变高。

事业策划需遵循一定的逻辑与程序，借以提升策划的效率和成功率（见图4-1）。

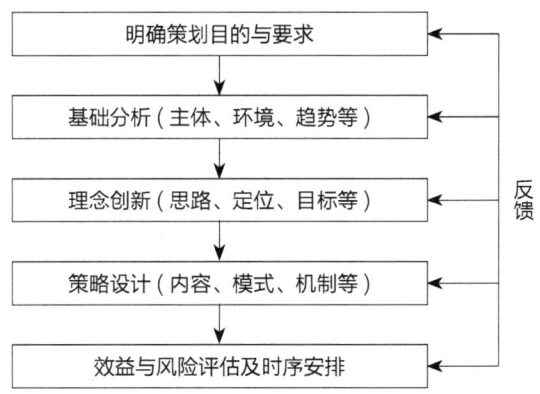

图4-1 事业促进策划的主要环节

（二）主要内容

事业策划的基本任务是运用科学的分析方法和灵活的创新思维，为达到特定的社会服务目的或解决特定的社会问题而筹划出高明的行动方案，需要回答好"为什么""做什么"和"怎么做"的问题。在明确策划目标和要求的前提下，通常需要从基础分析、思路创新、策略设计、效益和风险评估与时序安排等内容出发进行谋划（见表 4-2）。

表 4-2　事业策划基本内容列表

条目	具体内容
策划目的	➢ 政策、经济、社会和文化等方面的背景 ➢ 策划活动开展的必要性与紧迫性 ➢ 策划要达到的目标与要求
基础分析	➢ 主体条件：资源、能力、战略等内容 ➢ 外部环境：机遇与挑战、需求分析等 ➢ 发展趋势：事业相关领域的变迁趋势 ➢ 可行性分析：论证活动或项目开展的可行性
思路创新	➢ 理念创新：基于新的范式、理论或思考等 ➢ 思路创新：指导思想、核心思路等 ➢ 定位创新：为活动、项目或机构寻找合适的定位
策略设计	➢ 服务内容的设计：在深入调研的基础上，设计供需适配的产品和服务 ➢ 服务场景或渠道的设计：前瞻开拓服务的新场景、新模式和新形态，满足人民美好生活需求 ➢ 运营模式的设计：探索采取事业单位自己提供、委托社会机构提供或鼓励志愿者参与等方式 ➢ 反馈机制的设计：形成规范化、常态化和制度化的需求和满意度信息收集渠道 ➢ 保障策略的设计：服务供给必须有相应的资源支持，如资金、空间、人员和政策等
效益和风险评估与时序安排	➢ 效益特别是社会效益的评估 ➢ 风险评估与规避 ➢ 实施的时序安排

第一，基础分析。主要包括内部主体、外部环境和发展趋势分析。策划要求因人、因时、因地制宜，所以策划首先要分析事业单位本身的资源、能力和诉求，这是策划可以落地实施的基础。不同的事业单位，其功能职责、资源实力、团体文化等各不相同，策划的思路和策略就要因之而异。其次，要进行环境分析。与产业及企业注重市场环境不同，事业策划的环境分析更加注重政治、经济、社会和文化变迁等宏观环境，要注重国家或城市战略的导向。同时，既然是提供公共服务，就必须增强服务意识，根据服务对象的需求，以需定供来提高服务效能。但需要强调的是，在服务提供时必须加强战略意识和引领意识，通过公共服务促进社会向上向善。策划中还需注重趋势分析，要对公共服务或产品的未来发展方向有战略性预判，让策划具有较强的前瞻性。例如，当前公共服务正向数智化、品质化、多元化升级，如果还固守过去的传统做法，难免在时代中落伍。基础分析之后，应进行归纳总结，形成鲜明的观点和明确的结论。

第二，思路创新。创新是策划的本质特征，也是事业策划的必然要求。思维僵化或者执守固有的理念、经验或范式，这是专业人员非常容易产生的问题。例如，有些专家就坚定地认为公共文化服务就应该是免费的，突出公益性，收费是不可取的。但实际上，随着人们生活水平和文化品位的提升，高品质、多样化的文化服务需求是客观存在的，为增值服务优惠性付费是居民可接受的。因此，创新首先要体现在思维上，这是创新的"总开关"，策划人要勇于将思维打开，调动复合思维、辩证思维、逆向思维，从思维上进行突破；然后是理论创新。理念创新比较理想的结果是提出一种新的理念或理论。特别是具有规律性和普遍性的理论创新，会让策划更具深度，更能经得起时间的考验。再次是定位创新。事业策划一般也需要提出一个明确的定位（通常是一个新概念或"一句话"），找到策划活动的主题与灵魂。例如，重庆市南岸区在创建国家公共文化服务体系中就提出了"嵌入式"公共文化服务的模式。最后要推进路径创新，即是要根据事业发展的内在要求和外部环境，就公共服务提出具体发展思路，包括指导思想、建设目标和核心任务等。例如，我们策划构建一个城市的卫生医疗体系，就需树立以人民为中心的指导思想，提出发展重点、时序、体制机制改革等方面的具体建议，并明确一段时期内需要达到的量化目标。

第三，策略设计。事业单位种类繁多，涉及教育、科技、文化、卫生等众多领域，涵盖体制改革、运营管理、模式创新和活动方案等诸多内容，因此其策略也难以穷尽，这里仅择要举例。一是服务内容的设计。即是在深入调研的基础上，根据服务对象的需求，设计供需适配的产品和服务。需要注意的是，由于事业单位的活动与运行经费主要来自财政拨款，因此在开展服务之时，容易出现"向上看"的情况，倾向体现上级领导的意志，但"向下看"不足，轻视服务对象的真实需求，进而导致服务效能不高。二是服务场景或渠道的设计。即是通过何种传递渠道或接触方式提供服务。移动网络和人工智能等技术深刻变革着人们的生产生活方式，席卷全球的新冠肺炎疫情更是加速了这一进程，线上网络、虚拟空间等渠道和场景成为重要的服务阵地。这就要求策划人能敏锐地观察到技术引发的需求变化，前瞻开拓公共服务的新场景、新模式和新形态，更好地满足人民美好生活需求。三是运营模式的设计。事业单位提供公共服务，可以采取自己提供、委托社会机构提供或鼓励志愿者参与等方式，重点是要创新整合资源，实现运营效益最大化。例如，在"双减"政策的影响下，一些小学利用自身空间优势，吸引社会专业机构入驻学校，为学生提供优惠的专业教培服务。四是反馈机制的设计。对于公共服务而言，主动构建需求反馈机制更显重要。例如，可利用新媒体、意见簿、议事会等方式，形成规范化、常态化和制度化的信息反馈渠道，并据此不断调整服务内容和形式。五是保障策略的设计。策划是周密系统的行动方案，要充分考虑到方案执行时可能涉及的资源与环境要求，提前作出系统部署。例如，资金、空间、人员和政策等。

第四，效果和风险评估与时序安排。策划是具有极强目的性的活动行为，因此效果评估必然是事业策划的重要内容。但与产业、企业和产品的评估标准不同，其更加侧重在社会效益方面。例如，策划一次卫生领域的大型防疫政策宣传活动，其核心考评指标可能是多少人参与、知道、了解并承诺遵守防疫政策。同时，由于经费主要来自财政支出，事业策划必须面对财务审计、群众评价和舆论监督等多方面的压力。因此在策划过程中，就必须在流程和标准上加以规范，尽量全面地预测风险，作出积极的预案或规避措施。最后，策划方案要有较详细的时序安排，以便指导具体事务的执行落地。

三、策划的注意要点

第一，处理好引领和服务的关系。事业单位性质较为特殊，一面承担着政府的职责委托和发展意图，一面又直接地面对服务对象。由于其经费与考核主要来自上级单位，因此不少事业单位在开展服务之时，更多是向上负责，对下关注不足，认为"不跟领导风，累死也无功"。在这种背景下，策划要担当好"变压器"的作用，将政府的服务职能、战略意图与群众的现实需求有效连接起来，通过创新实现多方共赢。简而言之，事业策划最重要的就是不断突破认知僵化，提升思想格局，找到引领和服务之间的有效平衡。

第二，注重案例学习与经验借鉴。"他山之石，可以攻玉"，别人的经验和探索可以让自己的策划少走弯路。一是要充分吸取国外的经验与教训。欧、美、日、韩及新加坡等国家和地区，现代化进程较早，公共服务内容和经验较为丰富，运行机制也较为成熟。虽然我国与这些国家的制度和文化传统有较大差异，但其技术性的做法仍可参考。例如，其通过规则的制定促进志愿者参与、通过税法的鼓励推动慈善捐款等做法，就有效地激发了社会力量的积极性，缓解了公共服务人员和资金不足等问题。二是主动借鉴国内先进地区的做法。例如，基层治理的"枫桥经验"——"小事不出村，大事不出镇，矛盾不上交，就地化解"，其方法就值得各地借鉴。策划虽然强调创新，但积极吸取国内外先进经验，仍然是提高策划工作效率和方案可行性的重要方法。

第三，注意熟悉与运用各类标准。为了规范公共服务行为、提升公共服务品质，国家通常都会制定大量的服务标准。目前我国现行标准有4万多项，内容涉及安全生产、环境保护、文化服务、文化保护、教育、旅游等70余个行业。对于策划人员而言，要学会"知标准、懂标准、用标准"。通过行业标准的运用，让策划依据更为坚实，方案更具说服力。例如，设计图书馆就有《公共图书馆建设用地指标》《公共图书馆建设标准》等标准。

第二节　国家公共服务体系示范区创建策划
——"嵌入式"概念是如何诞生的

公共文化服务是指由政府主导、社会力量参与，以满足公民基本文化需求为主要目的而提供的公共文化设施、文化产品、文化活动以及其他相关服务。❶公共文化服务体系建设是我国经济社会发展的一项长期战略任务，是各级政府的重要职责。为推动服务体系的构建，2010年文化部、财政部共同开展了国家公共文化服务体系示范区创建工作。目标是深化公共文化服务改革创新，突出服务效能，为全国公共文化服务体系建设探索路径、积累经验、提供示范，推动公共文化服务向广覆盖、高效能转变。

南岸区位于重庆长江之南，是重庆的主城区之一。区划面积265平方公里，辖7镇8街48个村99个社区，常住人口90万人，流动人口120万人。南岸区文化底蕴深厚，是全国文明城区、全国文化先进区。2018年南岸区获得第四批国家公共文化服务体系示范区创建资格，为此也成为西部地区唯一一个同时创建国家公共文化服务体系示范区和国家级文化产业示范园区的城区。

创建国家公共文化服务体系示范区工作繁杂，其中最费脑的是制度设计。根据文化部、财政部制订的《国家公共文化服务体系示范区（项目）创建工作方案》，在创建"重点任务"中提出，要"开展制度设计研究。把制度设计研究作为创建示范区验收的前置条件"，并要求"（制度设计）课题研究应紧密结合示范区创建工作进行，为示范区创建工作提供理论指导和政策支持，推动公共文化服务体系科学发展"。什么是制度设计呢？即是"针对当前公共文化服务体系建设中存在的突出问题，根据区域差异、城乡差异的具体实际，对涉及全局性、战略性的重大问题进行研究，提出相关政策建议和具体解决方案，形成一系列推进公共文化服务体系建设的政策、手段和措施，努力建立公共文化服务体系建设的长效机制"❷。简而言之，即是要从创建的实践中提炼制度或模式，并在其指导下深化实践，形成"实践—理论—实践"的发展循环。但提炼创新经验或模式，需要高度的抽象思维能力，具有极大的挑战难度，需要智库力量的介入。

策研团队即是在此背景下，受南岸区文旅委的邀请开展了制度设计研究，以求为示范

---

❶ 中华人民共和国公共文化服务保障法［EB/OL］.（2016-12-25）［2021-09-16］.http：//www.npc.gov.cn/zgrdw/npc/xinwen/2016-12/25/content_2004880.htm.

❷ 国家公共文化服务体系示范区（项目）创建工作方案［EB/OL］.（2011-05-06）［2021-09-16］.https：//wenku.baidu.com/view/68d6025ff321dd36a32d7375a417866fb94ac082.html.

区创建找到最核心的特色与亮点，助推创建成功。

一、策划主题：如何用好"五度策划法"？

制度设计应该选择一个什么主题？这是此次策划成功的关键。

事实上，早在申报示范区之时，南岸区就提出了以"公共文化服务群众参与机制"为主题，开展制度设计。不过大家直观的感受是这个主题虽然重要，但是难以突出南岸的实践特色，也没有让人眼前一亮的感觉。策研团队在之后的研究中也发现，在前三批的创建中已有示范区做了类似选题，南岸区如果亦步亦趋，就很难获得突破性的创新成果，示范效应也难以彰显。

然而，策研团队寻找主题的过程并不顺利。根据文化和旅游部的文件精神和南岸区的实际情况，团队先后提出了"基层公共文化服务点建设助推基层社会治理创新""提升基本公共文化服务覆盖面和适用性机制创新""促进基本公共文化服务高质量均等化的机制创新""促进现代公共文化服务供需精准对接的机制创新""智媒时代背景下现代公共文化服务的传播体系构建创新"等主题，分别从基层治理、服务效能、供需对接、信息传播等角度进行了选题的设计，但在与行业专家和区文旅负责人沟通之后，都觉得还是有点"隔膜"，没有找到"魂"——还没切中南岸区公共文化服务最核心的亮点或最突出的特色。

主题决定方向。方向不对，南辕北辙，最后往往徒劳无功。所以确定制度设计的主题，就成为挡在策研团队面前的第一只"拦路虎"。如何实现突破呢？策研团队运用了"五度策划法"，即从高度、深度、广度、亮度与黏度出发思考和撷择选题。

一是要有"高度"。国家级示范区是要在全国层面发挥示范和引领作用，因此必须立足国家战略视角，找到在国家层面希望破解的难题。例如，破解公共文化服务"最后一公里"的问题。《淮南子·原道训》中有言："高者必以下为基。"公共文化服务的根在基层，活力在基层，重点和难点也在基层。提升基层文化服务的覆盖率和满意度也一直是国家高度关注的事情。

二是考虑"深度"。即这个主题在南岸区是否具有基础性、扎根性，如果主题选得很好，但是南岸区没有实践基础，也难以达到示范目的。例如，前文提到的"智媒时代背景下现代公共文化服务的传播体系构建创新"。该选题具有一定的创新性和探索价值，但是南岸作为西部地区，在服务的数智化方面并不突出，也没有可拿来做全国示范的实践点，这就会增加创建难度。

三是考虑"广度"。即这种制度设计要具备一定的复制性和可推广性，不能太独特，以致其他地区根本学不来。例如，东部沿海一些财政资金较为充裕的城市，在示范区创建过程中大力打造"城市书房"。这让城市书香氤氲自然很好，但很多西部城市由于资金有限，就很难效仿。

四是考虑"亮度"。核心是要植根南岸区实践特色，提炼出创新性的概念或模式，就某一个问题进行深入探索和破解。"概念创造"既是策划方案的重要内容，也是策划人必须掌握的核心能力。例如，前文提出的"公共文化服务群众参与机制"的主题，就显得太平淡，根本激发不起大家往下读的热情。

五是考虑"黏度"。这里是指制度设计的可持续性和多元力量的参与性。如果制度设计只是行政部门的"运动式"行为，不能形成长效机制，或者不能激励更多的社会力量参与其中，那么制度设计的效果将大打折扣。

在考虑了以上维度及初步掌握南岸区基本情况之后，策研团队提出了一个假设，即将制度设计的方向聚焦在社区基层。2018年全国"两会"期间，习近平总书记在参加重庆代表团审议时，要求重庆加快建设内陆开放高地、山清水秀美丽之地，努力推动高质量发展、创造高品质生活。❶而基层特别是社区公共文化服务与群众的日常关系最为密切，与生活品质的提升最为直接，是保障人民群众基本文化权益、巩固基层文化阵地、提高社会建设与治理水平的重要载体，事关着我国现代公共文化服务体系建设的质量与效能。

同时，长期以来，南岸区文旅委以提升居民的生活品质为导向，坚持重心下移、力量下沉、资源下放，取得了较为丰硕的成果。所以在几次头脑风暴之后，策研团队将制度设计选题初步确定为"高品质生活导向的社区公共文化服务创新研究"，但后来考虑到乡村社区和城市社区差异较大，就将选题进一步缩小为"高品质生活导向的城市社区公共文化服务创新研究"。在之后的交流和探讨中，这一选题也得到了业内专家与区文旅委的认可与支持。

二、基础分析：寻找创新示范的"核心概念"

（一）基本研究方法

扎实的基础分析是制度设计与策划的基石。那具体如何着手呢？策研团队主要采取了文献研究、问卷调查、绩效评估和案例研究四种研究方法，对南岸区基层公共文化服务的现状和问题进行了深入的考察。

一是文献研究。首先收集了尽可能多的国内外专业期刊及网络上的相关文章，了解最新的专家观点和资讯信息；其次是通过资料清单的方式，让区文旅委提供了近三年来公共文化服务相关的各类材料，包括年度总结与计划、示范区申报材料、服务设施与大型活动等方面资料。通过资料收集与分析，策研团队快速地熟悉了理论前沿和南岸区的实际情况。

---

❶ 薛峰."智"变重庆：透过首届智博会看崛起中的"未来之城"[J].当代党员，2018（16）：4-9.

二是问卷调查。服务本质上是要因需而动、供需适配。如果不把握服务对象的需求与喜好，很难提升公共服务的效能。同时，对于策研团队而言，也必须通过问卷来论证一下之前的假设——高质量文化服务与高品质生活之间具有强关联。为此策研团队设计了"重庆市南岸区基层公共文化服务需求及满意度问卷"，并对南岸区8个街道与7个乡镇所涉及的48个村99个社区进行了分层抽样，最终确定18个社区与5个村，发放了500份调查问卷。从之后的工作开展来看，这次调研为确定创新主题和设计策略方案提供了坚实支撑。

三是绩效评估。策研团队借助开展"2019年重庆南岸区基层综合文化服务中心免费开放绩效评价"课题的契机，通过实地察看、访问群众、查看相关资料等方式，对全区15个乡镇（街道）综合文化服务中心及其辖下随机选取的2个村（社区）综合文化服务中心，共45个基层综合文化服务中心开展了绩效评估，深入了解了基层文化设施建设与服务的情况。如果说问卷调查主要是为了解服务对象的需求，那么绩效评估重在把握基层文化服务的实际效能。

四是案例研究。对于策划而言，案例具有独特的效用。事实胜于雄辩，案例可以为创新想法提供事实支撑，为策划方案提供参考借鉴与落地信心。虽然各地的基层公共文化服务模式不尽相同，但这些模式在基层社区、文化场景、社会化等方面的探索与实践，可以为南岸区提供有益启示。策研团队选取并实地考察了北京白塔寺社区、劲松社区，以及上海、成都等市的一些典型案例，并分析了美国、日本和新加坡等国家在社区文化建设方面的创新做法。

（二）发展趋势判研

由于策划是为指导未来行动而预设方案的行为，因此准确把握趋势就事关策划的质量与成败。策研团队为此开展了定性和定量研究，以把握数字时代及疫情影响下公共文化服务发展的新变化与新趋势。通过深入分析，凝练出了五大发展趋势。

第一，新需求呼唤新服务：满足人民日益增长的美好生活新期待，需要提供更加多样化、更有品质的社区公共文化服务。当前我国社会的主要矛盾已经转化为"人民日益增长的美好生活需要和不平衡不充分的发展之间的矛盾"。从数据上来看，2019年全国居民恩格尔系数为28.2%，连续九年下降，居民消费结构正在不断升级，个性化、多样化、品质化内容成为更加活跃的消费需求。当前社区文化建设还跟不上居民素质的提升和文化消费的升级。文化行政部门应以供给侧结构性改革为抓手，提供更加多样化和高品质的公共文化产品，更好地满足基层群众的美好生活需求。

第二，新科技呼唤新思维：以移动互联网等为代表的数字信息科技已经渗透到社区文化服务生产、传播、消费等各环节，传统供给思维需要加速更新。随着高速移动通信技术的普及、移动通信资费的下降和网络数字内容与应用的兴起，基层文化娱乐形式和输送渠道发生了颠覆性变化。"在线"服务与"在地"服务呈平分秋色之势。在新冠肺炎疫情的影响之下，这种趋势正在强化。同时还可以注意到，在数字网络时代，公共数字文化服务是最能体现标准化、均等化、便利化内涵与特征的现代服务方式，是解决公共文化服务供给不平衡、促进欠发达地区公共文化跨越式发展的有力措施。

第三，新供给呼唤新模式：繁荣多样化、数字化、品质化的社区公共文化服务，供给模式需要从单一的政府供给向多元的社会供给转型。基层不等于基本，基层也需要高质量、多样化的文化服务。长期以来，我国的文化决策和管理权力集中在各级行政部门，国家对文化事业实行全面直接的供给与管理，文化经费基本上由国家统包。在这种供给体制下，供给主体缺少竞争压力，也缺少成本意识，很容易导致服务高成本、低效率，很难满足人民群众增长的多样化文化需求。随着经济和社会的发展及理论研究的深化，基层公共文化服务的供给主体正逐渐走向多元化，私人部门、社区组织和第三部门已经广泛地参与到了供给过程中。

第四，新环境呼唤新融合：在城市更新、乡村振兴、文旅融合等国家战略实施的背景下，社区公共文化服务需突破自身循环，不断拓展融合空间。为了更好地发挥效能，彰显文化的"形塑"（塑造外在形象）与"神塑"（塑造精神内核）作用，公共文化服务需坚持开放思维，融入更大的社会服务和经济发展循环中。只有将公共文化服务嵌入到城市生活场景中或以文化为引领促进城市更新，才能更好地提升服务效能。

第五，新形势聚焦新重点：疫情之下，基层特别是社区的重要性更加彰显，亟须将更多公共文化资源与服务下沉到社区。社区是社会的细胞，是公共文化服务最基层的服务单元。习近平总书记曾指出："要推动社会治理重心向基层下移，把更多资源、服务、管理放到社区，更好为社区居民提供精准化、精细化服务。"目前我国拥有近50万个社区（村）综合性文化服务中心，它们是服务基层的最核心力量。但从当前来看，社区层面公共服务力量还比较薄弱，亟须强化建设。

（三）南岸现状剖析

策研团队认为南岸区的制度设计应聚焦基层公共文化服务，那它现在的基础如何，区域实践特色是否能支撑起这个选题呢？从发展情况来看，南岸区近些年来坚持保基本、强基础、重基层的公共文化服务建设方向，已经形成了基层文化服务的五大体系。

一是打造了较为完善的基层文化设施网络体系。南岸区实现了以区文化馆和图书馆等标志性设施为龙头，以镇（街）和村（社）基层设施为重点，区、镇（街）、村（社区）三级公共文化服务设施体系的全面覆盖与达标，并打造了600多个基层公共文化延伸服务点。二是构建起了"配送服务+自我服务"的基层文化服务供给体系，并培育出了广阳民间故事、南山农民油画村、龙门浩"老街印象"书画社等一批文化品牌。三是初步形成了"终端＋平台＋资源库"的数字服务体系，三级公共文化设施100%实现了数字网络的覆盖。四是构建了党建引领下的文化共建生态体系，培育出了南图联盟、文物保护志愿协会等文化志愿团队120余支。五是打造了"专业＋兼职＋文化骨干"人才队伍体系，确保镇（街道）综合性文化服务中心的人员编制3名以上，村（社区）均配置有1名公共财政补贴的工作人员。

但根据问卷调研和绩效评估的分析结果，策研团队认为南岸区还存在可以改善之处，具体而言是"五个提升"：公共设施和功能空间的服务效能还有待提升、文化内容供给质量和获取便捷度还有待提升、居民参与意识和基层自组织力量还有待提升、社区公共文化服务的特色还有待提升、社区公共文化服务数字化水平还有待提升。这些提升方向也是示范创建需要关注的重点。

（四）寻找未来发展的"核心概念"

虽然策研团队提出了制度设计的主题——"高品质生活导向的城市社区公共文化服务创新"，研究了基层文化服务发展的新趋势与新要求，并通过资料分析、问卷调查等方式，对南岸区基层文化服务现状和问题进行了深入的剖析。但从策划本身而言，这还处于基础研究阶段，策划的核心内容还没有展开。因为策划最重要的是"概念创造"和"方案创新"。

至此，策研团队遇到了第二只"拦路虎"——应该提出一个什么样的"新概念"，使之既能反映南岸区基层文化服务的特色与优势，符合公共服务未来发展趋势，又能进行全国性的推广与复制。可以说，这是本次制度设计与方案策划的灵魂，也是写好示范区创建这篇文章的"题眼"。虽然策研团队开展了多次头脑风暴，提出了不少创新概念，但总有种"隔靴搔痒"和"词不达意"的感觉，这也让策划工作出现了停滞，难以有效展开。

三、思路创新："嵌入式"概念的提出与阐释

灵感从何而来？

正当策研团队"踏破铁鞋无觅处"，陷入创意困境之时，南岸区的一个实践案例引起了团队的关注，仿佛一道闪电照亮了黑暗中摸索的团队，一个新的概念也呼之欲出。

（一）一个案例的启示

在实地调研之时，花园路街道南湖社区的创新实践引起了大家的重视。

南湖社区是一个位于城市中心区域、典型的"老、旧、散"小区。其辖区面积0.7平方公里，92%以上的楼房修建于20世纪80年代，有常住居民6426户24599人，其中流

动人口达到 50% 以上。人员结构复杂、人口流动性强、居民归属感弱、基础设施陈旧、公共空间狭小，曾经是社区公共服务和基层社会治理的难点区域。近些年来，南湖社区坚持将高质量文化服务作为创造高品质生活的精神滋养，努力让文化贴近社区百姓，融入居民生活，走出了一条老旧小区高质量改造与文化惠民共进的道路。其成果获得了文化和旅游部领导及专家的赞许，成为外界考察学习的"打卡点"和媒体报道的"网红点"。

在全面考察和分析了南湖社区的做法后，策研团队认为南湖的创新经验可归纳为：嵌入思维、需求导向及五个创新。

第一，嵌入思维：文化服务嵌入社区改造。2018年以来，在市、区两级政府的支持下，社区进行了老旧小区综合改造提升。在这个过程中，社区领导有远见地将公共文化服务嵌入社区改造，发挥文化的"形塑"与"神塑"作用，坚持"我们所做的虽然是一个空间改造，着眼点却是社区建设，希望以此提升社区居民的精神文化追求"，并进行了系统谋划和建设。

第二，需求导向：植根需求规划文化服务。南湖社区高度重视对社区居民需求的了解，成立了专门的工作小组，利用位置近、人员熟的优势，积极收集居民反映的文化服务问题与需求信息，并鼓励社区居民参与规划设计。同时社区根据技术变迁和居民需求升级，不断更新服务。例如，打造了 24 小时自助图书馆和"有声图书馆"。

第三，特色创新：特色文化嵌入社区文化。南湖社区根据"三益书院"（乾隆年间）的教学理念"读书读人读生活、益己益人益天下"，提炼出了"益己、益人、益家园"的"三益"社区文化，并组织社区党员和文化志愿者撰写了包含社区党建、群团、安全、友邻、社会主义核心价值观等方面内容的 276 个字的"三字经"（社区公约），将特色文化融入社区生活各个方面，以文化共识推进社区认同，增加了居民的归属感和社区的凝聚力。

第四，空间创新：服务阵地嵌入生活场景。针对社区群众的文化需求，借助老旧小区改造的契机，社区将公共文化服务空间有机植入，"见缝插针"，将原先的闲置用地改造为服务阵地，实现公共文化服务"房前屋后、遍地开花"，让文化服务触手可及。例如，改造闲置废弃空间，根据当地居民生活习惯，建设了"茶韵广场"，成为社区一道独特的风景。通过这些文化载体的打造，社区文化空间得到有效拓展，实现了全时、全域、全龄覆盖。

第五，内容创新：多样化服务嵌入文化供给。根据社区居民的文化需求，在争取政府公共服务配送的基础上，不断丰富和创新社区文化服务供给主体和形式。例如，联合喜马拉雅打造了社区有声图书馆，还开辟了"南湖之声"定制社区有声电台，由南湖群众讲述身边的故事。

第六，组织创新：多元主体嵌入文化建设。积极发挥社区党委的核心引领作用，党员在群众中发挥先锋作用，带动更多的群众参与社区建设。社区提出"服务靠群众、群众靠发动、发动靠活动"的动员思路，积极发动群众，并引导其成为社区志愿者。目前南湖社区 6000 余户，志愿者也达到了 6000 余名，基本实现志愿家庭的 100% 覆盖。

第七，治理创新：多元力量嵌入文化治理。多年来，南湖社区在发展社区公共文化服务之时，积极发挥社区党组织的领导核心作用，并推动社区自治组织、文化专干、居民代表等共同参与讨论文化事宜，共商文化大事，有力地促进了社区邻里的和谐与和睦，呈现出"邻里知、邻里和、邻里帮"的新气象，构建起了一个互信互助、共建共享的社区生活共同体。

从南湖社区的案例分析中，我们是否能找到一个贯穿始终的关键词呢？当然有，那就是"嵌入"！

（二）"嵌入式"理念的提出

"嵌入"只是策研团队案例分析中的一个主题词。但是如何将其引入公共文化服务，并在此场景下明确其概念与内涵，成为系统性的操作路径呢？这时最好的办法就是"溯源"，即借鉴前人的理论研究成果。

策研团队发现，其实早在 1944 年，卡尔·波兰尼在《大转型：我们时代的政治与经济起源》中就提出了"嵌入"（Embeddedness）这一概念，用以研究市场与社会的关系。❶他指出"经济并非像经济理论中说的那样是自足的，而是从属于政治、宗教和社会关系的"。其核心内容在于强调经济运作过程中所蕴含的社会体系的影响，经济活动是融于具体的社会网络、政治构架、文化传统和制度基础之中。并认为文化也不是自足的，"一定的文化是一定社会的政治和经济在观念形态上的反映"。嵌入式理论提出后，受到了后继学者和社会的广泛关注，成为了解读各种社会行为的重要理论分析框架。马克·格拉诺维特在 1985 年发表的《经济行为与社会结构：嵌入问题》一文中，对"嵌入"内涵进行了进一步说明，认为"那些亟待分析的行为和机构都会受到持续的社会关系的影响，那种认为可以将它们进行独立分析的思路都是极其严重的误解"，强调了作用双方的互相形塑和影响。之后，又有一些学者对"嵌入"概念进行了深入思考和分析。虽角度和侧重点各有不同，但都有一个共同的特征——"'嵌入'就是两个或两个以上不同系统，通过系统内部因素的相互影响、相互作用、相互适应，形成一个各取所需的趋于稳定的新系统。他们之间是一个相互'建构'、相互'生成'、相互'扎根'的紧密联系过程。"❷"嵌入式理论"经历了多年发展，当前已经从探讨一般性的双边联系、多边联系，发展到了网络化的复杂联系，从新经济社会学领域延伸到经济地理学、企业管理、公共服务、社会治理等众多领域。例如，我国学者就将嵌入性理论作为一种理论工具和分析框架广泛运用到社会治理、

---

❶ 卡尔·波兰尼. 大转型：我们时代的政治与经济起源［M］. 冯钢，刘阳，译. 杭州：浙江人民出版社，2007：53.

❷ 刘亚玲. 场域嵌入：乡村传统文化发展的认识论和方法论研究［J］. 图书馆，2018（9）：5-9.

社区服务、文化建设、计算机系统等各领域,其核心是强调各部分或系统之间的相互协调与互嵌互促关系。

(三)"嵌入式"公共文化服务的内涵

根据对嵌入式理论的研究,策研团队将"嵌入式理论"的理念和特点引入到了公共文化服务,并结合文化服务的规律与趋势丰富了概念内涵。

什么是"嵌入式"公共文化服务呢?即是要突破过去公共文化服务竖井化发展、同质化建设、集中式布局、行政化运营、单一化治理等局限,将新型公共文化服务单元、阵地、功能、主体等嵌入到社区发展与服务体系中,推动文化服务特色化、空间便利化、供给多样化、组织多元化、治理多元化发展,构建起各种要素、各类主体、各个体系间融合互促的文化服务生态系统,实现公共文化服务"房前屋后、遍地开花",并发挥文化的"形塑"与"神塑"作用,提升社区的整体发展品质(见表4-3)。

表4-3 "嵌入式"和传统公共文化服务的区别

维度	传统公共文化服务	嵌入式公共文化服务
关系	竖井式发展	发展协同化
特色	同质化建设	文化特色化
空间	集中式布局	空间便利化
主体	行政化运营	供给多样化
治理	单一化管理	治理多元化

理解"嵌入式"公共文化服务,核心是要把握"五个突破"(见图4-2)。即以需求为导向,实现理念、空间、供给、治理和特色的突破。第一,要突破公共文化服务体系的自身循环,注重将其嵌入到更大的经济社会和服务发展系统中。第二,要突破传统聚焦文化服务中心等集中型设施的做法,注重将服务阵地嵌入到社区全域和生活场景中。第三,突破政府主导和自上而下的内容供给格局,注重让更多社会力量嵌入到文化服务供给中。第四,要突破当前治理主体较为单一的治理模式,注重让更加多元的文化主体嵌入到文化治理体系中。第五,要突破同质化的公共文化服务建设,注重让特色文化基因嵌入到社区的文化服务发展中。

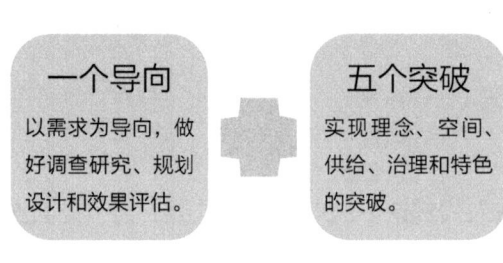

图 4-2 "嵌入式"公共文化服务的新要求

为了更直观地理解社区"嵌入式"公共文化服务，策研团队绘制了概念示意图，阐释社区公共文化服务体系与整个社区服务体系及城市更新系统间的关系（见图 4-3）。

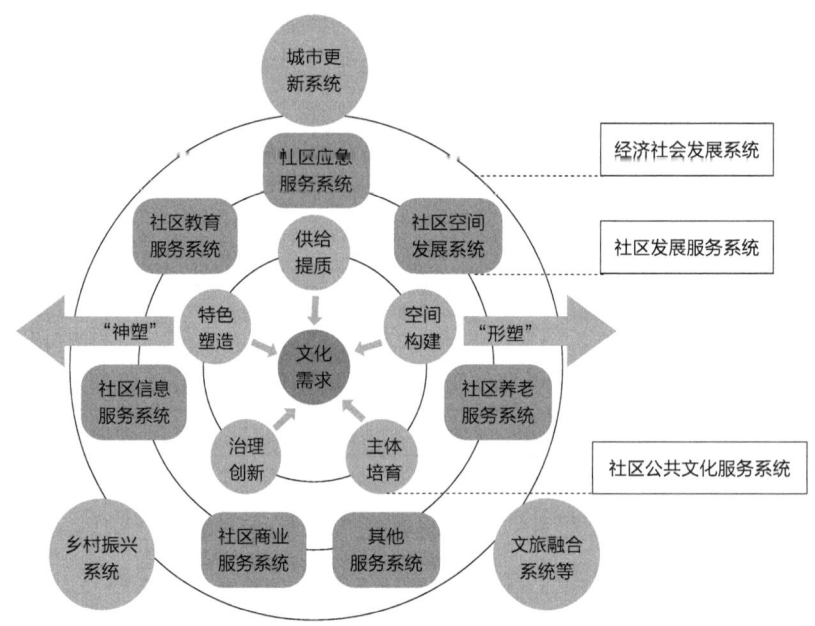

图 4-3 "嵌入式"公共文化服务与其他体系的关系示意

（四）嵌入式公共文化服务的实施要点

在实践过程中，如何做好"嵌入式"公共文化服务呢？根据南湖社区的案例总结及相关理论的启示，策研团队将其归纳为"115 模型"（见图 4-4）。

"强化 1 种思维"：嵌入思维。将社区公共文化服务建设植入到城市更新、乡村振兴等大系统及社区教育、健康、便民服务、应急管理等并行子系统中，嵌入到社区居民的日常生活场景中，实现各个主体、各种要素、各类系统的融合互促和协同增效。

"突出 1 个核心"：需求导向。嵌入式服务应以满足社区居民精神文化需求为出发点和落脚点，将居民参与度和满意度作为检验社区文化建设的首要标准，在充分了解社区居民文化需求的基础上，进行文化服务的规划与设计，不断强化文化供给的适用性，从根本上提升效能。

做好"5个创新"：一是创新文化特色。坚持文化的在地性，根据社区历史传统、文化底蕴、人群特征等因素，提炼社区文化的独特基因与精神内核，并通过群众喜闻乐见的内容与形式，才能让文化走脑入心，增强居民认同感、归属感和幸福感。二是创新文化空间。将公共文化服务嵌入城市更新、乡村振兴等建设过程中，改造提升现有综合文化服务中心，对闲置、效能低下的设施、空间进行重塑更新，灵活打造生活化的小型文化空间节点，同时推动数字化建设，实现全时、全龄、全域覆盖。三是创新文化供给。改变政府单向主导的供给模式，动员和整合多元力量参与，增强社区自主创新活力。并利用新技术、新手段与新模式，创新社区公共文化服务的内容与形式，建立多层次、高效能的公共文化服务供给体系。四是创新主体培育。大力培养居民参与社区治理的主动性、积极性和创造性，强化居民的自我服务、自我管理能力；积极推动社会组织、社区自组织、文化能人、文化志愿队伍等力量的建设，支持其参与文化营建，构建可持续发展的社区文化生态圈。五是创新文化治理。积极创新供给机制、活动机制、社会参与机制、经费保障机制和评估考核机制等，推动形成"共建、共治、共享"的治理服务格局。

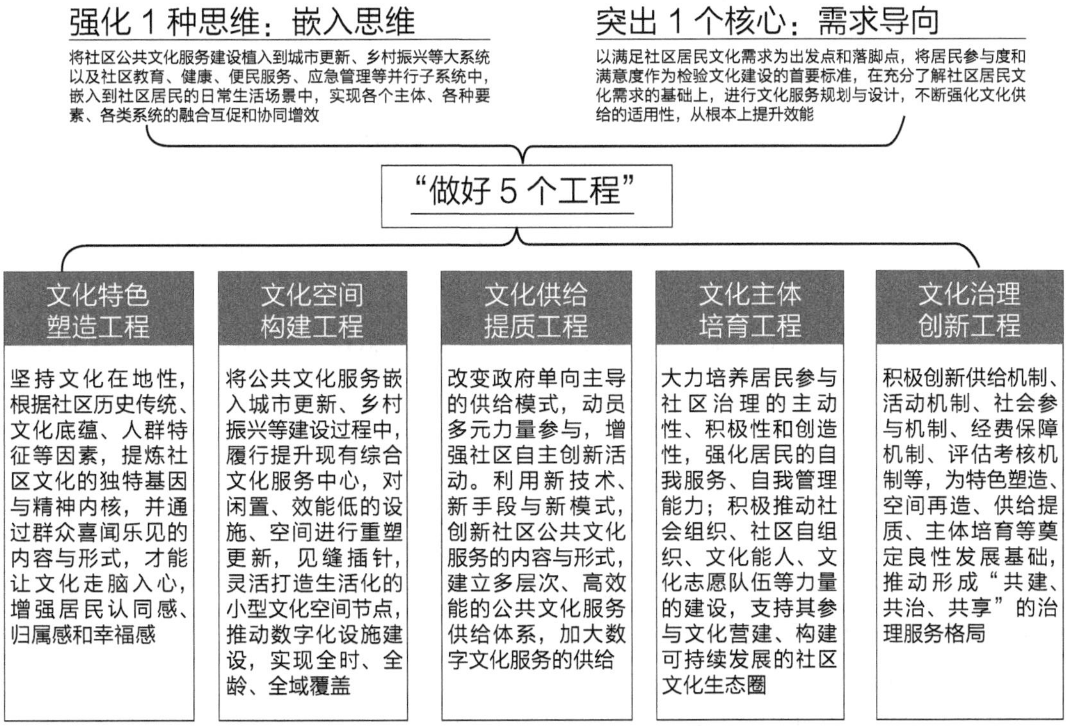

图4-4 "嵌入式"公共文化服务的实施要点

四、策略设计：从"嵌入式"个案到多个示范点

通过案例总结，策研团队提出了"嵌入式"公共文化服务的概念、内涵与模型，但如何从一个案例拓展到打造更多的示范点呢？这是策研团队遇到的第三只"拦路虎"。因为"嵌入式"绝不是一个纯粹的理论概念，而应是一种实践方法，并能够进行复制与推广。具体如何推进呢？团队提出了"做好整体设计、明确重点任务、强化支持保障和打造示范点"四大实施策略。

（一）做好整体设计

根据国家关于构建现代公共文化服务体系的总体部署，策研团队以推动"嵌入式"公共文化服务为重点，制定了《重庆南岸区城市社区"嵌入式"公共文化服务发展优化方案》，明确了整体的建设目标、方向、路径等。并根据南岸区的实际情况，提出"嵌入式"实施的三种主要类型：一是谋划好老旧小区改造中的文化嵌入，以文化为引领实现对小区的整体改造，建设具有特色的人文小区。二是谋划好社区升级建设中的文化嵌入，借助社区环境整治、社区设施条件升级等机会，推动文化要素的有机植入。三是谋划好社区统筹发展项目。例如，推动"文旅融合"等项目，利用社区内各类空间发展文化服务。

（二）明确重点任务

根据"嵌入式"社区公共文化服务的实施要求，策研团队提出了"五大创新任务"，着力打造文化服务可持续发展的有特色、有空间、有内容、有组织、有活力的"五有社区"，提升基层文化建设的效率与效益，更好地满足居民文化需求。具体而言，包括五个方面的重点任务。

第一，塑造社区特色文化。社区文化是社区居民认同感和归属感的来源。要坚持社区党委对文化建设的全面领导，加快塑造以社会主义先进文化为引领的社区特色文化。由社区党委牵头，结合社区人文传统、地域特色、人群特征和时代要求，通过公开征集、代表研讨、专家指导等方式，提炼独特的社区文化（精神、内涵等），并通过专家评估、居民投票等方式确定。围绕社区特色文化，设计社区视觉识别系统，制定"社区公约"，打造"社区礼物"，绘制"社区文化地图"，任命"社区文化大使"，宣讲和培育社区文化精神，将特色文化拓展、融合到社区生活的各方面。

第二，优化社区文化空间。根据社区文化特色和居民文化需求，结合社区的区位和地形特质，充分利用闲置空间，"见缝插针"，推动"一心、一场、一厅、一廊、多点"建设，加速社区网络空间建设，为居民提供便利化、多样化、品质化的社区文化服务。一是

提升社区综合文化服务中心。根据设施利用效能高低情况，结合居民文化需求，整合现有空间，推进功能重置，重点打造文化传播、文化娱乐、文艺活动、运动健身、学习交流、创意孵化六大主题空间。二是提升社区文体主题广场，重点打造"一台（社区文化舞台）一角（文化休闲角）"，让广场成为与综合服务中心相辅相成的运动健身、娱乐休闲、文化交流的社区公共空间。三是建设社区文化会客厅。通过调整存量空间功能、创新多元合作等形式，在社区位置较为中心或交通较为便利的地方，建设集社区文化体验、文化议事、新时代文明实践、社区图书馆、居民休闲交流等功能于一体的文化服务载体。四是打造社区文化迎宾长廊。在社区主入口区域，设计与建设包含社区简介、文化特色、所获荣誉、社区公约、活动公示、文化能人、文化地图等内容的社区主题文化长廊。五是拓展小型便民文化服务点。梳理社区闲置空间（废弃小楼、空地、车棚等），支持社会力量将其改造成为漂流书屋、流动美术馆、朗读亭、茶吧、创意工坊等准公益性文化活动空间，丰富社区文化服务场景。六是强化数字化服务端布局和提升"南书房"和"有声图书馆"等数字服务终端，推动社区公共文化空间 Wi-Fi 全覆盖。依托社区数字资源、腾讯会议（App）等，加速建设社区数字文化空间，形成线上服务与交流平台。

第三，创新社区文化供给。顺应数字网络时代趋势和居民文化消费需求，转变政府主导供给模式，丰富供给主体与内容。一是改善政府配送效能。社区文化专干牵头组织文化需求和满意度调查，在此基础上制定每周"社区文化菜单"，并通过"文化云"来"点菜"。二是鼓励群众自创内容，以文化能人和文艺骨干为核心，支持群众进行自我创作、自我服务。三是支持社区与文化馆、群艺馆、高校、企事业单位等建立合作关系，为群众开设精品培训课程或文化活动。四是社区通过政府配送、文化众筹、集体组织等方式，积极开展网络影视、文艺普及精品慕课等数字公共服务。五是加大文化活动宣传，通过在社区人流量较大区域（社区入口、文化广场等）设置显示屏（牌、栏等），开设社区文化微信群等方式，扩大信息传播。

第四，创新培育文化主体。加强社区文化团队与组织建设，促进多元力量参与，构建可持续发展的社区文化生态圈。一是配强社区文体专管人员，各社区配备 1 名文体专管员，加大对社区专干的培训与激励，提高业务水平。二是实施"社区文化资源普查计划"，全面掌握社区文化资源情况，大力挖掘、培训和激励文化能人，支持文化能人组建音乐、舞蹈、戏剧、曲艺、书法、摄影、文学等社区团体，开展特色文艺活动，成为社区文化建设的骨干力量。三是孵化社区文化类社会组织，支持一批管理规范、规模较大、运行较好的社区文艺团队登记（或备案）为文化类社会组织，纳入政府服务采购平台。四是发动壮大社区志愿者队伍，加强志愿精神宣传，健全志愿者注册、组织与管理机制，建设志愿服务积分的存储、管理、交换平台，城市社区实现注册志愿者总数达到居民的 15% 以上。

第五，创新社区文化治理。完善社区公共文化服务制度与机制，形成居委会、业委会、社会组织和社区居民等多元协同的治理机制。一是成立社区文化建设"两会"制度。由居委会、社区单位、社会组织、文化专家（社区文化指导员）、文化能人、居民代表等组成"社区文化建设专业委员会"，承担社区文化建设的重要决策、规划、计划、指导等工作，每季度定期召开会议。二是实施"居民文化议事会"制度，由社区居委会牵头，文化专干、楼栋长、居民代表等人员组成，不定期就文化需求、活动意向等展开协商，形成征询民意、沟通交流的制度化渠道。三是构建居民文化需求反馈机制，形成以社区文化专干、楼栋长为主的自上而下的定期（季度）与不定期信息收集制度，建立以微信群、意见簿（箱）、议事会等为主的需求表达渠道，根据反馈动态调整文化服务。四是完善社会力量文化参与机制，基于社区居民实际文化需求，设计具有连续性的公共文化服务类项目，引入社会组织参与，提升服务专业性。

（三）强化支持保障

实施"嵌入式"公共文化服务，必须有基础的保障。策研团队认为主要应从加强组织领导与督查、构筑区级公共文化服务平台、加强资金保障和促进媒体宣传四个方面着手。

第一，加强组织领导与督查。借助示范区建设的契机，要树立全区一盘棋的概念，在区级层面建立统一的领导组织和评估考核办法，将区级标准、资源与社区特色发展有机融合，实现顶层设计和基层创新的有机统一。首先是要增强推动社区建设的专业力量，如建立专家咨询委员会。其次要完善评估考核。推动从设施与过程评估转向效能和结果评估，并聘请第三方机构进行评估，增强专业性和客观性。

第二，构筑区级公共文化服务平台。从全区高度出发，构建起服务社区的公共文化服务平台。首先，利用总分馆平台将服务下沉到社区。做好"一个总馆＋多个分馆＋若干服务点"的建设架构，实现更多力量与资源的下沉。其次，完善区级的数字综合服务平台，建设集成信息服务、预约服务、志愿服务、消费者大数据等功能的"掌心南岸"。再次，建立社区文艺指导中心。建设以区专业院团文艺人才与高等院校师生为主体，涵盖音乐、舞蹈、戏剧、曲艺、美术、书法、摄影等各艺术门类的社区文化指导员人才库，为各社区提供培训专家或社区文化指导员。最后，探索打造社区文化建设学院。通过系统设计社区文化营造的培训课程，重点培养镇、社两级文化干部与能人，打造集培训、孵化和咨询于一体的平台。

第三，加强资金保障。资金是一切公共文化活动和文化服务发展的后备力量，是所有制度改革、产品更新、服务创新落实最基础的保障。策研团队认为：一是要健全财政保障机制。将基层公共文化服务建设纳入年度政府预算，不断提高用于社区的比例；在创建资金中设立社区文化建设专项资金，确保专款专用。二是要拓展资金来源渠道。争取中央资金、市级财政投入。鼓励通过政策扶持、政府采购、委托生产、特许经营、公共文化项目外包等多种间接投入形式，引导和鼓励社会力量进行捐赠或赞助，参与社区文化建设，形成政府主导、各方力量积极参与的多元投入机制。三是要加强资金管理。加大资金统筹力度，落实资金管理科学化、规范化和精细化的要求，最大限度提高资金使用效率和效益。

第四，促进媒体宣传。知情才能参与。为了达到更有效的宣传效果，一是建议打造政府公共文化服务媒体矩阵，开展网络、电视广播、平面媒体、微信公众号、微博等多渠道立体宣传。二是要制订宣传方案，策划相关主题，大力传播社区文化建设的重要性、必要性和紧迫性。三是及时报道社区文化建设中取得的成就和经验，通过政策建议、典型示范等方式进行深化推广，在全社会营造人人关心、支持和参与社区文化建设的良好氛围。

（四）打造示范点

策研团队认为，南岸区包括8个街道与7个乡镇99个社区，而且各社区的基础条件和发展阶段都不太一样，因此很难在短期内全部实现，应该采取分阶段推进的方式，试点先行。为此，策研团队首先选择了5个特色社区作为示范点（见表4-4），要求突出"一社一品牌、一社一特色"；同时帮助试点社区制订了实施计划，明确了建设目标、任务和时间表。然后在试点探索的基础上，总结经验制定了"嵌入式"服务的标准体系，形成可推广和复制的制度成果。

表4-4 示范社区的选择类型和拟打造方式

社区	类型	拟打造方式
南湖社区（花园一村）	公共文化+老旧社区改造	引入社会力量发展文创业态，将老旧社区改造为创意美学生活社区，探索"老重庆+潮文化"文创商业模式，丰富社区居民高品质文化生活
水云路社区	公共文化+社会创新治理	以社区新时代文明实践中心为主要载体，以"睦邻文化"为特色，联动睦邻广场、睦邻大舞台等空间，嵌入文化服务，促进邻里和睦和社区自治
上新街社区（马鞍山）	公共文化+旅游休闲	利用马鞍山独特的山形地貌，将公共文化服务与文物建筑保护利用、旅游休闲发展相融合，以"慢文化"为核心主题，鼓励多元力量参与，丰富文化服务的供给主体与内容
福民社区	公共文化+传统文化弘扬	将公共文化嵌入到商品房小区的文化营造中，以"十字论语"为文化特色，促进公共文化和国学文化及社会治理创新的融合
东山坪社区	公共文化+城市公益服务	以"星空间"为阵地，将公共文化嵌入到成熟商圈，整合公益慈善、社工及志愿者等资源，满足群众多样化的文化需求，促进共建共享与共治

五、策划思考：一个新概念的持续生命力何在呢？

经过各方的努力，"嵌入式"公共文化服务模式建设取得了良好效果。从示范区的创建成效来看。一是极大增加了公共文化服务的面积。例如，南湖社区综合文化中心400平方米，但是通过嵌入，南湖社区文化空间总面积达到3200多平方米，扩大了8倍。二是提高了居民参与的积极性和满意度。例如，水云路社区居民的满意度达到了90%以上。三是形成了融合发展新形态。例如，马鞍山社区以"最重庆、慢时光、小生活"为主题，借助山形地貌和文物资源，创新营造文化场景，已成为主客共享的网红社区。

创新成果也得到了文化和旅游部的认可。南岸区在2020年年底成功通过了国家公共文化服务体系示范区的创建验收。同时"嵌入式"公共服务模式也写入了国家级规划，2021年文化和旅游部发布的《"十四五"公共文化服务体系建设规划》中提到，要"加快推动社区文化'嵌入式'服务，将文化创意融入社区生活场景。推动将社区文化设施建设纳入城市更新计划，鼓励社会力量参与，结合老旧小区、老旧厂区、城中村等改造，创新打造一批具有鲜明特色和人文品质的新型公共文化空间"。

"嵌入式"公共文化服务作为一个新概念，其持续的生命力何在呢？核心是能否持续创造价值。"嵌入式"公共文化服务实质是以满足居民分散性与便利性的文化需求为导向，将特色化、多样化的文化阵地和服务嵌入到社区居民日常生活场景中，实现公共文化服务"屋前屋后、遍地开花"。它的核心价值就在于解决居民分散性、便利性、多样性的文化需求这个痛点。因为社区综合文化服务中心解决的是居民的聚集性、集体性需求，如舞蹈、培训、讲座等。但多样化、分散性的需求就难以满足，如想喝杯咖啡、看本书、发个呆，就没有必要到综合服务中心，在家周边解决即可。在新冠肺炎疫情影响和社区防控政策之下，这种分散型空间更显重要。因此综合文化服务中心 + "嵌入式"公共文化服务，共同构成了完整的社区公共文化服务体系，能有效地提升居民的参与感、获得感和幸福感，并能涵育事业产业融合的新业态。

"嵌入式"模式也非常适用于居住较为分散的广大农村地区，所以在2022年，策研团队探索在农村进行推广，借以促进城乡公共文化服务一体化发展。并遴选了7个乡村作为示范试点，推进"一村一特"。例如，"北斗村：打造新媒体嵌入式示范村""明月村：打造非遗基地嵌入式示范村""凉风村：打造青少年精神文明素养培育示范基地""银湖村：打造公共文化嵌入乡村旅游示范村"等。

最后总结南岸区"嵌入式"公共文化服务的探索，可以归纳为三句话：第一，以民为本，深抓基层、夯实基础。例如，创新打造了600个基层服务延伸点。第二，为民之便，房前屋后、遍地开花。通过"嵌入式"公共文化服务，"见缝插针"，打造了众多便利化文化服务阵地。第三，聚民之力，丰富内容，持续保持活力。目前全区有5万余名文化志愿者，这是公共文化服务最坚实的力量。如果说"高者必以下为基"——一个区域公共文化服务发展的高度是由基层参与度和满意度决定的话，那么南岸区成为示范区的确名副其实。

第三节　建设国家文化公园策研
——如何打造中华文化重要标识

2017年5月，中共中央办公厅、国务院办公厅联合印发了《国家"十三五"时期文化发展改革规划纲要》，在其"专栏19：中华文化传承工程"中，首次列出了"国家文化公园建设"的内容："依托长城、大运河、黄帝陵、孔府、卢沟桥等重大历史文化遗产，规划建设一批国家文化公园，形成中华文化重要标识。"2019年12月，又联合印发了《长城、大运河、长征国家文化公园建设方案》，其建设目标和路径进一步明确。到了2021年，国家文化公园建设工作领导小组一次性印发了《长城国家文化公园建设保护规划》《大运河国家文化公园建设保护规划》《长征国家文化公园建设保护规划》三个专项规划。规划的相继出台，在全社会掀起了研究和建设国家文化公园的热潮。

国际经验表明，立足国家战略高度，以国家力量创建各类国家公园，能够确保具有生态、文化、美学价值的自然资源、人文景观及非物质文化遗产得到有效保护，能够有力地支持环境教育，提高国家意识和民族自豪感，并且能够极大提升旅游休闲体验，丰富人们的精神文化生活。但是在2017年之前，这样的价值共识和建设热潮还是不明显的，其概念内涵、建设思路和发展路径等内容也并不清晰。策研团队正是在这样的背景下，接受了国家相关部委的委托，在2016年开展了建设国家文化公园的可行性研究与实施路径策划。

一、基础分析：明确概念内涵及建设的可行性

19世纪中叶世界上首家国家公园——美国黄石公园的建立，开启了人们对国家公园的认识与实践，随后逐渐扩展到世界220多个国家和地区，目前全世界已经建立了近万个国家公园。

伴随着城镇化和工业化的进程，我国经济获得飞速发展，一跃成为世界第二大经济体，但与此同时，进一步发展也面临着资源约束趋紧、文物保护压力增加、生态环境急剧退化等严峻挑战。2006年，云南香格里拉市的普达措成为我国第一个国家公园，自此国家公园建设拉开了帷幕。2013年党的十八届三中全会首次明确提出了"建立国家公园体

制",2015年国家发改委等13个部委联合通过了《建立国家公园体制试点方案》,确定了9个国家公园体制试点省(市)。在此背景之下,国家文化公园概念得以提出,并成为文化强国建设的重要载体。

(一)概念探讨

国家文化公园作为一种我国原创性的新提法,明确其概念与内涵是首要的任务。那具体如何展开工作呢？其实策划之前是研究阶段。对于研究而言,有很多常规但有效的基本方法。例如,文献资料法、调查研究法和比较分析法等(见表4-5)。本次研究就综合运用了以上方法。

表4-5 基本研究方法、目的与内容

研究方法	研究目的	基本内容
文献资料法	为课题提供现有理论的支撑	收集政策法规、文献资料；借阅书籍,系统了解中、美、英等国建设情况
调查研究法	选取典型地点开展实地考察	选取曲阜、黄帝陵、大运河等代表性区域进行调查与座谈交流
比较分析法	对比研究国内外国家公园建设	主要就管理体制机制、运营模式、资金来源、营销传播等进行比较分析

根据世界自然保护联盟(IUCN)的定义,国家公园是指主要进行生态系统保护和重建的保护地。它是一片陆地或海洋上的自然区域,其指定目标是为当代及子孙后代保护一个或多个生态系统的完整性,排除有悖于该区域指定目的的人类开发与占用,为精神、科学、教育、旅游等提供基本依托,所有这些活动都必须与环境和文化保持和谐。

各个国家和地区也均结合自身实际进行了概念界定。例如,美国认为狭义的国家公园是指拥有丰富自然资源的、具有国家级保护价值的面积较大且成片的自然区域；广义的国家公园是"不管现在或未来,由内务部部长通过国家公园管理局管理的,以建设公园、文物古迹、历史地、观光大道、游憩区为目的的所有陆地和水域"。在新西兰,国家公园是指国家为了保护一个或多个典型生态系统的完整性,为生态旅游、科学研究和环境教育提供场所而划定的需要特殊保护、管理和利用的自然区域。在南非,国家公园被认为是一个提供科学、教育、休闲及旅游机会的区域,同时该区域要兼顾环境的保护,并且使当地获得相关的经济发展。虽然各国的概念内涵不尽相同,但均认为国家公园是自然环境优美、各类物质与非物质资源独特、具有区域典型性且保护价值大的自然区域,该区域应不受或较少受到人类活动的影响,是一个国家或地区维护生态系统平衡、开展科学研究和环境教育的重要场所。

国家文化公园是我国基于文化保护、传承和利用的实际需要而提出的原创性概念，但它无疑也是国家公园的重要分支。那应该如何进行定义呢？

策研团队认为可以先提炼国家文化公园的核心特征。根据国内外相关文献与案例研究，团队认为国家文化公园应具备三大特征：第一，国家代表性。国家文化公园应是国家形象和文化传统的标志体现，饱含着一个国家的历史起源、民族精神与价值观念，其文化生态系统的构建是一个国家实现可持续发展的重要保障。第二，文化价值性。国家文化公园应是某一类文化资源的国家级典型代表，保留了文物遗址的原真性，是国家文化财富的宝贵载体。第三，社会公益性。国家文化公园为全体国人而设立，提供公共性文化产品，同时承载着一个国家对外文化交流的使命。

根据对国家文化公园特征的提炼与思考，策研团队认为，国家文化公园可以定义为：以保护、传承和弘扬具有国家代表性的文化资源、文化精神或价值观为主要目的，兼具爱国教育、科研实践、娱乐游憩和国际交流等文化服务功能，并经国家有关部门认定、建立、扶持和监督管理的特定区域。为了能更好地理解概念和指导实践，策研团队又将国家文化公园分为考古遗址类、传统文化类、红色文化类、民族文化类和现代文化类五种类型（见表4-6）。

表4-6 国家文化公园的五种类型

类型	内涵
考古遗址类	以重要考古遗址及其背景环境为主题，具有科研、教育、游憩等功能，在考古遗址保护和展示方面具有全国性示范意义的特定公共空间
传统文化类	伴随着我国长期文明演化而汇集，能够代表并集中展现我国思想文化史上某一类思想的发源、内核、表现形式、现代传播意义等内容的特定公共空间
红色文化类	能够展现我国革命战争年代，广大人民群众、先进知识分子在中国共产党领导下共同创造的，且具有中国特色先进文化内涵的特定公共空间
民族文化类	能够代表我国某一民族在长期共同生产生活实践中产生和创造出来的，能够体现本民族特点的物质和精神财富总和，集中反映我国多民族优秀精神品格的特定公共空间
现代文化类	能够展现社会整体和人的自身现代化发展过程，利用先进科学技术手段，打造出以人民为中心、文化活动丰富、全民参与、彰显全民族文化自信的特定公共空间

（二）功能设定

国家文化公园应具有哪些功能呢？纵观世界范围内的国家公园建设与实践，策研团队认为，其功能重点体现在三个方面：一是确保具有生态、文化、美学价值的自然与景观得到有效保护，维持自然、文化系统的可持续发展；二是开展科学研究、进行环境教育，提高国家意识和民族自豪感;三是提供旅游休闲体验,丰富人们的精神生活,促进所在地社区发展。以国家公园体系最为发达的美国为例,其主要功能可概括为"PEE 模式",即生态/文化保护(Protection)、教育科研(Education)和游览体验(Experience)。

目前我国国家层面命名和管理的公园主要有九类,它们由不同的部门管理,在功能上也各有侧重,如国家森林公园由国家林业和草原局负责,主要功能是景观资源的保存与保护,资源环境的考察与研究,旅游观光业的可持续发展。相对其他类别的国家公园,策研团队认为,国家文化公园应更侧重文化主题,成为国家代表性文化保护与传承的核心基地,人们接受爱国教育、文化熏陶与文化涵育的重要场所,人们休闲游憩、享受文化生活的精神家园,对外集中展示中华文化的战略窗口。重点应突出如下四大功能。

第一,文化保护与传承。博大精深的民族文化是中华民族的宝贵财富,是我们建设社会主义先进文化的宝贵资源。国家文化公园的首要功能应是:对具有国家代表性和民族独特性的文化资源进行保护和创意活化,推动优秀民族文化世代传承。要将文化公园建成为国家文化和文明的凝结核、集聚地、典范区。特别是要通过对文化文物资源的活化与创意开发,将文物、遗址等背后所承载的文明、文化通过一个个单体的、活化的文物形态实现广泛的传播,传承文化根脉,凝聚民族精神,培育道德力量。

第二,爱国宣传与教育。由于国家公园大量的历史文化遗址为人们提供了联系历史与现实的纽带,许多国家都把历史文化类国家公园作为爱国主义教育基地。《美国国家公园 21 世纪议程》中明确指出"我们国家的历史遗迹、文化特征和自然环境有助于人们形成共同国家意识的能力——这应是国家公园管理局的核心目标"[1]。因此,我国建设国家文化公园的一个重要功能即是:通过忠实、完整、准确和生动地展示国家和民族的历史和文明成果,将公园建设成为开展爱国主义教育的生动课堂。以其巩固民族身份认同,增进国民文化自信与自豪,提升爱国热情。

第三,文化游憩与休闲。这是所有国家公园的共同功能特征。而文化是游憩与休闲的精髓与灵魂,是人们获得审美体验和身心愉悦的核心源泉。因此,建设国家文化公园一大重要功能就是:提供具有国家代表性、经典型的文化体验,丰富国家公共文化服务供给,扩大和引导文化消费,增进文化福祉。同时,增强游憩休闲功能,也是国家公园促进所在地社区发展的重要方式,根据美国国家公园管理局 2013 年发布的报告,国家公园参观者在周边社区总共消费近 146 亿美元,产生了 14 万个就业岗位,有力地带动了周边地区的发展。

第四,对外交流与展示。文化拥有交流与互鉴的特质,因此与一般的国家公园不同的是,国家文化公园应该具有更大的国际传播与交流功能。应该是:展示中华文化特性与精粹、进行世界文明交流互鉴的高地,促进中国与世界文化交流融合的重要窗口。通过国家

---

[1] 于靖园. 美国国家公园百年兴盛启示录 [J]. 小康,2016(20):53-55.

文化公园建设，可以更好地促进中国与世界各国的自然和文化交流，向世界打开一扇展示中国文化和文明的窗口，促进不同文化之间的互相认可和尊重，推动中华文化走向世界。

（三）公园建设可行性

建设国家文化公园是确保文化可持续发展、弘扬社会主流价值观、增进国民的文化福祉、推动对外的交流展示和有效提升资源效益的重要手段。那么，当前建设的可行性如何呢？虽然此次研究涉及可行性问题，但事实上，这几乎是一个不证自明的问题。策研团队认为，建设国家文化公园，我国已经具备了较好的经济实力、需求支撑、政策环境和经验积累。

首先，改革开放40多年来，我国经济快速增长，国家财政实力不断增强，国家有能力增加在公共服务领域的投资和建设，让国民享受到更多公益性、高品质的公共服务。其次，"仓廪实而知礼节，衣食足而知荣辱"，经济水平的提升也让人民群众更加注重精神文化生活，全社会的文化消费需求、文化保护意识日趋增强。再次，自党的十七届六中全会首次提出建设社会主义文化强国以来，党和国家对文化发展日趋重视，出台了系列政策，营造出了优越的发展环境。最后，我国在国家级保护区建设（如国家级自然保护区、国家级风景名胜区、国家森林公园、国家地质公园、国家考古遗址公园等）及国家级文化示范区建设（如全国公共文化服务体系示范区、国家级文化产业示范园区）等领域取得了系列成就，积累了较为丰富的实践经验。

但建设国家文化公园，目前在选定标准、管理体制、运营模式、利益协调、资源保障和立法保护等方面还需探索，存在一定的推进难度。一是目前国际上没有国家文化公园的提法，也没有可供参考的选择标准，这需要我们在实践的基础上不断摸索与总结。二是当前我国没有建立垂直统一的国家公园管理机构，一区多牌、多头管理、交叉重叠现象严重，这也是国家文化公园建设中可能遇到的问题。三是在公园运营中，还需要推进管理权和运营权的分离，不断提高公园的服务效能。四是需要平衡国家管理和地方经济发展间的利益关系，要坚守国家文化公园设立的初衷，而不是成为地方发展旅游的驱动器或地方政绩的闪亮点。五是国家文化公园作为公益性质的公园，必须有持续的资金和政策等方面的支持和社会力量的参与，才能保障在低票价的同时实现可持续运营。六是我国国家公园管理的法律法规建设还很薄弱，需要进一步加强立法，推动公园管理的法制化和规范化。

二、思路创新：保护是基础，传承是方向，利用是动能

国家文化公园应该如何建设呢？这是一个宏大的问题。因为这是涉及顶层设计、认定标准、体制机制和管理运营等众多方面的系统性工程。策研团队认为，由于各省份、各地

区的实际情况不一，立足国家主管部委的视角，更需要从宏观战略角度出发，明确发展思路与建设目标。

（一）基本思路

策研团队认为，建设国家文化公园，保护是基础，传承是方向，利用是动能。其核心要旨是通过健全遗产保护、综合展示、教育科研、旅游休闲、文创研发等多重功能，让"沉睡"的历史文物"活起来"。其建设思路应立足国家文化公园典型性、系统性、亲民性和可持续性的发展要求，以中华优秀文化为根脉，深入挖掘中华文化的精神和价值，推动文化资源保护传承与利用，将国家文化公园打造为中华文化的重要标识。

一是要以人为本，普惠共享。牢牢把握国家文化公园的公益性质，始终把满足和丰富人民的精神文化需求作为核心导向，本着客观、科学、礼敬的态度，深耕厚植中华文化的土壤，结合当今时代要求，进行创造性转化和创新性发展，积极打造充满人文关怀的国家文化公园体系。注重文化普惠与文化共享，突出国家文化公园服务的亲民化、标准化、规范化，积极推动国家公共文化服务建设发展，将国家文化公园的文化育人功能内化于心、外化于行。

二是坚持保护优先，适度开发。牢固树立国家文化公园建设"保护第一"的核心准则，传承与弘扬中华历史文脉，展示中华文化精粹。在开发建设上，坚持适度开发的理念，充分发挥文化创意设计功能，加大文化创意衍生品内容开发，兼顾国家文化公园社会效益与经济效益的双效统一，统筹保护与开发的内在平衡。创新保护与运营管理方式，注重文化的完整性与系统性，实现国家文化公园的可持续发展。

三是坚持国家标准，特色发展。建立严格规范、科学有效的国家文化公园认定标准，严把准入门槛，坚持特色化定位、差异化发展。重点聚焦建设具有浓厚中华文化底蕴、符合社会主义核心价值观的文化公园。建立国家文化公园退出机制，明确各方责任与义务，严格审查监管。

四是坚持政府主导，社会参与。充分发挥政府在国家文化公园体系建设中的主导作用，建立健全国家文化公园管理体制机制，加强政策支持，加强立规建制，完善保障体系。鼓励社会力量以社会捐赠、联合共建等方式，参与国家文化公园建设。逐步建立政府主导、社会力量参与、共建共享的国家文化公园管理体制和运营机制。

五是坚持统筹规划，分步实施。充分发挥国家层面统筹协调作用，加强顶层设计，出台国家文化公园的发展规划、指导意见、认定标准、考核指标、管理办法等指导性文件，明确国家文化公园的发展目标、功能定位和发展导向，形成具体可操作的实施方案。在发展策略上，策研团队建议采取分步实施、典型试验、逐步推广的发展步骤，首期选择具有典型性和代表性的国家文化公园进行试点，探索管理和运营经验，然后逐步在全国范围推广。

（二）建设目标

目标是奋斗的方向。策研团队认为，建设国家文化公园对展示中华文明、彰显文化自信、建成文化强国具有重大的战略意义。国家文化公园的建设目标可以从三个角度进行阐释。

力争通过顶层设计及体制机制、管理运营、政策扶持等方面的创新，逐渐在全国建立起结构合理、功能健全、运营规范、特色鲜明、全民普惠的国家文化公园体系，为实现中华民族伟大复兴提供磅礴的精神动力。

力争通过国家文化公园建设，让一批具有典型性、代表性和重大历史文化价值的国家文化遗产得到充分挖掘和保护，让中华优秀传统文化精粹得到充分继承和弘扬，全民的文化认同感、归属感和自豪感得以大力提升，全民族的文化自觉与文化自信显著增强。

力争通过国家文化公园建设，构建起中华文明与世界交流互鉴的重要窗口和平台，让中国文化、中国故事得到更广泛的传播，中华文化的魅力更为国际社会所推崇，国家文化软实力和国际竞争力显著提升。

三、路径设计：内容、管理、运营与保障

具体如何推进呢？策研团队整理和分析了美国、英国、加拿大等10个国家的国家公园建设及运行情况，再结合我国的实际情况，提出了内容、管理、运营、保障和建设时序五个方面的策略。

（一）内容策略

国家文化公园建设之根之魂在文化，其内容构建之核心在于生动呈现中华文化的独特创造、价值理念和鲜明特色，让人们获得强烈的文化体验。一是要对文化遗产资源的内涵进行深度挖掘、现代阐释与创意传播，发掘其所蕴含的民族精神价值、建筑遗产价值、历史文化价值和经济社会价值。二是要立足全球视野，推动文化创新传承、古为今用，培育文化遗产研学游等主题旅游线路，促进文旅服务向数字化、网络化、智能化升级。三是要建设面向大众的文化教育基地和面向青少年的夏（冬）令营活动基地，强化文化宣传、科普教育功能，配合节庆日、纪念日等时间节点，开展多样化的典礼仪式和文化体验。同时推进文化主题艺术创作、文创商品开发和文创基地建设。四是要推动国家文化公园的展示与传播，构建数字展示体系、统一标识体系、文化解说体系、现代传播体系和研究机构体系，让国家文化公园光耀中华文明。

（二）管理策略

根据策研团队的研究，目前世界上主要形成了以美国为代表的集中管理型、以德国和澳大利亚为代表的地方自治型和以加拿大、英国、日本等为代表的综合管理型三种管理体制。现阶段中国对公园的管理属于属地管理和部门管理相结合的方式。但从实际发展来看，仍然存在着部门利益交叉、多头管理和权责不明晰等问题。

策研团队认为，本着先易后难、逐步推进的原则，当前建议采取"中宣部—部内专职管理机构/国家文化公园基金委员会—各地国家文化公园"垂直管理模式。中宣部下设专职管理机构对国家文化公园进行指导与管理，并联合财政部、文化相关部委、社会力量等设立国家文化公园基金委员会，由委员会具体负责对国家文化公园的认定、评审、扶持、监督考核等工作。基金委员会由中宣部下设专职管理机构主导，原则上不干预公园的日常事务，核心职能是通过资金补贴、业务指导、评估考核等方式，避免公园运营主体在实践中偏离国家文化公园设立的初衷与目的，最大限度发挥公园建设的综合效益。

（三）运营策略

策研团队对国外10多个国家公园进行了研究和分析，发现经营模式上，不少国家实行的是管理与经营相分离的制度，如美国、澳大利亚和日本等，为实现管理权与经营权的分离，公园内的相关经营项目是通过特许经营的办法委托给企业或个人经营。还有一部分国家强化社区共建和利益相关者共同管理，带动当地经济发展，如德国强化社区共建，其公园与相关机构、周边村等建立了良好的协调发展关系和合作机制，有效地带动了周边地区的发展。

具体到我国的运营机制设计，策研团队建议实行"两权分开、特许经营、多方参与"的方式，充分调动各方力量，形成发展合力。在政府管理部门发挥主导和引领作用的前提下，推动管理权和经营权分开，通过特许经营等形式，将公园经营权授予具有资质和能力的企业，公园管理机构主要负责评估和监督特许经营活动。同时建立公众参与机制，大力鼓励社会捐赠，发展志愿者组织，凝聚发展合力，推进公园健康可持续运营。

（四）保障策略

策研团队认为，建设国家文化公园需要借鉴成熟的国际经验，同时结合我国的具体国情，建立起科学、系统、完善的保障体系，并建议重点加大"资源投入、政策优惠、人才建设和立法保护"四大保障。

一是加大对国家文化公园的资金支持，由国家财政出资设立专项资金，统一纳入国家年度财政预算体系，同时鼓励地方政府加大财政投入；二是争取财政部支持，对建设和运营国家文化公园的企业执行优惠税制，降低企业税负；三是加大人才队伍选拔与建设，加快培育出一批理论水平高、执行能力强的优质管理人才；四是推动国家文化公园法治建设，前期可研究制定法规条例，成熟后逐渐推进公园立法，确保国家文化公园保持其发展宗旨，确保公园不断增进文化服务能力，打造成为文化强国建设的重要力量。

（五）推进时序

由于国家文化公园是新事物，策研团队认为，应该采取试点建设、局部推开和体系构建三大循序渐进阶段。

第一步：先行试点阶段。在中宣部宏观指导下，出台国家文化公园试点方案，依据国家文化公园分类标准，在全国选取 5 家分属不同类型、最具典型性和代表性的文化公园，进行国家文化公园试点建设，逐渐形成相对完备的、自上而下的领导机制、管理机制及运营机制，在全国起到先行探索与示范作用。同时完善国家文化公园的机构设置，并加快出台总体规划、认定标准、评估细则、管理办法及设立国家文化公园建设发展基金。

第二步：局部推开阶段。在具备建设国家文化公园条件的地区，认定和推进 15 个左右具有鲜明国家文化特色、具备承载对外文化沟通与交流能力、管理体制顺畅、运营规范、文化内容丰富、人民喜闻乐见的国家文化公园。同时应完善出台国家文化公园认定评估标准和国家文化公园管理办法。

第三步：体系构建阶段。在全国范围内全面开展国家文化公园建设工作，逐步构建起科学、规范、成熟、覆盖全国的国家文化公园体系。主要任务是明确国家文化公园体系分类，设立国家文化公园管理局，加速法治建设，依法推行国家文化公园制度的建立，确保国家文化公园功能和综合效益得到不断提升，为文化强国的建设提供坚实支撑。

四、策划思考：怎样才能提供更高质量的决策参考

策研报告在 2016 年年底提交之后，委托单位对报告给予了高度评价。认为该报告收集分析了国际国内相关资料和情况，对国家文化公园建设的功能定位、总体思路、目标效果、实施步骤、资源投入和管理运行等方面进行了深入的分析与探讨，提出了有益的建议。该报告也为 2017 年国家文化发展改革规划纲要提出建设一批国家文化公园的决策做出了一定的研究贡献。

整体而言，这次策研报告出色地完成了委托任务，为决策提供了参考。但是放到今天来看，还是有许多问题在当时思考不够透彻或者认识不足的。

第一是没有形成"概念创造"，或者说没有用一句话或一个词讲清楚国家文化公园到底是什么——这显然是策划的核心与灵魂。后来，国家文件对国家文化公园定了性——

"中华文化重要标识"。

第二是没有进行示范试点的选择。当时调研考察了北京奥林匹克森林公园、山东曲阜、重庆大足石刻等地。从现在来看，当时思想格局还是太小，远不如长城、黄河、大运河、长征等大型文化廊带来得有气魄，更能代表一个文明古国的文化厚度和泱泱大国的文化气度。

第三是没有涉及空间与建设问题。由于没有选定示范点，因此策研报告中也就没能提出"四类主体功能区"（管控保护区、主题展示区、文旅融合区、传统利用区）和"五大基础性工程"（保护传承、研究发掘、环境配套、文旅融合、数字再现）等空间构想和工程设计。

当然，即使到了今天，建设国家文化公园我们还有系列问题亟待破解：一是如何挖掘、提炼、阐释和传播好文化内涵，推动创新传承，古为今用，涵育中华民族复兴的精神伟力；二是如何在保护优先的基础上利用好文化资源，打造世界级旅游景区和现象级文创精品，不断增强中华文化的时代风采与品牌魅力；三是如何加速提升文化公园的基础设施和公共服务水平，优化公园的进入便捷度和体验舒适度；四是如何制定科学有效的体制机制和政策法规，构建国家文化公园建设命运共同体，推动多元力量协同合作，促进文化持续创新与永续发展。

当前国家文化公园建设整体处于起步状态，还有大量问题需要去研究，只有不断促进理论与实践的循环互促，才能真正将国家文化公园打造为中华文化重要标识，不断提升国家的文化软实力。

第五章 企业策划

第一节 企业策划概述

中国现代策划起源于"企划",大约在 20 世纪 60 年代中期由日本引进,最初并没有引起企业界的重视。到了改革开放之后,市场竞争日趋激烈,企业面临着前所未有的挑战,稍不留神就可能被市场淘汰,因此企业开始重视"企划"。如今"企划"或说企业策划已经成为企业管理中的标准动作。

一、内涵与基本特征

企业是依法成立,具有一定的组织形式,独立从事商品生产经营、服务活动的经济组织。企业通常以营利为目的,自主经营、自负盈亏、自我发展。根据经济学家罗纳德·哈里·科斯的研究,企业出现的根本原因是存在"交易成本",即"利用价格机制的费用"或"利用市场的交换手段进行交易的费用"。因此,企业本质上是"一种资源配置的机制",主要价值在于降低整个社会的"交易成本"。当然,我们也可以从功能角度来理解企业,即企业存在是为了解决特定的问题。能够做到基业长青的企业,一定相对于其他企业能更好地解决某一社会、文化或生态等问题,如华为、微软和迪士尼等。

随着现代企业决策逐步走向科学化,其决策由"谋"与"断"一体转向"谋"与"断"分开,"谋"发展成为专门的策划职能,"断"成为专门的决策职能。西蒙所称的参谋活动和设计活动均属策划活动,就是从决策程序中经过科学分离、分化出来的专门策划职能。[1]那么,何谓企业策划呢?简而言之,就是指企业为实现特定目标或解决特定问题,在研究基础上创新定制行动方案的理性行为,核心是预先决定做什么、何时做、如何做和谁来做。企业策划的主要功能是规避风险和追求效益最大化,"能够有效协调经营目标,

---

[1] 岳兴录,吕铁生,超波. 企业创新与超前策划 [J]. 发明与革新,1995(6):14-15.

避免盲目性，使经营行为系统而有序，有利于增强产品的竞争力，提高企业的凝聚力"❶。由于专业、精力、时间等因素的制约，企业决策者即使有"三头六臂"，也很难解决所有问题，这时就需要内部或外部策划力量的辅助。通常而言，相对于企业内部的策划人员，外部团队不但专业性更强，而且能以"第三方"视角，客观公正地分析和评价企业，帮助企业发现问题和制定策略。

战略和运营是企业取得卓越绩效的两个关键因素。从企业策划层次而言，也可分为战略策划和运营策划（见表5-1）。战略是确定企业的目标并分配资源和制订实现方案，核心是要做到目标与能力的匹配。企业战略策划即是一家企业在一定时期内为实现特定目标或任务的谋划和设计，通常具有全局性、长期性和战略性。其居于企业策划的最高层次，属于总体策划类型，统御着企业中所有策划活动，一般侧重于企业战略定位（使命、愿景、目标）、商业模式、品牌战略和风险预测及其对策等方面的研究与设计，重点在强调"做正确的事"。经营策划主要是为了实现企业战略目标和战略任务而进行的行动谋划。内容一般包括新产品、业务流程、市场营销、投融资和组织机构等方面的策划，更侧重于"正确地做事"。整体而论，战略倾向开拓创新，经营管理倾向精益守成。从对策划能力要求而言，战略策划要大于经营层面策划，需要拥有更高的战略视野、思维高度和创新意识。

表 5-1 企业策划层次

策划层次	策划内容
战略层次	包括定位（使命、愿景、目标）策划、商业模式策划、品牌战略策划、企业文化策划等
运营层次	包括业务单元策划、投融资策划、市场营销策划、新产品策划、流程管理策划、科研技术策划等

企业策划除了具有预设性、定制性、创新性、可行性和系统性等策划的一般特征外，还具有市场性、平衡性、灵活性和实效性等特征。

第一，市场性。企业的主要功能即是创造价值来满足顾客和市场的需求。如果说企业是鱼，那么市场就是水；没有市场就没有企业，市场性是企业策划的根本属性。因此在策划过程中，市场意识是企业策划的最底层意识，能不能创造或满足市场需求，是策划的最底层逻辑。正如理查德·鲁梅尔特在《好战略和坏战略》中所言，好战略首先要进行调查分析，分析形势，认清竞争优势和劣势，了解竞争对手，了解市场需求；并认为关键性的预测要围绕着买方需求和竞争对手的反应进行。例如，帮助一家白酒企业做策划，欲想实现其规模和利润的增长，就需深入了解目标消费市场的喜好与变迁，了解竞争对手的最新策略，并据此调整发展策略、产品体系及品牌形象等内容。

---

❶ 孙晓光，周鸿. 企业策划学 [M]. 北京：经济管理出版社，2017：14.

第二，平衡性。企业在竞争中求生存、求发展。随着时代前进，市场日趋细分、竞争日趋激烈，但企业资源有限、能力有边界，不可能做好每个细分领域。处理好目标与能力之间的平衡，关键是要立足企业发展全局，找到自己优势领域并强化聚焦，集中化利用资源，不断强化企业的核心竞争力，将有限的资源集中到实现企业愿景与目标上。企业策划从根本上而言，就是通过策略方案设计，最大化发挥好企业的竞争优势（包括专利权、商业和社会关系、品牌声誉、网络效应、规模经济，以及积累的独特的知识与技能等）和优化企业的资源配置，创造更大的经济价值和社会价值。

第三，灵活性。市场情况瞬息万变，企业必须保持灵活性才能迅速回应市场需求和竞争环境的改变。例如，企业定位虽然在某个时段该定位是最合理的，但是随着经济社会发展，新需求、新科技、新模式和新潮流的兴起，定位就需要根据变化进行调整，否则就会被时代淘汰。因此，企业策划不是一劳永逸的事情，需要随着主观和客观条件的变化，不断对内容进行修正、调整、补充和完善。不过这种灵活性必须建立在一定的稳定性和可持续基础上，对正确的方向要有战略定力，而不能一味求变或为变而变。

第四，实效性。企业是自负盈亏的市场主体，花一分钱就要有一分钱的收效，特别是在疫情等因素的影响下，更需精打细算。企业策划的重要职能就是要让企业在经营活动中以最小的投入获得最大的经济效益或社会效益。相比区域、产业宏观层面的策划，企业策划要求方案能快速落地，并能较快地见到效果，特别是运营层面的策划。例如，一次广告策划，就需通过广告前后销售数据的变化进行效果评估，如果效果不佳，则需对宣传口号、创意表现、媒体选择和发布时机等内容进行及时调整，以便获得更佳效益。

二、流程与主要内容

（一）策划流程

企业策划是一个兼具科学性、艺术性和创新性的系统工程，是集诊断、调研、思考、创意、设计、决策和实施于一体的未来行动方案。为提高策划的规范性和效率，通常需要遵循必要的策划流程。具体来看，企业策划起步于对企业自身及其所处环境的分析，然后通过分析总结、案例启示及综合权衡考量，明确企业发展思路与战略方向，而后从业务方向、市场营销、商业模式、核心能力、管理体系、生态协同等方面提出具体策略和支撑项目，最后对整体方案进行效益与风险评估，以供企业进行决策和落地执行（见图5-1）。

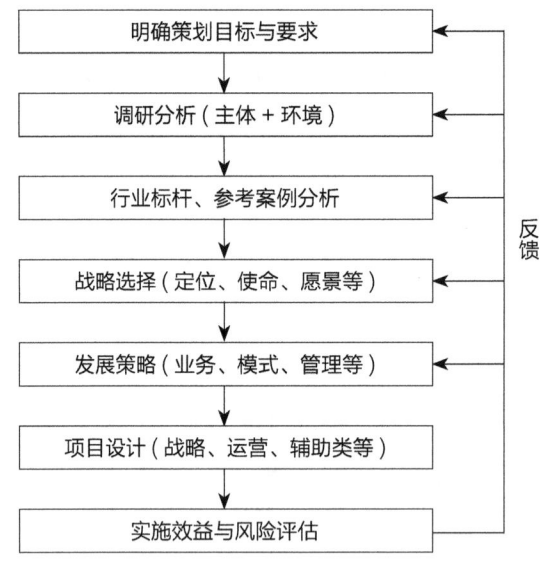

图 5-1 企业策划的主要环节

（二）主要内容

根据企业的业务体系和策划的流程，企业策划主要包括如下内容（见表 5-2）。

表 5-2 企业策划的基本内容列表

条目	具体内容
企业分析	➢ 企业初心（缘起、愿景、使命、定位等） ➢ 发展历程（发展演进阶段、所处生命周期等） ➢ 发展现状（规模、业务、产品、财务等） ➢ 企业存在的问题及其成因
环境分析	➢ 根据"DE-PEST"模型进行宏观环境分析 ➢ 企业所处市场需求情况及竞争对手分析 ➢ 利用 SWOT 或 3C 等模型进行分析总结
案例分析	➢ 标杆案例对比分析或典型参考案例分析 ➢ 根据一定维度对案例进行分析总结
战略选择	➢ 确定发展思路 ➢ 明确战略定位（愿景、使命、定位等） ➢ 明确发展目标和重点任务
发展策略	➢ 业务方向策略（核心业务、培育业务等） ➢ 市场营销战略（产品、价格、渠道、推广等） ➢ 商业模式策略（模式设计、升级等） ➢ 核心能力策略（坚持"长板理论"） ➢ 管理体系策略（组织、队伍、制度等） ➢ 生态协同策略（对内协同、对外合作等）

续表

条目	具体内容
项目设计	➢ 战略支撑类项目 ➢ 经营优化类项目 ➢ 其他类辅助项目
实施效益与风险评估	➢ 进行经济效益（投资回报率等）和社会效益等分析 ➢ 分析各类风险，制定规避策略
附录	➢ 调研分析报告、企业分析报告和案例研究报告等

第一，企业分析。核心是弄清楚"我是谁""我从哪里来"和"我现在如何"的问题。"我是谁"主要分析企业建立的初心、使命、定位，明确企业是帮助社会或顾客解决何种问题或痛点。"我从哪里来"主要研究企业的发展历程、明确企业发展所处阶段（如创业期、成长期、转型期、衰退期等）。"我现在如何"主要是现状分析。现状是企业未来发展之基础。企业策划过程中，对现状进行梳理是最基本的工作。要求策划者从客观、专业的视角，首先对企业的发展状况深入分析，包括业务板块、主要产品、商业模式、公司财务、组织结构、制度与文化等内容；其次要分析企业面临的问题。如果是战略策划，就需要从企业整体高度着眼；如果是经营策划，可以侧重在经营领域。同时，要进一步分析问题产生的成因，找到问题的"病灶"之所在。最后，还要盘存企业的显性和隐性资源，如声誉、人脉和社会关系等。在此基础上，系统总结分析结论，对企业的实力和潜力进行综合评估。

第二，环境分析。根据"DE-PEST"模型，要分析生态、人口、政治、经济、文化和科技对企业发展的影响。其中特别要做好经济分析中的产业内容部分。因为产业的命运决定了企业的命运，产业的市场容量、市场结构、技术创新、政策环境、生命周期、发展趋势等因素对企业影响深远。同时要注重市场需求与竞争对手的分析，把握需求现状与潜力、潮流与变迁，了解竞争者的核心优势、市场策略和发展动向等。在此过程中，形成准确的形势预测是非常重要的，因为由此才能找到策划的着力点。最后，需要利用SWOT等综合性研究工具，将分析内容进行系统总结。

第三，案例分析。在企业策划中，基于成功标杆或行业经验的案例分析尤为重要。案例大体可分为两类。一类是标杆案例。即将本企业经营的产品、服务、经营业绩等与本行业最佳者进行对照，发现自身的优势与短板，进而在借鉴、仿效和学习的基础上提出改善思路，弥补自身的不足。标杆法又可分为战略层与运营层。前者主要分析标杆企业面对趋势所作出的应对策略；后者偏向生产成本、产品差异、人力资源、营销规划、信息系统等方面的比较。另一类是典型案例分析。该类案例相对宽泛，可以是行业内部或外部案例，可以是成功或失败的案例，其选择的核心标准是可为企业提供借鉴与启示。

第四，战略选择。战略就是有所为，有所不为。企业资源有限，功能有边界，策划方案就是要通过集中有限的资源来完成有限的目标。策划人在对企业内外情况进行综合分析之后，就需要结合自身经验和专家建议，通过创新性思考，帮助企业进行取舍。一是要明确发展思路。就是对解决企业问题或实现发展目标有清晰和全局的想法。例如，坚持成本导向、市场导向还是价值导向，就是不同的发展思路。二是要明确企业的发展定位、愿景、使命、目标和重点任务（见表5-3）。其中，定位非常关键，是战略推进的逻辑起点，是企业安身立命之本。商业成功的秘诀不在于"最优做法"，而在于"独特做法"。只有企业在消费者心智中建立起一种可长期保持的优势地位时，才能占有市场，战胜竞争对手，形成具有唯一性、权威性和排他性的核心竞争力。定位一般可从三个不同的基点出发：基于产品品类、基于用户细分或是基于接触途径（如客户地理位置或特殊触达渠道）；主要有三种定位方法：如果一个定位（价值空间）没人占据，就抢占第一；如果有人占据，就采取关联定位法，或运用重新定位法（给竞争者重新定位）。当然，并不是所有的企业策划都需要涉及定位、愿景、使命、目标和重点任务等内容，具体看企业的实际情况与策划要求。

表5-3 战略选择涉及的主要内容

条目	内容
定位	回答"我是谁？"
愿景	回答"我有什么理想？"
使命	回答"我存在的价值是什么？"
目标	回答"我如何逐步实现理想与价值？"
重点任务	回答"要实现目标，我具体要完成哪些任务？"

第五，发展策略。在战略定位的指导下，策划要对运营活动进行取舍，建立战略配称，为目标市场创造一种独特的价值组合。主要包括业务方向、市场营销、商业模式、核心能力、管理体系、生态协同六大方面的策略（见图5-2）。业务方向是指企业要经营何种或几种业务类型，如何巩固核心业务，发展新业务、开创未来业务。市场营销是指针对特定目标消费者，如何发现价值、创造价值和传递价值，不断扩大市场占有率和利润率。商业模式是指企业通过何种方式实现盈利，盈利是企业生存之本，任何一家成功的企业都需具有自己独特的盈利模式。核心能力即核心竞争力，是企业能比竞争对手更好地满足客户需求的能力，这也是企业可持续发展的基本保障。管理体系包括组织架构、财务管理、

队伍建设、绩效考核和风险管控等内容,是企业发展的基础动力。生态协同强调的是企业内部如何协作,促进资本、技术、土地、数据等生产要素在企业经营活动过程中有效流动,提升内部凝聚力和协同力;同时还强调如何与外部主体合作,最大限度连接和整合资源与力量,打造价值共创生态体系。

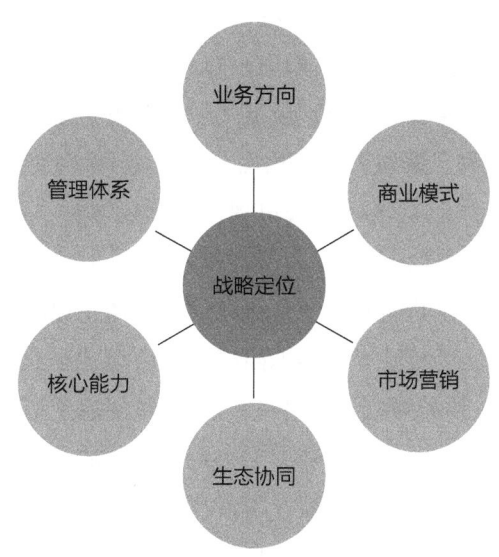

图 5-2　发展策略涉及的主要内容

第六,项目设计。项目是创造独特产品、提供独特服务、达到独特结果的一次性努力。项目的好处是可以在短时间内,在不改变公司组织结构的前提下,快速集中企业的资源和能力,实现在某个方面的快速突破。因此在企业策划过程中,通常要设计一些创新项目,以支撑战略落地或运营能力升级。例如,在企业战略策划中,会经常提到"建模具",即是通过项目设计,打造一些可复制的样板或战略级产品,推动企业可持续或跨越式发展。例如,龙湖集团打造的天街系列商业综合体、腾讯研发的微信、字节跳动推出的抖音。

第七,实施效益与风险评估。相对于规划而言,策划需要有一个对方案进行评估和论证的环节。如果说规划是树立一定之规,要求必须如此去做的话,那么策划就是谋划特定的行动方案,并且在做之前需要对方案进行评估,即是讨论"为何这么做,以及做了之后效果会如何"的问题。有时策划会设计多个方案以供决策,这时还需进行评估对比。评估方式包括策划机构的测算、企业领导的判断及专家的意见等。通过这三类评估,策划方案基本可明确下来。不过"实践才是检验真理的唯一标准",方案之优劣也最终依靠实践来检验。

三、策划的注意要点

企业策划需要注重什么呢？从实践经验来看，有如下六点值得重视。

一是注重把握趋势。所谓"不谋万世者，不足以谋一时；不谋全局者，不足以谋一域"。纵观中国乃至全球那些领军企业，没有一家不是准确把握住时代脉搏、与时俱进的。例如，Facebook根据科技与需求的趋势，提出了"元宇宙"概念，并引领了这一领域的发展潮流。开展企业策划之时，策划人不能拘泥于企业本身，而是要将企业放到国家政策、城市格局、产业规律等宏大时空坐标中去审视，提出前瞻性、创新性和针对性的战略建议，才能让企业"好风凭借力"，实现超常规发展。

二是注重企业基因。企业基因是一个企业区别于其他企业的独特气质或底蕴，通常是基于创始人的性格与气质，再经过岁月淬炼而成。即所谓"企业家是企业的人格化，企业是企业家的物化"。例如，乔布斯创造了苹果，任正非创造了华为。企业发展本质上是由人决定的，特别是企业的核心领导层，基本上决定了企业的发展方向和成败。所以在做企业策划之时，要注重分析企业创始人和领导层，注重其独特的企业基因。基因的外显形态即是企业文化，很多企业都注重塑造和保持自己鲜明的文化。例如，乔布斯在同意将皮克斯动画出售给迪士尼之时，就明确要求要保持公司原有文化。

三是注重战略聚焦。策划是创新与突破的艺术。正如柔软的水经过高压变成"水刀"之后，其锋利程度可以轻易切割钢铁。企业亦如此。在激烈的市场竞争中，只有高度聚焦关键行业、关键业务、关键产品、关键区域和关键环节，集中力量实现快速突破，才能脱颖而出。同时，为了实现聚焦，企业需要寻找"拱顶石"，即设计一些核心项目、计划或工程，推动战略资源集聚，进行有价值的创新和变革。

四是注重整合资源。在推崇整合为王、互生共赢的新经济时代，长板才是企业核心竞争力的表现，短板的东西可以通过整合优秀的市场资源来解决。例如，苹果公司的运营模式，自己主要做设计、技术和品牌，其他的环节都通过外包解决，极大地提升了企业的规模和竞争力。所以思考企业战略，必须拥有开放的胸怀，坚持复合、开放、发散的思维，讲求借势、借力，最大限度整合资源。例如，大型旅游景区运营公司，就可以树立平台思维，建成为产业资源链接平台、优质服务整合平台和投融资战略联动平台，而不是坚持个人英雄主义。

五是注重化繁为简。企业策划核心是"找魂"，用一句话说清楚企业特质。如果说不清，就表明战略还没有做到位。假如将企业战略制定的过程比作画龙，那么这句话就是"点睛"——战略主题、定位、行动或目标等，讲究化繁为简、一针见血。例如，下文提到的大庆百家企业策划活动中，翻开最后形成的策划合集，名字不是"某某企业发展战略报告",而是一句句内涵丰富的话,如"化茧成蝶""顺风顺水"和"中间商"等。

六是注重科学方法。企业策划并不是拍脑袋的结果,所有的策略创新必须基于研究成果。在研究之时,有几种方法值得重视。一是文献梳理法。通常很多市场上的策划人并不重视文献梳理,认为这是"绣花枕头",好看不中用。这一部分是事实,但还是有很多研究具有真知灼见,可为策略设计提供基础理论参考。二是深度访谈法。好的访谈其实就是一场现场咨询。做过策划或咨询的人都知道,策划最难的是现场咨询。需要策划人具有系统广博的知识、快速消化别人"内存"的能力及即时创意创新的能力,这对策划人的综合素质要求非常高。三是案例借鉴法。这是企业策划必不可少的环节,事实胜于雄辩,基于案例的观点极具说服力。四是专家法。虽然市场调查、发展预测等非常依赖大数据分析,但很多时候,拥有丰富理论知识和实践经验的专家,其研判常带有数据难以反映的洞见性和预测性。

第二节 大庆百家企业战略策划
——策划就是一句话的事

提起大庆,很多人脑海中就会浮现出"铁人"王进喜跳进灰浆、用身体搅拌混凝土的经典瞬间,想起那场冰河铁马、战旗猎猎、威武雄壮的石油大会战的场景。那场始于1960年、为期三年的大会战,不仅历史性地化解了新中国石油匮乏的困境,甩掉了中国贫油的帽子,为中国工业干瘪的血管里注入了丰沛的血液,还催生了大庆这座光辉的城市。

尽管世界发展仍将长期依赖化石能源,但作为不可再生资源,一个地区的石油枯竭只是时间问题。随着城市的发展和壮大,大庆需要以石油产业为基础,从资源型城市向综合型城市转型,实现更全面和可持续的发展。大庆国家高新技术产业开发区(以下简称"大庆高新区")是我国唯一一家以石油化工为特色的国家级高新科技产业开发区,也是大庆城市经济发展的核心区和引领区,扮演着推动国家高新技术产业发展和培育城市接续产业的双重历史使命。大庆高新区于1992年动工辟建,同年被批准为国家级高新技术产业开发区,2009年被正式批复为国家创新型科技园区。到了2010年,国际金融危机引发全球经济深度调整,进一步凸显了我国经济结构转型和发展方式转变的现实紧迫性。历史经验表明,依靠科技创新培育新增长点,形成新的经济增长模式,是摆脱危机的根本途径。

只有企业兴,才有产业兴;只有产业兴,才有城市兴。大庆高新区在明确整体战略、制定产业策略之后,为推动主导产业与企业发展战略的融合,在 2012 年提出了"百家重点企业助推计划",核心内容是邀请专业机构,为企业提供战略的指引和智慧的助推,加速孵化和培育出一批优质企业,促进园区和城市的转型升级。这既是一项具有开创性、突破性的重大创新工程,同时也是一次极具挑战、任务繁重的企业策划实践。

一、策划背景:从城市、园区到企业

此次企业战略策划主要由政府推动,必然要反映政府的战略意图。因此,策研团队从背景分析出发,深度剖析策划委托的目的与要求。

(一)城市转型升级的需求

大庆是一个"因油而生、因油而长、因油而兴"的国家石油能源城市。如果说北京是中国的政治首都、上海是经济首都、西安是文化首都,那么大庆无疑是中国的能源首都。大庆转型升级建设现代化、国际化城市,无疑是一件国人关注、具有重要影响的大事。总结美国休斯敦等能源城市发展的经验和规律,大庆实现可持续发展必须推动三大转型和升级。

第一,在经济形态上,应加速构建以高端能源经济为核心、战略新兴产业和现代服务为两翼的现代产业体系。大庆应借助休斯敦市的发展经验,利用能源经济形成的雄厚基础,一是加速培育能源高端服务业、高端制造业、新能源等产业,推动能源产业高端化发展;二是加大招商引资和企业培育力度,加速发展战略新兴产业及现代服务业,逐步构建起具有城市特色和竞争力的经济体系。

第二,在空间形态上,推动生态、生产与生活三大功能融合,打造宜业、宜居、宜休闲的现代化城市空间。按照生态城市的发展理念,以大庆"百湖之城"为生态本底,科学布局,改变过去"产城分离"的空间格局,将大庆打造为具有标杆性的现代化生态城市。

第三,在文化形态上,推动功能城市向文化城市升级,打造东北亚地区文化特色鲜明的城市。大庆应深入挖掘城市文化内涵,融入时代美学元素,加大城市营销力度,塑造城市新形象,改变人们对大庆"油城"的刻板印象。

(二)园区发展路径的创新

高新区是大庆推动城市和产业升级的主战场,肩负着推动大庆创新与可持续发展的历史重任。策研团队认为,高新区在推动城市和产业升级过程中,已经逐渐摸索出了一套模式和打法,核心是要推进"四链联动"。

一是战略链:以顶层设计为主线,打通高新区、产业、企业三大战略层级,构建联动、共赢的战略链。大庆高新区坚持战略先行，提出了打造"世界一流综合能源创新园区"、建设"一座现代化科技新城"的战略宏图；随后，以此为指引，提出"三主三高"产业发展格局，设计了19大产业"落地路线图"；然后，在2012年提出推进"百家重点企业创新发展助推计划"，帮助企业制定发展战略。希望实现城市、园区、产业和企业等不同层面战略的有效对接，确保城市和园区战略得以切实落地。

二是功能链：以"产城融合"为指导，统筹产业、生活、生态三大功能层面，打造互动、和谐功能链。在高新区的整体规划和建设中，突出了产业、生态、生活三者间的有机互动，如高新区的主体区，创造性提出"东有太阳谷、西有创智岛、内有水系景观带、外环生态居住区和旅游城"的发展布局，推动高新区由产业发展为主转向产业、服务、休闲等多功能复合发展。

三是产业链：以龙头企业为核心，通过引入具有强大集聚和辐射能力的行业龙头，带动上下游配套发展，形成集聚共生的产业链。大庆先后引入了忠旺、沃尔沃、联想、新华08等龙头企业，形成了龙头带动型发展模式。

四是智慧链：借助智库力量促发展，是大庆高新区重要的创新实践。2010年以来，高新区先后聘请多家国内外顶级咨询机构，为高新区把脉开方，在咨询过程中，多方智慧相互碰撞、相互生发，形成了良好的协同合作格局。

（三）企业对战略策划的渴求

随着园区企业的成长，许多企业都到了一个发展的瓶颈期。恰如团队负责人所形容的，这就像一个人跑马拉松，跑到了中途，出现了"极限期"现象，口干舌燥（人才、资金的饥渴症）、气短胸闷（管理滞后综合征）、眼冒金星（战略方向迷失症）等一系列症状。这些企业特别是中小型民营企业，一方面需要土地、资金、政策等支持，但另一方面，格局决定高度，思路决定出路，思路与战略的创新也是企业突破瓶颈的重要途径。在前期调研中，80%以上的企业都认为有必要引入咨询机构帮助制订战略策划方案。

为解决以上问题，充分发挥战略指引作用，大庆高新区经过研究，做出了一个极具开创性、战略性和冒险性的决定：开展"百家重点企业创新发展助推计划"（以下简称"助推计划"），即邀请外部智库机构为选定的百家企业提供发展战略与商业模式的策划咨询服务。希望通过探索一条从传统的"送政策、送土地"到"送智慧、送战略"的创新道路，帮助企业理清发展思路，推动跨越成长，从而培育和孵化出一批优质企业，为大庆转型提供动力引擎。

"助推计划"主要包括三大任务：首先，对百家企业进行问卷调研，撰写企业现状调查分析报告；其次，在前期调研与深入访谈的基础上，对100家重点企业提供战略策划建议，主要包括企业定位、业态方向、市场策略、盈利模式、核心能力、管理体系六个方面；最后，在前期工作的基础上，总结和编写高新区支持重点企业发展的纲领性政策文件。此三大任务环环相扣，共同构成了助推计划的有机整体，其中战略策划建议是本次计划的重中之重。

二、发展分析：弄清现状、问题、成因与趋势

（一）百家企业发展现状分析

自20世纪90年代创建以来，大庆高新区引进和培育了大批企业，截至2010年，在园企业数量已达到2760家，其中规模以上企业210家，收入超亿元企业28家、超10亿元企业8家。结合对高新区百家重点企业的问卷调研和现场访谈，可以发现高新区企业的总体现状与特征。

第一，从创办主体、性质和生命周期看，呈现"三多三少"特征。在创办主体上，以本地人员特别是原国企员工"下海"创办的企业较多，外来人才创办的较少；企业性质上，公私联营企业多，达到六成以上，股份公司等性质企业少；生命周期上，创业型和"瞪羚型"多，占到九成以上，成熟企业少，园区企业整体处于突破发展期。

第二，从企业所处行业类别看，主要集中于石油石化装备、化工新材料、服务外包、生物与农业技术、文化创意五个行业。而在服务外包等企业中，五成以上又主要为油田企业服务。因此与油田联系密切是高新区企业的重要特点。同时不同行业的生态环境差别较大，如石油石化装备深受油田计划性生产活动影响，而文化创意、化工新材料等市场化程度则相对较高。

第三，从企业战略和商业模式情况看，具有四大特点。一是近九成的企业制定了或正在制定战略，其中近七成的企业希望通过引入战略咨询机构，提升战略的前瞻性和科学性。二是大部分企业对创新认同度很高，将创新列为企业成长核心驱动力的首位。三是企业将内部滚动作为主要发展形式，产品、服务、技术等以自主开发为主。四是收入形式较为单一，近九成收入来自销售商品的收入。

第四，从企业的业务和市场情况看，呈现三大趋向。在业务上，正从单一业务向相关多元化方向发展，围绕主业或核心技术纵向和横向拉长产业链；在市场拓展上，主要处于从区域到全国拓展时期，部分企业正加大国际化布局；在价值链取向上，企业表现出从低端转向高端环节发展的强烈愿望，特别是服务外包中的企业，希望向业务流程、知识流程外包提升。

第五，从运营管理与竞争优势来看，呈现三个特征。一是多为家族式管理，管理方式比较单一，在决策水平上整体处于直接决策和部分授权决策阶段；二是企业员工持股水平低，培训和激励机制有待完善，特别是国有企业，由于体制机制的束缚，缺少发展驱动

力；三是多数企业认为技术或产品服务质量是其核心优势，但实际上处于国内领先水平的技术并不多。

整体而言，策研团队认为大庆高新区企业目前（2012年）主要集中于五大行业，正处于从单一业务向相关多元业务、省内市场到全国市场、低端市场向高端市场升级的突破发展时期。对企业而言，这既是最为艰难、最需要政府支持的时期，也是最可能实现跨越式发展的时期。高新区的支持力度与方式将对企业发展产生重大影响。

（二）企业发展问题与成因分析

只有深入了解企业问题，"助推计划"才能有的放矢。为此，策研团队对百家企业进行了问卷调查和现场访谈。整体来看，存在"三个缺少、三大不足"等问题，束缚着高新区企业的高质量发展。

"三个缺少"，即缺少资金、人才和多元化客户。首先，缺少资金。一是缘于园区投融资体系不健全，二是与企业不愿出让股权或合作意识薄弱有关。其次，缺少人才。这也是企业普遍反映的问题，一方面是大庆地处三线城市，难以吸引和留住高端人才，另一方面也是受企业人力资源计划、股权激励机制不健全等影响。最后，缺少多元客户。目前七成左右的企业主要服务油田、石化和炼化等行业大客户，对客户依赖性很强。特别是民营企业整体小而散，市场竞争激烈，创新发展难度大。

"三个不足"，即企业创新能力不足、发展外向度不足，以及企业家精神不足。一是企业创新能力不足主要体现在战略创新能力、商业模式创新能力和科技研发创新能力不足三个方面，前两者与企业领导层管理素养有关，后者主要是源于激励机制不健全。二是发展外向度不足。首先是体现在依靠本地大客户、人际关系做业务；其次是整合意识不强，习惯滚动发展，在借势、借力方面，思维不开阔；最后是由于缺乏资金、人才、公共营销平台等原因，企业难以"走出去"。三是企业家精神不足。小富即安的思想仍然存在，习惯于为大型企业做配套和加工；企业缺乏冒险精神，落袋为安，不愿多做科技研发投入。

（三）行业发展的形势分析

一个企业赚钱的机会很多，但赚机遇的时候很少。谁能够把握关键机遇，谁就能赢得未来。而机遇总是留给有准备的人，这种准备就包括对未来发展形势的准确预判。在本次策划过程中，策研团队最先并没有纠缠于如何解决企业内部问题，而是根据专业知识和经验，从行业整体层面和市场竞争格局两个方面出发，对行业形势进行了分析与研究。

一是从行业整体层面论述发展趋势。例如，策研团队对当时（2012年）地产行业趋势作出了研判：首先，行业正在重新洗牌。国家严厉宏观调控政策短期内还将继续，业内企业洗牌加剧，部分盲目扩张、缺乏核心竞争力的中小企业将面临出局，而那些具有品牌、模式、产品、资源等优势的大企业，将有可能化危为机扩大市场份额、集聚更多资源。其次，产品业态亟须创新。单纯以住宅地产主导的发展模式正在衰萎，而以地产为载体、整合多种业态（商业、文化、旅游、科技、教育等）的新型地产概念——复合地产将成为地产行业的热点和亮点，商业地产、旅游地产、休闲地产、科技地产等类型正在成为市场角逐的新战场和未来地产竞争的新领域。

二是从市场竞争格局论述发展趋势。例如，策研团队深入分析了大庆地产企业的竞争格局，认为区域内的普通住宅市场已经基本饱和，并将直面外来地产"大鳄"的挤压，以往依靠土地就能坐地生财的单一项目公司将难以为继，转型升级势在必行。正是基于这种分析和趋势判断，策研团队在为一家房地产企业制订策划方案时，提出其未来的核心战略应是业务聚焦，以精品住宅地产为主体，以文化地产和养老地产为两翼，打造区域复合地产开发商。

三、发展策略：定位、产品、营销与模式等

企业战略涉及的内容较多，策研团队根据问卷调查和访谈中的企业诉求，重点围绕企业定位、业务方向、盈利模式、管理体系、市场营销和生态协同六个方面为百家企业提供了战略策划方案，帮助其明确方向与行动策略。

第一，企业定位。对于传统企业而言，明确新的战略定位，不仅是立旗帜、定方向，更是表态度和下决心。从发展经验来看，定位不能面面俱到，必须聚焦到某一细分行业，力求极致，才能形成国际乃至全球影响力。例如，汤森路透集团（Thomson Reuters）聚焦商务领域，定位为致力于为商务及专业人士提供高效解决方案的智能信息服务商，迅速形成了世界级知名度。策研团队认为，必须给每一家企业进行战略定位，明确其发展方向。例如，针对高新区的一家教育培训公司，团队建议其定位为"东方智慧商学院"——在做好商务专业化技能培训的基础上，研究和弘扬中国式商道、东方性智慧，打造彰显东方特色的管理教育集团，逐步实现从石油石化行业培训扩展到多产业专业培训，从普通的企业技能培训上升到中国式商道的智慧培训，并打造如"禅茶一味"等特色培训平台，将培训人群汇聚在一起，适时开展深度增值服务。

第二，业务方向。业务核心是产品。对于企业而言，占领市场最终还是要落实到产品上。只有以优质产品作为突破口做好业务，才能征服用户，推动企业转型。例如，针对一家建筑装饰公司，策研团队提出"双翼齐飞"的业务策略："一翼"为公装服务，即继续增强以政府机关、石油石化、电力和银行系统企业为重点的公装服务；另"一翼"为家居业务，加快发展家居装饰业务，使其成为与公装服务并驾齐驱的收入来源。

第三，盈利模式。简而言之就是企业通过什么途径或方式来盈利，这是企业能够实现可持续运营的关键，也是此次百家企业战略策划的核心内容之一。例如，针对一家出版企业如何向知识服务方向转型，策研团队提出了四种商业模式：一是会员付费模式，服务商采用双向互动技术，设计产品吸引用户成为会员，然后根据服务情况收取费用；二是点播付费模式，服务商提供模块化或定制化的服务产品，用户按点播频次进行付费，如喜马拉雅FM；三是打赏付费模式，用户评估服务商提供产品的价值，然后根据判断与喜好打赏；四是互动咨询模式，用户向知识服务平台提出需求，平台提供定制化的解决方案，然后用户为服务付费。虽然这些策略是策研团队2012年提出的，但是从今天来看，仍有重要的参考价值。

第四，管理体系。管理的目的主要是提升效率，涉及体制、机制、流程等内容。相对而言，体制改革涉及的利益相关者较多，改革较为困难。但这也是很多体制内企业"化蛹为蝶"的必然过程。例如，策研团队帮助一家建筑规划设计院提出了改制方案。具体步骤为：首先，核定设计院国有资产，然后注销设计院事业单位法人，将国有资产划归国资管理部门；其次，成立国有独资控股企业——设计集团，将原国有资产注入，并进行工商登记和税务登记等工作；最后，组建由设计集团控股、企业高层管理层和员工共同投资的三家新公司，分别负责设计、建筑、地产开发等业务。策研团队将方案名称形象地命名为"化蛹成蝶"——意味着规划设计院通过成功改制，轻装上阵，在市场经济中腾飞。

第五，市场营销。市场经济背景下，企业不能"酒香不怕巷子深"，而是要"手捧美酒迎客人"，注意营销推广。针对一家网络游戏开发公司，策研团队建议其以满足不断增长的文化和娱乐需求为核心，通过定制服务、平台运营、活动开展等，逐渐发展成为集生活、娱乐、电子商务等功能为一体的综合娱乐网络平台运营商，并谋划启动"百湖百城计划"，即将大庆"百湖争霸赛"的模式推向全国，探索在各地以城市最知名的湖命名，如杭州"西湖争霸赛"，比赛内容因地制宜，选择大众最喜爱的网络游戏进行，快速扩大企业的知名度和影响力。

第六，生态协同。随着网络化、平台化、生态化发展成为潮流，商业生态圈的概念也横空出世，其是指以各种不同组织相互作用为基础的经济联合体。在这一体系中，每个组织担当着不同的功能，各司其职，但又形成互赖、互依、共生的生态系统。位于生态系统中的企业重要的发展方式是推动资源整合。因此，策研团队在为一家生产管理软件的企业策划时，提出了"合纵连横"的战略主题，"合纵"即与大庆本地IT互联网公司合作，将部分业务环节外包给合作伙伴；"连横"即与大庆或哈尔滨等市的咨询管理和教育培训等机构合作，拓展软件服务领域和业务渠道。

四、策划思考：讲真话不如讲真理

大庆是一代人心中的精神图腾，沉淀了太多的荣耀，凝聚着太多的关注。作为大庆转型升级核心引擎的高新区，也必然会存在于媒体的聚光灯下，其发展或停滞状况都会被放大。帮助高新区进行策划，既是一份莫大的荣誉，也是一份沉甸甸的责任和挑战。反思整个策划过程，以下几点值得策划人重视。

第一，要拥有良好的职业精神。策划人首先要尽职尽责，受人之托，忠人之事，不能敷衍塞责。所谓"拿人钱财，替人消灾"，策划就是要切实帮助客户解决问题。其次要有包容豁达的心胸，对别人的误解、怀疑和质询等，要能保持淡定宽容。例如，在访谈中，时常有人会很不友好地发问或诘难。这个时候应该怎么办？最好能保持淡定与微笑，用知识和洞见去回应，让对方心悦诚服、由衷敬佩。策划既需智商，亦需情商，需要有一股子韧劲。

第二，积累广博的知识与经验。策划人通常需要是杂家。例如，在这次策划中，需要策划人对石油石化、房地产、文化创意、新一代信息技术、金融资讯，乃至物业管理、建材装饰等领域都要有一定的知识和见解。但"冰冻三尺，非一日之寒"，这需要策划人在平时就注意积累知识。所谓"知识就是力量"，就生动体现在策划行业。同时在策划过程中，"讲真话不如讲真理"，个人观点应该是客观规律的人格化表现形式。

第三，培养创新与开阔的思维。普通的信息咨询依靠经验和数据即可，但策划是定制化的方案，因此就需要遵循善因原则，具体问题具体分析，需要极强的快速反应和创造能力，特别是现场咨询和策划。有时在访谈交流之时，一些企业负责人会对局势非常悲观，找不到出路。每当这个时候，策划人需要把"封闭、孤立、静止的思维变为复合、发散、辩证、动态的思维"，独辟蹊径，让陷入困境的人豁然开朗。

第四，锻炼出众的表达能力。言而无文，行之不远。如果希望成为一名优秀的策划人，良好的表达能力是不可或缺的。例如，概念和主题提炼能力。例如，此次企业策划过程中，策研团队就竭力为每个企业找到"一句话"，作为战略策划的核心。例如，"壮志'临'云——中小企业呼叫外包云服务先锋""中间商——打造化工物流网络服务商""破冰行动——打造中国多媒体互动娱乐先锋企业""中环再造——建设数字油田服务专家""绿色创想家——打造中国节能减排服务领军企业"。这些句子都非常凝练地表达了战略策划的核心内容，让人印象深刻，值得反复咀嚼回味。

第三节　茑屋书店策划——作为人们的艺术生活提案者*

网络的快速普及和电子阅读设备的广泛应用，极大地改变了人们的生活方式和阅读习惯，纸质书日渐式微，电子书正成为人们日常阅读的主要载体。同时亚马逊、当当等网络书店迅速崛起，颠覆了传统的图书售卖流程，其以丰富的产品、快捷的运输、优惠的折扣等优势赢得了广大消费者的青睐。在电子阅读和网络平台的巨大冲击下，以及城市中日益高企的人工成本和店铺租金的强大压力下，传统实体书店举步维艰，仅靠情怀强撑度日。

在这种背景下，全球的实体书店都在为转型升级而试错、摸索与突破。创建于1983年的茑屋书店（TSUTAYA BOOKS），在日本其他品牌书店纷纷关门之际，它却丝毫不受影响，塑造了逆势崛起的神话。茑屋书店是日本目前最大的连锁书店，在全球有1500多家分店。2011—2017年，书店营业额屡创新高，2018年销售额更是达到了3607亿日元（约232亿元人民币）。位于东京都涩谷区的"代官山·茑屋书店"被誉为"世界最美20大书店之一"，是文艺青年必去打卡留影的"网红圣地"。

是什么力量缔造了茑屋书店的神话？纵观其发展历程，核心在于其创始人增田宗昭——个人最大的愿望是做全世界第一的企划公司——强大的创新策划与方案执行能力。

一、理念创新：做一家不是卖书的书店

自20世纪70年代起，由于随身听、掌上游戏机等便携式娱乐产品的出现，日本年轻人在读书上所花的时间变少，图书出版业发展呈现颓势。增田宗昭却在这时逆潮流而上，在枚方市开了首家"茑屋书店"——名字据说来自其祖父经营的一家叫作茑屋的建筑公司。很多人觉得在"出版萧条""脱离书本"的背景下开书店，不太可能成功。但作为策划人的增田宗昭可不这么想。

什么是有效的策划？能用什么标准来衡量呢？增田宗昭认为，从本质上而言，策划的价值在于"该策划是否能增大顾客价值，仅此而已"[1]。开设"茑屋书店"即是这种信念的

---

* 该案例由中国传媒大学文化产业管理学院硕士研究生刘彦汕撰写初稿。

[1] 增田宗昭. 知的资本论：茑屋书店的经营之道[M]. 王健波, 译. 北京：中信出版社，2018：33.

具体实践。他认为从顾客价值的角度来思考消费社会的变迁，有三个发展阶段：第一阶段是商品匮乏阶段。在此阶段商品的价值在于其本身。第二阶段是平台增值阶段。随着基础设施的不断完善，生产力的不断发展，商品出现过剩，价值的重心逐渐由商品本身转移到选择商品的场所，即平台。在此阶段能够为顾客提供更有效平台的人，就可以创造更大的价值。但随着消费社会的进一步发展，各种平台林立，单独地提供平台已经无法继续增大顾客价值，于是消费社会便进入了第三阶段。

那么在此阶段，如何才能为顾客带来价值呢？增田宗昭认为是"提案力"，能够找到对每一位顾客而言价值较高的产品并进行提案的人，将会在第三阶段创造更大的顾客价值，并在竞争中占据优势。基于对人们需要"生活提案"的预见，增田宗昭决定创造一家不是售卖书，而是售卖书中所表现的"生活提案"的书店。

因此，茑屋书店在日本开设之初，便旗帜鲜明提出茑屋要做的是——"给年轻人的生活方式提案"，向顾客提供的不是一本本书，而仅仅是表现于其中的生活方式。电影、音乐、书籍中所描绘的生活方式，才是茑屋真正的商品。增田宗昭希望借助书店这个载体空间，为那些有点闲钱又有时间的人打造一个生活平台。因此他在开设第一家书店向银行借贷之时，其报告书中写道："我买了爱马仕或名车，但我对现在的生活方式还不满足，我想做一个可以选择生活方式的场所。"❶

增田宗昭认为亚马逊的战略是靠书籍吸引消费者，然后再依靠流量售卖其他商品，但网络也有不能触达之地——一种心情的营造，即日文中"居心地"的感觉，这些需要线下现场体验才能获得。于是他希望将书店打造成为一个通过书籍进行提案的场所。从首家书店建立以来，"生活方式提案"一直是茑屋书店规划与发展的主线。按照"令人怦然心动的生活"的设计方针，茑屋书店根据时代潮流的变迁而不断重构书店的空间和业态。这也影响到了其经营模式，不是售卖而是出租。因为在提供"提案"的理念下，顾客没有必要将商品买下来，只需要为用于记忆其内容的时间支付价格。

二、业态创新：没有落后的行业，只有落后的思维

"明者因时而变，知者随事而制。"策划强调动态权变，在事物发展中通过动态调整来保持平衡。茑屋书店的业态也是随着时代趋势和消费需求而不断调整的。其业态策划和实施推进大约经历了三个阶段。

---

❶ 实体店怎么转型？看看日本最大连锁书店的7条经营哲学［EB/OL］.（2017-07-06）[2021-07-16].https://culture.china.com/chinawatch/13000480/20170706/30918324_all.html.

(一) 1.0 时代:"书店 +X"的模式创新

20世纪70年代,日本百货大佬——西武百货创始人水野诚一预料到20年后普通的百货店将会面临衰退,于是在1974年他将大型书店引入百货,形成了一种新的商品营销模式。当时这种引领潮流之先的"书店 + 百货"模式,吸引了众多爱好阅读的人士,其中就包括年轻的增田宗昭。❶

增田宗昭从西武书店获得启发,1983年在家乡大阪枚方市开设了第一家茑屋书店,一家既可租赁唱片、录像带,又能买书、喝咖啡的书店。当时日本的书店业已趋没落,所以很多人并不看好他的选择。但增田宗昭坚持的原因也非常简单。当时日本的唱片卖得很贵,一张碟需要上百元人民币,很多人根本买不起。茑屋书店就是要给人们提供一个体验的场所,让"对生活有品质追求的人"更容易找到自己喜欢与适合的好东西。基于"生活提案"的策划理念,增田宗昭创造了一种全新的书店模式——录像带、唱片、书籍三位一体的生活方式提案平台。

(二) 2.0 时代:大数据推动下的业务创新

进入21世纪,网络信息时代来临,人们的生活场景和阅读习惯发生了急剧的变化,单纯依靠线下产品的茑屋书店面临着巨大的经营挑战。增田宗昭敏感意识到网络带来的深刻变革,便策划和开展网络购物、媒体广告和移动内容等业务。但随着网络业务的推进,他意识到了一个根本问题——这并不是他的初心。他认为,如果只是卖书,亚马逊就够了,而他追求的是"亚马逊办不到的事"——要做人们生活方式的提案者。而提案展示和体验仅靠网络是行不通的,必须有实体空间。于是增田宗昭又回到了自己"做企划"的初心,将重心重新投入到实体店业务的规划与创新中。

当然,这并不意味着增田宗昭"舍弃了网络而选择了实体"。事实上,网络思维乃是茑屋书店在网络时代仍然可以生存与壮大的重要原因。早在2003年的时候,增田宗昭就设计了一个新的企划方案:提供跨业种通用积分服务("T-Card")。这个创意来自于其生活体验中的痛点:"在那以前,我的钱包几乎被各种店铺办的积分卡撑破,等到要用某一张时,却不知道放哪里了。我感觉这样太愚蠢了,便梦想要是能用一张卡解决,那该多轻松。"❷ 于是敏锐的增田宗昭决定抓住机遇,抢占这一市场空白点。

经过近20年的经营,一张小小的积分卡变成了一张大大的网络,将书店用户与众多

---

❶ 金梅,韩霈阳.日本茑屋书店:全球最火书店的秘密[EB/OL].(2019-11-06)[2021-07-16]. https://www.sohu.com/a/351907327_467215.

❷ 增田宗昭.知的资本论:茑屋书店的经营之道[M].王健波,译.北京:中信出版社,2018:99.

百货中心、超市形成了连接，构建了全日本最大的零售用户群体池。2018 年"T-Card"联盟企业数量达到了 94 万个，其中包括全日本最大的加油站，以及宅急送、罗森便利店（LAWSON）等与人们日常生活密切相关的企业；同时"T 卡"的会员数量也达到 6800 万人，活跃用户占到了日本总人口的 50% 以上，也就是说，两个人之中即有一个人是茑屋书店的会员。增田宗昭又把这些用户数据变成了一种有价值、可变现的资产，通过数据挖掘和特许经营等形式，用"T-Card"串联起了日本人日常生活中的各个场景，为企业客户和消费者提供各类精准服务。

（三）3.0 时代：复合重构的空间创新

在日本实体书店最困难的 2012 年，增田宗昭又有惊人之举。在中产阶级聚居之地——寸土寸金的代官山，策划开设了第一家"真正意义"上的茑屋书店，其占地面积达到了 13000 平方米。

代官山·茑屋书店是一家以"生活方式提案"为核心理念构建的概念性书店，其从书店的外表设计到各种设施陈设布置，每一个细节都体现了对"生活方式"的极致追求。它不仅包含餐厅、照相器材店这样具有独特氛围的店铺，还包含书籍、杂志、音乐、电影、餐饮等多重业态的搭配组合。❶

为什么要这么做呢？增田宗昭提到，"在众多平台开始将阵地转移到网络的背景下，重新确认现实空间所具有的意义，将成为今后做其他策划的出发点"。在网络时代创造和表现实体店魅力，关键是要做好"策划"。增田宗昭认为，为顾客提供多元化体验，将成为实体书店的趋势：应该以美学体验向顾客展示品牌性格，吸引消费人群；以设计体验给人以视觉、听觉、触觉与嗅觉的舒适感，提升品牌价值；以服务体验增进与消费者的互动，促进消费行为，使顾客对品牌产生忠诚度，增强消费黏性。❷

为了更好地提升用户体验，茑屋书店书目"依生活提案分类"，即是以生活提案为轴心，将过去书店的传统分区方式完全打乱，按照旅游、饮食、料理、人文、文学、设计、建筑、艺术和汽车等领域来划分区块，选好书后以跨领域的方式排放在一起。例如，旅游区域摆放的书，本身就变成一种旅游目的地和生活方式的提案。为了更好地服务客户，书店里还有一种特殊的业务，叫作"生活提案顾问"——为读者提供各类定制化的专业服务。书店雇员都有相关的专业背景，如负责美术区域的店员，通常是美术学院的毕业生，他们能够用专业知识为读者服务。

---

❶ 金梅，韩需阳．日本茑屋书店：全球最火书店的秘密［EB/OL］．（2019-11-06）［2021-07-16］．https：//www.sohu.com/a/351907327_467215．

❷ 设计：赋予事物独特的内在意义［EB/OL］．（2021-11-19）［2022-02-16］．https：//new.qq.com/omn/20211119/20211119A0432U00.html．

三、策划要点：从"卖书"到"卖生活方式提案"

作为策划公司CCC（Culture Convenience Club）的负责人和茑屋书店的创始人，增田宗昭在书店创建中，体现了卓越的策划思维与能力。从茑屋书店策划中，我们可以分析出如下要点。

（一）理念创新

策划需要守正创新，"新"的起点在策划人的大脑里。增田宗昭曾说道："世上95%的尝试都会以失败而告终，所以如果博彩，就要做与众不同之选。然后拼尽全力，把不可能变成可能。"茑屋书店策划的成功，在于增田宗昭对于网络时代实体店的意义及如何重塑其魅力的深入思考。在绝大多数人并不看好的情况下，增田宗昭基于对顾客需求的洞见，认为："要将企业与品牌的概念直接让顾客看见、体验、分享，在网络这样的场合是很困难的，毕竟网络是虚拟的。"在网络时代实体书店的生存思维应该是：消费者对于实体书店的真正需求是什么？增田宗昭的答案是：不是咖啡和书，而是一种能够打动他们的生活方式。即是说，对光顾书店的客户而言，有价值的不是作为实物的书，而是包含在书中的提案。正是这种理念的创新，让茑屋书店在互联网大潮的裹挟中找到了突围的方向。

（二）独特定位

定位是理念创新之结晶、企业发展之锚锭。茑屋书店的定位非常鲜明——"生活方式提案者"。即是将高品质的生活方式通过实体书店的形式潜移默化地植入消费者的心智之中。茑屋书店不仅仅是卖书的地方，还可以是消费者与新朋友、新商品、新生活方式相遇之处。正如函馆·茑屋书店的网页上所写的文字："人们热衷于逛商场？那是过去的事了。只想购物的话，网络就能解决。人们想要的是一个悠闲的空间。不是购物的场所，而是人与人、人与物发生联系，进行交流的地方。函馆·茑屋书店正想成为这样的地方。"❶对于增田宗昭而言，实体书店不仅仅是书籍商品的提供者，更应是建构与传播新的生活标准、新的生活理念及新的生活方式的重要场所。这样鲜明而独特的定位让茑屋书店与亚马逊等网络书店及其他实体书店有效地区隔开来，让书店从"卖书"升级为"卖服务""卖场景"和"卖生活方式提案"。

---

❶ 崔明，马童. 文化社交：新零售背景下实体书店转型之路［J］. 编辑之友，2019（3）：28-33.

(三）产品设计

增田宗昭高度强调设计的作用，认为"唯有设计师方能生存"。正是书店场景中的设计思维和服务的极致思维，让茑屋书店赢得了广泛的认可。增田宗昭特别重视整体环境设计的可视化。例如，被评为"全球最美书店"的代官山·茑屋书店，在外观设计上，综合了全球 73 家设计公司的 60 个方案，最后由英国著名设计工作室设计了类似美术馆的外形；店内视觉设计则由原研哉负责。店内整体氛围采用"日式现代中产阶级家庭"格调，家具装饰等尽量选择有质感但让人放松的物件。在书籍排放上，茑屋书店也是按照书的内容、生活场景进行分类，重构了书店空间，让人既有在自家书房的舒适和随意感，又有书店才拥有的书籍丰裕度。正是坚持人性化的场景设计，认真考究书店的每一个细节，才让书店成为"网红打卡地"。同时书店尽量提高服务品质，为用户提供独特的体验与个性化建议，极大地增加了客户的感知价值。

(四）商业模式

如果说定位决定了企业方向，那么商业模式就决定了企业命运。很多专业人士认为，茑屋书店之所以能突破传统实体书店的发展瓶颈，其根本原因是打破了"靠卖书赚钱"的经营思路，实现了收入的多元化。具体而言，作为企业的茑屋书店，其收入主要来自于四个渠道。一是书籍影音的贩售与租赁，不过这部分收入当前只占总收入的很小部分。二是复合业态收入。例如，代官山·茑屋书店其实质是一个以书店为核心的休闲吸引物，集合了书籍、电影、音乐、文具、咖啡、美容、购物、医疗等多种功能元素的城市文化综合体。三是"T-Card"业务，其贡献了茑屋书店 80% 的盈利。"T-Card"庞大的会员数和极高的活跃度，让茑屋书店能提供较为精准的用户画像，帮助合作伙伴开店并输入生活方案设计。一定程度而言，茑屋书店也可以看成是一家大数据公司，其模式是从打造生活和社交空间入手，通过积累和挖掘大数据，推动创意运营、平台建构和数据服务来盈利。四是支撑母公司盈利。茑屋书店的母公司 CCC 实质上是基于书店"T-Card"会员数据的大型咨询和策划公司，核心是利用数据赋能的方式推动咨询产品的研发与迭代。

(五）品牌策略

茑屋书店作为一家品牌连锁企业，品牌建设与维护无疑是极为重要的事情。茑屋书店在品牌建设上，一是注重颜值。茑屋书店非常注重书店的设计感，通过极致的细节营造场景空间，展示一种高品质的生活方式，而且这种生活方式都是围绕用户来打造，以此保证用户对品牌的价值认可。二是注重特色。茑屋书店利用大数据技术收集业内信息和用户消费行为信息，为其店面布局、产业选择及客户定位提供精准策略。❶ 茑屋书店有 1400 多家门店，但在增田宗昭的策划下，每家门店的定位不同，设计和功能也因地制宜、应需而变。三是注重融入城市公共服务。例如，茑屋书店作为政府指定机构帮助武雄市图书馆进行运营。在增田宗昭的策划与推进实施下，不仅重新设计了图书馆，还调整了藏书展示方式，开馆时间也变得更长，同时增加了咖啡、音乐等功能。在开馆之后的 13 个月，入馆人数就超过了 100 万人，而这座城市仅有 5 万人。这种与城市公共机构的合作，不仅提升了城市公共设施的服务效能，也极大提升了书店的品牌影响力。

四、策划启示："卖生活方式提案"本质是"卖流量"

在网络书店和数字阅读的冲击之下，我国实体书店的日子同样艰难。因此从 2013 年开始，财政部开始对部分实体书店给予支持。2016 年，中宣部、国家新闻出版广电总局等 11 个部委联合印发了《关于支持实体书店发展的指导意见》，要求创新实体书店经营发展模式，"支持实体书店进一步融入文化旅游、创意设计、商贸物流等相关行业发展，努力建设成为集阅读学习、展示交流、聚会休闲、创意生活等功能于一体的复合式文化场所"。❷

在市场主体方面，由于网络书店折扣较高并且送货到家，因此实体书店靠卖书盈利几乎已经不太可能。因此大量实体书店也积极转变思想、创新经营模式、推动向场景化多元化发展，涌现出了一批优秀的新型书店。例如，致力推广"以书店为中心的生活方式"的重庆南山上的网红书店"南之山"——通过提供图书、文化沙龙、小型展览、小型演出、咖啡饮品、餐饮、婚礼、民宿、会议、办公等服务，为市民提供一站式文化艺术体验空间。总体而言，网络时代的实体书店开始变得不像书店，而是成为以书籍组合为核心场景的文化体验店，人们来到这里只是为了感受书香氛围或者喝杯咖啡看会儿书，以短暂逃离城市喧嚣，寻找心灵的片刻宁静。

但整体而言，很多书店的发展思维还局限在线下实体层面，辐射范围和规模都相对有限，盈利能力与茑屋书店更是天壤之别。茑屋书店本质上是一家大数据公司，其核心资产是"T-Card"积累的会员数据，其运营模式是通过实体书店构建线下流量入口，然后通过流量积累和数据挖掘与运营，利用商业咨询、品牌连锁等方式来实现

---

❶ 任红娟，杨俊杰，刘晏良. 从典型案例透视数字时代实体书店生存新法则［J］. 兰台世界，2021（7）：121-124.

❷ 关于支持实体书店发展的指导意见［EB/OL］.（2021-06-24）［2021-07-16］. http://www.wenshubang.com/yijian/68252.html.

盈利。

  这说明什么呢？说明数字网络已经成为现代生活的底层物质基础，互联网思维是现代人必须具备的基本思维。即使运营实体书店，也需要拥有数据意识、流量意识、网络意识，才能不落后于时代，享受时代发展带来的红利。

第六章　产品策划

第一节　产品策划概述

产品本质是一种问题解决方案。企业存在和发展的根本价值在于能提供满足市场需求的优质产品，帮顾客解决特定问题。根据经济学家熊彼特的理论，企业家通过"创造性破坏"来创新产品获得超常利润，通过发明新产品而击败对手。随着人们收入水平的提升、数字网络的普及及"Z世代""千禧一代"人群成为消费主力军，人们的消费习惯、模式和渠道都发生了巨大变化。任何企业想要在变革与竞争中立于不败之地，必须因需而变、供需适配，高度重视产品的策划与开发问题。

一、内涵与基本特征

产品是任何一种能被提供来满足市场欲望或需要的东西，包括有形物品、服务、体验、事件、人物、财产、信息和想法等。❶产品不仅包括汽车、房屋、食品、衣服等以实用功能为主导的物质产品，也包括电影、游戏、音乐、文博文创等以文化价值为主导的精神产品。

产品策划是产品开发的前置环节，是为更有效地实现个人或企业等主体的特定目标而在研究基础上创新定制产品开发方案的理性行为。通常，策划人会根据经验、观察或案例借鉴，形成开发某种产品的创意或设想，然后通过市场调研进行论证，并不断完善产品方案以求实践落地。产品开发策划的文本成果是产品策划书，是一种根据新产品开发的理念和内容来撰写的实施计划书，基本内容包括概念创意、痛点与市场分析、产品设计、运营策略、营销策略、风险评估和开发时序等。什么是好的产品策划？简而言之，即是概念创

---

❶ 菲利普·科特勒，凯文·莱恩·凯勒.营销管理[M].15版.何佳讯，于洪彦，等译.上海：格致出版社，2019：25.

意要新、市场分析要准、产品设计要特、运营管理要精、营销策略要绝,各环节统筹联动才能开发出一款好产品。

产品策划除了具有预设性、定制性、创新性、可行性和系统性等策划的一般特征外,还具有用户视角、概念性、极致性和文化性等特征。

一是用户视角。产品策划虽然是企业主导发动的,但策划的轴心却在用户。策划人只有学会换位思考,坚持用户视角,设身处地体会用户的物质及精神上的深层需求,利用"同理心"才能换来"共鸣感"。例如,茑屋书店的创始人增田宗昭就曾说:"去现场,站在顾客实际所在的地方,深入思考对这些人而言真正的价值是什么,才能产生有力量的策划。"为了最及时地感受用户的体验与需求,增田宗昭要求新店负责人必须搬到店附近居住。

二是概念性。独特的概念是产品策划成功的关键要素。其核心是针对如何解决人们特定的痛点问题,提出基于产品设想的新的解决方案,并要凝练成一个创新性概念,使其成为激发价值交换的触发点,此概念即为产品策划之魂。产品构想或假设应遵循"守正出奇"的原理,新概念并非异想天开,而需要建立在科学的市场调研或深刻的需求洞察之上,或者说要建立在定性和定量研究的基础上。产品概念可以是一个名字、一句话甚至是一个符号,关键是要用消费者能理解、有意义的语言进行表达。例如,曾经火遍全国的饮料王老吉,其核心策略就是创造了"防上火"这个概念,让王老吉与其他饮品形成了区隔,并通过不断拓展饮用场景,成功打造了销售额超过100亿元的饮料单品。

三是极致性。在"乱花渐欲迷人眼"的产品丰裕时代,只有极致性的产品才能获得最大的生存空间。产品策划之时,首先需要明确该产品是满足客户何种需求或解决何种痛点,然后再设计出包含多层次价值的极致性产品,切实提升消费者的综合感知价值。根据市场营销理论,一款产品通常有核心产品、有形产品和附加产品三个层次。核心产品是消费者购买产品所真正需要的东西。例如,我们购买钢笔的核心诉求是书写。核心产品需要有形产品作为载体,包括质量、包装、特色和式样等。设计出核心产品和有形产品之后,策划人还需考虑为顾客提供何种附加服务或利益,以增强产品的竞争力。例如,设计一支昂贵的钢笔,除了书写功能,还要强化其品牌价值和个性服务,借以满足用户的炫耀性消费心理。

四是文化性。策划专家王志纲曾说:"商战最高境界是对哲学的把握,注重文化背景。所谓开发一种产品,就是开发一种理念;营销一种产品就是营销一种文化。"产品价值通常是实用价值和精神价值的有机统一体,一款热销产品的背后,除了实用价值,通常隐含着一种精神价值,正是这种价值引发了市场的认可与共鸣。例如,苹果手机,乔布斯从东方禅的智慧中找到了简约精髓,并以此为苹果系列产品之魂,上市后风靡全球。而反观我国的手机产品,虽因价格优势在国外特别是在第三世界国家占有一席之地,但由于缺少文化认同和价值共鸣,品牌影响和产品价格一直难以提升。文化产品则更需要体现精神价值。例如,《哪吒之魔童降世》靠什么票房能突破 50 亿元？其中很大因素是切合了当时的社会思潮,获得了强大的共鸣。2019 年正值改革开放 40 年,开放之时的创业者——今天的社会主力人群——正是通过"不认命""我命由我不由天"的精神,通过拼搏改变了人生命运,因此故事主题与主流人群形成了强大的共情。正如其导演杨宇所言,"每一个时代的故事其实都是要符合于那个时代的思想观、价值观的"。时代在变,故事的价值观也需顺时而变。

二、流程和核心内容

（一）策划流程

产品开发策划通常以发现痛点为逻辑起点,大体包括七个基本环节（见图 6-1）。一是寻找痛点（注意是"痛点",不是"需求",但根据痛点可引导顾客对特定产品产生需求）。通过切身体察、行为观察、网络信息等各类渠道发现消费者（或目标客群）的痛点。既可从人们吃、住、行等物质角度寻找,亦可从精神消费层面出发。世界不是缺少需求,而是缺少发现需求的眼睛。二是概念创意。针对痛点提出解决办法,提炼独特的产品概念、定位或 USP（独特价值主张）,应该用一句话讲清楚产品的核心价值,让产品能瞬间抓住人心。三是产品设计。基于痛点或需求的具体解决方案,包括产品的功能、形态、材料和结构等。四是市场预测和竞品分析。五是营销策略,如价格、渠道和推广等。六是运营策略,主要包括团队、盈利模式和开发时序等。七是效益分析与风险评估,这也是产品策划不可或缺的环节。

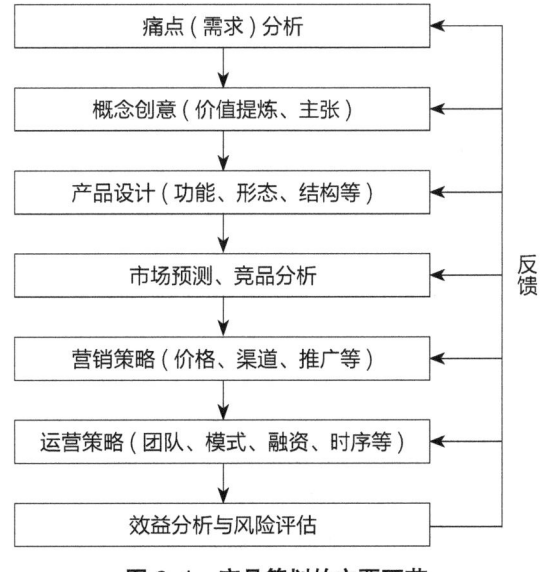

图 6-1　产品策划的主要环节

（二）核心内容

从策划内容来看，主要包括七个部分。

第一，痛点分析。痛点即机遇。产品为痛点而生，每一种产品的出现都是为了帮助顾客、组织或社会解决一定的痛点问题。例如，个人隐私保护软件的出现是为了缓解人们对信息泄露的担忧。敏感发现痛点，切身洞察人性的同理心，勇于着手改变，才可能创造伟大的产品。如何发现消费者的痛点呢？方法多种多样。当前主要采用市场调研法，即通过调查问卷、深度访谈等形式了解人们在生产生活中的苦恼和诉求，然后深挖其内在成因或心理逻辑，再由此提炼出最佳的问题解决之道。还有一种常用方法是具身体验，根据自身的身体与生活体验，来形成对事物的认知，然后思考痛点和解决方案。其内在逻辑是"人同此心，心同此理"，也正因如此，具身体验的结论还需用调研来验证，以实现从个性化向共性化的转移。痛点分析要形成清晰的结论，将消费者的关注点提炼出来，并提出解决之道，从而为之后的概念创意奠定基础。

第二，概念创意。即是将价值主张创造性地表达出来，说明产品是什么，能解决什么问题，具有什么样的独特价值。创新性是产品能否具有竞争能力的关键因素，而概念创造则是其中最重要的步骤与内容之一，内容主要包括如下三个方面。一是产品定位，阐释产品的独特性或差异性，如果能够从品类出发，开创出新品类，那么定位价值更大。例如，元气森林鲜明提出了"0糖0脂0卡"的品类概念，开拓了人们对无糖饮品的新认知。二是功能阐释。即将产品功能用消费者可理解的话语进行说明，强化其在消费者心中的特色认知。例如，"海飞丝"一直强调去屑功能，并使自己成为该功能类洗发水的代名词。三是产品名字与广告语的创意。其基本原则在于降低成本，降低顾客的识别成本、理解成本、记忆成本和传播成本等。例如，由葛优和徐帆主演的爱情电影《不见不散》，最先定名为《冤家》，意指两个一见面就倒霉的主人公"冤家"式的情侣关系；后又改为《看你往哪儿跑》，但因片名过于调侃而放弃；最终片名定为《不见不散》，其寓意一方面描绘了片中男女主人公那种不见面还好，一见面准散的尴尬局面，另一方面也预示着他们的爱情最终会获得圆满结局，同时"不见不散"取自现有成语，相比其他名字，更加朗朗上口、易于传播，可以说该片名为电影增色了不少。所谓广告语，就是要提炼产品之魂，把最核心的价值传递出去。在制定广告语时，要学会借势超级符号，注意应用修辞学原理（如普通的道理、简单的字句、有节奏的字句或押韵、使人愉悦等）。同时广告语中尽量包含品牌名字，并能激发人们行动。例如，经典的酒类广告语"人头马一开，好运自然来"。

第三，产品设计。这是对概念创造的具体落实，即将创新构想变成用户可知、可感和可消费的具体物品。产品类型多样，大体而言包括物质类和精神类。此二者在设计内容上具有较大差异。物质类产品设计（如汽车）通常包括结构、色彩、外观、形状和材质等内容，以便更好地承载核心功能。精神类产品设计（如旅游演艺）则涉及价值观、文化主题、表现形式、表达技巧等方面内容。产品设计是产品创新的关键环节，可以从两种路径展开：一种是颠覆性创新，即实现基础理论的突破，形成从无到有的原始创新，如发明电灯、汽车、火箭等；另一种是渐进式创新，或说微创新，即在原有基础上做出一定的改进，以更符合消费者的喜好与需求。从产品设计而言，根本上是要贴近消费者需求，推动科学和艺术融合，创造更丰富和更深刻的消费体验。例如，设计一场大型文旅演艺，就要调动文学、音乐、美术、架构、节奏、视觉和舞台等众多艺术要素，以求给游客带来令人震撼的艺术盛宴。

第四，市场分析。包括市场规模预测和竞争分析。前者是指预测一定时间和范围内某类产品的市场规模有多大（计算方法：人口规模 × 意愿购买比例 × 有购买力比例）及未来发展趋势如何。此处需要强调的是，人口规模并不等于市场规模，有购买欲望和购买能力的人群才是有效的产品需求人群。例如，我们测算大疆无人机在某个城市的市场需求规模，其规模绝不等于城市人口。竞争分析主要考察市场上同类主体是如何解决此类痛点的，如果市场上还没有类似的主体，我们就有抢占第一的机会；如果已经有，就需要考察其解决痛点的方案是不是合理与先进，我们还有哪些可以改进或创新的空间。市场分析通常还需要结合自身资源分析，运用"3C模型"来考察产品开发的可行性。

第五，营销策略。这里主要指产品的价格、渠道和推广策略。价格不仅是企业利润水平的最直接决定因素，同时也是一种强有力的重要营销手段。影响产品定价的主要有企业目标、顾客、成本和竞争者四个因素，因此也形成了战略导向、需求导向、成本导向和竞争导向四种方法。例如，企业目标是扩大产品的市场占有率，通常会采取低价策略抢占市场份额。渠道是连接产品与顾客之间的一整套相互依存的组织与通道，通常有直接渠道和间接渠道、长渠道和短渠道、宽渠道与窄渠道之分，选择何种渠道主要根据企业目标、产品特质、运行成本等因素来综合考虑。推广策略是指直接或间接向消费者告知、说服和提醒产品和品牌相关信息的方法，营销组合通常受到营销目标、产品性质、产品生命周期、市场性质和经费预算的影响。有效的产品营销传播一般包括确定对象、明确目标、设计信息、选择渠道、确定预算、决定媒体组合、评估传播结果和管理整合传播等步骤。

第六，运营策略。产品策划是系统性的行动方案，其内容还涉及具体的运营策略。包括商业模式、运营团队和开发时序等。如果产品开发设想尚无资金支持的话，方案还需包括融资计划，即如何通过路演、合作洽谈等形式获得产品开发资金。这时就需要制定产品路演报告书。根据策划流程，其内容应该涵盖如下方面：封面要有"一句话"介绍，点出产品价值主张或核心亮点。然后是开发背景（痛点分析）、概念创意、产品设计、市场预测与竞品分析、营销策略、运营策略、风险与效益评估、开发时序和融资计划等内容。一份路演报告书应该具有较强的创新力、逻辑力和表达力。

第七，效益分析与风险评估。效益包括经济效益、社会效益和战略效益等多维度内容。对于企业而言，首先，关注的是产品的经济效益，包括投资回报率、单位产品利润贡献度等指标。例如，开发一款新型手机，需要计算投入产出比；拍摄一部电影，需要预测票房收入。其次，企业本质上也是一种社会分工机制，核心是为社会解决问题，需要承担社会责任，企业越大越是如此。因此还要关注社会效益。例如，可带动多少就业人数，对生态环境或社会民生产生多大正向影响。而战略效益则强调的是产品在企业战略层面有何贡献。例如，抖音这款产品对字节跳动公司的战略价值是不言而喻的。同时，产品策划还必须对产品开发和运营中的风险进行预测与评估，如市场竞争、科技进步、潮流变迁、文化民俗和政策变化等因素，并提出风险规避策略。

如果要撰写产品策划书，通常还需在以上内容的基础上，加上封面和策划概要，以让策划方案更加完整（见表6-1）。

表 6-1　产品策划书的基本内容

项目	主要内容
封面	产品名称以及一句话的定位语或宣传语
策划概要	对所开发产品的名称、商标、包装、用途、功能等内容进行简要说明
痛点分析	核心说明产品是要为消费者解决什么问题，包括消费者目前苦恼的、不满足的或者未来追求的
概念创意	将价值主张创造性地表达，可是一个名字、一句话或一个符号。好产品要与人们的精神与价值相连接
产品设计	物质类产品设计通常要包括结构、色彩、外观、形状、材质、互动性等内容；精神类产品涉及价值观、文化主题、表现形式、表达技巧等内容
市场分析	包括市场规模预测和竞争分析。通常还需结合自身资源分析，运用"3C模型"来考察产品开发的可行性
营销策略	包括产品价格、渠道和推广策略。定价需考虑成本和利润、顾客认知价值、竞争对手等因素；渠道根据企业目标、产品特质、运行成本等考虑；营销传播组合根据营销目标、市场性质和经费预算等因素设计
运营策略	包括商业模式、运营团队、开发时序和融资策划等
效益分析与风险评估	包括经济效益、社会效益和战略效益等多维度内容。好的产品设计可以实现更大的综合效益

三、策划注意要点

第一，理解产品策划的底层逻辑。产品只有为顾客创造价值才有存在的意义，"顾客净获价值"（或让渡价值）越大，产品销售量必然就越好。顾客净获价值等于顾客认知的总价值（包括物质价值、精神价值、心理价值等）减去总成本（经济成本、体力成本、精力成本等）（见图6-2）。所以产品策划设计的基本逻辑，是要让顾客觉得物有所值，感知价值要大于感知成本。

```
提高顾客净获价值的"万能公式"

假设：顾客总价值 =F，顾客总成本 =C
（1）F——，C↓。降价促销。
（2）F↓，C↓↓。降价处理。
（3）F↑↑，C↑。产品升级。
（4）F↑，C——。原价升级
要点：提高F中的某部分，降低C中的某部分
```

图6-2 顾客净获价值的计算公式

第二，注重产品的使用场景。用户需求来源于具体的生产和生活场景，产品必定在场景中使用，所以我们不能脱离场景去寻找顾客的需求。策划人通过想象产品的使用场景，能够更好地找到产品的功能和价值在顾客心中的位置。市场调研数据一定程度上是提出问题，但只有回归到需求场景——结合消费行为和心理洞察，才能找出真正答案。在互联网大数据时代，我们不仅要关心物质世界的现实场景，还需要研究元宇宙中的虚拟场景。

第三，注意产品策划各阶段的目标与方法。产品开发是一个发现问题、解决问题、创造产品和提供服务的过程，不同阶段注重采用不同的研究和策划方法（见表6-2）。从策划过程来看，应重视以下内容：一是做好市场调研，深入分析开发新产品的必要性和可行性；二是明确新产品能给消费者带来的具体利益；三是说明新产品的结构、性能和形式等；四是分析与评估新产品的效用与效益。

表6-2 产品开发过程各阶段的目的与方法

阶段	目的	方法
发现痛点	洞见消费者痛点，根据痛点引导顾客对特定产品产生需求	观察法、案例借鉴法、市场调查法、专家法、文献法
概念创意	酝酿产品设想，形成各种具有创意的想法	头脑风暴法、价值列表法、案例借鉴法
评价筛选	评价产品设想，筛选各种设想	专家法、指标评估法
产品设计	拟定产品构想，进行设计	实验法、市场调研法
市场分析	预测市场规模，分析市场竞品	问卷调查法、深度访谈法、对比分析法
效益分析	从财务角度评价新产品可行性	收益预测法、定量分析法
营销推广	将产品商品化，推销到市场	头脑风暴法、市场调查法

第二节 "元気森林"——引领无糖气泡水新品类*

2016年，一款取名"元気森林"的气泡水迅速成为饮料界的"网红"，在巨头云集的碳酸饮料市场中脱颖而出，引领了无糖气泡水的消费热潮。2020年"双11购物节"更是力压可口可乐、百事可乐、农夫山泉等一众著名品牌，位列天猫和京东水饮品类销量第一。2021年元気森林（北京）食品科技集团有限公司（以下简称"元気森林"）入选独角兽中国榜单第9名，估值到达950亿元人民币。目前，元気森林系列产品已基本覆盖全国，并拓展到美国、新西兰和新加坡等国家，成为近些年来国产饮料界一匹狂飙的黑马。

元気森林的自我定位是"一家互联网创新型饮品公司，专注于年轻一代健康好喝的饮料"。其创始人唐彬森是个典型的连续创业者。早年创立了社交游戏公司"智明星通"，策划开发了"开心农场""列王的纷争"等爆款社交游戏。2014年，"智明星通"被中文传媒以26亿元收购，唐彬森套现退出。之后进入资本圈，创立了"挑战者资本"，成为职业投资人。2016年，唐彬森创立元気森林公司，进军饮料行业。跨界创业难度大、风险高，从"元気森林"概念的提出和发展历程来看，唐彬森基于客户导向和互联网思维的产品策划与执行能力，无疑是"元気森林"饮品爆红的关键因素。

一、开发背景：消费者的痛点就是企业的发力点

元気森林主打的无糖气泡水隶属于软饮的大细分市场。自1978年可口可乐进入中国开始，经过起步阶段、成长阶段、高增长阶段等多个时期。2015年的软饮市场，随着中国消费产业步入全新发展周期，正处于由高速增长到高质量增长的转型时刻。

软饮市场规模不断扩大、品类不断拓宽的同时，品类的重构也蓄势待发，为新产品、新玩法、新企业提供了弯道超车的机会。元気森林创始人唐彬森在认真研究了数个行业的发展潜能之后，瞄准了这个规模巨大的市场。然而，如何在巨头云集的软饮市场撕开一道口子？唐彬森找到了"无糖"这个发力点。

近年来，从"保温杯里泡枸杞"到"朋克养生"，养生正成为"Z世代"年轻人新的社交潮流。调查显示，48%的人认为饮食不健康的来源是奶茶等高糖食物。网红奶茶店里贴心的"三分糖"设置，社交媒体上各式的"戒糖指南"和"代糖测评"，健康焦虑的年

---

* 该案例由中国传媒大学文化产业管理学院硕士研究生王欣萌撰写初稿。

轻人遇上市场营销的强化，爆发的控糖需求使得"无糖"成为消费者的重要关注点。

2016年4月，元气森林在北京注册成立。在初创阶段，元气森林对饮料市场做了大量调研，瞄准了年轻白领及学生群体的减脂瘦身需求，先是做近水饮料。这是一种介于饮用水、果汁饮料和功能饮料之间的融合饮料类型，它有着近水的颜色和口感，同时又以低卡路里、功能性成分和添加水果香气为卖点。在三得利"沁柠水"和统一"海之言"迅速蹿红之后，近水饮料在国内饮料业界已颇具话题感，元气森林在此时推出的两款饮料分别以瘦身和美颜为主题，取名"明明不胖"与"石分美丽"，并在外包装上注明"女士饮料"4个字，售价6.5元。这两款初代产品上市后并未能讨好它所定位的垂直用户，最终在2020年3月宣布停产，但从用"低卡结晶果糖"的方案来替代蔗糖开始，这种代糖思路成为元气森林此后产品创新的重点。

2017年，团队决定研制一款低脂低卡的饮料，于是市场出现了以"0糖"为卖点的"燃茶"。此时元气森林的网红阵打法已初见端倪。在社交平台高频出现的"燃茶"成为元气森林第一款受到市场瞩目的产品，也坚定了公司走0糖的这个方向。

沿着0糖的方向继续前进，碳酸饮料是元气森林瞄准的下一个品类。针对市面上存在的"好喝的饮料含糖量过高，含糖量低的又口味欠佳"的问题，元气森林灵活地将两者之长进行组合，给出了无糖气泡水的解决方案。赤藓糖醇、天然香精，再加上苏打气泡水，一款主打"0糖0脂0卡"概念却拥有不逊色于传统饮料口味的新饮品——"元气森林"诞生了。

无糖气泡水的市场表现回馈了团队的坚持。这款既能让消费者重回"快乐老家"，又不必有"肥宅"担忧的饮料，在上市后很快引爆市场，成为新一代的网红单品。后来，"元气森林"气泡水又面向消费者推出了樱花白葡萄、夏黑葡萄、酸梅汁、卡曼橘、乳酸菌、莱姆淡姜等多种新奇口味。很多人将"元气森林"的成功归结于准确把握了年轻人对无糖和健康概念的追求，虽然这个理由不能成为"元气森林"成功的唯一因素，但确实点出了其中关键。

二、开发策略：痛点为基、概念为魂、系统配称

有人说"元气森林"在中国食品饮料行业建立了一个新的坐标系，自此之后，"无论是巨头还是新锐品牌，都以它为坐标轴的中心，去理解它高速成长背后的方法论"[1]。拆解"元气森林"背后的策划逻辑与策略，不管是产品维度上的求新求异，还是运营维度上的

---

[1] 唐彬森.元气森林未被解读的"长期主义"[EB/OL].（2021-07-14）[2021-08-16].https://baijiahao.baidu.com/s?id=1705220911935444092&wfr=spider&for=pc.

求深求广，都能为新产品的开发提供有益启示。

（一）痛点分析

面对饮品，对于日益爱美爱健康的年轻消费者而言，面临着两难选择：一方面是对于高品质饮品的需求，另一方面是对于"健康"的追求及"肥胖"的恐惧，这让他们对糖分极为敏感。"无糖"这个词汇逐渐变得火热起来。

在"元気森林"之前，已经有不少品牌尝试入场无糖饮料。早在1997年，日本的"三得利"无糖乌龙茶就已开始布局中国市场。2011年，农夫山泉上市了新品"东方树叶"，开启了"无糖"茶饮的先河。然而，彼时的无糖茶饮只被消费者打上"难喝"的标签，尚未形成气候。与此同时，以健怡可乐、零度可乐为代表的西方无糖饮料则因"不健康"的刻板印象，也迟迟未能打开中国市场。因此，饮料市场中存在着可感知的痛点：口味好的不够健康，无糖健康的往往口感不佳。如何为消费者提供一款既健康且口味好的饮料，就成为企业的巨大机遇。元气森林面对无糖饮料的风口，推出了"元気森林"气泡水，主打概念即是健康，关键词是"针对年轻人的、健康好喝的饮料"。

（二）概念创新

洞悉消费者需求、创造新的概念是新消费品牌崛起的第一步。在快消品行业里，本质上是概念驱动的，而概念是基于客户的痛点而创造的，其击中的痛点越精准，概念的力量就越强大。

"元気森林"气泡水引发消费购买的主要激发点是什么呢？无疑是"0糖0脂0卡"的产品概念，"元気森林"不是无糖气泡水的开创者，但在产品力上却牢牢锁定了品类第一的"无糖专门家"地位。以前也有产品提出"无糖饮料"，为什么却反应平平？其实这是概念的力量，是"0糖0脂0卡"概念对"无糖饮料"概念的胜利。一款"0糖0脂0卡"的产品与一款"无糖"产品，物理元素没有本质区别，但在消费者的价值认知中和感官刺激强度上，却是天壤之别。我们可以想象一下，如果"元気森林"提"0糖""无糖无脂无卡"或"低糖低脂低卡"，结果会如何？这款饮料很可能泯然于众。

这是为什么呢？第一，"0"这个数字型的超级符号远比"无"来得有视觉冲击力；第二，除了"0糖"，饮料还鲜明地提出了"0脂0卡"，"脂"和"卡"无疑也是消费者极为关注的字眼。三个"0"的连用形成了巨大的视觉和心理冲击力。"元気森林"正是采用这样的方式，锁定心智赛道，获取了细分品类新增的巨大红利。

这里需要强调的是，"概念驱动"绝不是一种哗众取宠的"忽悠"，有意轻视产品质量和欺骗消费者；而恰恰相反，它要求企业必须具备极强的用户需求洞察力，直击用户痛点，并通过最合适的产品方案来解决问题。

（三）产品设计

在元气森林的成长过程中，公司团队做了这样的预判：平台经济已经过剩，中国不缺消费能力，缺的是好产品、好服务。因此公司应将重点放到对消费者需求的满足和对产品质量的追求上。"用户为王"是元气森林始终坚持的第一性原理。正如创始人唐彬森所言"互联网精神就是真正把产品做好，对用户好，一定会有回报"。

2017年，针对市面上存在的"好喝的饮料含糖量过高，含糖量低的又口味欠佳"的问题，"元气森林"的研发团队历经3个多月时间，在几十种甜味剂组合方案中逐一测试、反复调整，最终选定了"赤藓糖醇+三氯蔗糖"这个复配组合。赤藓糖醇是小麦或玉米等淀粉发酵后产生的天然甜味物质，有着接近蔗糖的自然口感，同时由于进入人体后不参与人体的血糖代谢，因此不产生热量。虽然赤藓糖醇价格远贵于零度可乐选择的阿斯巴甜，但对品质的追求最终让"元气森林"选择了前者。

在口味设计上，则源于元气森林员工在食品行业展会上的"偶得"，他们发现青瓜味天然香精的风味极佳，且在市面上较为新颖，由此选定将这一口味应用到元气森林的第一款苏打气泡水中。

在产品设计上，"元气森林"采用了日系风格并以突出的古体字"気"作为标识，突出其健康理念和气泡水的品类。其设计整体上契合了"Z世代"消费者的审美趣味。可以说，成功的设计一方面带来了产品的颜值经济，另一方面也强化了品牌的标识性和独特性。

在产品线设计上，根据市场的需求，元气森林在"元気森林"气泡水获得市场认知和口碑之后，又开辟了外星人、乳茶、满分微气泡等产品类型。如是，围绕低糖和健康这条主线，元气森林逐渐形成了自己独特的产品体系。

（四）营销策略

高超的市场营销手段是"元気森林"成功的又一法宝。其通过对"Z世代"人群消费偏好与需求的精准把握，积极利用互联网来影响核心群体，并逐步"出圈"扩大整体规模。此处重点分析其渠道选择和促销推广策略。

1. 渠道：精准连接品牌原点人群

传统饮料巨头通常以"大型商超""小杂货店"等传统线下渠道为主，线上渠道或便利店等渠道占比较低。"元气森林"选择了与目标用户更为接近的渠道作为流量入口，即便利店和互联网。

"元気森林"首批选择进入的渠道是全家、罗森、便利蜂、盒马、711等连锁便利店，而不是华润、大润发等传统商超。❶ 根据711便利店的统计数据，20～40岁的消费者是便利店的主力客群（达到88%），其顾客画像是"年轻、乐于接受新事物、价格敏感性较低、容易受包装和外形所迷惑、为爱好付费"。因此便利店精准定位于年轻白领、客单价与毛利率较高的精品餐饮产品。到了2020年，"元気森林"线下渠道已覆盖国内477个便利系统、5万多家便利店，精准的渠道定位让"元気森林"成为新晋品牌中的佼佼者。

传统饮料巨头强项在于线下渠道的铺货能力，对于近年来快速崛起的互联网渠道尚处于适应期，还未形成线上的绝对优势。"元気森林"的目标消费者主要为"网生代"，网购是其重要的生活方式。于是天生自带互联网基因的元气森林一方面选择建立自己的线上网店，另一方面依托电商平台快速聚粉走量。例如，其淘宝官网旗舰店粉丝量达到了877万，远超农夫山泉和可口可乐。2019年"元気森林"线上成交量占到了总销量的四成，是天猫、京东等网络商超里当之无愧的销量明星。

2. 传播：从线上种草到线下攻势

面向主要目标消费者——"Z世代"群体，从社交平台"种草"，到综艺节目、电梯广告的线下攻势，再到品牌跨界联名的"破圈"营销，元气森林的营销打法堪称教科书级别。

一是明星KOL"种草"。自公司创始以来，元气森林没有邀请过一位固定代言人，而是选择了邀请当红明星作为品牌大使和品牌推荐官的方式反复收割流量。元气森林先是邀请了在各大综艺刷屏、微博话题度居高不下的魏大勋和张雨绮作为品牌大使，后又相继邀请了王一博、王鹤棣、刘宇宁、袁冰妍等当红流量成为品牌推荐官，如此综艺、影视、歌坛三方兼顾，男性与女性粉丝共同收割，既展现了品牌雄厚的资金实力，又可在不同明星的粉圈中多维推广。

二是社交平台推广。"小红书"是网红产品"种草"的首选平台。在小红书搜索"元気森林"，可以得到4000多篇笔记，各种口味测评有1600多条，软性植入更是不计其数，点开小红书商城即可以优惠价格进行购买。在微博、抖音等社交平台上，也有大量博主、网红作出推荐，"优惠券 + 转发抽奖 + 晒单免单"的打法形成带货新方式。在直播浪潮下，元气森林还联合当红带货主播，为用户带来更多新潮的消费体验。

三是综艺节目软性植入。在"B站"和综艺节目两大年轻人的聚集阵地上，元气森林活跃度也很高。重金冠名《元气满满的哥哥》《我们的乐队》《运动吧少年》等综艺节目，向不同圈子的年轻人传播"年轻""有创新""有活力"的品牌形象。例如，在《元气满满的哥哥》这档综艺里，由胡军与杨洋领队的代表不同时代的两个"哥哥组"一同前往中国

---

❶ 牛丽芳.元気森林的"走红"逻辑［EB/OL］.（2021-01-18）［2021-08-16］.https：//36kr.com/p/1045155099688712.

最具幸福感的几座城市，进行类型多样的对抗性游戏比赛，并在游戏竞争中实现了情谊的交融升华，元气森林通过这档节目体现了积极向上的品牌元气精神。

四是品牌跨界联名。元气森林十分善于利用其他品牌资源，通过跨界营销实现多圈层流量共享。例如，在疫情期间，螺蛳粉成为吃货宅家的最爱美食。借着螺蛳粉爆火的契机，元气森林与"好欢螺"跨界推出了夏日限定礼盒，将两个看似风格不同的品牌联合在一起，给年轻的消费者在视觉和味觉上带来了新鲜活力感，"重口味 × 小清新"的组合实现了市场共赢。

（五）运营策略

作为一家具有互联网基因的公司，元气森林在产品运营也有其特色。一是坚持需求导向。不同于传统的饮料品牌以成本结构倒推产品的思路，元气森林是用产品来推导研发，先准确了解消费者需求，再找到原料、配方、包装、销售等解决方案。二是加速产品研发。不同于传统公司1～2年的研发周期，元气森林旗下产品的研发周期一般为3～5个月，采取的是小步快跑、快速迭代的策略，强调高效并且持续不断地进行设计以达到客户满意的标准。三是强化资源整合。元气森林的初创团队成员均来自于传统饮料大厂，这些成员从一开始就为元气森林提供了丰富的经验和行业资源。四是组织模式创新。创始人将互联网公司的 Agile Design（敏捷设计）引入产品研发流程中，采用五人新品研发小队模式，并运用阿米巴管理办法，由产品经理领头，下设研发工程师、设计师、生产经理及采购经理等职位。公司往往会同时开发"20+"款产品，研发和测试穿插进行，以求不断高效地推出新品。

三、策划思考：坚持"用户为王"的第一性原理

策划讲求奇正原理。"正"指规律性，是事物发展的必然逻辑；"奇"是对规律的创新性运用，重点是求新求异。对于产品策划来说，要在发现所在行业基本规律的基础上，培育创新意识与创新思维，找到创新的着力方向。当我们对元气森林的成长历程进行复盘，可以发现，不管是从研发、生产等关键环节而言，还是营销、渠道等方面的布局，元气森林都跟传统饮料企业截然不同，更多坚持的是以用户为核心的互联网思维。

由于"元气森林"缺少较高的技术壁垒，"0糖0脂0卡"的产品理念容易模仿，产品设计也存在"伪日系"的争论，品牌力与经典品牌存在较大差距，因此如何抢占先机，不断巩固"元气森林"在无糖气泡水品类中的优势心智地位极为关键。对此，元气森林主要采取了两大策略。第一，就是明确核心消费群体。即是重点聚焦在"Z时代""千禧一代"这些年轻、追求时尚的消费者身上。第二，即是坚持用户为王，直击客户的痛点，并

应需而变，不断出新出彩。

对于产品策划而言，成功的规律千万条，但用户为王是头条。"元気森林"产品开发表明，谁能赢得消费者的价值认可，谁就能赢得市场的青睐，获得商业上的成功。其前提是要能敏锐地发现痛点、洞察需求，这对策划人而言，是一场漫长的考验与修炼。

第三节 《哪吒之魔童降世》
——让经典神话 IP 再发时代强音[*]

哪吒形象源于佛典，是中国古代神话中的代表性人物，也是影视反复演绎的经典形象。40 年前，《哪吒闹海》以浓烈的中国古典风情和荡气回肠的神话故事在"戛纳国际电影节"一举成名，迎来了国际性的高光时刻。40 年后，《哪吒之魔童降世》（以下简称《哪吒》）在新的历史语境下横空出世，以全新的形象发出了"我命由我不由天"的时代呐喊，并以突破 50 亿元票房、总票房排行第二位的佳绩，扬橥新时期的"国漫复兴"。此案例试图从影视策划的视角出发，剖析其成功背后的深层次原因。

一、策划背景：为中国动画崛起而奋斗

回望历史，国产动漫的发展既有自成一派、享誉国际的高光时刻，亦有停滞不前、备受压抑的至暗时期。改革开放之后，日美动漫的引入既给观众带来了全新的观赏体验，也对国产动漫形成了巨大的冲击。进入新千年，随着经济实力的强势崛起和文化自信的提升，特别是在国家相关政策的强力支持下，国产动漫开始以新的姿态回归大众视野。2015年的《大圣归来》斩获近 10 亿元票房，将国漫市场推向了一个高潮。随后，《大鱼海棠》《白蛇·缘起》等一批制作精良的作品进一步激发了中国动画电影的市场活力，匠心雕琢的画面特效、精彩跌宕的故事情节，极大提升了观众对"国漫"的观影热情。《哪吒》正在这种背景下孕育而生。

一部叫好又叫座的电影的华丽登场绝非妙手偶得之，而是经历漫长蛰伏后的爆发。2008 年，一部动画短片《打，打个大西瓜》在国内外斩获包括德国柏林电影节在内的 27个专业大赛的 30 多个奖项，也让导演饺子（真名杨宇）得以真正走进动漫行业。在此之后，饺子创建了自己的公司，制作了一些动画作品，但受制于国内动漫行业的整体环境，

---

[*] 该案例由中国传媒大学文化产业管理学院硕士研究生王欣萌撰写初稿。

他始终没找到做动画电影的机会。直到 2015 年与"彩条屋"的接触,这种状况才发生改变。"彩条屋"成立于 2015 年,是光线传媒旗下的一家以动画、漫画、奇幻元素为核心的综合影视公司,其理念是"为中国动画崛起而奋斗",愿景是"找中国最好的动画导演,做最有想象力的电影",其企业初心与饺子的理想不谋而合。

长期以来,国产动画电影的类型一直较为单一,低幼动画构成了动画电影市场的主流,诸如《喜羊羊与灰太狼》等动画大电影都是从"低幼向"电视 IP 衍生出来的产品,观影对象主要为 3 ~ 12 岁的儿童。大部分电影情节简单、主题单一、人物僵化、制作粗糙,作为 IP 价值变现的衍生环节,不仅没能实现低幼动画应有的成长教化和审美熏陶作用,甚至还挑战了家长的思维底线。

因此,"彩条屋"在成立之初,便将目光投向成人化和全龄化的动画领域。一方面对低幼动画进行改造,不仅在题材选择、主题表达、制作水准等方面进行优化,还在情节设置上融入成人的叙事视角。另一方面,打破国产动画电影的思维定式,在国漫风、合家欢、影游跨界、真人奇幻和网络院线电影五大类型展开布局,谋求开创更为广阔的中国动画电影市场。在"彩条屋"列出的 22 部超级片单中,《哪吒》就充当了"国漫风"类型的先行者。

于是,在 2019 年的夏季,《哪吒》横空出世,成为当年暑假档的最大赢家。当时恰逢改革开放 40 周年和新中国成立 70 周年之际,哪吒那句"我命由我不由天"的惊天呐喊,直接戳中了时代和大众的神经,引起了广泛的共情与共鸣,也发出了国漫复兴的最强音。

二、策划内容:塑造属于时代的新哪吒

作为彩条屋"神话三部曲"的首部作品,《哪吒》以中国神话体系中的哪吒传说作为故事蓝本,在根植于中国传统文化的同时大胆创新。《哪吒》从策划、立项、制作到最终上映,经历了一个相当漫长而艰难的过程。这里主要就其策划环节进行分析。

(一)策划目标

目标是策划的方向。对于《哪吒》而言,其目标就在于"用动漫的形式讲述一个面向全年龄阶层的全新哪吒故事"。其中隐含的是一种对"低幼向"的突破和向"全龄化"的探索。如何同时满足儿童与成人的观影需求,让不同年龄和知识层面的观众均可通过观赏影片得到审美上的愉悦,是贯穿影片策划与创作始终的问题,也是这个哪吒故事新编的"新"之根本。因此,在故事主题、叙事和制作上,《哪吒》都充分考虑到了成年观众的观影需求,以成年人的视角来解构电影和思考问题,同时又以充满奇幻色彩的历险故事和诙谐幽默的喜剧效果来满足儿童观众的游戏需求,力求实现"儿童趣味"与"成人寓言"的

融合。

中国古代神话人物那么多，为什么要选择改编哪吒的故事呢？其中对社会大众接受度的考虑是重要原因。"哪吒"作为中国观众最熟悉的经典文化 IP 之一，已经在既往的影视化实践中证明了其文本的丰富性和故事的吸引力，在中国动画电影尚不成熟的当下，改编可以有效规避一部分市场风险。从已有的成功案例来看，2015 年引爆市场的《大圣归来》就取材于《西游记》，借势了这个历久弥新的超级神话 IP。

（二）主题确定

《哪吒》的核心主题和成功密码，其实就在导演的话语里："每一个时代的故事，都符合那个时代的思想观、价值观。现在社会整个思想理念，世界观、价值观已经又更新过了，当代观众所想所感都不一样了，我们就真正为他们做一个好的电影。"❶

哪吒这一形象最早可追溯到印度神话，乃毗沙门天王之子，负责维护佛法、降伏恶魔、安宁三界。隋唐五代佛教盛行，哪吒的形象和故事辗转传入中国，逐渐为百姓所熟知，并经历多次演变后，在古典神话小说《封神演义》中完成了最初的中国化。《封神演义》中的"哪吒神话"由 20 多个母题所组成。其中"神与龙的斗争"与"弑父"母题饱含着反抗强权、追求自由的精神，而"肉卵生人"与"莲花母题"突出了哪吒出生与复活的神奇之处。❷事实上，哪吒是属于时代的哪吒。从哪吒形象与故事的产生、定型、发展与流变，再到各年代影视作品中的改编，这些母题随着时代变迁经历了一次又一次的传承与变异。如果说《封神演义》是在一种朴素的宿命观中完成了一场"王权崇拜"和"造神运动"，那今天的《哪吒》就以"我命由我不由天"的呐喊实现了对"人"和自我价值的重新发现。

2019 年是中国改革开放 40 周年。改革开放的历史既是中国崛起史，也是无数个人改变命运的奋斗史。正是"我命由我不由天"的这种豪情，让他们从体制中出走，进入广阔的市场经济海洋。在推动中国经济高速成长的同时，也实现了个人的目标与价值。在这个时间节点，《哪吒》的主题无疑能够引发广泛的共鸣。当然，这主题里面也有导演个人的情怀。饺子曾表示："（我）就憋着一口气想做好这个动画，也是想证明国产动画电影能够做好。所以不认命的主题，就还真是我特别想表达的东西，自然而然地就创作出了现在这个哪吒的故事。"

---

❶ 对话爆款《哪吒》导演杨宇：希望打破人们对国产动画的成见［EB/OL］.（2019-08-04）［2022-07-11］.https：//www.thepaper.cn/newsDetail_forward_4081909.

❷ 高珊.动画电影中哪吒神话母题的变异［J］.电影文学，2020（18）：137-140.

（三）内容设计

主题和价值观是一部影视作品的灵魂，故事和人物都围绕其展开。电影作为具体历史语境的产物，映射出每个时代深层的文化心理。因此，从人物设置、角色设计、叙事走向到故事内核，《哪吒》都呈现出全新的个性与形象。

第一，人物设置。从《西游记》《封神演义》到《大闹天宫》中的神勇天兵，到《哪吒闹海》中的小英雄再到《哪吒》的魔童，哪吒的人物形象从文学书写到影视呈现，经历了一个较大的演变。将灵珠改写为混元珠，将灵珠投胎的情节改写为魔丸降世的天命错置；同时也不再沿用《封神演义》中哪吒与龙族一正一邪、非黑即白的对立关系和脸谱化的角色设置，而是采用了哪吒和敖丙的"双雄"镜像结构。《哪吒》保留了哪吒身上所具有的反叛精神，但其指向是对个体命运的抗争，舍弃了神话原型中个体与父权的冲突，重点讲述了一个有关亲情与友谊、责任与选择、自我追寻与反抗命运的成长故事。配合魔丸降世的人物设定，一个完全颠覆传统的"丑哪吒"给观众留下了深刻的印象。在保留人物基本特征——儿童身形、身着红肚兜、头扎双发髻之外，影片塑造了一个翻鼻孔、黑眼圈、鲨鱼牙，走路总是双手插兜，散发着一种不羁气质的混世魔童哪吒。这种大胆的改变是对影片主题"打破成见，扭转命运"的呼应，也为哪吒故事创造了更为丰富的想象空间。

第二，角色设计。《哪吒》中角色设定的一大特点在于：不仅是主角哪吒、敖丙，还有太乙真人、申公豹、李靖和殷夫人等配角，都最大限度地摆脱了角色的工具属性，拥有了丰富的人物性格和合理的行为动机，同时也保证了角色之间以及角色与剧情间的逻辑串联。在这个新编哪吒故事中不存在纯粹的"反派之恶"，无论是申公豹还是龙族，都有着自己的身不由己，他们与哪吒、敖丙所要对抗的是同样的东西——一种模糊的、被称为"天命"的存在。在这种"天命"压迫下，人与人之间的相互倾轧就不能再简单地视作人性之恶，而是一种结构性的恶。这种对反派人物的设定打破了"国漫"中一贯存在的刻板化模型，让角色承担起了更厚重的叙事功能。

第三，故事逻辑。影视策划作为一项系统工程，尤其讲求故事各环节之间的逻辑完整性。为了"讲一个好故事"，从一个好点子到大框架再到一个完整的剧本，最终定稿前都离不开对剧本的反复打磨：笑点好笑吗？人物真实吗？剧情前后逻辑成立吗？等等。人物塑造方面，哪吒一出来应该在做什么？是一种什么性格？心理状态和他的目标又是什么？这些都需要在打磨中反复修改。《哪吒》光是剧本大纲就写了十几版，剧本也前后磨了60多版，每一个版本完成后，创作团队还会与"彩条屋"一起对剧本进行评估和调整。为了设计出一个能支撑起人物设定和主题立意的哪吒造型，从开始的美术设计到最终的定稿，设计团队更是设计了100多版哪吒形象。

第四，叙事策略。诞生于20世纪70年代的《哪吒闹海》，虽然已经按照电影编剧的要求，对《封神演义》中的哪吒故事进行了改编，但其情节设置还停留在美术片时代对传统戏曲的程式化借鉴和使用上，哪吒在片中代表了绝对的善，龙族则代表了绝对的恶，这种"扁平化"的人物设定和单线性叙事方式，难以满足当今观众的审美情趣与观影愉悦。事实上，在《哪吒》中，我们能够从那种"末日英雄式"的成长中看到好莱坞超级英雄的影子，也能在"开端—对抗—结局"的三幕式结构中看到好莱坞叙事元素的典型复现。在影片的三次情节反转中，哪吒不再是不问善恶仅循天命的神勇天兵，也不是"造神"运动中"大善"的代名词，而是在善与恶的转变中实现对自我命运的诘问和反抗。在影片结尾，"爱可以拯救一切"的叙事法宝化解了善与恶、命运与自我的抗争，完成了影片合家欢定位的使命。

第五，视听体验。《哪吒》充分发扬了中国传统艺术精神，利用动画特效将以形写神、以景抒情、情景交融的中国古典美学发挥到了极致。大量中国传统艺术元素的融入为影片赋予了一种"中国风"美学色彩。例如，哪吒出世前太乙真人喝酒用的旋涡纹彩陶罐，负责守卫的结界兽源自三星堆青铜人面具，而《山河社稷图》则与王希孟名作《千里江山图》有着异曲同工之妙。不同于"中国动画学派"的平远意趣，《哪吒》在视觉的呈现上选择更符合当代观众审美的表达方式，通过采用先进的特效制作技术，给观众带来一种国际大片的观影体验。为了追求更为自然流露的表达方式，影片还在创作流程上采用了先有"声"再有"形"的工作方法，即先让配音演员以现场表演的方式说出台词，然后制作团队再根据配音演员的动作和神态搭配到相应的动画角色中去。这种精益求精、狠抓细节的艺术匠心最终造就了一幅精致炫目、具有极高观赏价值的国风奇观。

（四）营销策略

2019年7月26日，《哪吒》上映并迅速引爆银幕，不管是从电影文本的改编策略上看，还是就营销传播策略而言，这部影片都超越了"国漫"以往的表现水平，完成了一场经典与流行的交融与共奏。

第一，圈层引爆的用户价值共创。《哪吒》作为一部动画电影，最垂直的受众便是二次元群体，基于对这一群体的洞察，出品方"彩条屋"创造性地将眼光放在了小众但活跃度极高的亚文化圈层——同人圈，利用同人文化为影片宣发造势。哪吒与敖丙组成的"藕饼""饼渣"CP还未正式上映就在同人圈掀起创作高潮，大量同人绘画和文章层出不穷。这股二次元同人圈层的"自来水"营销是《哪吒》上映后票房井喷式增长的关键因素。在电影上映期间，官方微博和导演饺子的个人微博都积极转发网友自发生产的内容，与之进行互动，激发了二次元用户的参与热情，极大丰富了影片的衍生创作。

第二，"国漫宇宙"的经典IP联动。《哪吒》在营销策略上的创新之处还体现在与"西游IP"电影《大圣归来》的联动营销上。2015年上映的《大圣归来》被视作国产动画发展的转折点,片中曾出现"哪吒是女孩"的"包袱"。彼时的《大圣归来》创作团队无法预知四年后《哪吒》的诞生,但《哪吒》营销团队却巧妙地运用了这个"包袱",与《大圣归来》团队共同制作短片进行联动营销。"哪吒是男孩还是女孩"的话题一时间引发网友热议,也为《哪吒》带来了一波热度。这种 IP 之间的联动营销在 2020 年上映的《姜子牙》中得到了延续,使影片上映前就赚足了眼球。

(五)运营策略

为了让策划方案能够按照预先设计顺利实施,做好包括资源整合在内的运营设计也是一个完整策划过程中必不可少的部分。众所周知,缺乏完善的产业链和分工合作机制是长期以来制约"国漫"发展的重要原因。从国际经验来看,打造出多个世界级动漫 IP 的迪士尼和皮克斯都有着自己清晰的核心流程线,而国内动画电影则常常通过各环节外包的形式完成。为了实现制作流程化,"彩条屋"分别投资了一些三维和二维制作公司,来为其投资的 20 多位导演服务。《哪吒》的制作过程中有超过 20 个全国特效团队的助阵,前后参与者有 1600 多人。为发挥各团队的最优制作水平,主创团队按特效元素对不同类型进行了区分,再将分类对应给到最擅长的团队进行制作。

三、策划思考:让传统文化与现代价值同频共振

截至 2019 年 12 月 28 日,《哪吒》票房已突破 50 亿元,跻身中国电影史票房总榜第二名。《哪吒》的成功为"国漫崛起"树立了一块里程碑。从这里出发,总结策划和制作经验,无疑有利于推进中国动漫影视业。

第一,要善于从传统文化资源中汲取创作营养。在漫漫五千年的历史长河中,中华民族产生和积淀了大量优秀的文学作品和广为流传的民间传说,这对于影视改编来说是一笔巨大而宝贵的财富。自《大圣归来》热映之后,就不断有构建中国"神话宇宙"的声音出现。甚至有网友已经设想出了"封神宇宙"电影的阶段结构:从封神宇宙出发,开拓更为丰富的西游宇宙、宝莲灯宇宙和聊斋宇宙,此外还可以挖掘外传宇宙"山海经系列"和前传宇宙"洪荒神话系列",以及过渡和补充的西域宇宙、现代神话宇宙等。丰富的传统文化资源不仅为我国动漫影视提供了充满瑰丽想象的故事蓝本,同时还以一种口耳相传的方式为影片奠定了庞大的观众基础。在大力传承和弘扬中华优秀传统文化的当下,通过推动传统文学和民间神话的改编创作,形成具有深厚文化底蕴的影视作品,可以让传统文化更好地走进今天的生活和人们的心里。

第二,要善于把握社会思潮提炼故事核心主题。动画作品《宝莲灯》的导演常光希在 1998 年就曾言:"今天,动画片本身的处境及观众的层面、心态和欣赏习惯,较之美影厂

的辉煌时期已大相径庭。在创作观念上我们既要继承前辈在那些时期对艺术雅拙追求的创新精神及为中国动画事业而献身的敬业精神，又要探索当今动画市场的新特点、新动向，从而更新创作观念……"《哪吒》的成功，其中最关键的因素即是"我命由我不由天"的时代主题。而反观彩条屋"中国神话系列作品"的第二部电影《姜子牙》，虽然历时4年的细致打磨，画面同样细腻精美，但票房反应却不尽如人意。原因何在？因为它没有形成能引发观众共鸣的故事主题与价值主线。"用你自己的方式去成为一个真正的神"，这种主题与当下性和现实性似乎无关，而且"神"也离普通人的生活很远，很难与当代人的心理需求形成呼应。

第三，要善于策划多元共振的立体式营销活动。数字媒体的出现和普及，影响和改变了人们的生活方式和消费态度，也让动画产业的营销策略发生了巨大变革。在这个"酒香也怕巷子深"的时代，"国漫"想要获得冲破圈层的影响力，就要顺应市场发展潮流，打通各个媒体渠道，形成全媒体传播矩阵，对作品进行更精准、可体验、强互动的立体式营销。首先在影片上映前，要适当利用话题营销引起网络讨论，并在话题的互动中激起观众的情感需求；其次可通过大数据技术对用户的观看偏好进行分析，锁定核心用户群体，制定相应的营销策略，实现精准推送；最后，充分利用微博、微信等社交媒体和豆瓣等小众平台，围绕作品开展口碑营销。

第四，要善于塑造和释放IP的文化与经济价值。IP开发利用的滞后是中国动画电影乃至整个中国电影业发展的一大弊病。在国外，电影公司不断推动IP从源头的文学、动漫内容生产，到中游的影视、游戏开发，再到下游的主题公园、衍生品开发等众多环节深度整合。近些年来，国内企业也逐渐认识到IP开发与利用的重要性。但目前仍存在着较大不足。以衍生品为例，《大圣归来》最初的衍生品存在着做工不够精致、整体偏低龄化的问题，《哪吒》衍生品生产则相当滞后，错过了影片上映的黄金时期，同时IP衍生品的盗版现象也十分严重。未来，我们需要借鉴国际成功经验，在策划期间即要重视IP的开发与利用，为"国漫"设计多元变现渠道，不断延展动画的产业链条。

第四节 《唐宫夜宴》
——传统文化"破壁出圈"的策划之道*

2021年河南卫视的春晚节目《唐宫夜宴》"火"了！

---

* 该案例由中国传媒大学文化产业管理学院硕士研究生韩浩月撰写初稿。

节目播出后，迅速席卷网络。短短五分钟的节目，收获了20多亿播放量，《人民日报》也发文点赞。之后，河南博物院迅速接过"火炬"，上线了《唐宫夜宴》展览，发起了"唐宫夜宴手绘大赛"等活动。同时仕女乐队盲盒、金属书签等文创产品也在淘宝店上线，销售火爆。

《唐宫夜宴》是郑州歌舞剧院的舞蹈作品，原名《唐俑》，主要讲述了1300多年前，唐高宗李治和武后在洛阳的上阳宫设宴，一群体态丰腴的小妮在赴宴表演途中发生的趣事。凭借此节目的巨大点击量和转发数，让商业价值和社会影响在全国都不靠前的河南卫视春晚，一时风光无限；也让落寂的传统舞蹈类节目一夜出圈，成为新"国潮"。当然，看似偶然的成功，其背后有着艰辛的探索和合理的逻辑，其成功离不开高质量的节目策划。

一、策划背景：唯有经典才能俘获人心

一个现象级文化节目的诞生，并不是凭空而来的。其背后往往具有更宏大的社会背景与更深层次的消费心理。这种土壤越深厚、越肥沃，在此基础上开出的"文艺之花"也就越芬芳、越绚烂。《唐宫夜宴》的火爆，离不开当前社会、科技与文化发展的大背景。

一是中国传统文化的强势回归。文化是一个民族、一个社会发展的最深沉和最持久的力量。党的十九大报告明确指出："没有高度的文化自信，没有文化的繁荣兴盛，就没有中华民族伟大复兴。"近些年来，广大文艺工作者及媒体大力推进传统文化的保护、传承与利用，增进了社会大众对传统文化的认同与重视。例如，《朗读者》《中国诗词大会》《国家宝藏》《典籍里的中国》等一批创意好、影响大、口碑俱佳的节目，极大地提升了人们对传统文化的关注度和亲近感，培养了人们的审美趣味和文化自信，为各类传统文化节目的创新策划提供了良好的社会氛围，《唐宫夜宴》正是诞生于这样的环境中。

二是观众日益增长的文化需求。当前我国的社会主要矛盾是"人民日益增长的美好生活需要和不平衡不充分的发展之间的矛盾"，随着生活水平的提升，人民愈加期盼更为丰富与高质的精神文化生活，这对文艺工作者提出了更高的要求。在流量为王的时代，很多娱乐综艺节目热衷于明星搞怪和顶流魅力，但当这些内容密集出现在观众眼前，也容易引起审美疲劳。随着文化自信的增强，人们对传统文化的热爱与需求日益提升。

三是融媒体时代的文艺节目创新。在传统媒介策略中，为了应对"二次元"等亚文化兴起带来的挑战和冲击，经常会以精英主义视角为自身构建文化壁垒，强化自身的渠道优势，很难放下身段去亲近新兴媒体。然而随着媒介、文化和社会的发展变迁，媒体融合成为了必然趋势。很多文艺节目也开始采取"融媒体统筹、新媒体首发、全媒体跟进"的运作模式。事实上，《唐宫夜宴》首播于2021年2月10日的河南卫视春节晚会，但当天并

未受到特别关注。直至 2 月 12 日被上传至微博平台，经由网民与网络大 V 的多级传播与转发评论，才使其点击量在短时间内迅速攀升，并跃至热搜榜第一名。❶

四是新冠肺炎疫情的直接影响。2021 年的春节，由于疫情防控的需要，不仅旅游出行受到了影响，原本文娱节目竞争激烈的春节档，也因为疫情影响遭受了重创。因此河南卫视春节晚会的主创人员对于整场晚会的策划初衷，就是希望通过创办一台"轻松有趣"的晚会，在岁末年初给大家带来快乐和温暖，给予大众前行的信心和力量。这样的设想与诉求也为整台晚会定下了基调。

一台晚会如何才能够给人们带来力量？节目组大胆断定：年轻人未必不喜欢传统文化，重要的是如何创新演绎。河南省作为拥有厚重历史底蕴的文化大省，最缺乏的就是对丰富文化资源的创造性转化。因此秉持着"电视晚会一定要让观众喜闻乐见"的策划原则，节目组立足弘扬优秀传统文化，探索运用时尚的、年轻人喜闻乐见的形式去诠释，运用年轻人集聚的新媒体平台去传播。

正是在此背景下，一档具有诙谐喜感，符合春晚喜庆、温暖、好看设定的节目——《唐宫夜宴》应运而生。传统文化的独特魅力，加上新科技手段和互联网平台的赋能，让节目打破了不同文化群体间的差异性和圈层性，成为一款现象级的文艺节目，取得了良好的综合效益。

二、策划内容：假如把我们带到一千多年前，会是什么场景

（一）痛点分析

头部卫视的春节晚会，由于财大气粗，大多追求"明星效应"，有时仅靠流量明星就能支撑起整台晚会。其节目的创意点也大多集中在明星跨界，如演员跨界做歌手、歌手跨界演小品等，这虽然能在一定程度上增加节目的新鲜感，但创新性一般。一些电视台也尝试对传统文化进行演绎，但由于策划和执行不到位等原因，反而引起观众的吐槽，如曾经有一台走秀节目，主打展现中国传统服饰，但由于礼服设计不够典型，很多观众认为，美则美矣，但缺乏创意，更缺乏中国古典汉服的真实之美。

对于经济实力与品牌影响力都不靠前的河南卫视，如何在群雄竞争中脱颖而出，并担当起弘扬中原优秀传统文化的重任呢？通过创意策划，激发观众对传统文化的热爱与追捧，就成为河南卫视的突围之道。

---

❶ 曾一果，李蓓蕾.破壁：媒体融合下视频节目的"文化出圈"——以河南卫视《唐宫夜宴》系列节目为例［J］.新闻与写作，2021（6）：30-35.

（二）思路创新

河南卫视在策划春晚之时，为了与其他卫视形成差异，导演组决定做一个新的尝试，就是用时尚的、年轻人喜闻乐见的形式去包装和演绎传统文化，这个尝试的成果之一就是《唐宫夜宴》——虽然这个节目最初并不是为河南春晚专门创作的。

节目创作的灵感从哪里来呢？对于传统文化节目而言，拜访一下展陈历史文物的博物馆或许是一个有效的方法。《唐宫夜宴》的创作灵感即来自河南博物院展出的一组"唐三彩"乐舞俑，这组1959年在河南安阳张盛墓出土的乐舞俑一共13件，包括8件乐俑和5件舞俑。该节目主创之一、郑州歌舞剧院编导陈琳表示："当时我们去了很多家博物馆参观。其中有一组唐代乐俑，给我留下的印象非常深刻，我就想象它这种形态，如果是在博物馆里面'活'起来，把我们带到一千多年以前，会是什么场景？"

俑，也称偶人，是中国古代雕塑艺术的重要组成部分，也是古代丧葬中较盛行的随葬明器之一。陶俑取代活人殉葬，无疑是文明的进步；而乐舞俑的出现，表明文明迈向了新的高度。《毛诗序》中有云："情动于中而行于言，言之不足，故嗟叹之，嗟叹之不足故永歌之，永歌之不足，不知手之舞之，足之蹈之也。"大唐是我国封建社会发展的极盛时期，"九天阊阖开宫殿，万国衣冠拜冕旒"，是那个时代典型的盛况；"俱怀逸兴壮思飞，欲上青天揽明月"，是那个时代自信的豪情；"西有古罗马，东有长安城"，是那个时代中国世界地位的真实写照。盛唐的文化气度也体现在"唐三彩"人偶上，武士俑、天王俑形象强健有力，骆驼与马等造型肥壮丰满，女乐舞俑则体态婀娜丰腴，无处不展现着盛唐的气象。

在历史的追溯与创意的激荡中，舞蹈故事也逐渐构思成型：1300多年前的一个晚上，一群叽叽喳喳的小胖妞去上阳宫赴宴表演，在路上发生了各种有趣的故事，最后为夜宴献上了一场精彩演出。《唐宫夜宴》通过舞蹈这种群众喜闻乐见的方式来呈现文化故事和盛唐气象，将历史的厚重感和形式的轻盈感有机融合，为现代语境下节目的火爆奠定了基础。

（三）内容创新

从舞蹈艺术的角度而言，策划的内容创新大体包括故事结构、演员造型、表演动作、道具与配乐及场景等主要环节。

一是故事结构的创新。《唐宫夜宴》故事的灵感来自乐舞俑。那从舞蹈的叙事结构而言，如何才能让观众看得明白来龙去脉，而又不枯燥生硬呢？为此，编导组采取了"穿越式"的方法，通过分段式的舞蹈对故事进行演绎。舞蹈共分为5个小段，演出时长约7分钟（网络版约5分钟）。第一段是演员在博物馆中的"定格"。第二段是乐舞俑"活化"。

随着音乐奏响，一群彩绘陶俑幻化成为性格各异的唐宫少女，在花园中穿行嬉戏。第三段是夜幕降临，赴宴路上遇到湖水，盛装少女们临湖嬉戏，各有所思与所感。第四段，少女们整装列队步入殿堂，翩跹起舞、姿态曼妙。第五段，少女们"定格"造型，重新化作"远去的历史"。这种故事结构生动演绎了"定格—活化—定格"的乐舞俑"奇妙夜"，在光影科技和舞台艺术的辅助下，让人恍若身临其境。

二是演员造型的创新。相较于以往的舞蹈节目，《唐宫夜宴》在"画风"和舞台形象上非常独特，具有极大的创新性。以往的古典舞都以"唯美"为主，演员身材苗条、纤细修长。但《唐宫夜宴》刻画的是"以胖为美"的唐代，作为故事原型的唐女俑，也是"圆圆胖胖"，憨态可掬。因此，怎么突破以往古典舞的常规设计？就成了编舞和造型过程中的一大难题。为了展现盛唐女子的丰腴体态，编导组决定使用垫了海绵的特制戏服来实现，同时，外面再套上一袭红绿"撞色"的唐代齐胸襦裙，形成宽大飘逸之感。那如何让现代演员的"瓜子脸"变成唐朝的"满月脸"呢？多次探索之后，面妆师让演员在两腮中塞进特制棉团，这样就形成了唐代仕女的肉嘟嘟观感，让观众在舞蹈欣赏中体会到"鬓云欲度香腮雪，衣香袂影是盛唐"的繁华意象。

有了具体的造型感后，编导组认为应给这些女乐官赋予生命和性格，她们都是豆蔻年华、年轻俏皮，因此舞蹈动作和韵律都要年轻化，不能太机械化与程式化，要显得"欢快活泼"。所以在节目中，我们看到一群盛装少女姿态万千：时而低眉顺眼，时而领首架肘，时而又弄姿扭胯，在列队碎步中还设计了一场"多米诺骨牌式"的推挤，显出一派童真谐趣。❶这些小细节将盛唐女子与现代人的心理与视觉审美结合，有效地拉近了观众和舞蹈演员的距离。

三是配乐与道具的创新。舞蹈节目中的乐曲是郑州本土音乐人为《唐宫夜宴》量身打造的。配乐保留了唐代乐曲里面的笛子、琵琶等古典乐器，演奏出了盛唐风韵。另外，唐宫少女手里拿的笛、钹、箫、箜篌、排箫等乐器道具，也是根据敦煌壁画复原的，力求做到细节到位、整体风格统一。这种做法不仅彰显出了传统乐器的悠久历史，同时也让其迸发出了全新的生命活力。

四是舞蹈场景的创新。为了让观众更好地感受中原地区厚重的历史和文化，该节目创新性地在舞蹈场景中融入了国宝、国风和国潮，让唐俑穿梭在妇好鸮尊、莲鹤方壶、贾湖骨笛等一系列河南出土的国家级文物之间，将《唐宫夜宴》变成了一个"博物馆奇妙夜"。特别是古代名画成为舞蹈的重要场景，节目中出现了周昉的《簪花仕女图》、张萱的《捣练图》，李思训父子的《明皇幸蜀图》、王希孟的《千里江山图》，以及纸本屏风画《树

---

❶ 《唐宫夜宴》火了，猝不及防又有据可循［EB/OL］.（2021-02-17）［2022-07-11］.https：//www.dutenews.com/renwen/p/1278763.html.

下美人图》、壁画《备骑出行图》及具有浓郁西域风情的《侍马图》等，演员在画中起舞，成为画中的活景。

五是表达技术的创新。视频化改编后的《唐宫夜宴》缩短到了五分钟，故事结构并没有大的调整，主要是利用抠像、三维、AR等虚拟技术对其做了二次包装。即演员们舞台和棚内分别录制一天后，制作团队通过技术手段进行合成。运用5G+AR的技术，让虚拟场景和现实舞台结合，将歌舞嵌入到虚拟的博物馆场景中，形成一种"穿越"的奇妙感觉。同时与以往强调统一化、标准化的传统歌舞类节目不同，《唐宫夜宴》"通过特写镜头，长镜头的交替使用，拍出演员极富现代感、活泼性甚至有诙谐之趣的乐舞者形象，让观众对传统文化有了新的感受体验"。❶

三、策划思考：创新传统文化与现代生活的连接

《唐宫夜宴》节目的成功，为通过视听形式促进传统文化的创新性传承和创造性转化提供了典型示范。河南卫视所引领的文化节目创新热潮，也为电视节目策划提供了新思路与新启示。

第一，把握媒体融合规律，推动节目营销传播。跨平台、新媒体和全媒体的传播是《唐宫夜宴》成为爆款的重要原因。节目原先在河南卫视春晚播出后，反应平平。随着微博、微信、B站和抖音等平台的传播发力，节目才迅速火爆"出圈"，成为全民热议话题。为此，河南卫视对之后的元宵晚会计划进行了相应调整，在短期内重新制作了《元宵奇妙夜》和《纸扇书生》，并且利用微博、快手等多个社交媒体平台进行了跨平台的联动和传播，如#唐宫夜宴舞者打卡郑州地标#、#河南卫视为回馈网友重新拍元宵会#等话题。这些活动取得了良好的传播效果，为河南卫视积累起了巨大声誉。

第二，促进科技赋能，实现艺术效果最优化。《唐宫夜宴》借助增强现实（AR）等先进的数字技术让传统文化"潮"起来，实现了现实空间与虚拟空间的交互与融合。随着数字网络的普及，以及"Z世代""千禧一代"人群成为消费主力军，文化消费习惯、业态、模式和渠道都发生了巨大变化。在这种背景下，舞蹈与电视节目的创作与传播也需要加速向数字化、网络化、智能化和沉浸式转变，通过AR场景等赋予观众真实感，实现文化的"深度体验"，让"传统"变得可亲可感。

第三，坚守文化内核，融入现代表现形式。《唐宫夜宴》能够被年青一代的观众所接受，重要的一点即是通过对传统文化的现代性呈现，改变以往严肃、正统的叙事风格，将

---

❶ 曾一果，李蓓蕾.破壁：媒体融合下视频节目的"文化出圈"——以河南卫视《唐宫夜宴》系列节目为例［J］.新闻与写作，2021（6）：30-35.

传统文化以年轻化、趣味化和现代性的审美方式进行展演,从而贴合青年群体的文化审美偏好。❶但这种呈现,并没有改变传统文化的精神内核和核心元素。《唐宫夜宴》之所以能得到广泛认可,重要的是其打造的人物形象存在于整个民族的文化记忆中,符合人们对盛唐少女的想象。

---

❶ 曾一果,李蓓蕾.破壁:媒体融合下视频节目的"文化出圈"——以河南卫视《唐宫夜宴》系列节目为例[J].新闻与写作,2021(6):30-35.

第七章 营销策划

第一节 营销策划概述

中国现代策划发端于营销领域,核心目的是帮助企业推销商品。当时各种"金点子"大都是产品促销创意。随着人们对策划认知的不断深化,策划也逐渐突破了市场营销领域,进入到战略设计与运营管理等层面,其服务范围也不再局限于企业,还拓展到政府部门、事业单位和非营利组织等机构。但从当前实践来看,营销策划仍然是现代策划的核心领域之一。

一、内涵与基本特征

现代管理学之父德鲁克曾说过:"一家企业只有两个基本职能——创新和营销。"可见营销之重要。根据美国市场营销协会(简称AMA)的定义,营销是指"创造、传播、传递和交换对顾客、客户、合作者和整个社会有价值的市场供应物的一种活动、制度和过程"。在这个过程中,"个人和团体可以通过创造、提供和与他人自由交换有价值的产品与服务来获得他们的所需所求"[1]。简而言之,营销是一个发现需求、满足需求和交换价值的过程。

更进一步理解,营销有三大要点:起点是需求,一切商业活动都源于需求,没有需求,就没有营销机会;核心是交换,其内涵不限于商品的流通过程,也包括产前和售后的各类交换活动;方法是连接,营销的重点是要在生产者与消费者之间架起桥梁,解决两者信息分离、时空分离和价值分离等问题。

市场离不开营销,营销离不开策划。营销策划是营销活动的核心内容,是为解决特定

---

[1] 菲利普·科特勒,凯文·莱恩·凯勒.营销管理[M].15版.何佳讯,于洪彦,等译.上海:格致出版社,2019:5-6.

营销问题或实现特定目标而在研究基础上创新定制行动方案的理性行为，就是为指导未来营销活动而制订预设方案。更具体地说，即是策划人在综合考察内部条件和外部环境的基础上，结合企业或机构的发展战略，设定营销的方向和目标，并创新性地组合营销要素，制订系统性、定制性和可行性营销活动方案的过程。

营销策划除了具有预设性、定制性、创新性、可行性、系统性等策划的一般特征外，还具有客户价值导向性、定位主轴性和彰显创意性等特征。

一是客户价值导向性。营销是选择目标市场并通过创造、传递和传播卓越客户价值，来获取、维持和增加顾客的科学和艺术。什么是客户价值？是指客户所感知到的有形利益和无形利益的总和。提升客户价值有个"万能公式"：顾客净获价值（让渡价值）= 顾客总价值 – 顾客总成本，这也是所有营销策略最根本的规律和最底层的逻辑。对于营销策划而言，即是要发现价值、创造价值和建立价值认知，将产品的利益与用户心智中的价值认知连接起来。这种连接，不能只停留在功能层面，还需进入价值观层面，与顾客在意义和理念上获得共鸣。例如，钻石作为坚硬的石头并不多么值钱，只有让消费者觉得它代表着忠贞不渝的爱情之时，才会变得昂贵而珍稀。因此很多时候，产品的价值并不在于产品本身，而是顾客对产品价值的认知。营销的核心任务即是要与消费者建立信任连接、认同连接，改变消费者对产品的主观估值。

二是定位主轴性。定位就是方向。西方有句谚语说："如果你不知道要到哪里去，那通常你哪儿也去不了。"1969年，杰克·特劳特在《定位：同质化时代的竞争之道》首次提出定位理论。1970年，菲利普·科特勒将定位引入营销体系，并将其置于4P营销组合之前，以引领企业营销活动的方向。科特勒在为《定位》一书作序之时，高度评价道：自从有了定位观念以后，营销界从此被改变；并认为解决定位问题，能帮助企业解决营销组合问题。1980年，迈克尔·波特将定位理论引入企业战略，并将其置于竞争战略的核心位置。2001年，定位理论被美国营销学会评选为有史以来对美国营销影响最大的观念。什么是定位？即立足全局、全面的战略高度，针对事物的特性、功能、品类或形式等，明确一个差异化、个性化或创新性的发展方向，并建立战略资源配称，从而逐渐在顾客心智中占据独特和有利的位置。对策划而言，找准了定位，就找到了整个策划的轴心。缺少定位，策划就没有灵魂和主线，任其皮囊再如何华丽妖娆，都无法掩盖灵魂的苍白。

三是彰显创意性。创意是指对已存在的事物和认知经过重新排序而衍生出的新思维表达和行为表达。策划特别强调营销方案或活动的创意性，不能"八十岁学吹笛——尽是老调"。策划界流行过一句话："没有创意就没有生意，没有震撼就只有遗憾。"传奇企业家杰克·韦尔奇也曾说："未来知识将不是最重要的，最重要的将是振聋发聩的创意。"营销策划推崇创意、需要创意、追求创意，无论是说服消费者的促销广告，增加客户认同的公共关系，还是扩大品牌影响的节事活动等，都离不开新颖的创意。特别是广告传播环节,没有令人心动的创意,营销的魅力与功效都将大打折扣。反之,则可能带来"四两拨千斤"的巨大效益。例如,澳大利亚大堡礁策划的"全世界最好的工作"的营销活动,其通过内容创意和形式创新,仅用相当于 500 万元人民币的推广费就获得了宣传价值为 13.8 亿元的广告效果,让大堡礁成为全球各大媒体争相报道的对象,知名度得到极大跃升。

二、流程与主要内容

营销策划活动涉及范围广阔,内容庞杂,但究其主线,我们可将其概括为"10P",即探查(Probing)、细分(Partitioning)、优先(Prioritizing)、定位(Positioning)、产品(Product)、价格(Price)、渠道(Place)、促销(Promotion)、人员(People)和政治权力(Political-Power)10 个主要部分(见图 7-1)。营销之父科特勒有句名言:"花一天就可以学到营销,掌握它却需要一辈子。"这句名言强调了营销理论的简要性和实践的复杂性。事实上,营销策划的关键也并不是熟悉某个框架就能做好的,核心是要活学活用,根据具体营销需求,进行创新性和科学性的策略设计,才是成功之窍要。

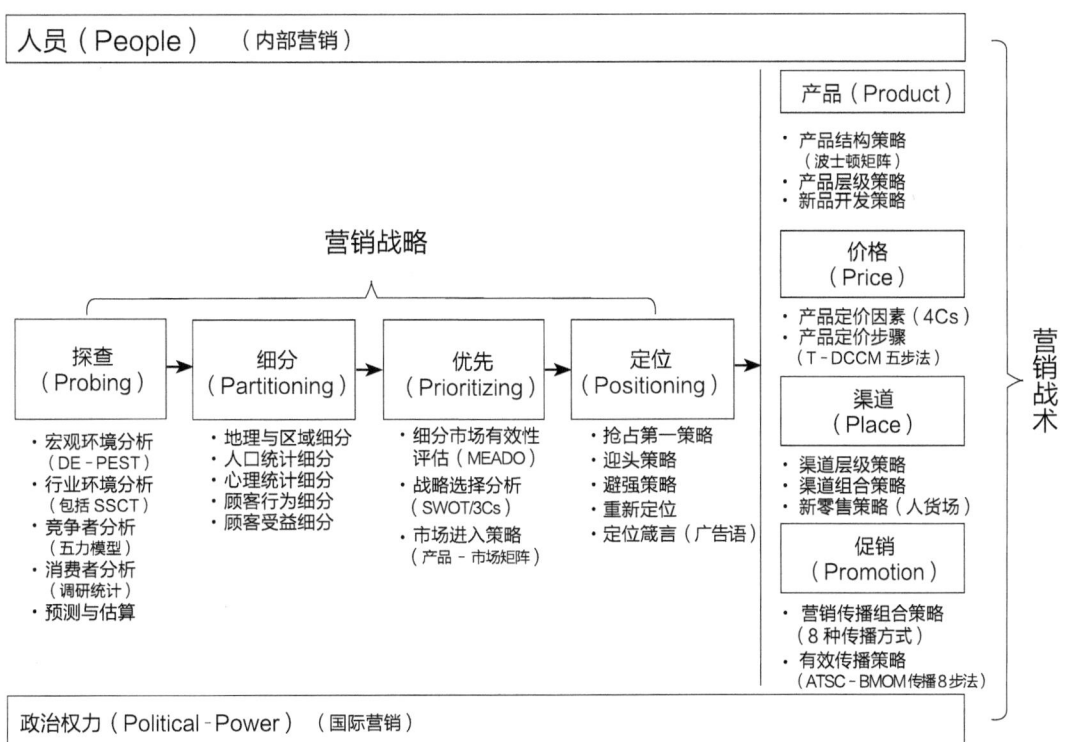

图 7-1 营销内容一览(10P)

(一) 策划流程

营销策划活动一般包括如下五个环节。

第一，明确策划目标与要求。策划以需求为第一原理。对于委托类的策划，这是策划的起点；对于自我策划，也需要明确策划的初衷与方向。目的不同，策划的重心也就不同。通常而言，营销需要根据企业或机构的整体战略来设计，如果营销策划与整体战略相违背和冲突，可能南辕北辙。例如，城市营销策划，就必须站在城市发展战略高度去思考。第二，开展营销战略策划，包括市场探查、细分、选择和定位。这一步核心是要明确市场定位，因为它是营销战略与战术之间的枢纽，只有确定了定位，才能谋划之后的营销组合战术。第三，开展营销组合策略（或战术）层面的策划，包括产品、价格、渠道和促销等内容。第四，进行效益评估与预算分析。第五，做好营销计划与管控（见图7-2）。

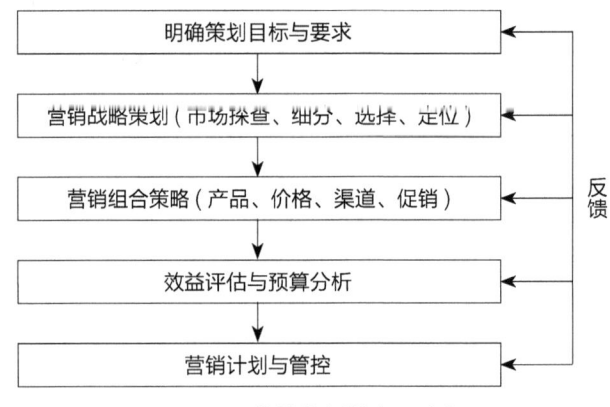

图7-2 营销策划的主要流程

(二) 策划主要内容

营销策划是个系统性工程，通常涉及营销战略策划、营销组合策略、效益评估与投资预算、营销计划与管理等内容。需要指出的是，并不是所有的营销策划都要涉及战略与战术层面，这需要看委托方的要求和营销开展情况。

1. 营销战略策划

营销战略具有全局性和方向性，内容包括市场探查、细分、优先和定位等环节，通过战略策划，可以明确营销的方向与目标。对于已经制定营销战略的企业，这个步骤也可以称为战略诊断。

探查（Probing）是营销策划的第一步。即是收集市场信息、了解市场与消费者状况，分析未来变化趋势。通常需要从宏观环境分析（包括人口环境、政治法律环境、经济环境、技术环境、社会环境、自然环境等）、行业环境分析（包括市场规模、结构、生命周期、市场趋势等）、行业竞争分析（包括消费者的议价能力、供应商的议价能力、潜在进入者的威胁、替代品的威胁、现有竞争者的威胁）、消费者分析四个方面入手，全方位、全景式地掌握市场和竞争情况（见表7-1）。这是整个市场营销的起点，也是最重要的基础工作。

表7-1　市场探查分析内容一览

分析维度	主要内容
宏观环境分析	包括人口环境、政治法律环境、经济环境、技术环境、社会环境、自然环境等
市场环境分析	包括市场规模、结构、生命周期、市场趋势等
行业竞争分析	包括消费者的议价能力、供应商的议价能力、潜在进入者的威胁、替代品的威胁、现有竞争者的威胁
消费者分析	通过调研统计方式了解需求、行为、态度等

细分（Partitioning）即是在全景把握市场和需求的前提下，通过特定的变量将市场进行细分。细分变量主要包括地理因素（如行政区划、经济状况、民族等）、人口因素（如性别、收入水平、家庭规模等）、心理因素（如社会阶层、生活方式等）及行为因素（忠诚度、使用场景等）（见表7-2）。将市场按照一定维度分割，可以让目标对象更为清晰。

表7-2　市场细分变量举例

分析维度	主要内容
地理因素	地理单元、气候、行政区划、经济区域、文化区域、城乡区别、城市能级、交通条件、国别等
人口因素	年龄、家庭规模、家庭生命周期、性别、收入、职业、教育、宗教、种族、世代、国籍、社会阶层等
心理因素	生活方式、个性、习惯、购买动机、价值取向、对商品和服务方式的感受或偏爱、对商品价格敏感度等，主要有从众、求异、攀比、求实四种心理
行为因素	购买时机、利益诉求、决策角色（发起者、影响者、决定者、购买者、使用者）、使用者及与使用行为相关的变量（使用场景、使用频率、态度）

优先（Prioritizing）即是通过评估各个细分市场的发展潜力和企业资源优势，寻求最为有利的市场机会，选择和决定企业将进入的目标市场。一般需要利用SOWT分析模型，对企业的外部环境（机遇、挑战）和内部条件（优势、劣势）进行全面的评估，进而制定宏观指导战略（如扭转型、增长型、防御型、多元化等）。当然，也可以采取大前

研一提出的 3C 模型，即考虑公司自身（Corporation）、公司顾客（Customer）、竞争对手（Competition）三个关键因素，进行综合分析和判断，帮助组织或机构将资源和行动聚集在自己的强项和机会最多的地方。然后在此基础上，进行细分市场选择与进入策略设计。一般包括个人定制化、集中单一化（只选择一个细分市场）、选择性专业化（有选择地进入几个不同的细分市场）和完全覆盖（为所有顾客群提供他们所需要的所有产品）等方式（见图 7-3）。例如，近年来崛起的小罐茶，其商业成功就主要得益于聚焦高端商务人群这个细分市场。

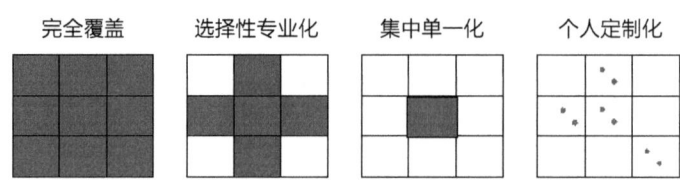

图 7-3　市场选择类型

定位（Positioning），是设计公司的产品和形象以在目标市场的心智中占据一个独特位置的行动。❶ 其要义是欲占领市场，需先占领消费者的头脑，营销者应针对潜在顾客的心智采取行动，实现顾客认知的差异化。正如艾·里斯所言，"定位不是你对产品要做的事，是你对预期客户要做的事"❷。迈克尔·波特进一步指出，企业要根据能被外部顾客心智接受的定位来引领内部运营，这样企业提供的产品和服务才能被顾客接受而转化为业绩。定位包括总体定位、功能定位、市场定位、产品定位及品牌定位等内容（见表 7-3）。

表 7-3　定位的主要内容

类型	内涵
总体定位	"我是谁？"
功能定位	"我能做什么？"
市场定位	"我为谁服务？"
产品定位	"我发展什么产业？提供什么产品或服务？"
品牌定位	"我想给别人留下什么印象？"

---

❶ 菲利普·科特勒，凯文·莱恩·凯勒．营销管理［M］．15 版．何佳讯，于洪彦，等译．上海：格致出版社，2019：257．

❷ 艾·里斯，杰克·特劳特．定位［M］．王恩冕，于少蔚，译．北京：中国财政经济出版社，2002：2．

定位之后需要定量，要将定位或愿景转化为具体的营销目标，包括长期与短期目标、职能目标与财务目标等。目标设定应遵循管理学中所提倡的"SMART原则"，即具体（Specific）——特定的工作指标，不能笼统；可衡量（Measurable）——指标要数量化或者行为化的，验证这些指标的数据或者信息是可以获得的；可实现（Attainable）——在付出努力的情况下可以实现，避免设立过高或过低的目标；相关性（Relevant）——指标与工作的目标是相关联的；有时限（Time-Bound）——完成指标有特定的期限。

营销目标设定是建立在对自身资源、能力、环境与趋势的评估与假设之上，因此营销目标实现的程度通常取决于这种假设与实际情况的符合程度。要实现营销目标，必须借助营销的4P组合策略。

2. 营销组合策略

经典的营销组合策略（4P）最早由美国营销学者杰罗姆·麦卡锡在20世纪60年代提出，包括产品（Product）、价格（Price）、渠道（Place）和促销（Promotion）四个要素。虽然之后学者又提出了4C❶、4R❷、4V❸等理论，但从企业的实操角度来看，都难以取代4P组合策略的地位。

产品（Product）是任何一种能被提供来满足市场欲望或需要的东西，包括有形物品、服务、体验、事件、人物、财产、信息和想法等。一般而言，在营销策划中，策划人要先找到产品的最基本意义，然后在生活场景中寻找最优价值，从而提供给消费者充足的购买理由。根据顾客价值层级，产品可以分为核心产品、形式产品和期望产品三个层级。在产品组合策略上，有著名的波士顿矩阵（BCGMatrix），其通过"市场增长率和相对市场份额"两个因素的相互作用，形成了四种不同性质的产品类型，即现金牛类（Cash Cow）、明星类（Stars）、瘦狗类（Dogs）、问号类（Question Marks），以供生产主体进行分析与决策。在设计策划中，如果要实现产品差异化，其手段亦可多种多样。例如，可利用形式、特色、性能、耐用性、可靠性和风格等要素实现差异。

价格（Price）是企事业单位在对其生产或经营的产品进行交易时，要求达到的价格标准或水平。价格是市场营销组合中非常重要的一个元素，因为只有它能带来收入与利润，其他组合元素都是产生成本。限制产品定价的主要有顾客、成本和竞争者三个因素，因此也形成了需求导向、成本导向和竞争导向三种方法。在具体策略中，根据著名的"产品价

---

❶ 4C由美国营销专家罗伯特·劳特朋教授在1990年提出，即消费者（Consumer）、成本（Cost）、便利（Convenience）和沟通（Communication）。

❷ 4R营销理论由美国学者唐·舒尔茨提出，即关联（Relevance）、反应（Reaction）、关系（Relationship）和回报（Reward）。

❸ 4V由国内学者吴金明等提出，即差异化（Variation）、功能化（Versatility）、附加价值（Value）和共鸣（Vibration）。

格—市场份额"四象阵,企业可以采取撇脂、利润最大化、维持生存和市场渗透等价格策略。

渠道(Place)是促使顾客能够顺利地使用或消费产品和服务的一整套相互依存的组织。渠道最重要的作用就是将生产经营者与消费者连接起来,将潜在买家变成能带来利润的客户。渠道选择与层级决策是企业管理者需要做出的最关键决策之一,对其他营销组合影响深远。同时渠道也是随着时代和技术不断变化的,如当前随着移动互联、大数据等技术的发展,就出现了垂直营销系统、跨界营销系统和多渠道营销系统等新发展趋势。

促销(Promotion)是指企业试图用来直接或间接向消费者告知、说服和提醒其销售的产品和品牌相关信息的方法。其传播的手段包括广告、销售促进(如竞猜、游戏、兑奖等)、事件与体验、人员推销、直接营销等。随着信息技术的高速发展,促销手段也不断革新,如在线和社交媒体营销、移动营销、数据库营销等。在策划兴起之初,策划活动主要集中于此环节——策划人通过设计具有创新性或震撼力的促销活动,帮助企业制造轰动效应,促进产品销售。典型案例如太阳神口服液、步步高点读机等。从营销传播的角度而言,需要涵盖识别目标受众、确定传播目标、设计传播信息、选择传播渠道、确定传播预算、决定媒体组合、衡量传播结果和整合传播管理八个环节(见图7-4)。

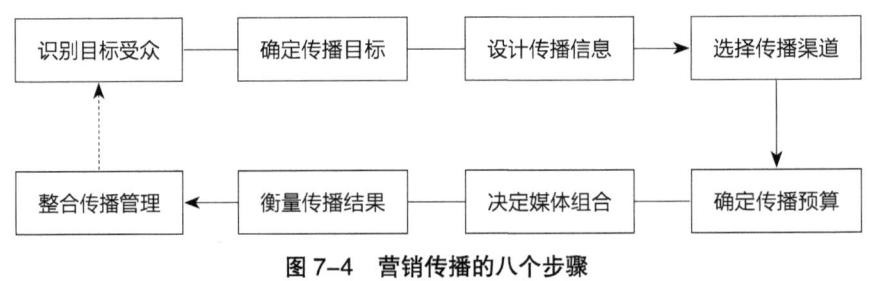

图7-4 营销传播的八个步骤

3. 效益评估与投资预算

第一,效益评估。主要包括销售预测、品牌效益和社会效益等内容。营销是"有利可图地满足需求"的理性行为。所以开展营销活动必定是有所诉求,只是处于不同生命周期阶段的企业诉求可能有所不同。例如,处于成长阶段的企业,关心的是通过营销能促进多大销售量、获得多大利润;而对于成熟期的企业,如何提升品牌影响力和美誉度可能才是最重要的。

第二,投资预算。策划方案需要明确各项费用预算。包括营销过程中的总费用、阶段费用和项目费用等,其原则是以较少投入获得最优效果。费用预算一般根据业内通行的标准进行测算。例如,做广告有刊例价,开展媒体公关有版面费标准等。营销费用一定要量力而行,不能竭泽而渔。

4. 营销计划与管理

在营销战略与组合策略确定之后，就要设计具体的行动方案。方案要求细致、周密，操作性强又不失灵活性。在方案执行过程中，可能会出现与现实情况不相适应的地方，此时方案就需根据市场变动情况进行及时调整。

随着时代发展和实践的需要，1986年菲利普·科特勒在《哈佛商业评论》发表了《论大市场营销》一文，其在原有营销组合的基础上，又提出了新的"2P"。一是"政治力量"（Political Power），科特勒认为随着经济全球化和企业社会责任增长，企业必须懂得其他国家政治状况，掌握打交道的技巧，才能有效地销售产品。二是人员（People）因素，他认为需要加强内部的人员营销，才能有效地凝聚发展合力，更好地服务客户和树立企业形象。因此，策划方案中还需要对政治风险与人员管理有所重视。

通常而言，完整的营销策划书需要包括如下内容（见表7-4）。

表7-4 营销策划书目录

结构	基本内容
封面	策划书名称（一句话定位语、广告语或主题词）、机构、委托机构、完稿日期、执行时间段、联系方式、保密级别、二维码等
摘要	策划书的主要内容概括
目录	策划的内容标题与页码
前言	策划的背景、目的、意义及宗旨
基础分析	宏观环境、市场环境、主体情况、SWOT分析和关键成功要素分析
营销战略	市场细分、优先、定位和目标（长期或短期、职能或财务目标等）
组合策略	产品、价格、渠道和促销
行动方案	活动项目、活动方式、人员分工、时间地点等
费用预算	营销过程的总费用、阶段费用和项目费用
进度计划	策划活动项目及其实施的起止时间
方案控制	控制方法、风险预测、应急方案
结束语	重复主要观点、突出策划内容要点
封底	与封面呼应，美化装饰
附录	备用方案、问卷、调查报告、参考文献和案例分析等

三、策划的注意要点

（一）注重理解文化与人性

文化无处不在。营销的底层机制是文化心理。营销策划的背后是对人性与文化的洞察。在营销过程中，需要充分借助文化势能，打开消费者心门，占领消费者心智，进而塑造强大品牌。从根本上而言，营销要研究文化与人性，理解人性。孟子曾说："恻隐之心，人皆有之；羞恶之心，人皆有之；恭敬之心，人皆有之；是非之心，人皆有之。"而莫里斯则认为，驱使人类进步的正是三种负面情绪——懒惰、贪婪和恐惧。事实上，优秀的策划家都是洞察人性、驾驭人性的高手。即使今天我们开始研究虚拟世界、元宇宙，但只要人类存在，基本的人性就难以改变。

（二）注重掌握定位的方法

熟练掌握定位方法，提升精准定位能力，是策划人的重要修炼之一。定位方法种类繁多。但简而言之，基于"顾客心智有无被人占领"这个标准，定位可采取抢先定位、关联定位和重新定位三种方法（见图7-5）。

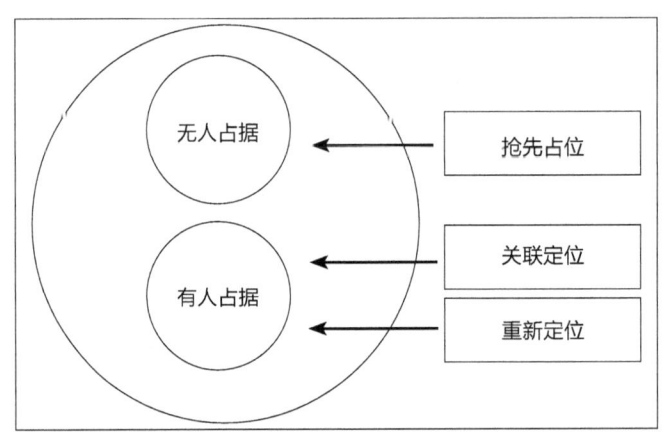

图7-5 定位的三种方法

其一，抢先定位。即当某些品类或品类阶梯中还没有其他品牌占据消费者心智之时，企业抢先去占领。例如，海飞丝洗发水抢占了"去头屑"的品类心智，王老吉牢牢占据了"防上火凉茶"这个品类。抢占定位需要策划机构有敏锐的洞察力和强大的创新力，才能够发现市场机遇，进入消费者心智空间。

其二，关联定位。也可称为借势定位。当某个品类最佳的心智位置已经被其他品牌占领之时，如果企业仍想进入这个领域分一杯羹，就需要与第一品牌建立关联，借势而上。例如，青花郎将自己定位为"产生于云贵高原和四川盆地接壤的赤水河畔的中国两大酱香白酒之一"，通过借势酱酒品类的第一品牌来提升自身地位与知名度。

其三，重新定位（竞争对手）。如果品类中有价值的位置都被其他品牌占据时，企业仍想进入，这时候可采用对抗定位、重新分类、创造新品类等形式，在顾客心智中"洗牌"，从而创造独特的定位。这是一种带有攻击性质的定位，所以要攻击强势品牌无法回避的"软肋"或战略性弱点，才能有所斩获。例如，可口可乐一直强调自己是经典的可乐，百事可乐即抓住这一特征，反其道而行之，将可口可乐定位为"老土的可乐"，自己则宣扬为"年轻人的可乐"，从而让自己成为能与可口可乐并肩的饮料巨人。

（三）注重标语提炼方法

标语是营销策划中的点睛之笔。衡量标语的标准是能否降低成本——包括辨识成本、理解成本、传播成本、记忆成本和信任成本等。如何才能提炼出优秀的标语呢？通常需要注意如下三个方面。

第一，在立场上要坚持顾客视角。能够直击痛点（顾客、行业或社会痛点），或使人看后愉悦。例如，直击痛点的广告语，阿里巴巴的"天下没有难做的生意"，京东商城的"多，快，好，省"，沃尔玛"为顾客节省每一分钱"。使人愉悦的宣传语，如人头马XO的"人头马一开，好事自然来"，碧桂园的"给您一个五星级的家"，龙湖的"善待你一生"。同时，广告语最好能反映企业或产品的理念或承诺。例如，苹果的"不同凡想"，诺基亚的"科技以人为本"，联合包裹服务公司的"使命必达"。

第二，在内容上应是简单易理解的文字，最好有节奏或押韵。例如，昆明园艺博览会的宣传语"彩云之南，万绿之宗"，携程旅游的广告"携程在手，说走就走"；还要善于借势超级符号，譬如谚语、歌词或地理标志。例如，华夏幸福固安工业园的广告语"我爱北京天安门正南50公里"；同时标语最好包含品牌、产品或品类名字，让人一目了然见名字或行业。例如，戴比尔斯公司的"钻石恒久远，一颗永流传"，美的集团的"原来生活可以更美的"。

第三，在表达上最好指令性强。灵活运用具有强烈引导性、召唤性和指令性的句子，号召顾客立即行动。例如，百度的"百度一下，你就知道"，支付宝的"支付就用支付宝"，小红书的"标记我的生活"。

第二节　王老吉品牌策划——见证定位的力量[*]

"防上火，喝王老吉。"这句广告语曾经响彻大江南北，妇孺皆知。到了2011年，王老吉单品销售量达到了160亿元，超过可口可乐，成为中国饮料名副其实的"一哥"，甚

---

[*] 该案例由中国传媒大学文化产业管理学院硕士研究生李卢雪撰写初稿。

至被某机构评出了 1080 亿元的品牌价值。❶ 同时在加多宝集团的营销推广下,"凉茶"这一品类获得了市场认可,成为人们的日常饮品。

那么王老吉是如何从饮料品类中脱颖而出的?人们又为何会普遍接受这个"带有药味"的凉茶饮料?同时,在企业发展中有哪些风险应该提前预测与规避呢?本文试图从营销策划的角度,剖析这些问题。

一、策划背景:如何从区域市场走向全国市场

王老吉是商务部认定的"中华老字号"。其成立于清道光八年(1828年),创始人是广东鹤山人王泽邦。道光年间,广州暴发瘴疠,疫症蔓延。王泽邦四处寻药找方,最终研制出了一种凉茶配方,顺利帮助乡民躲过了疫情。此后,王泽邦声名大振,被誉为"岭南药侠"。

为了让更多贫苦百姓受益,王泽邦于 1828 年在广州十三行开设了第一间凉茶铺。因其乳名为"阿吉",故将凉茶命名为"王老吉"。❷ 王老吉凉茶"随到随饮,有病治病,无病防病",深受街坊欢迎,被誉为"凉茶王"。此后虽然时局动荡,但凉茶铺仍持续经营,甚至将分店开到了香港。

1949 年中华人民共和国成立后,在历史洪流裹挟中的王老吉被一分为二,内地部分被"公私合营"收归国有,辗转划归到广药集团旗下;香港部分则由王氏后人继续经营,并握有王老吉凉茶的家传配方。❸ 分家后的王老吉经营惨淡,让其重新焕发光彩的是东莞商人陈鸿道。

20 世纪 90 年代,在改革开放浪潮的助推下,内地经济蓬勃发展,人们收入快速增长,消费市场发展潜力巨大。陈鸿道敏锐地看到了巨大的商机,决心重新打响"王老吉"这个老字号凉茶品牌。他先是从香港王氏后人手中得到了王老吉凉茶的祖传配方,后又在 2000 年与握有内地商标权的广药集团合作,取得独家使用"王老吉"商标生产销售红色纸包装及红色铁罐装凉茶饮料的使用权(期限从 2000 年 5 月至 2010 年 5 月共 10 年),并成立了加多宝公司负责王老吉在内地的生产和经营。

2002 年以前,红罐王老吉在内地销售业绩不佳,知名度也无法走出广东与浙南,销售业绩连续数年维持在 1 亿元左右。但从当时整个经济社会的发展环境来看,整体呈现出

---

❶ 赵建勋. 加多宝,下一个健力宝?〔EB/OL〕.(2018-08-02)〔2022-01-10〕. https://www.sohu.com/a/244605506_212351.

❷ 加多宝的品牌逆袭之路(一)〔EB/OL〕.(2019-05-31)〔2021-10-01〕. https://ishare.ifeng.com/c/s/7n7nTE7YYyT.

❸ 同 ❶.

较好的态势。从政策来看，加多宝公司作为香港鸿道集团设立在内地的子公司，在招商引资背景下，其税收政策较为优惠。从经济发展看，内地人均 GDP 连年增长，到 2002 年达到了 0.95 万元人民币，购买力不断提高，饮料消费也随之增加。从社会环境来看，改革开放之后，城市的商业氛围日趋浓郁，人们对新事物的关注和消费热情较高。从技术发展来看，灌装技术保证了凉茶的储存和运送条件，打破了运输的地理限制。

应该说王老吉走向全国市场的客观条件已经存在，那么如何发挥主观能动性，从区域市场走向全国市场呢？

二、策划内容：卖"凉茶"还是卖"饮料"？

（一）问题分析

欲想解决问题需要先分析问题。当时王老吉不能走向全国市场，也不是没有原因的。首先，从产品定位来看，王老吉定位为凉茶。凉茶原本属于医药范畴，是一种即饮型汤药，人们通常的理解是，凉茶是在凉茶铺里即买即饮，或买药材回家自行煲制的降火祛湿的汤药，跟牛黄、黄连等降火药饮类似。其次，从消费人群来看，购买王老吉凉茶的主要是对中医药较熟悉的中老年人群，这也是传统中医药消费的主要人群，而年轻人较少。最后，从销售地域而言，集中在广东、浙南一带。这些地方天气闷热潮湿，当地居民有喝凉茶降火祛湿的习惯，但在广大的中西部或北方地区，天气寒冷干燥，根本不知凉茶为何物。

这里面实际上存在着一个最基本的认知问题。由于历史和习惯等原因，人们有意识或无意识地将王老吉视为"汤药"，在心智中将其归为"药饮"这个品类。在普通人的思想中，有病才吃药，没事吃药那是"神经病"。因此，如果延续王老吉的传统定位，以"汤药"作为产品功能进行宣传，那么产品市场规模必然十分有限，想要在药饮这个狭窄的市场获得较大的销售额，这几乎是不太可能的事情，就像小鱼缸如何能养出大鲸鱼。

那如何实现创新突破呢？这里面涉及企业市场选择和产品重新定位的重大问题。王老吉不得不面临一个艰难的抉择——是继续当"凉茶"卖，还是换作"饮料"卖？如果当作饮料卖，就意味着要与可口可乐、百事可乐、康师傅、娃哈哈等饮料巨头直接交锋。这对于在饮料市场经验并不丰富、资金也不算雄厚的加多宝而言，其中风险不言而喻。

面对这样的战略级"纠结"，加多宝"守正出奇"，创造性选取了一个巧妙的角度进行突围。

（二）营销战略：市场选择与产品定位

2003 年年初，广州一家营销策划公司经过一个月的研究，为红罐王老吉制定了品牌定位战略。正是这次具有里程碑意义的策划，让王老吉与其他饮料彻底区隔开来，成为了

"防上火"饮料的绝对头牌,缔造了一个至今仍让人津津乐道的商业传奇。加多宝集团总裁阳爱星曾说:"从今天看来,这项工作成果成为红罐王老吉腾飞的一个关键因素。"❶ 为什么会这么说呢?

第一,市场细分:王老吉从药味凉茶转向凉茶饮料,即从凉茶市场转向饮料市场,并开创了"防上火"这一饮料新品类。这是一个根本性、开创性的转变。因为凉茶属于"药饮",与日常饮料在目标顾客、产品形态、产品功能、产品口味、销售渠道、运营知识和竞争对手等方面完全不同(见表7-5)。自此,虽然王老吉还是使用原有"家传秘方",味道还是带有"药味",但却摇身变成了一款日常饮品,出现在更多的生活场景中——如餐饮、运动、佐餐、加班和熬夜等,跨入到了一个空间广阔的饮料消费市场。

表 7-5　王老吉从凉茶市场转向饮料市场的特征变化

内容	药饮	饮料
目标顾客	中老年人群	中青年人群
产品形态	现场熬制、药包	工业包装
产品功能	药理性	特色性
产品口味	药味偏苦	口味偏甜
销售渠道	凉茶铺、药房	商超、便利店
运营知识	连锁店面	日常快消品
竞争对手	药饮	饮料

第二,产品定位:王老吉定位为"预防上火的凉茶饮料"。即是说,在竞争激烈的饮料市场中,王老吉独辟了一个"预防上火"新品类,将罐装王老吉与其他品类的饮料区隔开来,为自己开创了一片巨大的蓝海。同时也让偏居岭南一隅的凉茶行业为消费者熟知,逐渐发展成为一个全国性行业。

第三,广告语:"怕上火,喝王老吉"。这句家喻户晓的 slogan 优点非常明显:一是从顾客视角出发,直击消费者痛点,解除"上火"痛苦;二是文字简单易懂,朗朗上口,同时包含品牌和产品名字,让人一目了然见行业;三是运用了祈使句式,具有强烈引导性、召唤性和指令性。

第四,视觉锤:"红罐"。视觉符号如同一把"锤子",能够将定位信息的"钉子"钉入消费者的心智中,建立定位并引起顾客共鸣。"红罐"(包括"王老吉"文字标识)就是王老吉强有力的视觉锤,随着广告宣传的反复强化,它几乎成为消费者心智中"正宗凉

---

❶ 成美营销顾问公司.红罐王老吉品牌定位战略制定过程详解[EB/OL].(2019-09-28)[2019-10-01]. http://www.chengmei-trout.com/case_detail.aspx?id=85.

茶"的象征。这也是在后来商标之争中,"红罐"包装成为双方博弈焦点的原因。

(三)营销组合策略

产品重新定位后,加多宝公司重新设计了罐装王老吉的产品包装、价格、渠道和营销策略,正是在这些策略支撑下,王老吉的销售量实现了快速增长。

第一,产品策略:聚焦打造单品。饮料作为替代性很强的快消产品,消费者在做出购买决策时的不确定性因素很多,而且做出决定的时间很短。基于这个考虑,加多宝公司采取了单品聚焦的策略,集中资源打造"红罐王老吉",塑造"预防上火"的品牌形象,方便消费者做出购买决策。与市场上其他饮品如可口可乐、娃哈哈等相比,王老吉的产品规格极为单一:310ml包装的红色罐装凉茶,小容量、易拉罐装,满足中药型饮料的饮用需求。这种产品策略在饮料界也较为少见,在其他品牌多赛道竞争之时,王老吉却专注做凉茶。

第二,价格策略:认知价值定价法。即是根据消费者对产品价值的认知确定价格。流通在市场上的大部分商品,消费者都会对其有一定的认识和评价,同时也会对新进入市场的产品进行分类,并给予它一个心理价位。如果产品的实际价格和消费者的心理价位接近,那么就比较容易被接受。由于王老吉的药饮本源,降火功能又是其基本定位,因此初入全国市场时,王老吉选择了消费者价格敏感度相对较低的餐饮行业,让消费者形成对新品类的心理价位预期,让消费者在潜意识中可接受比普通饮料稍高的价格。市场调查表明,王老吉单罐零售价在3.5元,在餐饮渠道6元依然销量不错。这意味着,在消费者心中王老吉的产品价值是大于市场价格的。

第三,渠道策略:层级化渠道和精细化管理。较高的定价让王老吉在分销渠道上拥有极大的自由度,可以保证不同分销渠道之间的利润平衡,提升了经销商的积极性。其渠道策略主要有如下特点:一是总经销制的层级化渠道。为开拓全国市场,加多宝采取了总经销、区域分销的制度,形成了"六大销售区域—办事处—联络站"的分销网络,设置了现代渠道(卖场、商超)、批发、小卖部、餐饮、特殊渠道(网吧)五个分销渠道。同时加多宝投入了大量精力培育自己的销售团队,以增强对渠道的控制。二是终端环节精细化管理。加多宝秉持"铺货到位、广告到位"的终端渠道经营原则,重点做好现代渠道(卖场、商超)、小卖部、餐饮三个渠道。例如,加多宝要求产品堆头的摆放时间要比竞品时间长、位置显眼、产品日期要新、单个零售产品不能打折等,借以稳定红罐王老吉在消费者心中的品牌形象。

第四,营销策略:高举高打,强力推广。定位明确之后,作为新品类的领导品牌,王老吉最重要的任务是扩大品类市场。为此,加多宝集团先后投资10多亿元,强化宣传,让红罐王老吉产品和广告出现在大街小巷,火遍全国。

一是全国性媒体助推。红罐王老吉利用热点时机和权威媒体,在具有全国性影响力的媒体上大量投放广告。2002年入市之初，就投入1000万元推广费，后在世界杯期间、北京奥运会期间、中央电视台黄金广告时段都投放过广告，让品牌迅速扩大知名度。宣传推广之时，加多宝积极构建易"上火"的场景，宣传凉茶是四季皆宜的饮料，全力改变人们对凉茶品类的刻板印象。

二是多样化的促销活动。王老吉针对中间商、销售人员、消费者三个群体展开了不同类型的促销活动，进一步加深了产品的影响力。针对中间商，采取批量购买折扣，并设置"加多宝销售精英俱乐部"，同时推出与酒店和火锅店的合作促销。针对销售人员，采取"高薪酬+年底分红"的政策，保证销售人员待遇。针对消费者，开展节日促销、免费赠饮、喜宴赠送和有奖销售等活动。

三是通过公关活动促进口碑传播。首先是赞助体育活动，如2002年赞助第14届亚运会、2007年赞助厦门马拉松。其次是赞助社会公益活动，如捐助希望小学、资助特困学生及捐款地震灾区等，增强社会美誉度和影响力。

通过系列营销活动，王老吉总销量从2002年的1亿多元起飞，到2007年突破50亿元，2011年达到160亿元，成为名副其实的中国饮料第一品牌。

三、策划思考：假如当初不租商标，加多宝命运会怎样

王老吉的案例，既带来了成功经验，也为风险规避提供了警示。

从成功经验来看，主要有两点：第一，定位是新产品占据市场的必然之路。只有为新产品设计差异化的定位，才能更好地进入消费者心智，成为新品类中的佼佼者。如今也存在很多开辟市场新品类的饮料品牌，如"元气森林"主打的"0糖"功能、"锐澳鸡尾酒"主打的"微醺"系列。第二，求变创新是传统品牌走出困境的关键。王老吉凉茶从岭南走向全国，表明传统品牌在新时代仍然具有生命力。其中核心是要植根消费者需求不断创新。

王老吉的案例也警示其他企业要做好风险规避。例如，商标授权使用的风险。根据鸿道集团与广药集团的合同协议，"王老吉"的商标使用权2010年到期，虽然2002年和2003年，双方又分别签订补充协议，但由于涉及贿赂等因素，广药宣称补充协议无效。于是2011年4月，广药集团提出仲裁请求，希望从加多宝手中拿回"王老吉"商标，自此双方开始了漫长的商标诉讼大战。2012年7月北京市第一中级人民法院最终裁定，2020年到期的合约被废止，加多宝禁用王老吉商标。2014年，广东省高级人民法院一审判决红罐凉茶装潢所有权归王老吉所有，加多宝不得再使用红罐包装。虽然到了2017年，最高人民法院推翻了广东高院的判决，认为"广药集团与加多宝公司在合作期间均对红罐凉茶包装设计做出了重要贡献，在不损害他人合法利益的前提下，双方均享有红罐凉茶的包

装装潢权益"❶，但近十年纷争，从"商标使用权"到"包装"再到"广告语"，双方对簿公堂高达 20 多次，涉及金额超过 50 亿元。在这一过程中，重新换商标、换包装、巨额赔款、减产裁员和高管离职等事件让加多宝元气大伤，之前盈利几乎全部耗费在诉讼和拉扯中。

虽然今天加多宝凉茶已经占据了一定的市场份额，但是每想到凉茶时，很多消费者脑中闪现的仍是"怕上火，喝王老吉"。这也充分证明了定位的力量：一个品牌一旦占据了消费者心智就难以改变——王老吉就是防上火凉茶，防上火凉茶就是王老吉。这同时也让我们思考：假如当初陈鸿道得到王老吉的家传秘方后，选择自己创立一个新品牌，如"阿吉氏凉茶"，并确定"怕上火，喝阿吉"的定位，而不是租用"王老吉"的商标和红罐包装，那么它今天的命运会是怎样呢？可惜历史没有假如，只留下惨淡分离的结局令人唏嘘。

第三节 "世界最好的工作"
——创意营销如何引发全球关注*

超级创意产生超级魅力，是获得超级效果的超级工具。澳大利亚昆士兰州旅游局策划的"世界最好的工作"（Best Jobs in the World）营销活动，用 100 万澳元（约 500 万元人民币）的投入，收获了 2.07 亿澳元（约合 13.8 亿元人民币）的广告价值，雄辩地证明了超级创意的力量。

2009 年年初，为了宣传和推广当地丰富的旅游资源，昆士兰州旅游局面向全球招聘大堡礁的"护岛人"，并号称为"全世界最好的工作"——当选者不但可以在拥有三间卧室的豪华海景房欣赏日出和日落，还可以每天与白沙碧水为伴，划船喂鱼、潜泳畅游，只要通过博客、照片和视频等方式记录护岛生活的点点滴滴，在半年后就可以获得近 70 万元人民币的酬劳。这份轻松惬意且回报高额的工作，立即吸引了来自 200 多个国家和地区的将近 3.5 万名的应聘者，让这个国际知名度并不高的小岛成为全球各大媒体争相报道的对象。这次活动也成为营销策划案例中的经典之作。

---

❶ 罗雅颖. 加多宝 VS 王老吉纠葛落幕：凉茶产业真凉了［EB/OL］.（2020-07-02）［2022-06-15］. https://3g.163.com/dy/article/FGI3FFKP0519F5EB.html.

* 该案例由中国传媒大学文化产业管理学院硕士研究生孔璐撰写初稿。

一、策划挑战：一项不可能完成的任务

大堡礁位于澳大利亚东岸昆士兰州，是世界上最大的珊瑚礁岛群，拥有 600 多个岛屿和 2900 多个瑰丽的大型礁石，生长在这里的珊瑚种类繁多、绚丽多彩，1981 年被联合国教科文组织列入世界遗产名录，被美国有线电视新闻网（CNN）列为世界七大自然景观奇迹之一。

2008 年，为了发展海岛型旅游业，昆士兰州旅游局想向全球推广大堡礁，尤其想让汉密尔顿岛成为人们到大堡礁旅行的首选之地。作为圣灵群岛独特热带环境的典型代表，汉密尔顿岛拥有美丽的自然环境、平静的水面、温暖的气候，还有大堡礁之心——心形礁和澳大利亚最美的白天堂海滩。

如何才能获得国际游客的广泛关注呢？旅游局找到了营销策划经验丰富的 SapientNitro 公司（以下简称"Sapient 公司"），该公司也是旅游局的长期合作伙伴，每年都承担大量的旅游营销推广项目。但这次委托给 Sapient 公司提出了极大的挑战，因为这几乎是一件不可能完成的任务。一方面，大堡礁及周边岛屿并不是旅游热点。正如项目负责人布拉纳所说："大堡礁虽然早在 1981 年就被列入世界自然遗产名录，但它周边的岛屿并不出名，对于打算去海岛度假的游客，他们首先想到的不外乎夏威夷、加勒比海、马尔代夫和爱琴海诸岛等。"另一方面，营销预算很少。旅游局只列出了 100 万澳元的预算，这点资金对打造全国性知名度都有点捉襟见肘，更何况是要做全球营销。

面对挑战是知难而退，还是奋勇前行？Sapient 公司选择了后者，希望通过新奇的创意引爆媒体传播，在短时间内快速抓住消费者的注意力。

二、策划创新：这是"全世界最好的工作"

本质上这是一次景点营销活动，能够让消费者爱上这里并为它买单，是营销的最终目标。Sapient 迫切需要一个具有超级创意的营销方案，那么这个超级创意从何而来呢？

（一）超级创意

营销的起点是需求，做好营销首先需要知道消费到底想要什么。布拉纳团队正是从消费者的需求入手，找到了创意的突破口。

1. 第一轮创意："做一回当地人"

旅游并不是什么新鲜的概念，旅游活动也早已有之。但随着时代的发展和消费的升级，人们对旅游的认知和要求也在发生着深刻变化。在重视体验和沉浸感的时代，传统

"看风景"的旅游方式已经难以满足人们的需要。布拉纳团队敏锐洞察到:"全世界的消费者都希望从产品中获得更多的价值,旅行者也是。'坐飞机,然后慵懒地躺着',这种度假方式正在消失。人们想要得到真正的体验,回去后能与朋友分享的体验。他们不仅想看见风景,更想参与,想完全把自己沉浸其中。"❶尤其是随着互联网的高度普及,人们更愿意在网络上分享自己的所见所闻,对景区和体验进行主动传播。

这种对深度体验的渴望,是现代旅行者内心最真实的诉求。如果能够用什么方式去满足游客这种需求,营销几乎就成功了一半。经过这样的逻辑推演,布拉纳团队认为:成为一个当地居民,是深度体验旅游地文化的最好方式。由此提炼出了一句话——"感受大堡礁,生活在这里"。但经过讨论,大家都认为仅用"生活在这里"是难以打动游客的。如果当时创意到此为止,那么估计100万澳元投下去,国际旅游市场上不会溅起一朵水花。

2. 第二轮创意:"工作在这里"

如果说"生活"在大堡礁难以实现,那么还有什么方式可让大家深度体验大堡礁的魅力呢?经过进一步讨论,团队引入"工作"这个概念。

布拉纳说道:"我们意识到,绝大多数人都要工作,而一个人的工作与他的生活是否幸福密切相关。因此,在一个美满的人生里,我们都想要一份热爱的工作,一份能让人乐意从床上跳起来的工作。这是现代生活中最广泛和普遍的梦想之一。"❷何况在2009年金融危机的大环境影响下,失业率居高不下,社会上普遍存在着"工作焦虑"。如果能拥有一份轻松而高薪的工作,绝对是一件令人向往和羡慕的事情。

基于以上两点考虑,布拉纳团队的想法有了一次飞跃:让人们想象,能生活在大堡礁——不仅仅是旅游,而是作为"护岛人",拥有一份每小时1400澳元超高待遇的"世界上最好的工作",而且工作环境惬意,内容轻松,这简直颠覆了人们对工作的想象。

布拉纳说:"所有这一切都看起来美妙得难以置信,而且绝对没有欺骗。大堡礁岛屿看护员是一个受昆士兰州旅游局雇用的、完全实实在在的工作岗位。任务是生活在大堡礁附近的岛屿上、清理泳池、喂鱼和收发邮件,然后和世界分享他的经历。世界上的任何一个人都可以申请这份工作。""这该会有多么大的吸引力啊!谁能不为这份工作心动呢?"

这个创意的绝妙之处在于,表面上来看,"护岛人"是作为"幸运个体"得到了一份舒适的高薪工作。但更深层的逻辑是,护岛人其实是被聘用的"形象宣传大使"。他的长期体验分享和相关报道,能够建立起景点与潜在消费者沟通的平台。护岛人在小岛工作的半年期间,担任了"游客代言人"和"景点宣传者"双重身份。作为游客,他的体验和记

---

❶ 帮丹麦吃生蚝? 醒醒吧!这只是一次高超的农产品事件营销![EB/OL].(2017-05-02)[2022-04-15].http://mb.yidianzixun.com/article/0GFijIQ1?s=mb&appid=mibrowser.

❷ 全球旅游营销九大经典案例[EB/OL].(2016-07-30)[2022-06-11].https://max.book118.com/html/2016/0730/49645380.shtm.

录更多从观光者的角度出发，更容易引发受众的共鸣；作为宣传者，他在岛上的活动探索、生活方式及岛上的风土人情、休闲设施等都会被一一呈现，从而使消费者对景区有更立体的印象。

当这些想法成熟后，布拉纳团队开始向世人讲述这样一个美丽的故事：在北半球一片阴沉与寒冷的时候，这里的热带岛屿阳光明媚、海水湛蓝，而且有一份惬意的工作正等着你——这是"全世界最好的工作"。

（二）招聘设计：拉长应聘的流程

如果分析"世界上最好的工作"这个创意的实质，会发现它和前几年流行的"锦鲤"异曲同工。即通过制造 1 个运气爆棚的"特殊消费者"引起舆论关注，并为其附加宣传任务，让赞助"锦鲤"的品牌得到公众关注。在这次推广中，"谁能成为护岛人"是公众关注的核心爆点。基于此，布拉纳团队特意设计了漫长的招聘流程，以便让媒体持续报道，也吊足大众的胃口。

招聘的流程是"官网发布招聘信息—应聘者报名—应聘资料评比—选出 50 位候选者—16 位候选者上岛体验—1 位候选者成为护岛人"。策划团队设计了一个几乎没有什么参与门槛的招聘条件，目的就是吸引全世界的意向者报名。申请要求仅为"制作一个 60 秒的英文视频介绍自己为何能胜任职位"及"填写一份申请表并上传至官网"。在几近完美的工作内容的吸引下，很多人即使认为自己没有希望得到这份工作，也会录制一段视频来参与一下，这让应聘"世界上最好的工作"一度成为"全球活动"，先后吸引了 200 多个国家和地区的近 3.5 万名应聘者。最后的 16 名候选人分别来自 15 个国家和地区，他们的职业也各不相同。

（三）传播策略：请你帮我们讲故事

确定了营销的核心创意，接下来就要考虑如何将信息更广泛地传播出去。要找工作，离不开招聘，这次营销传播活动即是围绕招聘这根主轴进行的。布拉纳团队精准地把握住了网络营销的全球化特征，并通过张弛有序的活动节奏设计，将"世界上最好的工作"做成了一个全球关注的事件。

第一，聚力网络营销。这应该是布拉纳团队最值得称道的做法。由于线下空间抵达的局限性，"世界上最好的工作"几乎所有的关键环节都在网络上展开。例如，昆士兰旅游局专门设立了招聘网站，设计了极其精美的网页，向全世界通报："护岛人"将从 2009 年 7 月 1 日至 2010 年 1 月 1 日期间在汉密尔顿岛工作，工作的主要内容是探索大堡礁各个岛峭，每周通过更新博客和网上相册、上传视频、接受媒体采访等方式，向外界报告自己的探奇历程；另外，护岛人可以喂海龟、看鲸鱼，并乘坐水上飞机从高空俯瞰大堡礁美景，还有帆船航行、独木舟、浮潜、潜水、远足等多项海边娱乐活动等；旅游局还承诺给"护岛人"提供一套拥有无敌海景的别墅居住，还能享受私人泳池、景观水疗池、日光浴室、大观景阳台及户外烧烤设施，并能得到一辆小高尔夫球车，做岛上巡视之用。❶ 旅游局同时要求全球各地的员工在所在国家的论坛和社区发帖，以极低的成本让消息在网络上传播。其广告投放也非常简单，仅在澳大利亚旅游的主要客源国，如美国、欧盟、中国、日本和韩国等国发放一些分类职位广告、职位列表和小型的横幅，引导人们登录网站。❷

第二，持续制造热点。例如，将16个候选人上岛的体验环节作为整个策划的高潮，邀请决赛选手连续两日参加了游泳、潜水、划船和喂鱼等项目，初步展现这份工作优越性的同时，还向大众展示了大堡礁的风光景色；另外，候选者还接受了网络日志撰写能力的考察和媒体采访的测试。最终34岁的英国男子本·绍索尔成功击败了其他15人，在全世界数亿人的艳羡目光中得到了这份工作。此外，他的家人和朋友也可以在岛上生活。另外，在"护岛人"应聘成功之后，大堡礁仍然不断在网络平台上制造热点，如在英国就为大堡礁配套推出了"世界上最好的蜜月旅行地""世界上最好的度假目的地"等系列活动，形成了大堡礁独有的"世界上最好的"系列宣传。

第三，注重互动营销。这尤其体现在候选人的入选方式上。当选手进入50强，就开始设有网络投票环节，候选者可为自己拉票。参与者投票时要登录官网，在指定的通道输入邮箱地址，查收来自"昆士兰旅游局"的确认邮件，确认后才能投票，这又为吸引大众进入网站提供了绝妙契机。而且，在之后的每个活动节点或者节日，投票者都会收到来自大堡礁的邮件问候。另外，布拉纳团队在后续的宣传中，充分利用Twitter等社交网站，推动社群与口碑传播。

三、策划启示：超级创意带来超级影响

"全世界最好的工作"活动推出不到24小时，就有20万人访问了活动网站，团队不得不将原来的服务器紧急增加到10个，一时间全世界的网络媒体和社区都讨论这份"全世界最好的工作"。在网民自发的口碑传播和互动讨论之下，大堡礁没做多少官方宣传就达到了传播目标。

经过一年左右的活动运营，招聘网站的点击量超过800万，活动受众达到30亿，几乎占了全球总人口的一半，谷歌搜索词条"世界上最好的工作+岛"，可搜到4万多条新

---

❶ 澳洲全球招聘守岛人，住别墅半年年薪10万美元［EB/OL］.（2018-10-23）［2022-06-20］. https://www.163.com/dy/article/DUQNQORT0511UNTS.html.

❷ 全球旅游营销九大经典案例［EB/OL］.（2016-07-30）［2022-06-11］.https://max.book118.com/html/2016/0730/49645380.shtm.

闻链接和 23 万多个博客页面。❶ 据国际知名公共关系公司泰勒·赫林（Taylor Herring）的统计评估，此次营销活动在全球公共关系案例历史上排名第八。昆士兰州旅游局也对此次推广非常满意，毕竟仅投入 100 万澳元，却意外收获了 2.07 亿澳元的广告价值。从具体效果来看，在新冠肺炎疫情发生之前，每年到访大堡礁的人数高达 500 万，为昆士兰州提供了近 7 万个就业岗位。可以说，"世界最好的工作"是营销策划的典型案例，充分展现了策划的魅力。回顾整个策划过程，我们可获得如下启示。

第一，要善于提出极致性的概念。好的创意要有唯一性、独特性、支撑性和极致性。"世界上最好的工作"为什么能引起轰动效应？核心是极致性。首先，内涵意义上的极致性，明确提出是"全世界最好的"；其次，支撑内容的极致性，这份工作不仅环境好、内容轻松，而且薪酬达到每小时数千元，简直是一份让人在梦中都会笑醒的工作，夸张一点说就是"全世界最好的工作"。所以，在信息爆炸的今天，要吸引人们的眼球，核心是做到极致性，让人无法不去关注、无法不去向往。

第二，要善于运用逆向思维，从消费者的好奇心理出发倒推策略。这其实是一种有效地吸引大众注意力的方法。例如，2022 年年初获得全网关注的"魔方严选"，为了增加受众对品牌的认知度和官博的关注度，发布了一条"简单粗暴的招聘启事"：只要转发 + 关注官博，就有机会成为"公司想来就来/班爱上不上/但工资照发/带薪休假 2022 一整年"的新同事。新同事的主要任务就是每月按时领钱。这种创意宣传方式为"魔方严选"带来了极大的话题热度。

第三，要善于运用新媒体传播。快速而广泛的分享与互动，是网络传播的独特价值。"世界上最好的工作"巧妙借用网络媒体的力量，充分调动网民参与话题的积极性，成功提升了大堡礁群岛的知名度。这种传播方式在今天或许并不新鲜，但是在 2009 年却是具有前瞻性的做法。当前网络媒体已被社会广为重视，但"传"胜于"播"的本质并未改变，激发用户主动转发仍然是新媒体运营的核心目标。

第四节　可可托海借势营销——旅游目的地可以唱响吗？ *

如果有人问 2021 年哪首歌最火？那回答一定是《可可托海的牧羊人》。该歌曲全网

---

❶ 全球旅游营销九大经典案例［EB/OL］.（2016-07-30）[2022-06-11］. https://max.book118.com/html/2016/0730/49645380.shtm.

* 该案例由中国传媒大学文化产业管理学院硕士研究生仝凡撰写初稿。

播放量突破 33 亿次，而且毫无争议地登上了当年的春晚，成为晚会上最令人难忘的节目之一。

在此之前，"心上人，我在可可托海等你"那悠扬的旋律和忧伤的歌词，早已飘荡在街边、在巷口、在各种各样的短视频平台，《可可托海的牧羊人》已成为一首"国民级"口耳传唱的歌曲。在歌声中，人们不禁要追问：美丽的可可托海到底在哪里？于是一座曾与共和国命运息息相关的传奇小镇、一个美到让人流连忘返的旅游景区，悄然走进了人们的视野。可以说，从《可可托海的牧羊人》的走红到大众对可可托海旅游景区的关注，既是网络歌曲一次"无心插柳"的推介，又是当地文化和旅游部门蓄力推进的"水到渠成"。

一、策划背景：从"功勋之矿"到生态旅游景区

可可托海镇位于新疆阿勒泰地区富蕴县，曾经是一个依托稀有金属发展起来的工业小城镇。20 世纪 30 年代，苏联地质学家在此勘察发现了包括"三号矿脉"在内的 8 处绿柱石产地，揭开了这一世界级稀有金属矿床的神秘面纱。❶ 在可可托海出产的矿物珍品中，包括 16 千克重的海蓝宝石、60 千克重的钽铌单晶矿、500 千克重的水晶块、30 吨重的绿柱石晶体等，可谓矿藏的聚宝盆。60 年代中苏关系恶化后，可可托海承担起了偿还外债的艰巨任务。经过近 50 年的开采，可可托海三号矿坑不仅偿清了外债，还为我国原子弹、氢弹的爆炸和人造卫星的发射做出了重要贡献，其中就包括神舟系列航天工程所用的部分材料。因此，三号矿坑也被称为共和国的"英雄矿"和"功勋矿"。

20 世纪末，可可托海矿资源开始走向枯竭。同时由于长期依赖资源开发，地区经济和社会发展十分滞后。在产业转型过程中，可可托海紧紧抓住以矿山遗址为主题建设国家地质公园的契机，逐渐找到了一条依靠生态修复和旅游发展的转型升级之路。

在蒙古语中，可可托海的意思是"蓝色的河湾"，在哈萨克语中是"绿色的丛林"。正如这一名字承载的美好意蕴一样，可可托海不仅是一个矿藏丰富的工业城镇，更是一颗依山傍水、风光奇秀、旅游资源富集的"生态明珠"。2012 年可可托海风景区正式晋升为国家 5A 级旅游景区。这种背景下，讲好新时代故事，扩大景区的知名度和影响力，就成为当地文化和旅游部门长期努力的目标。但直到 2021 年，可可托海才迎来了"爆红"的机会。

这契机源于一首流行歌曲——《可可托海的牧羊人》。说起这首歌曲的走红，其过程也是充满了戏剧性。歌曲在 2020 年 5 月就已经发布，但是在浩瀚的歌海里，并没有掀起什么波澜。最早引发大众关注的是一位网络歌手"洋仔"的翻唱。"洋仔"在抖音平台发

---

❶ 可可托海国家地质公园［EB/OL］.（2021-11-26）［2022-06-23］.https://baike.baidu.com/item/ 可可托海国家地质公园 /3140094?fr=aladdin.

布了一段短视频：视频中，他在一个路边的小吃摊旁，深情地为一对情侣献唱，"洋仔"那略显单薄和瘦弱的身形，哀伤沉迷的表情，将歌曲中牧羊人的爱与哀愁演绎得淋漓尽致，以至于情侣中的女方难以抑制情绪，伏桌低泣，歌曲未了就悲伤离席。视频一经发布，便打动了无数人，广大网友主动转发，《可可托海的牧羊人》迅速走红网络。

就在视频全网发酵之时，细心的网友却发现了端倪——"洋仔"疑似假唱。证据便是在"洋仔"随后发布的每一段演唱视频中，无论身处怎样的场景中，他对于歌曲的演绎似乎都十分稳定，音调、气息也拿捏得十分到位。正当人们充满疑惑之时，另一网红"亚男"发布了相关视频，她用清唱证明了洋仔的"假唱"，指出"洋仔"的动人演唱根本是"拿来主义"。同时最后声明，自己也不是这首歌曲的原唱，根本没有版权。

舆论至此，一位叫作王琪的原创音乐人被推向了前台。

王琪出生在辽宁，初中毕业后家人希望他能学一门手艺，如美发或者厨师。但是生性倔强的王琪却坚持要上艺校，毕业后成为原创型的流浪歌手。十多年间王琪背着吉他走遍了大半个中国，最后在新疆找到了自己的爱情并在此安了家。《可可托海的牧羊人》即是2018年在家中的创作。

王琪创作有一个自己的习惯，即是先在脑海中构思一个故事，然后再根据这个故事进行创作。《可可托海的牧羊人》的诞生也是如此。不同于歌曲中演绎的爱情故事，王琪并没有到过可可托海，这首歌本来也与可可托海无关，只是在构思了故事原型之后，他听说可可托海非常美丽，便将这个凄美爱情故事的发生场景设定在了那里。也许，他当时也没有想到，自己一时兴起的创作，竟然成为一首火遍大江南北的金曲；可能更没有想到，这个他脑海中构思的爱情故事，此后竟感动了无数网友，并且给可可托海景区带来了前所未有的营销和推广机会。

二、借势营销：一场爱情的"想象"，一次成功的"出圈"

《可可托海的牧羊人》的意外走红，对于可可托海景区所在的富蕴县文化和旅游部门来说，同样是一场意料之外的惊喜，亦是一次不可多得的营销机会。

如何借势歌曲的走红，让歌曲的热度变成景区的热度呢？富蕴县的策略是借势开展故事营销，让故事为景区增加感情色彩，与大众形成共情与共鸣。

于是，在富蕴县的策划推广下，一个凄美的爱情故事开始流传：故事的主人公是一个牧羊人，他和羊群一直生活在美丽的可可托海草原上。在野花绚烂的热烈夏季，他遇到了一个来自四川的养蜂女。然而，她并不是一个人来到此地的，她的丈夫因事故去世了，留下了两个年幼的孩子。初来乍到的养蜂女由于人生地不熟，境遇并不如意。善良的牧羊人觉得养蜂女到处漂泊不容易，便挺身而出，力所能及地保护养蜂女和两个孩子。养蜂女非常感激,也经常在牧羊人的毡房外放置蜂蜜作为回报。于是在甜蜜的一来一往之间,两颗孤独的心逐渐靠近。牧羊人怜惜养蜂女的不幸,赞叹她的坚强;养蜂女感激牧羊人的关爱,明白他的用心,于是爱情在那个热烈的夏季慢慢滋长发酵——牧羊人向养蜂女许下了家和爱情的承诺。然而,在花期结束之际,养蜂女还是带着孩子在一个阴冷的雨夜不辞而别,悄悄离开了可可托海,并"断绝了所有的消息"。也许她觉得以自己的身份,再加上两个孩子的压力,怎么能拖累善良的牧羊人呢?于是只能将情愫深藏心底,远走他乡罢了。可她并不知道的是,牧羊人却一直痴心地在可可托海等着她——即使这里发展了旅游,早已不适合放牧。故事的最后没有收获"有情人终成眷属"的圆满结局。牧羊人一直苦苦守候,但传来的却是养蜂女"嫁到了伊犁"的伤心消息。

在刚刚经历过新冠肺炎疫情的2020年,这个动人的爱情故事狠狠戳中了人们脆弱的内心,同时人们对故事的发生地——可可托海草原也充满了向往和期待。很多人开始在网络搜索这个诗情画意的名字,关注这个"宝藏级"的画境之地。然而这并不是故事营销的结束,之后富蕴县又联合新源县,共同进行营销推广,连接起"可可托海"与"那拉提",让整个故事变得更加完整与丰满。

因为根据歌曲内容,养蜂女离开牧羊人之后去了那拉提草原。那拉提景区精心准备了5个延展《可可托海的牧羊人》的宣传方案,最理想的是请王琪再创作一首《那拉提的养蜂女》,但由于预算过高,方案改成了由本地音乐人创作。2020年年底,一首《那拉提的养蜂女》在网易云音乐平台上线,如泣如诉的歌声一经发出,很快收获了"10万+"的点击量。在短视频平台上,涌现出了一大批以两首歌互相呼应为主题的衍生视频内容。

三、策划启示:机遇总是留给有准备的人

借势《可可托海的牧羊人》开展营销推广,极大地推动了富蕴县旅游业的发展。据统计,2021年第一个季度富蕴县共计接待游客93.63万人次,同比增长409.79%;实现旅游收入8.441亿元,同比增加337.68%。这一成功案例也再次引发了人们对音乐营销的关注。然而回溯整个案例,我们不难发现,歌曲走红不管是对富蕴县还是对歌手本人而言,都在意料之外。

无独有偶,2016年那首唱响大街小巷的《成都》,2020年令人泪目的《漠河舞厅》,同样都是意外走红。成为网红的丁真后来发布了几首藏语歌曲,遗憾未能出圈,我们不禁要问:难道火不火是一门"玄学"?

其实不然。总的来看,当前旅游目的地音乐营销的入场者虽然甚多,但大多存在着重传统而轻创新、重创作而轻传播等各种问题。虽然歌曲红得意外,但富蕴县旅游局借势营销的做法仍是可圈可点,值得各地参考借鉴。

第一，做好长线布局，不打无准备之仗。"凡事豫则立，不豫则废。"对于策划来说，预设性越科学、越准确、越周详，实施效果就越好。虽然《可可托海的牧羊人》最初走红不是一场有计划的营销，但要想接得住突如其来的巨大流量，靠的还是先前下的功夫——2008年以来，富蕴县以可可托海被批准为国家地质公园为契机加速景区建设，不断提升景区的承载力。从这个意义上来说，其走红远不是一场意外，而在于之前点滴的积累。

第二，达权知变，从"赶热点"到"造热点"。从《可可托海的牧羊人》的爆火到可可托海景区走向大众，可以说是一次成功的借势营销。即借助热点事件的"晕染效应"，使大众潜移默化地了解一款产品，最终达到宣传、销售或提高产品形象的目的。在信息爆炸的今天，网络热点可谓来得快、去得也快，这就要求策划者在复杂的环境中，及时调整策划方案和实施计划。在这一方面，富蕴县文化和旅游部门的做法值得借鉴。首先，在歌曲走红之后，迅速将《可可托海的牧羊人》背后的故事深挖，从可可托海到那拉提，两边共同进行宣传营销；其次，线下旅游特色产品随之而来，除了牧羊人系列旅游套餐之外，富蕴当地各景区也设置了打卡点；最后，还推出了哈萨克语版本的《可可托海的牧羊人》，推动故事走向"一带一路"，让其影响力进一步发酵。

第三，因地制宜，重视歌曲与景区的契合度。换句话说，只有恰如其分地反映了旅游目的地特质的歌曲，才能在歌曲与旅游目的地之间建立起有效关联，推动听众转化为游客。可可托海凭借其坐落边疆的地理位置、一望无际的辽阔草原、神秘幽深的山涧峡谷，确实容易让人联想起无穷的诗意与远方、无限的爱恨与纠缠。从牧羊人与养蜂女的故事到可可托海给人带来的体验与想象中，这种转换中情感显然是连贯的。此外，这次营销也为可可托海文旅融合提供了一个可行的路径：景区曾试图给自己打上"浪漫"这一标签，但游客对这方面的感知始终比较薄弱。而《可可托海的牧羊人》恰好在这里播下了浪漫的种子，给这如诗如画的自然美景增添了浓烈的人文魅力。

第八章 大型活动策划

第一节 活动策划概述

2001年6月23日,世界三大男高音帕瓦罗蒂、多明戈、卡雷拉斯首次共聚北京紫禁城,助力北京申奥、为中国放歌。现场听众近3万名,估计全球还有30多亿观众收看电视转播。现场最高票价达到了2000美元。2022年北京冬奥会开幕式,精彩创意与高新科技融合,绘就了恢宏壮美的视听盛宴,即使在新冠肺炎疫情影响的背景下,仍然创造了历届冬奥会的收视率之最。这些大型活动的成功,背后都离不开细致周到的策划工作。

一、内涵与基本特征

活动是指为了达到某种特定目的而采取的行动。其涉及范围非常广泛,一次班级聚会、一次野外旅游或一次展览会,都可称为活动。其中大型活动往往指经过精心计划而举办的某个特定的仪式、演讲、表演或者庆典,通常是要达到某种特定的目标和目的。大型活动可以包括各种节目和庆典、重大市民活动、独特的文艺演出、重要的体育赛事和社团活动等。❶

什么是大型活动策划?就是为实现特定活动目的而在研究基础上创新定制活动方案的理性行为。根据大型活动策划专家林振宇的观点,大型活动策划方案是对活动最终呈现的整体想象,是头脑对各相关工作的模拟整合,是活动及表演内容和观众反馈效果的虚拟预演,是对创意实施成果的综合预判。对于大型活动而言,事先的策划越细致、越全面,在之后的执行中也就越能减少不确定性和降低风险性。

大型活动策划除了具有预设性、定制性、创新性、可行性、系统性等策划的一般特征外,还具有鲜明的目的性、计划的严密性和注重传播性等特点。

---

❶ 郑建瑜. 大型演艺活动策划与管理[M]. 重庆:重庆大学出版社,2014:3.

一是鲜明的目的性。由于大型活动需要花费巨大的人力物力，因此通常是目的先行，如庆祝、娱乐、宣传、营销、教育和文化弘扬等目的。譬如大型文旅演艺活动，即是以吸引游客观赏为目的，依托旅游景区和高新科技，以表现地域文化或民俗风情为主要内容，综合运用歌舞、杂技、曲艺等艺术形式的商业活动。在活动策划之时，策研团队首先要明确"为什么"开展这个活动，解读好一个机构或企业开展大型活动背后的缘由，洞察和把握活动真实的目的和意图，才能为活动的主题、内容与形式定下依循。

二是计划的严密性。策划活动表现为一种借助脑力进行模拟操作的理性行为。大型活动不同于拍摄电影电视剧，不满意可以重来，其通常是即时性的，一旦出现失误就难以修补，甚至会导致整个活动失败。同时由于大型活动参与人员多，存在消防、防疫、踩踏等安全隐患，因此就需要在活动开始之前进行细致周到的策划，确保活动顺利有序展开。同时相比于战略策划、产业策划等宏观性较强的策划类型，大型活动策划偏向微观，必须具备较强的可执行性，甚至有时就是一份活动的实施指南。例如，策划一台大型晚会，就需要设计舞台、音乐、台词、灯光、节奏和视觉表达等各种细节。

三是注重传播性。无论从活动的参与度或影响力而言，传播都是不可或缺的要素。相对企业策划等具有较强保密性的策划而言，大型活动策划关键是要让更多人知道、吸引更多人参加，从而获得更大的社会效益与经济效益。大型活动和小型活动的根本区别在于社会化程度，前者通常是群体性、规模化活动。

二、流程与主要内容

（一）策划流程

大型活动策划主要包括如下环节（见图8-1）。第一，需要注意"动因"——为什么要策划？第二，需要提炼"概念"——包括主题、定位等，最好具有创意性、唯一性和合理性，所谓合理性即是其底层逻辑要成立，经得起逻辑推演。例如，在洛阳策划国际牡丹节就要比在兰州具有说服力。第三，要创新内容设计，包括活动主题、主线、环节、节奏、音乐和表演形式等。第四，要创新运营策略，包括盈利模式、营销传播、资源整合和运作团队等。第五，要开展效益评估并制订实施计划。

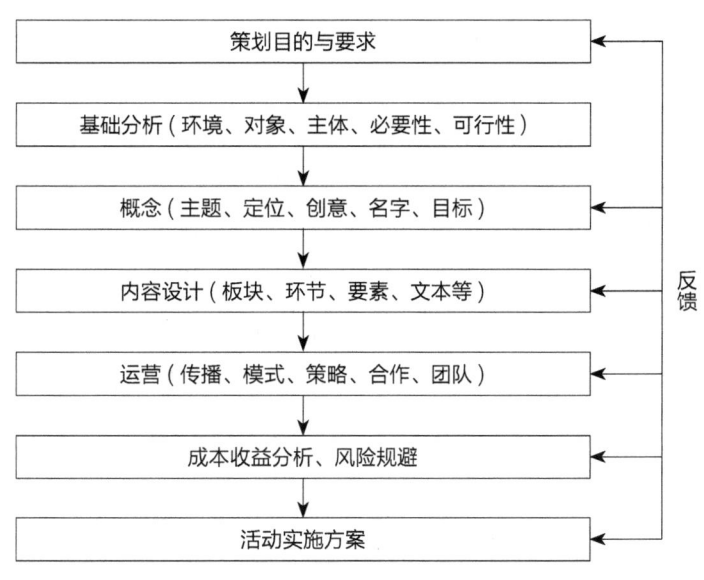

图 8-1 大型活动策划的流程

(二)核心内容

策划一次大型活动,主要包括基础分析、概念创意、内容设计、运营策略、成本收益评估与风险规避,以及活动实施计划等内容。

1. 基础分析

策划是服务决策的理性行为。在清晰策划的目的和意图之后,就要进行基础性分析。主要包括环境分析、对象分析和主体分析。环境分析包括政治、经济、文化和社会等宏观环境,产业规模、市场格局、竞争状况等中观环境,以及消费者的偏好与习惯等微观环境。在此基础上,还需要进行主体分析。即是衡量举办方开展大型活动的资源和能力。没有条件而强行举办活动,效果可能适得其反。基础分析之后,要对大型活动举办的必要性(如意义、价值)和可行性等进行研判,形成清晰的观点和结论。

2. 概念创意

第一,要明确定位,通常需要通过"一句话"来阐释。定位是大型活动策划的灵魂,就是通过差异化的手段,抢占在顾客心智中第一的位置,并随着时间不断强化。例如,维也纳音乐节定位为融音乐剧、歌剧、舞剧、音乐会为一体的综合性艺术节,并以展示和推出跨国合作的大型作品为主要特色。第二,要给活动取一个好名字,如"中国文化产业学院奖",就显得专业大气,能够与媒体奖、政府奖等奖项有效区隔开来。第三,要凝练活动的主题立意。特别是一些年度型的,要实现与时俱进的"微创新",根据年度社会潮流、重要事件及主办方意图等,进行年度的主题策划,确保大型活动常办常新。第四,要提炼一句广告语或宣传口号,如1999年的昆明世园会打出了"彩云之南、万绿之宗"的主题宣传语，形象生动，意义隽永。最后，要做好形象设计。包括标识体系和宣传材料等，打造活动品牌的视觉锤。

3. 内容设计

内容是活动策划的核心。只有不断创造高品质的内容，活动才有生生不息的生命力。活动内容一般包括功能板块、环节、流程、要素（音响、舞台、人员等）及台词文本等方面。例如，有些大型活动通常是一两个旗舰性项目再加上几个具有内在联系的项目构成，以实现"部分之和大于整体"的效果。例如，"上海国际艺术节"，就包括舞台艺术演出、文化艺术展览、艺术品交易会和群众文化艺术活动等板块。如何提高活动的内容品质与影响力呢？一般有三条路径：一是借助名人、明星或顶级艺术团队。例如，"世界三大男高音紫禁城音乐会"就是借助帕瓦罗蒂、多明戈、卡雷拉斯的世界级影响力。二是提出绝妙创意，掀起社会热潮，并不断推陈出新。例如，奥地利布雷根茨艺术节，核心亮点在于其极具创意的、世界最大的水上歌剧舞台。三是借助现代科技，提升表现的震撼力。例如，《天门狐仙·新刘海砍樵》运用现代高科技与舞台特效技术，对音乐歌舞剧进行了一次成功的创新。

4. 运营策略

第一，营销传播。传播效果是衡量大型活动策划成效的重要标尺。营销传播包括传播渠道和传播策略。首先，不同的传播渠道效果不同，在互联网时代要注重网络传播，其优势不仅在"播"，更是在"传"，能够实现快速的传阅、爆炸式的信息传递。其次，传播策略主要有两种策略。一是借势传播。"故善战人之势，如转圆石于千仞之山者，势也。"就是要善于借重大事件、历史文化、社会热点、名人明星甚至名山大川之势进行传播，如前面提到的富蕴县借势网红歌曲《可可托海的牧羊人》。二是造势传播，即根据时代潮流或社会痛点，制造活动或话题，进行宣传与炒作，引起社会大众关注。最后，活动传播宜分阶段推进，制造活动"宣传波"。包括做好活动前的话题讨论、系统预热，活动中的密集报道、热点炒作，活动后的媒体维护和客户回访。

第二，运营模式。主要包括商业模式和组织模式两个内容。可持续的商业模式是大型活动成功的基石，核心是要解决好大型活动资金从哪里来、如何支出、如何创收等问题。例如，草莓音乐节等民办型演艺活动，收入主要来自门票、赞助、捐赠、衍生品及政府补贴等；而南宁国际民歌艺术节等政府主导型的文艺活动，则主要依靠财政支出、门票、赞助和衍生品等。在活动组织模式上，通常会有指导单位、主办单位、承办单位和支持单位等不同主体，其权利与义务也各不相同。最好的做法是政府经营环境、企业经营市场和广大群众积极参与，形成多方协同共赢的格局。

第三，商业合作。大型活动通常投入巨大，对于政府举办的活动，一般会有一定的财政资金支持，但为了减轻财政压力，也需要通过广告、冠名等形式获取资金。对于企业举办的活动而言，其本质上就是一种商业活动。因此，在活动策划过程中，要为商业合作留出接口。假如某个合作方特别重要，还可以为其定制化设计部分活动内容。

第四，活动团队。大型活动需要经验丰富的团队来执行，有时候知名导演就是活动吸睛的亮点。例如，"又见系列"文旅演艺的导演王潮歌。因此在活动策划过程中，要充分考虑到团队的设计，包括活动总策划、总导演（总执行）、文案组、媒体组、物料组、后勤保障组及机动组等。只有团队设计科学合理，才能在活动执行之时各司其职、各展所长。

5. 成本收益评估与风险规避

大型活动通常涉及资金额度较大，如果算账不清楚，领导者就难以作出决策。因此，活动策划要做成本和收益估算。例如，在策划文旅演艺项目之时，成本上要考虑到前期投入（场地租赁、建安费用、内容编创、服装道具等）和运营投入（演职人员费用、市场推广费用、固定资产折旧费用、管理费用及财务费用等）。而在活动收入方面，来源包括门票、商业合作、衍生产品等。除了经济效益，大型活动通常还需要评估社会效益和战略效益（如提升城市形象与知名度等）。总之，活动策划需要仔细测算投资回报率及投资回收周期，并关注活动能带来的多元效益，然后再综合评估活动的可行性。

大型活动的开展必然会面临各种风险，关键是提前预测，对主要风险因素进行识别，防患于未然。风险包括内在风险及外在风险。内在风险指能够加以控制和影响的风险，如人事任免和成本估算等风险。外在风险指来自外部环境、难以控制的风险。例如，政策变化、市场转向、公众干预、宗教民俗、公共卫生（如疫情）、意外事故等风险。在全面进行风险分析的基础上，需要制定风险规避措施（见表8-1）。对于内部风险，核心是加强管理，及时解决矛盾和问题。对于外部风险，首先是要树立风险防范意识，通过引入专家顾问等形式，强化风险预测。其次是针对不同的风险，提前制订预案。同时可以通过各类新闻媒体，增强对大型活动的正面宣传与报道，营造良好的舆论环境。

表8-1 大型活动的外部风险与规避措施

风险	内容	规避措施
政策变化	政府的战略意图、政策导向或主要领导发生变化，可能对活动开展的意愿、支持力度有所改变	加强与政府沟通交流，关注政策动向，及时进行活动内容等方面调整
市场转向	社会潮流或消费者的喜好变化，导致市场发展潜力或方向发生变化	开展市场调查，了解需求变化，根据需求调整活动
公众干预	活动开发与进行阶段影响到当地居民的相关利益，当地居民会对活动项目抱有反对态度	考虑各利益相关方的诉求，关注公众的利益，减少公众的抵触情绪
宗教民俗	大型活动中可能涉及对举办地的宗教民俗不了解，引发风险	熟悉当地的风俗民情，避免出现伤害居民感情的事件

续表

风险	内容	规避措施
法律法规	触犯法规产生的风险。如触犯《营业性演出管理条例》有关条款	聘请法律顾问,并且就相关法律法规进行培训
安全风险	消防安全、自然灾害安全、人为因素安全等问题。尤其是涉及高难度舞蹈表演等内容的活动	建立风险预警制度和现场安保系统,对不稳定因素进行专人每日排查
公共卫生	大规模人群集聚所带来的疫情防控风险和疾病传播风险等	根据疫情防控政策,提前进行安排与防范
生态环境	大型活动过程中会使用声、光、电等技术设备,可能引发环境问题	活动前中后期,通过环保材料、卫生监督等减少污染
配套设施	活动公共配套设施不齐全,服务质量较低,不能满足消费需求情况	注意大型活动的选址,保障交通、住宿等设施便利

6. 活动实施计划

大型活动策划通常是具体和细致的,需要形成周密的活动执行方案(见表8-2)。包括活动时间、地点、团队、流程和宣传等内容,以便活动能顺利分工落实。

表8-2 大型活动策划书的基本内容

结构	内容
封面	活动名称,以及提炼活动精髓、亮点或定位的一句话
活动概述	活动背景与目的(社会和市场形势、背景分析);活动名称与定位;活动特点和要点分析,核心创意简述(主题、内容)
环境分析	宏观环境分析(经济、社会等);目标市场分析(市场定位、市场规模、需求特点等);竞争情况分析;项目可行性评估
活动设计	总体创意与思路、视觉空间方案、演出形式、技术应用(舞美科技等)、场景设计(包括选址)、故事主题和分幕剧情等
运营策略	运营模式、营销传播、媒体计划、业态衍生和商业合作等
成本收益评估与风险规避	投资概算(场地租赁、建安费用、编剧及演出等)、收入分析(经营收入、衍生收入等)、经济效益分析、社会效益分析、风险分析及规避措施等
活动实施计划	执行流程、任务进度和实施细则等

三、策划的注意要点

(一)掌握活动策划模型

根据大型活动策划的实践经验,本书总结出了活动策划的"三角模型"(见图8-2),即核心要处理好活动中的四大要素:定位、内容、模式和传播。首先是要明确活动的定位（还包括主题、特定目标等），借此保障活动策划方向不走偏；其次是要创新设计内容，活动最终需要以内容取胜。例如，一场大型文艺晚会，没有压轴的节目或演员，必然难以让观众满意。再次要做好活动传播。事实上，很多活动的目的就是通过传播扩大影响。最后是要设计好运营模式，解决谁来组织、谁来投资、如何创收等问题，当前很多大型活动胎死腹中或难以为继，从根本上而言是没有设计好运营模式。

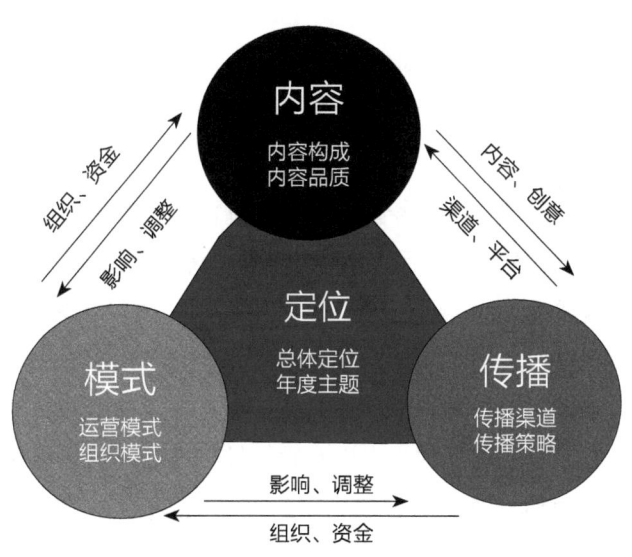

图 8-2　活动策划的三角模型

（二）强化创新创意

活动策划具有突出的创新创意性，需要在一定时间段和区域范围内实现首创性或唯一性。当然，创新的源泉与核心是主客共鸣而不只是追求与众不同，只有在深入研究活动目的和市场需求基础上的创新才具有实际价值。活动创新的方式多样，如原创、重组、对比、变形（陌生化）、意义转化等，也可以是技术手段（机械等）、艺术手段（形式和形态）、传播手段等方面的变化。最后要综合评估创意的稀缺性、冲击力、实施难度、细节执行及成本等因素，确定采纳和完善某种创新或某个创意。

（三）高度注重细节

活动策划需要关注目标诉求、预算制约和细节控制。所谓细节决定成败。活动策划通常具有即时性、现场性、生产和消费同步性等特征，不像拍电影可以反复重来，直到满意为止。所以活动策划特别要注意细节，进行周密的部署和安排。我们可以想象前面提到的紫禁城放歌活动背后的策划和协调工作是多么复杂。同时，策划还需注意资源整合。要有开放性思维，以精彩的创意为轴心，整合各方资源，让活动获得最大的价值与效益。

第二节 中国文化产业学院奖
——打造文产领域的"奥斯卡奖"

"中国文化产业学院奖"是由中国传媒大学发起,联合国内外知名高校共同设立的年度文化产业奖项,是国内文化产业的学术盛会,也是国内首次采用全网直播方式实时共享的文化盛典。学院奖的设立,旨在立足数字网络时代,创新学术传播方式,鼓励与推动中国文化产业的创新发展,促进与世界各国的文化交流合作,推动文化强国建设。

学院奖从 2016 年开始举办,前后共举办了三届,在国内外形成了巨大的影响力,被国外媒体誉为中国文化产业的"奥斯卡奖",其中以第三届影响为最。第三届"学院奖"由中国(含港澳台地区)、美国、英国、澳大利亚等地的 25 所知名高校文化产业教学科研单位联合主办,邀请了国内外知名学者参与评审与点评,在前两届的基础上,进一步丰富了学术智囊团队,凸显了学院奖的学术性和独立性。在前期精心策划与资源整合下,颁奖盛典吸引了 300 多家媒体报道,综合曝光量达到 1 亿人次,并实现了在 70 多个国家和地区的传播。这样一次学术性盛典活动,在没有流量明星参与的情况下,能够获得如此大的传播效果,无疑是相当难得的,其成功离不开前期的创新策划。

一、策划背景:展示文化产业发展的新水平与新成就

文化是一个国家、一个民族的灵魂,对内凝聚起民族的价值与信仰,对外展示着国家的形象与软实力。守正创新促进文化产业高质量发展,是弘扬社会主义核心价值观的重要载体,是满足人民群众美好生活需要的重要途径。

自 1998 年文化部成立文化产业司以来,文化产业发展日益受到各方重视,在经济社会发展中的地位逐步提升。为了促进文化产业发展,各级政府出台了系列优惠政策,各种评奖活动也应运而生(见表 8-3)。例如,中国创意产业年度大奖、中国文化创意产业总评榜和中国文化企业 30 强评选等。

表 8-3 我国部分文化产业评奖活动

奖项名称	主办单位	简介	设立时间
中国创意产业年度大奖	中国版权保护中心	中国创意产业领域公益性奖项,是促进创意产业发展和交流的全国性平台	2006 年

续表

奖项名称	主办单位	简介	设立时间
中国文化企业30强	光明日报社、经济日报社	反映我国文化产业发展和文化企业规模实力的重要品牌	2009年
中国文化创意产业总评榜	中国文化创意产业网	通过数据分析、网友投票、专家点评的方式，评选出每年最受关注的文化产业事件、园区和城市等	2011年
CSR中国文化奖	人民日报社、证券时报社等	以表彰企业在文化领域的社会责任贡献的奖项	2014年

根据我国文化产业评奖活动的发展实际，结合相关文化企业的调研反馈，策划团队认为，虽然我国文化产业评奖活动势头较好，规范性、科学性也在逐渐增强，但仍然存在如下问题。

一是重骨干，轻小微。从各类文化产业评奖的历年结果来看，获奖的文化企业均是经济实力强、社会影响力大的文化企业，但对高成长性的中小微企业则重视不足。二是重评审，轻指导，未有效释放专家力量。评审团一般由文化产业领域的知名专家学者、行业协会领导等组成。但评奖活动却未能转化为对企业的专业化指导。三是重形式，轻内涵。有些评奖活动邀请业内大咖站台、邀请主流媒体宣传，过程比较热闹，但评选指标、标准和流程等方面的科学性却经不起推敲，缺少独立性和权威性。四是重国内，轻国际。评奖活动主要依靠国内媒体进行传播，缺少渠道和意愿推动活动"走出去"，形成国际影响。应该说，当前的文化企业评奖活动展示了我国文化产业领域建设的新水平和新成就。但作为产业评价、推介和引领平台，还应发挥好更大的作用。

首届"学院奖"开始于2016年，目的是通过年度奖项的设立和评选，展示一年来文化产业领域的发展成就。前两届的"文化产业学院奖"通过全网直播、融媒体传播等方式，触达了几十个国家和地区，广泛地传播了学术观点和中国声音。策划团队对文化产业学院奖的定位也有了更清晰的认识——依托高校力量，设立面向国际的学院奖，将中国文化产业推向世界。经过前两届的经验、影响和人脉的积累，到了第三届，策划团队希望继续坚持顶尖智库联合主办、年度榜单权威发布、文化名人现场点评、国际平台全球传播、融合媒体跨屏直播等活动特点，同时规范评选指标、创新活动流程和优化环节设计等内容，进一步树立奖项的权威性、独立性和公正性，进一步强化活动的国际影响力和可持续发展能力。

二、策划内容：创造力、变革力、融合力

（一）概念创意

1. 总体概念

在策划会议中，团队鲜明提出要打造中国文化产业的"奥斯卡奖"。奥斯卡金像奖（Oscars）又名美国电影艺术与科学学院奖（Academy Awards），创办于1929年，是全世界最具影响力的电影类奖项。

策划团队认为，"学院奖"应彰显中国视角、国际格局、学术立场、立体传播的特点，与世界文化产业领域知名高校联合设立奖项，接受全世界文化产业园区、企业、从业者的报名参选。通过权威、公正、严谨的国际赛事评选机制推出一批文化产业发展典范，将"学院奖"打造成为引领中国文化产业发展、弘扬中国文化力量、塑造世界文化产业格局的国际性权威奖项。

从具体理念而言，主要包括三点。一是用学术话语阐释中国文化力量，以学术思想启迪和引领中国文化产业的实践发展；二是用融媒体矩阵传播中国文化声音，采用全网直播方式实现全民参与、共享互动；三是推进产学研协同激发中国文化动力。汇聚国内外一流高校智力资源，搭建协同创新国际平台。

2. 年度主题

策研团队认为，年度主题要明确，不能纯粹为了学术，而是要从学术出发，彰显学院奖在国家文化建设中的担当。要在全面建成小康社会的历史进程中，为文化扶贫、传统文化振兴、讲好中国故事等国家战略贡献学术界的力量。

因此，2018年"文化产业学院奖"以"文化·创造力、变革力、融合力"为主题，旨在深入挖掘文化在经济社会发展中所蕴含的巨大能量，展示文化产业在推动经济供给侧结构性改革当中的重要作用。同时，2018年恰逢中国正式提出文化产业的20年，因此奖项既要反映过去和现在中国文化产业发展的成就，更要预示未来中国文化产业发展的趋势；既要体现文化产业本身的新业态、新模式、新规律，更要彰显人民美好生活的新需求和新期待；既是对中华优秀传统文化的弘扬和传承，更是与世界文化产业的一次深度碰撞和互动。

（二）内容设计

内容设计核心是评选规则的制定，即是评什么、怎么评。因此内容设计主要涉及奖项榜单设计、活动环节设计和评审活动机制设计等方面。

1. 奖项榜单设计

以颁奖为核心的大型活动，奖项设计无疑是其中的关键。例如，奥斯卡金像奖，共设置了22个常设奖项和3个非常设奖项，特别是最佳影片、最佳导演、最佳男主角、最佳女主角等奖项，常常受到广泛的关注，成为从业者心中最值得骄傲的荣誉。

在2018年"学院奖"的奖项设计中，策划团队认为，奖项设计应遵循"二八"原则，即80%为前两届延续下来的固定奖项，还有20%应为根据年度热点而新设的选项，借以反映趋势和引领潮流。经过反复讨论，第三届"学院奖"设立了未来文化城市、文化创新人物、年度文化企业、传统工艺振兴、数字创意产品、全球文化旅游目的地六大奖项，每个奖项设提名奖20名和金奖若干（见表8-4）。

表8-4 第三届"中国文化产业学院奖"奖项设计

奖项名称	奖项内容	金奖数量
未来文化城市	结合时代趋势和文化走向，评选能体现文化与城市发展共生、共荣的代表性城市	1个综合奖和5个单项奖
文化创新人物	选出推进文化创新发展、促进文化和旅游深度融合、激发民族文化创造活力的人物	1个综合奖和5个单项奖
年度文化企业	以国内为主，兼顾国际，评选年度最具代表性的优质文化企业	1个综合奖和5个单项奖
传统工艺振兴	通过产业链创新、互联网赋能等方式，激发传统工艺发展活力的典型项目	5个综合奖
数字创意产品	对年度具有代表性和成长性的数字创意产品进行评选	1个综合奖和3个单项奖
全球文化旅游目的地	以创新、融合、共享为理念，遴选全球范围文化旅游目的地品牌，推动文化旅游成为世界各国互联互通的桥梁和纽带	5个综合奖

2. 活动环节设计

对于大型活动而言，环节要规范，设计要有策略。例如，《超级女声》等节目的火爆与其流程设计密切相关。在参考了这些活动及"奥斯卡奖"等奖会的基础上，策划团队有意拉长了策划活动的流程，将前两届的4个月拉长到8个月，并分为五个阶段，逐步推进（见表8-5）。从后期的实践来看，这是非常有效的设计，特别是在复评环节加入了网络投票之后，参与单位的积极性极大提升，甚至出现了相互比票的火热现象。

表8-5　第三届"中国文化产业学院奖"的环节设计

阶段	内容
策划筹备（1个月）	完成策划活动总体方案，确定主要合作单位，组建评审机构，召开第一次新闻发布会
推广征集（3个月）	奖项宣传推广，洽谈招商合作，召开新闻发布会，鼓励企业报名参与，评选通道正式开放
奖项初评（2个月）	完善评审专家组，根据资料进行初评，确定各类20个入围候选名单，召开新闻发布会，公示入选名单
奖项复评（1个月）	组织专家实地考察评审，开通大众投票环节，确定金奖名单。召开新闻发布会，洽谈招商合作
颁奖盛典（1个月）	召开专业论坛暨提名奖颁奖盛典。终评专家审核金奖名单，最终评定金奖得主，举行金奖颁奖盛典

3.评审活动机制设计

独立性、权威性和公正性，是学院奖的生命。为了确保评选的客观性，策划团队进行了严格的设计。一是成立了评审委会，由知名学者、媒体人、文化企业家、投资人、文化人士组成，并按照奖项类别下设6个评审分会，负责奖项入围和提名阶段的评审。评委由国内外知名文旅专家组成。二是设立了学术委员会。由主办高校负责人组成，负责各个奖项金奖的终审。三是设计了大众投票环节，将投票结果按照一定的权重纳入评估计分。四是科学设计评审指标体系，力求科学、准确、全面，能评选出年度最具代表性的企业、个人或项目。例如，在文化创新企业评选中，评选指标坚持以社会效益优先、经济效益与社会效益统一的基本原则，设计了共性指标和特色指标两类。其中共性指标设计了4大类一级指标和19类二级指标，特色指标设计了15类二级指标（见表8-6）。

表8-6　"第三届中国文化产业学院奖·文化创新企业榜单"评价指标

	一级指标	二级指标
共性指标	社会效益	服务国家战略
		就业人数
		公益活动
		表彰奖励、补贴

续表

一级指标		二级指标
共性指标	经济效益	资产总额
		文创收入、增速
		利润率、增速
		税收贡献
		是否上市
	创新能力	知识产权数量
		原创、研发投入占比
		原创、研发人数占比
		内容、产品创新
		模式创新
		人才结构
	示范引领	授牌情况
		品牌影响
		企业战略与管理
		媒体报道
特色指标	最佳文化内容创新奖	内容生产模式
		内容生产效率
		内容社会影响
	最佳商业模式创新奖	模式效益性
		模式原创性
		模式持续性
	最佳园区运营创新奖	整体规模
		收入结构
		企业满意度
	最佳产业服务创新奖	服务能力
		服务规模
		客户满意度
	最佳文化传播创新奖	平台、活动覆盖人数
		传播相关创新
		传播影响力

(三)运营策略

1. 传播策略

所谓"小活动,大传播"。"学院奖"一个重要目标即是扩大文化产业的社会影响力,因此如何做好传播成为策划的重要内容。

在积累了前两届传播经验的基础上,第三届"学院奖"在传播策划方面更为成熟。策划构建起以网络直播为核心,"网络直播+"平面媒体、网络媒体、视频媒体、微博、微信、论坛、多领域意见领袖和内容营销等构成的融媒体传播矩阵,多形态全程直播、多角度展现学术盛宴。

一是视频直播。包括斗鱼、网易、爱奇艺、优酷、头条等平台,形成了全方位的立体化直播。事实上,第一届"学院奖"主要就是通过跨年直播来传播的,当时主打的概念是"学术跨年"。

二是主流媒体报道。包括《人民日报》、中央电视台、中央人民广播电台、新华网、人民网等媒体。同时大力推进相关报道转至媒体手机客户端、官方微博、微信公众号,增进话题传播的广度和深度,希望在权威主流媒体带动下,网页新闻、新闻客户端和行业媒体能持续进行报道。

三是自媒体大V助力品牌传播。推动文化相关领域意见领袖、专家学者为"学院奖"活动发声。因为近100名的评审专家、200多名的颁奖盛典与会嘉宾,都是行业具有话语权的人士,其观点和推荐在业内具有较大影响力。

四是不断设计话题。从预热、评选、主题论坛到金奖盛典,持续传播创意内容。撰稿团队深度解析中国文化产业发展实际,多角度撰写专题稿件,内容覆盖文化、科技、旅游和投资等多个文化及相关行业。

2. 运营模式

大型活动最重要的是解决资金来源问题。前两届主要依靠主办单位的科研经费和部分企业的赞助,但资金有限,难免捉襟见肘。为了增加营收,活动设计了报名评审费——具体服务包含报名参评、专家实地考察(进入复评阶段者)、主题论坛和颁奖盛典门票、活动合作媒体宣传等。为了提高企业缴费报名的价值获得感,策划团队提出参评者可加入相关学术网络和企业联盟,享受免费培训、专家咨询、企业沙龙和资本对接等增值服务。

同时为了推进深度合作,更好地放大"学院奖"的平台价值,策划团队提出了以评奖平台为核心建设"文化企业孵育生态圈"的设想。具体而言,就是要通过"学院奖"这面旗帜,最大范围地拓展文化创新企业的发现渠道,遴选出一批高成长、创新性的优质企业,然后以高校的科研服务和人才输送能力为支撑,最大限度地协同最广泛的创新要素资源(包括创业导师、战略投资者、媒体、政府和园区等),打造一个由众多利益相关者共同创造和分享价值的有机生态系统，为文化创新企业提供优越的成长环境，逐渐培育出一批文化"瞪羚企业""独角兽企业"，并不断强化"学院奖"对中国乃至国际文化产业领域创新创业的引领和推动作用。

3. 组织设计

为了整合更多的资源和力量，推动活动顺利开展，"学院奖"设计了指导单位、主办单位、承办单位、协办单位和媒体合作单位等。即是尽量以"学院奖"为平台，实现"众人拾柴火焰高"。为了保障活动的有序展开，策划团队设计了包括7个小组的执行团队（见表8-7），并形成了"榜单负责人制"，即是从设定奖项标准到企业评选都由榜单负责人进行统筹、协调与组织执行。

表8-7 "第三届中国文化产业学院奖"执行团队设计

组名	职责
机构组	负责合作单位的沟通联络，组建学院奖组织委员会、评审委员会，并负责两个委员会的日常管理和服务工作
策划组	负责学院奖整体方案策划，制定活动执行概要
榜单组	负责榜单的具体策划、奖项征集推广、评审委员提名、奖项评审等。榜单负责人担任本榜单奖项评审分会的秘书长
国际组	负责宣传方案策划和执行，确定媒体合作单位，推动国际媒体合作、邀请国际嘉宾，推动境外发文
宣传组	完成视觉设计；推动形成"网络直播+"为主导的融媒体传播矩阵，尽可能地提高活动曝光率
招商组	制订招商方案，洽谈有意向的合作企业，推动资源整合
保障组	制订财务计划，负责盛典现场的物料准备、场地保障等

4. 成本收益评估与风险规避

在活动策划过程中，策研团队估算了运营成本。主要大项包括：第一，评审费，即国内外审评专家及现场点评的费用，按照平均1万元/位计算，差不多需要100万元。第二，办公费用，包括出差、考察、劳务等各项费用。由于当时主要是学院的教师与学生义务承担，因此劳务费用较少，主要是出差等支出，每个榜单组大约为10万元经费，合计需要60万元。第三，媒体公关费，包括记者车马费、版面费等内容，大约20万元。第四，颁奖盛典的专项支出。包括场地费、主持人和颁奖嘉宾费、物料费和餐饮住宿费等，大约50万元。因此测算出总成本大约需要230万元。

收益部分主要来自企业缴纳的报名费、赞助费及商业合作费。同时策研团队认为"学院奖"应强调社会效益，体现高校教学科研单位的社会责任与担当，因此，经济效益并不是首要追求，活动也不刻意要求盈利。

在活动策划过程中，策研团队预测了政策、经济、嘉宾邀请、公共安全风险等各方面的风险，并提前制订了规避方案。例如，提前公布了榜单设计原则和奖项评审规则，做到规则清晰明确，过程公平公正，尽力规避质疑风险。

三、策划反思：为什么"学院奖"难以为继

"第三届中国文化产业学院奖"在报名的1000余个企业和项目中，遴选了101个单位和个人入围六大奖项，并最终有22个单位和个人获得金奖。金奖盛典当天，国内外文化产业领域专家学者、获奖城市主政者、文化企业代表300余人齐聚现场，中央广播电视总台、中国教育电视台、北京卫视、旅游卫视、新华网、人民网等100余家媒体到场，并通过多种形式进行传播报道，综合曝光量达到1亿人次，并实现了在70多个国家和地区的传播。

但遗憾的是，由于多种因素的影响，第三届"学院奖"竟成为最后的"绝唱"。回顾"学院奖"的策划和执行过程，其中既有经验亦有教训。

从经验来看，主要有三条。第一，活动策划要提出"高概念"，通过概念整合资源，形成号召力和凝聚力。第二，要认清活动的本质和规律。例如，"学院奖"的生命是权威性和公正性，如果商业气息太重，评价的客观性就会受到质疑。第三，榜单的含金量是奖项价值的基础，而榜单的含金量的基础是科学性、知晓率、参与率和美誉度。

但教训亦有，主要体现在四个方面。一是要完善活动商业模式，解决公益属性和资金保障的矛盾，如果没有企业赞助或稳定的资金来源，活动就难以为继。"学院奖"原先寄希望于通过收取报名费来获取资金，但在实践中却发现难度很大，由于平台与奖项还处于培育期，在全国层面还没有形成绝对影响力，因此很多企业不愿意交费参与，愿意交费的企业通常有获奖诉求，这无疑触及了活动的底线，难以执行。一定程度而言，没能解决资金问题，是活动难以持续的根本原因。二是没有充分挖掘和发挥好平台价值。策划团队曾谋划构建以评奖平台为核心的"文化企业孵育生态圈"，但由于涉及环节较多，在短期内没能体现出孵化效果。三是宣传上话题点不够丰富。"学院奖"活动想体现出学术担当和话题引领，但遗憾的是并没有留下话题，引发热议，痛点不痛，亮点不亮。当时策划团队提出"造个日子"的想法——设立"世界文化产业日"，并请联合国教科文组织认证，可惜最后没能实现。四是缺少专职稳定的团队。活动主要依靠高校师生的义务参与，具有较强的兼职性和流动性，这直接影响了活动的稳定性与可持续性。

但今天回头来看，不管如何，"学院奖"都成功地推进了学术与新媒体的融合，提升了文化产业的社会影响力，在中国文化产业的学术传播史上书写了浓墨重彩的一笔，具有

其独特的价值和意义。

第三节　北京冬奥会开幕式
——诗意展现中国人的自信与浪漫*

2022年2月4日晚，举世瞩目的北京冬奥会开幕式在国家体育场"鸟巢"成功举行。纵观本届冬奥会开幕式，诗意的"二十四节气"倒计时、璀璨夺目的数字光影、简约精彩的主题焰火、破冰而出的奥运五环、浪漫唯美的雪花火炬台、独具创意的"微点火"……一个个匠心独运的设计，彰显了奥运文化的中国表达，实现了传统文化的时代创新，全面展示了中国人的自信与浪漫，成就了一场无与伦比的视听盛宴。而在每一个细节的背后，无不凝聚着活动策划团队的汗水与智慧。

一、策划背景：如何向世界讲述中国故事

开幕式作为奥运会最重要组成部分，被誉为"奥运景观皇冠上的明珠"。从2008北京夏季奥运会开幕式的"恢宏磅礴，震撼全球"，到2022北京冬季奥运会开幕式的"直抵人心，惊艳世界"，由张艺谋执导的两届奥运会开幕式在奥运精神的大背景之下，成为展现中国魅力、讲述中国故事的世界舞台，同时也在人类艺术史上写下了浓墨重彩的一笔、留下了丰厚的文化遗产。

带着习近平总书记"通过奥林匹克运动和文化传播，讲述中国体育故事、弘扬中华体育精神，加强国际体育交流合作，推动我国同世界各国文明互鉴、民心相通"的嘱托，2022年北京冬奥会开幕式严格贯彻"绿色办奥、共享办奥、开放办奥、廉洁办奥"四大理念，向全世界人民展现了浪漫博大的"文化中国"、低碳环保的"绿色中国"、携手同行的"开放中国"，塑造了自信从容的大国形象。

如果说2008年北京夏季奥运会开幕式为世界了解中国打开了一扇窗，那么2022年的北京冬奥会开幕式则希望完成从"认知"到"认可"的转变，积极向世界全面、立体、真实地展现一个新时代"可信、可爱、可敬"的中国。北京冬奥会成功的一大原因，正是在于用世界的语言，讲好了中国尤其是"中国人"的情感与故事，传达出"人类命运共同体"的理念。

---

* 该案例由中国传媒大学文化产业管理学院硕士研究生石士鹏撰写初稿。

二、策划内容：创异、创意、创议、创益、创谊

活动策划植根于战略策划，但更强调创意性。然而，仅有创意还不够，活动策划应是创异、创意、创议、创益、创谊的"五创"统一体。在面对大型活动和节庆会展等策划任务时，"五创统一法"能够为活动策划提供理想的思考框架。纵观本届冬奥会开幕式，堪称是一次教科书般的策划方法应用。

（一）创异：寻找独特的定位

定位理论强调在这个信息爆炸的社会，要传送极简的信息。无论是城市战略策划、企业策划、营销策划、活动策划，还是会展策划、节目策划等，都必须提炼出一句提纲挈领的话。真正优秀的策划案，就是"一句话的事情"——用"一句话"，明确策划的核心与主轴。

本次开幕式从设计之初就确定，不再满足于2008年奥运会开幕式对中国五千年文化的回望擘画，而是更注重展现当代中国人看待世界的独特视角，以更加自信从容的姿态展现"世界人同"的共同体理念。在"人类命运共同体"的理念指导下，本次奥运会提出了"一起向未来"（Together for a Shared Future）这样的普世愿望与情感，用以描绘今天的新时代。而本届冬奥会开幕式最大的伏笔就是用"一朵雪花"展现"一起向未来"。

"一朵雪花"的元素可谓贯穿始终——从最开始观众得到的礼包、倒计时短片、参赛国家和地区引导牌、演员服装、部分表演的背景直到主火炬。张艺谋本人也引用李白的诗"燕山雪花大如席"和西方俗语"世界上没有两片雪花是相同的"来形容这一理念——"每一朵雪花、每一个国家和地区汇聚在北京，就会成为一朵最璀璨的雪花"。屏幕中，AR雪花在地球的映衬下同步下落汇聚，象征人类命运共同体的大雪花遨游天际，最终飞回地屏中心；在万众瞩目下，一个含有所有参赛国家和地区名称、长约15米的雪花形火种装置缓缓升起，浪漫纯洁、熠熠生辉，闪耀"鸟巢"中央、直击观众内心，象征全世界人民紧密团结在一起。❶

2022年北京冬奥会是在新冠肺炎疫情肆虐蔓延的艰难背景下开展的一项盛举，"一起向未来"的冬奥主题口号，为"更快、更高、更强——更团结"的奥林匹克格言提供了中国注解，表达了全世界共创美好未来的共同愿望，也与中国推动构建人类命运共同体的大国担当不谋而合。❷"一起向未来"讲述的不仅是"我"的故事，更是"我们"共同的未来，

---

❶ 周杰，周宁，姬烨，等."不点"主火炬的原因，张艺谋揭秘［EB/OL］.（2022-02-05）［2022-07-12］.https: //baijiahao.baidu.com/s?id=1723892538288042002&wfr=spider&for=pc.

❷ 周杰，苏斌，等.一起向未来［N］.人民日报，2022-02-03.

凸显了人类命运共同体的重要意义，昭示全世界必须守望互助，才能战胜困难。

（二）创意：创新内容与形式

本次开幕式上，"中式美学"的诗情画意贯穿始终，众多的创意亮点让人惊喜连连，民族的文化自信油然而生。

1. 视频短片："二十四节气倒计时"

2008年奥运会，震撼人心的29个焰火大脚印、壮观的击缶倒计时，让无数国人记忆犹新。而2022年冬奥会的"二十四节气倒计时"开场短片则是一次传统文化与现代科技融合的巧妙尝试。开幕式当日恰逢立春，这是完美巧合。二十四节气作为中国传统智慧，借助视频创意，用外国人看得懂的艺术方式阐释节气的意义，也进一步弘扬了中国人民的自信心与自豪感，让世界看见"中式美学"。

文本内容上，主创人员通过写实主义、象征主义、解构主义等手法，将中国传统文化加以现代性表现，与二十四节气相关的14首古诗词与当代中国影像融为一体。展现方式上，开幕式策研团队将每个节气选取一种代表性意象，让节气的风物意象与冬奥主题紧密相扣，如"清明时节雨纷纷"与运动员训练时的挥汗如雨相通。诗歌文本与画面相辅相成，共同构成了符合传统文化审美的大美意境，再加4K高清摄像机的拍摄，使得画面色彩对比更加强烈，文化特色魅力更加彰显。

2. 仪式环节："立春""冰雕中式门窗"等

"立春"——创意表达中国观念。倒计时短片结束时，一段以"立春"为主题的表演华丽登场。借助LED屏让表演空间"人少而画不空"，仅数百名演员手持发光杆，从一朵亟待萌发的"绿草"变换为万条垂下绿丝绦的"柳条"，配合地屏影像营造出了春意盎然的美学意境。回顾整个表演，从"绿草"到"柳条"，再到随风飘散的"蒲公英"，"立春"节气表演借助唯美的中国意象，辅以大面积的"留白"处理，传递了"冬去春来"的美好寓意，更独具创意地呈现了"天地人和"的中国观念，令人回味无穷。

"冰雕中式门窗"——创意活化中国元素。在运动员入场式中"冰雕中式门窗"的展示环节，导演组将青铜器、陶瓷、景泰蓝等传统造型图案创造性转化为光影建构的门楣和窗棂，与"冰面"晶莹剔透的质感相融合，再现了中国纹饰的冰雪之美。做到了形式新颖、创意十足，让时长约50分钟的奥运会入场式环节不再冗长乏味。为此，视效团队在竖屏的"国旗"展示和地屏上运动员的行进路线上特别设计了三四十种冰雕中式门窗纹样，寓意开门迎客，地屏窗外则轮播中国一年四季的大好河山。❶中国元素与科技手段的

---

❶ 周杰，周宁，姬烨，等. "不点"主火炬的原因，张艺谋揭秘［EB/OL］.（2022-02-05）［2022-07-12］. https://baijiahao.baidu.com/s?id=1723892538288042002&wfr=spider&for=pc.

珠联璧合，完美承载了北京冬奥会的愿景，也体现了中国文化源远流长的丰满感。

（三）创议：设计话题与热点

要说历届奥运会开幕式最万众瞩目的时刻，就是主火炬的点燃仪式。而这次开幕式最具话题性、最独特之处便在于点火方式和火炬台设计，可谓百年奥运史上前所未有。一片片镌刻着各代表团名字的雪花造型引导牌编织汇聚而成"雪花火炬台"，伴随两位"00后"火炬手将最后一棒火炬嵌入"大雪花"中央，主火炬飞上高空，奥运圣火火焰与96朵晶莹剔透的雪花、6条飘逸的橄榄枝交相辉映，形成了这个北京2022年冬奥会主火炬。❶

此前，历届开幕式的点火方式都是在如何"点"上做文章，而此次，最大的变化就是"不点"，把最后一棒火炬直接放在主火炬台上。❷这一出乎意料的设计，让本届冬奥会富有话题和热点。而这种打破传统、全新的点火方式恰能让观者在恍然大悟后，很好地接受低碳环保理念。韩国KBS广播电视公司解说员评道：2022年北京冬季奥运会开幕式非常精彩，整场演出超越了展现中国自身色彩的层面。主火炬点燃仪式，"让全世界吃惊"，体现出中国绿色低碳的办奥理念。

可以说，主火炬的点燃方式是"一叶知秋"。一个小小的手持火炬，一个小小的火苗，其在设计、储氢、供氢、燃烧技术等方面的诸多创新体现"绿色奥运"的现代理念与"大道至简"的传统思想，同时又让人想到伟大的奥林匹克精神是全人类熊熊燃烧的激情和浪漫。在百年奥运历史上，第一次有这样的主火炬，全部参赛国家和地区的名字都在上面。它由全世界构成，无论火的大小，它是人们心中的火。❸雪花主火炬没有只讲中国故事，讲的是全世界的故事，实现了从"我"到"我们"的飞跃。

（四）创益：创造可持续、多元化效益

"可持续、可利用、可收益"已经成为今天奥林匹克运动发展的一个重要命题，而北京冬奥会"绿色办奥、共享办奥、开放办奥、廉洁办奥"理念正与此不谋而合❹。例如，本届冬奥会大量沿用2008年奥运场馆，开幕式场地就设在2008年北京夏季奥运会的鸟巢场馆。

焰火减量增效，成分科技环保。本次冬奥会开幕式的焰火表演时长总计仅约3分钟，

---

❶ 周杰，周宁，姬烨，等."不点"主火炬的原因，张艺谋揭秘［EB/OL］.（2022-02-05）［2022-07-12］.https://baijiahao.baidu.com/s?id=1723892538288042002&wfr=spider&for=pc.

❷ 王璐，姬烨，等.冬奥会开幕式全景式独家解读："双奥之城"惊艳世界［EB/OL］.（2022-02-05）［2022-07-15］.https://baijiahao.baidu.com/s?id=1723897355028634435&wfr=spider&for=pc.

❸ 陆小华."科技感"是决定交互传播成效的关键要素［J］.青年记者，2022（5）：77-79.

❹ 冬奥场馆：绿色理念 智慧建造［EB/OL］.（2020-08-13）［2022-07-1］.https://baijiahao.baidu.com/s?id=1674874047251260927&wfr=spider&for=pc.

焰火用量仅为北京夏奥会10%；同时开幕式不再过多使用氛围焰火，而是专门开发"雪花""冰花"等多种造型的焰火品种，营造空中的"北国风光"。使用的特效烟花主要产自湖南、河北等地，均是高科技环保微烟化焰火，力求环保、安全。❶

此外，北京冬奥会主火炬以绿色环保的氢能作为燃料，我国长征五号运载火箭使用的便是氢氧发动机，相关技术在国际上处于领先地位。"雪花火炬"在点燃后腾空飞起，重达260吨的钢结构快速升降，在航天软件系统的控制下，在69秒内将主火炬从地下10米的位置抬升到舞台中央。世界各国的"雪花"构建的"雪花火炬"共同守护奥林匹克的圣火，这是一次彰显文化自信的大胆尝试，为未来的奥运圣火点燃仪式提供了全新的范本。

纵观整场开幕式，突破了以往重大表演活动中采取"人海战术"、表现宏大场景的思维定式，以数字科技为支撑载体，以传统与创新相融为核心立意，结合冰雪的物理属性、LED的发光特性、AI实时特效的仿真能力和裸眼3D的透视效果，实现观众现场沉浸式互动体验的艺术创意，做到了"简约而精彩"。在《冰雪五环》《未来的冠军》等章节表演中，营造出了流光溢彩的数字影像、璀璨斑斓的实体情景、浪漫如诗的东方意境，形成了视觉与人的交互、视觉与装置的交互，达到了沉浸式体验观看、文化开放共享的效果。

（五）创谊：构建命运共同体

开幕式很好地展现了全民参与、全球参与的理念。"三亿人上冰雪""全民参与冬奥会"是中国奉行"人民至上"原则的集中体现；"一起向未来"、全球参与冬奥会是奥林匹克奉行"平等、友爱、和平、团结"的永恒主题。

开幕式重在提高大众的参与度，整场开幕式由来自各行各业的普通群众、志愿者和来自全世界不同国家的运动员共同完成，共约3000人参与。在热场环节，从5岁的小朋友到大中小学生，再到70多岁的老年模特队齐上阵，用百姓喜闻乐见的广场舞，展现新时代中国人民的精神面貌和喜迎新春的欢庆气氛。❷《茉莉花》《万疆》《我和你》《站在草原望北京》等24首耳熟能详的歌曲搭配旗袍走秀、街舞、国标舞等艺术形式将现场气氛推向高潮。与此同时，全国各地10座城市欢腾热闹的画面不断切换，深圳会场舞狮场面宏大，四川成都分会场民俗年味浓厚，黑龙江哈尔滨群众滑冰滑雪齐上阵，新疆阿勒泰群众上演滑雪比赛，等等。

国旗入场仪式中，伴随一名儿童小号手吹响《我和我的祖国》旋律，包括中国各行各业的代表、国家功勋人员、56个民族的代表将鲜艳的五星红旗手手相传，表达人民和国

---

❶ 这束"微火"百年未有"双奥之城"与春相约［EB/OL］.（2022-02-05）［2022-07-11］.https://baijiahao.baidu.com/s?id=1723884165139059952&wfr=spider&for=pc.

❷ 杨逸，张思毅.美美与共话大同！一朵雪花的轻盈浪漫，道出协和万邦的深邃内涵［N］.南方日报，2022-02-05.

旗之间的情感和关系。普通百姓手手相传，并非激动人心的表演，却最能直抵人心。通过全民参与，诠释了人民至上。

在致敬人民的环节，来自世界各地的76名年轻人，同向同行、并肩向前，他们走过之处，形成一条由照片组成的影像长河，展现全世界休戚与共、攻克疫情的画卷及运动员为梦想拼搏的激情瞬间。这是向全世界人民致敬。舞台两边的中国结象征着团结，在他们走过舞台后，又幻化为"一起向未来"的冬奥口号。此外，在运动员入场环节，北京冬奥会没有为运动员录制专门的入场音乐，而是精选了19首世界著名古典音乐的选段，如柴可夫斯基的《胡桃夹子》、贝多芬的《第五交响曲》和王莘的《歌唱祖国》等，英国《卫报》评论道"这表达了中国文明对世界各地文化的尊重"。

三、策划思考：如何让抽象理念通过创意表达深入人心

根据国际奥委会发布的数据，北京冬奥会的开幕式在收视率方面已经超过了以往任何一届冬奥会，全球约5亿观众收看了开幕式。在国内，开幕式在44个上星频道播出，总收视率达20.1%，收视份额达68.2%，电视直播观众规模达3.16亿人。开幕式之后，关于"你永远可以相信emo""张艺谋最懂中国人的浪漫""还是得看老谋子"等相关词条高居热搜榜首，引发全民在公域、私域的全网刷屏与热议。国际奥委会主席巴赫也由衷赞叹："这是一届真正无与伦比的冬奥会。"作为一名优秀的导演和活动策划人，张艺谋秉持着对艺术的不懈追求，携手各方、全力以赴，将冬奥开幕式打造成了一场"简约、安全、精彩"的超大型活动盛会。可以说，2022北京冬奥会开幕式是大型活动策划的一个典型案例，充分展现了策划的魅力。回顾策划过程，我们可获得如下启示。

第一，要做好抽象提炼与具象表达的统一。策划是要立足全局、全面的战略高度，在找准差异化定位的基础上，用极简的"一句话"说清楚主题。2022年北京冬奥会开幕式策划作为一场超大型活动策划，投资成本高、规模巨大，其背后凝聚着中国文化的普世追求与价值传达。面对新冠肺炎疫情等因素引发的错综复杂的内外环境，北京冬奥会及其开幕式选择用一句话进行抽象凝练，那便是"一起向未来"。不仅诠释了奥林匹克格言的中国方案，更直面"焦虑"，凸显了人类命运共同体的重要意义。与"一句话"相匹配的，是具象化的创意表达。不管是"致敬人民"环节中来自世界各地76名年轻人的并肩同行，"会旗会歌"环节6名旗手在"更快、更高、更强——更团结"的奥林匹克格言海洋中走过，"未来的冠军"环节中手持白鸽的孩子们上演的"一鸽都不能少"，还是由各国小雪花引导牌组成的"大雪花火炬台"，从"创异"到"创意"，北京冬奥会开幕式充分做到了抽象提炼与具象表达的统一。

第二，活动要找到文化落点、传播落点与价值落点。冬奥会开幕式作为国际级的大型

活动策划,不应仅仅满足于在物理空间、视觉空间创造震撼效果,更要走进观者的心理空间和情感空间。这就要求找到"文化落点",即通过一个人、一首歌、一个符号等元素来塑造"共鸣点、共享点"。以点火和火炬台的设计为例,来自全世界的雪花汇聚成一个大雪花,这个雪花包容着一个小小的火炬,体现了低碳环保的理念,体现了含蓄、空灵、留白的中国美学观念,也有一种"星星之火,可以燎原"的文化内涵。同时全体参赛国对一个小小火种的呵护陪伴,也体现了奥林匹克精神星火代代相传、生生不息的初心。包含"文化落点"的内容更能引起用户广泛的共鸣共情,继而形成"传播落点"。换句话说,包含热点、话题的"传播落点"伴随"文化落点"而生。在此基础上,力求打造"价值落点",如本次冬奥会开幕式运用数字科技、环保高科技创造出多元化效益,以及通过全国各界参与、致敬世界人民而推进构建命运共同体等。正是寻找到了最为恰当的文化落点、传播落点与价值落点,2022北京冬奥会开幕式注定成为奥林匹克历史上的深深印记,也让"一起向未来"及"人类命运共同体"的理念更加深入人心。

主要参考文献

[1] 艾·里斯, 杰克·特劳特. 定位 [M]. 王恩冕, 于少蔚, 译. 北京: 中国财政经济出版社, 2002.

[2] 班固. 汉书·贾谊传 [M]. 长沙: 岳麓书社, 2008.

[3] 彼得·布洛克. 完美咨询指导手册 [M]. 邹怡, 译. 北京: 机械工业出版社, 2016.

[4] 戴虎海, 等. 兵经百书 [M]. 郑州: 中州古籍出版社, 2018.

[5] 嶋田毅. 逻辑思维 [M]. 张雯, 译. 北京: 北京时代华文书局, 2018.

[6] 方勇, 李波. 荀子 [M]. 北京: 中华书局, 2011.

[7] 方勇. 孟子·公孙丑 [M]. 北京: 中华书局, 2010.

[8] 菲利普·科特勒, 凯文·莱恩·凯勒. 营销管理 [M]. 15版. 何佳讯, 于洪彦, 等译. 上海: 格致出版社, 2019.

[9] 杰夫·戴尔, 赫尔·葛瑞格森, 克莱顿·克里斯坦森. 创新者的基因 [M]. 曾佳宁, 译. 北京: 中信出版社, 2013.

[10] 卡尔·波兰尼. 大转型: 我们时代的政治与经济起源 [M]. 冯钢, 刘阳, 译. 杭州: 浙江人民出版社, 2007.

[11] 卡尔·马克思. 路易·波拿巴的雾月十八日 [M]. 冯适, 译. 江苏: 江苏人民出版社, 2011.

[12] 劳拉·里斯. 视觉锤: 视觉时代的定位之道 [M]. 王刚, 译. 北京: 机械工业出版社, 2017.

[13] 雷鸣雏. 中国策划教程 [M]. 北京: 企业管理出版社, 2004.

[14] 理查德·鲁梅尔特. 好战略, 坏战略 [M]. 蒋宗强, 译. 北京: 中信出版社, 2017.

[15] 楼宇烈. 老子道德经注校释 [M]. 北京: 中华书局, 2008.

[16] 卢长宝. 项目策划 [M]. 3版. 北京: 电子工业出版社, 2018.

[17] 罗伯特·麦基. 故事: 材质·结构·风格和银幕剧作的原理 [M]. 周铁东, 译. 天津: 天津人民出版社, 2014.

［18］毛泽东．毛泽东选集（第1卷）［M］．北京：人民出版社，2009．

［19］斯蒂芬·罗宾斯，玛丽·库尔特．管理学［M］．13版．刘刚，程熙镕，梁晗，译．北京：中国人民大学出版社，2018．

［20］孙晓光，周鸿．企业策划学［M］．北京：经济管理出版社，2017．

［21］田长广．新编现代策划学［M］．北京：北京大学出版社，2014．

［22］万钧．商务策划学［M］．北京：清华大学出版社，2015．

［23］吴廷玉．文化创意策划学［M］．大连：大连理工大学出版社，2010．

［24］亚历山大·奥斯特瓦德，伊夫·皮尼厄．商业模式新生代［M］．黄涛，郁婧，译．北京：机械工业出版社，2018．

［25］杨丙安．十一家注孙子［M］．北京：中华书局，2012．

［26］袁连生，等．文化产业创意与策划［M］．北京：清华大学出版社，2016．

［27］增田宗昭．知的资本论：茑屋书店的经营之道［M］．王健波，译．北京：中信出版社，2018．

［28］周新生，等．产业分析与产业策划方法及应用［M］．北京：经济管理出版社，2005．

［29］诸葛瑾．反经的智慧［M］．长春：东北师范大学出版社，2010．

后　　记

　　《中庸》中说，治学应"博学之，审问之，慎思之，明辨之，笃行之"，且应"人一能之，己百之；人十能之，己千之。果能此道矣，虽愚必明，虽柔必强"。我特别喜欢这句话，它不仅道出了治学的方法与态度，也强调了勤学的精神与价值。

　　2022年于我而言是一个特殊的年份。孔子说"四十而不惑"，孟子说"四十不动心"。感谢之前十几年的探索与实践，让我在这个年龄阶段找到了事业的奋斗方向和人生的终极价值，能够在纷繁的世事和诸多的诱惑中以一颗"不动心"去从容面对，聚焦精力做一件自己喜欢并具有开拓意义的事情。策划是一门新兴的学问，目前理论发展还极大地滞后于实践的进程。我希望能在前辈专家学者研究与实践的基础上，构建起受到同行和社会认可的，涵盖基础理论、发展史论、思维方法和应用工具的策划理论体系，推动策划成为一门严谨的学问、一个创新的专业和一项精妙的技艺。为此我计划撰写《策划原理与实务》《策划案例精析》《策划方法论》《策划思想史》四本专著，本书即是其中的第二本。当然，不管理想有多大，人毕竟是活在烟火之中的，特别是在这个"上有老、下有小"的年龄阶段，要想在现实的各种压力之下去做自由的思想耕耘，其过程仍然是艰辛的。

　　幸运的是，这一路以来我并非踽踽独行。来自各方的关心与激励、相助与扶持，给予我不断前行的强大动力。在此，我要诚挚地感谢我的家人，特别是我的爱人和两个女儿。在这本书写作之时，正值次女出生，其忙碌可想而知，但辛苦翻倍，幸福也翻倍，可以说我是在极端的忙碌与巨大的喜悦交织中进行写作的。我要特别感谢北京京和文旅发展研究院院长暨我的导师范周教授，是他在16年前带我走进了策划的殿堂，让我自此有机会去做更多的探索。我要真心地感谢智纲智库的王志纲老师与任国刚总经理，任国刚总经理是我策划实践中的领路人，本书也正是在他的建议下开展写作的。我要感谢中宣部、国家发改委、文化和旅游部、北京市支援合作办、中关村顺义园、重庆南岸区和武隆区、杭州富阳区、成都东部新区、桂林阳朔县、遵义正安县等部门与政府单位，为我提供了理论结合实践的宝贵舞台。我要感谢辛勤帮助我收集资料和撰写部分案例初稿的仝凡、韩浩月、刘彦汕、孔璐、王欣萌、李卢雪、石士鹏、吴楠、张文静、邵方、郭丛笑、吴学达、张宜帆等同学。我要感谢知识产权出版社的李石华编辑，正是他细心与辛勤的工作，才让本书得以顺利地出版。同时，我还要感谢为本书付出过努力、为我提供过帮助与激励的专家、同事、朋友与同学。

仰望星空，脚踏实地。通向理想的最近之路，我相信是一条不忘初心、务本求实、勇毅前行的老实之路。《尹文子》中说："为善与众行之，为巧与众能之，此善之善者，巧之巧者也。"愿在策划之路上与大家偕行。

熊海峰于中国传媒大学 39 号楼

2022 年 8 月